医疗法律风险预防与处理

主　编　赵　敏

副主编　邓　虹　乐　虹

浙江工商大学出版社
ZHEJIANG GONGSHANG UNIVERSITY PRESS

《卫生法学系列丛书》总主编

吴崇其

《卫生法学系列丛书》副总主编

王国平

张　静

古津贤

蒲　川

本书作者

主　编　赵　敏

副主编　邓　虹　乐　虹

编　委　（以姓氏笔画为序）

邓　虹（昆明医学院）

邓盛木（泸州医学院）

古津贤（天津医科大学）

石俊华（泸州医学院）

乐　虹（华中科技大学）

李晓堰（昆明医学院）

李钰婷（天津医科大学）

杨　芳（安徽医科大学）

张　静（上海中医药大学）

张丽青（河南中医学院）

张利彬（重庆医科大学）

张薇薇（昆明医学院）

岳远雷（湖北中医药大学）

赵　敏（湖北中医药大学）

祝　彬（南京医科大学）

贾红英（华中科技大学）

顾加栋（南京医科大学）

徐静香（上海中医药大学）

高丽萍（昆明医学院）

蒋　娟（安徽医科大学）

蒲　川（重庆医科大学）

序　一

十五年前,我在北京一家三甲医院讲课时就希望大家要清醒地认识到:我们医疗机构、医务人员的一切医疗行为都是法律行为。因为,你们的一言一行、一举一动都无一不关系到人的生命与健康。随着社会的进步、法制的健全,公众的维权意识也得到了空前提高。由于医疗实践种种复杂因素的客观存在,在治疗疾病的过程中,时有不尽人意的事件发生。而法律的快速出台,某些内容的难以预料,导向的偏颇,不可避免地会产生难以统一的共识,日益升级的医疗纠纷不是立法的初衷,医患之间冲突越演越烈,医患矛盾的对立乃至于发展到凶杀,都不是医患双方的本意,调节和谐的杠杆在于公平公正的法律。非不可抗力的"风险"多半是社会或人为的因素,"医疗风险"也不例外。

传统意义上的医疗事故、医疗意外、并发症、后遗症、过敏反应都属于医疗风险。但是《侵权责任法》所规定的"医疗损害",全方位扩大了"医疗风险"的内涵和外延。"医疗风险"给患者造成身体和经济上的损失,受损一方通过法律的诉求获得正当的"医疗风险"损害弥补,无疑是无可厚非的。然而,因"医疗风险"的缘由,引起此起彼伏的"医闹"风浪,应当首先审视的不是道德和风气,而应当反思我们法律的功能和作用。因为从某种意义上讲,"医疗风险"归根结底是一种法律风险,是医疗过程中的行为,演绎成了法律风险。

目前,医疗法律风险正成为影响中国医学发展、社会和谐、医患关系的突出问题,而医疗机构及医务人员对医疗风险给自身所造成的风险的认识尚处于朦胧阶段,对于医疗法律风险的防控刚刚抬起步履,远滞后于发达国家。医疗法律风险防控是一个涉及面广、富有挑战的课题,卫生法学系列丛书之一《医疗法律风险预防与处理》就是针对这个问题作了研究和梳理。

《医疗法律风险预防与处理》一书是在湖北中医药大学赵敏教授领衔下,组织了多所医学院校十几位中青年卫生法学学者,用了将近 2 年多时间打造而成。各位撰著者以卫生法学基本原理为基础,以扎实的资料梳理为前提,借鉴域外资料和我国已有的研究成果,从法律视野研究医疗风险的预防与处理,通过科学界定医疗风险及其法律实质和分类,分析医疗过程中的法律关系及医患双方权利义务,总结临床常见医疗风险的相关法律问题,提示我国控制医疗风险的法律体系,深入探究医疗风险的法律处理解决机制,构建了我国医疗法律风险防控的学说理论及实务体系,体现了中青年卫生法学学者们的见解。

　　该书注重理论与实务、学说与案例、立法与司法等方面的结合,既具有一定的社会实用性,又有实务上的可操作性。本书提供了破解医疗法律风险困境的一些系统化方案、一种长效机制、一种专业化实践;同时在系统化与专业化的角度填补了我国医疗法律风险防控研究与实践的空白。卫生法学的教师们、广大医务人员、卫生管理者、司法实务人员甚至患者朋友们,手中如能有一本此书,在遇到问题时翻开来找找答案,不无裨益。

　　我感谢这本书的撰稿者,呈现一本系统化研究医疗法律风险防控的颇有价值的创建性的著作给大家。我衷心地祝愿该书编著者在本书的基础上继续努力,再接再厉,大胆探索,为我国的卫生法学特别是医疗法律风险防控理论的发展作出新的贡献!

　　至于书中的不足之处,有待于读者们批评修正。

吴崇其

2012年6月于北京

序 二

本书即将付梓之际,又闻哈尔滨某医院发生恶性伤医事件,心情沉痛之余,也深深感到医患矛盾已经成为影响医患安全及医疗活动正常进行的重要因素。医疗活动中不可能不发生医疗风险,传统意义上的医疗事故、医疗意外、并发症、后遗症、过敏反应以及《侵权责任法》所规定的医疗损害,都属于医疗风险的范畴。而这些医疗风险争议的解决途径往往落实在法律责任的承担上。所以医疗风险归根到底是一种法律风险。由于医疗法律风险的频繁发生,不断降低医疗安全,损害患者健康甚至生命权利,引发恶性医患冲突事件,影响医疗行业的健康发展,医疗法律风险正成为影响中国目前医学发展、社会稳定、医患关系的突出问题。如何化解医疗法律风险,缓解医患矛盾——本书的编著正是为了应对这个难题,提出破解之道。

《医疗法律风险预防与处理》一书深入分析了医方义务与患方权利,梳理了我国医疗法律风险处理的相关法律制度,总结了临床实践中易发生医疗法律风险的各个环节,创造性地建构了医疗法律风险处理的理论及实践体系。既有社会、医院医务人员及患者如何预防医疗法律风险的发生,又有患者权益的保护;既有解决医疗法律风险的具体做法,也分担医疗法律风险的新思路,是对医疗法律风险问题进行系统总结的具有独创性的著作。

本书对于广大医药卫生工作者、在校的医事法学专业学生、医学生而言,具有很强实用价值。通过本书可以系统了解医疗法律风险防范与处理的理论与技巧,增强医疗行业工作者的谨慎之心和尊重患者权利的意识,促进和谐医患关系的建设。本书可作为高等医药院校医事法学专业本科生的核心专业教材,可供医药专业研究生及本科生、成人教育学生选修学习,并可供医药院校教师、医疗卫生工作者、法律工作者及研究者参考。

本书是中国卫生法学会面向 21 世纪系列丛书中的一本。在中国卫生法学会秘书长吴崇其教授的关心和支持下,在各位作者的辛勤努力下,由湖北中医药大学主编,昆明医学院、泸州医学院、上海中医药大学、重庆医科大学、天津医科大学、安徽医科大学、南京医科大学、华中科技大学同济医学院(按章节顺序)参与编著的《医疗法律风险预防与处理》终于成书。

在本书的编写过程中,杭州师范大学王国平副教授对本书的编写提纲提出了有益的修改意见,为成书创造了有利条件。全书由赵敏、邓虹、乐虹、岳远雷统稿,赵敏定稿,吴崇其教授审阅。

本书的编写还得到浙江工商大学出版社的关心和支持,钟仲南副总编和郦晶编辑为本书的编辑出版花费了许多心血。本书还参考借鉴了国内外学者许多相关文献及大量研究成果,除注明出处部分外,限于体例,难免挂一漏万,在此一并致以诚挚谢意。

本书编写分工如下:第一章高丽萍、邓虹;第二章邓盛木、石俊华;第三章赵敏;第四章岳远雷;第五章张静、徐静香;第六章蒲川、张利彬;第七章李钰婷、古津贤;第八章杨芳、蒋娟;第九章顾加栋、祝彬;第十章邓虹、张薇薇、张丽青;第十一章李晓堰;第十二章乐虹;第十三章贾红英。

虽然我们力求完美,但限于能力和水平,尤其是实践领域和拥有资料的局限,书中难免会有不当之处,敬请广大读者,特别是专家、同行指正,以便修改完善。

赵　敏

2012 年 3 月于武汉

目　　录

第一章　医疗法律风险概述

第一节　医疗风险的概念与特征

一、风险的概念

现代汉语中"风险"一词,在英语中被表述为"risk",在德语中被表述为"risque",在拉丁语中被表述为"lorem ipsum"。关于"风险"一词的来源众说纷纭,主要被解释为可能发生的危险,或者某一特定危险情况发生的可能性和后果的组合。大约到了19世纪,在英文的使用中,"风险"一词常常用法文拼写,主要是用于与保险有关的事项。

现代意义上的"风险"一词,已经大大超越了"遇到危险"的狭义含义,而是"遇到破坏或损失的机会或危险"。经过两百多年的演绎,"风险"一词越来越被概念化,并随着人类活动的复杂性和深刻性而逐步深化,在不同学科领域体现了不同的含义。在哲学领域,风险被认定为对待不确定危险发生的一种信念与态度,反映不同风险主体的价值观,主要影响主体的文化信仰及行为风格,同时影响主体对危险不确定性规范管理的行为准则。在管理学理论中,风险是不确定发生的,是可控可防的未知情形,因此,风险管理是有效实现确定存在风险的减少过程,同时也是在降低风险的收益与成本之间进行权衡并决定采取何种措施的决策过程。风险在管理学中的拓展,使得风险这一概念在各学科领域被广泛接纳并使用,且与人类的决策和行为后果联系得越来越紧密,风险一词也成为人们生活中出现频率很高的词汇。

在不同行业对风险概念的演绎中,其基本的核心要义并未发生改变,皆指对未来结果的不确定或未来可能发生的损益。曾有人将这一概念定义为"一种不确定的现象,泛指由于不确定性因素而导致相关主体利益损失的可能性"[①]。因此,风险意味着挑战,同时也意味着存在损失的可能,如果能够采取适当的措施降低或者消灭破坏或损失的概率,将有效缓解或者控制风险所带来的不利后果。

---

① 刘远明:《论医疗风险》,载《中国医学伦理学》1997年第4期(总第54期)。

因此,如何判断风险、选择风险、规避风险继而运用风险,在风险中寻求机会和突破,意义更加深远而重大。

二、医疗风险的概念

近年来,随着人们对生命健康权益的关注度的增加,因医疗行为所产生的纠纷频发,"医疗风险"一词逐渐进入人们的视野并被广泛接受。医疗卫生服务行业的健康发展关系人民生命健康权益保障的实现,然而医学事业作为"缺陷科学",存在着无限延伸的不可预知情况,其发展过程中必然会受到各种现有条件的影响,如现有人类认知水平、现有医疗手段、生命体复杂多样等,这些因素导致医疗行为风险骤升,同时,其服务对象的特殊性决定了医疗机构及其从业人员的责任与风险远较其他行业更高。医疗风险的存在对医患双方都可能产生危害性的后果。因此,美国杜克大学对医疗风险的定义是"遭受损失的可能性"。这种损失既可以是对患者的伤害,也可以是医院为此遭受索赔的代价,包括使医院丢失市场份额。[①] 另一种观点认为,医疗风险是指在诊疗护理过程中发生的非故意、非预期、非计划的医疗意外而造成的患者机体损伤,它与诊疗护理中的医者过失而造成的医疗事故(医疗差错)是不一样的。[②] 这些概念都从不同的角度对医疗风险这一定义给予了界定,然而却难免侧重不同。因此,综合各种观点,我们认为,医疗风险(Clinic risk,Medical risk)可定义为发生在医疗过程中,由医疗行为引发的,医疗目的之外的,而由医患双方或者其中一方承担的不确定后果的可能性。根据医疗风险的主客观因素、危害程度及风险发生的形态,可以分为医疗事故、医疗意外、医疗损害、并发症以及后遗症等。对于这一概念的理解,我们应该注意以下几个方面。

第一,医疗风险客观存在于整个医疗过程中。

医学科学是与人类生命健康息息相关的一门重要学科,是一门永远都在发展和完善中的"缺陷学科",因此所有的医学领域都存在着未知和不确定,这种未知和不确定贯穿于诊断、治疗和康复过程的始终,具有比其他学科风险更加难以预测和控制的或然性。简而言之,正是因为医学领域具有的不可预知性,才使得医疗风险客观存在于整个医疗过程中。

第二,医疗风险是因医疗行为的实施而产生的。

医疗行为泛指因医疗卫生服务机构及医疗卫生服务人员以恢复/保障生命健康为行为目的,而实施治疗、控制、改善等相关医疗技术手段和方法的方式。医疗风险正是因为采用这样的手段和方法而产生的。因此,医疗行为的实施是

---

① 张宝库:《美国医院的风险管理》,载《中华医院管理杂志》1992 年第 10 期,第 638—641 页。
② 邵晓莹:《医疗风险与医疗纠纷》,载《医学与社会》2001 年第 14 卷第 5 期。

医疗风险产生的前提。

第三，医疗风险的发生并非医疗行为实施之目的。

医疗风险的发生所形成的最终结果并非医疗行为实施之最初目的。医疗风险产生是因为具体的医疗行为的实施，但是，医疗风险的发生并非是医疗行为实施之本意。医疗行为的实施所实现的本意是为了延续、改善患者生命，恢复健康，实现生命健康利益的最大化，而医疗风险的发生却是伴随在医疗行为实施过程始终，出乎医疗行为终极目的的意外可能性。

第四，医疗风险的不利后果由医患双方承担。

既然医疗风险的发生领域具有特殊性，医疗行为双方主体必然是医疗卫生服务机构及医疗卫生服务从业人员（以下简称医方）和患者（以下简称患方），因此，医疗风险的发生是以医方对患方实施医疗行为而产生非医疗目的之结果为终结。当此非医疗目的之结果发生时，首先会对医疗行为之对象，即患者本身造成直接损害（包括生命健康损伤及经济损失），同时依据相关的法律法规，医疗机构也将根据不利后果发生的实际情形，来承担相应的法律责任或者因此而承担名誉的损失等。因此，医患双方成为医疗风险不利后果最终的承担者。

第五，医疗风险的发生具有很强的不确定性。

风险本意即指危险的或然性，因此医疗风险的发生并非医疗行为所必然导致的危害性结果，而是存在可能发生不利后果的危险。正因为医疗风险发生所具有的或然性，才使得与医疗有关的风险控制、风险预防、风险管理成为人们研究关注的内容。

三、医疗风险的特征

医疗风险的特征，是指医疗风险区别于其他非医疗行为后果的主要标志，是医疗风险本质的外在表现形式。医疗风险具有哪些特征，学者们所持观点并不完全一致，综合起来主要包括以下几种。

（一）医疗风险具有客观性

医疗风险的发生率究竟有多大？国外医疗机构对住院病人进行不良事件发生率的一项调查中发现：美国为 3.7%，澳大利亚为 16.6%，英国为 10.8%，日本为 11%。过去两年中医疗机构经历过医疗失误及药物差错的比例：英国为 18%，澳大利亚为 23%，加拿大为 25%，新西兰 23%，美国为 28%。[①] 澳大利亚政府官方报告显示，其医院由可预防的医疗差错导致的死亡人数占总死亡人数

---

① 李庆功：《临床风险管理 ABC》，百度文库 http://wenku.baidu.comviewe9c371d950e2524de5187ee4.html? from＝related&hasrec＝1,2012 年 2 月 20 日访问。

的 1/9。① 医学科学其未知领域浩瀚博大,因此医疗风险存在于医学领域的各个学科门类,并将永远伴随在整个医学发展的过程中。世界各国的医疗从业机构及医疗从业人员都面临这样的现实,无法避免。因此,医疗风险是始终客观存在于临床医疗行为中的。

(二)医疗风险具有或然性

医疗风险的一个重要特征就是它具有发生的不确定性。在正常医疗活动中,医疗机构从业人员根据临床经验和诊疗常规所做出的诊断、治疗,往往伴随着不确定的偶发因素,如患者的特异性体质、对药物及治疗方案的耐受性、药物本身的作用力、并发症等,当偶发因素发生时即可导致损害后果发生。因此,医疗风险始终存在于医疗活动中,虽然不一定会发生,却具有很强的不确定性。

(三)医疗风险具有危害性

医疗行为的服务对象是人,其风险发生后造成的损害远远大于其他行业,这种损害涉及广泛,患者、医务人员、医疗机构乃至社会都会受到影响。②

美国哈佛大学于 1991 年在纽约州进行的一项医疗风险的调查资料显示,有差不多 4% 的病人在住院期间受到伤害,从而导致病人延长住院时间和伤残。在这些受伤害的病人中,有 14% 因此而死亡。③ 在澳大利亚 1995 年的一份有关澳大利亚医疗研究的资料中,澳大利亚 28 家医院的住院病人中有 16% 的病人遭受严重医疗事故,这些事故的 51% 均是可以避免的。④ 同样,医疗风险所导致的经济损失也是巨大的,美国由于医疗差错风险引起的不必要的住院和重复治疗措施造成的平均花费大约为 2000 美元,每年将额外增加 2 亿美元的经济负担;而澳大利亚的该项费用则高达 4.7 亿美元。⑤ 从以上数据不难看出,医疗风险的存在给人类的健康及经济都带来了巨大危害。

(四)医疗风险具有复杂性

医疗风险的形成并非单一因素导致的结果,只能辨别哪种因素是主要原因而很难排除其他因素及未知因素的影响;大量风险因素间相互关系的错综复杂,

---

① 杨克虎、刘雅莉等:《澳大利亚医疗风险监管及措施的循证评价》,载《中国医院管理》2007 年第 27 卷第 10 期。

② 赵攀、王卉、吕占秀:《医疗风险及其影响因素探讨》,载《解放军医院管理杂志》2009 年第 3 期,第 229—230 页。

③ 欧阳昭连、池慧、杨国忠:《在用医疗器械风险管理及对策研究》,载《中国医疗器械信息》2008 年第 3 期,第 59—69 页。

④ 李长生、赵育新:《以目标管理为利刃,促进医院全面推进建设》,载《解放军医院管理杂志》1999 年 6 卷第 1 期,第 29—30 页。

⑤ 杨克虎、刘雅莉等:《澳大利亚医疗风险监管及措施的循证评价》,载《中国医院管理》2007 年第 27 卷第 10 期,第 62 页。

显示出医疗风险具有的多样性和多层次性。与一般的风险相比,医疗风险呈现出更为明显的复杂性特征,究其原因不难发现,医疗行为所面向的医疗客体(人体)复杂,疾病多样,个体的差异性较大,临床上经常会出现同一疾病表现为不同症状,而不同的疾病可能表现出相同的临床症状。疾病的发展与转归同样复杂多变,这使得临床诊断和临床治疗难以用统一的标准衡量。研究表明,临床诊断与病理解剖诊断的符合率大约是 70% ~ 80%,而 20% 左右的患者在生前接受的临床治疗与疾病几乎没有关系。① 医学水平、诊断水平、医疗设备的发展永远滞后于疾病的发展,医疗手段自身的局限性以及人类认识的局限性等因素都是造成医疗风险发生的客观因素,然而,这些因素同时都是我们难以完全控制和驾驭的,因此,医疗风险的发生也呈现出复杂多变的特性。

(五)医疗风险具有兼容性

医疗风险的发生是医疗领域中的双刃剑:一方面对医患双方产生巨大生命健康及声誉损害,另一方面不可否认其对现有医疗技术发展及人类对疾病的认知产生促进作用。如何正确地认识、预防、控制它的存在与发生,是保障医患双方权益,促进医疗卫生行业健康有序发展的重要基础。目前,我国的医疗责任风险分担机制尚未完全建立,很多情况下,医疗机构从业人员惧怕未知法律后果的产生,往往采取消极保守的诊疗态度,坚持采用技术相对更为成熟的传统治疗方法,拒绝接受尚未完全成熟的风险性更大的新技术,甚至对疑难病症采取拒绝诊治的态度;有时为了规避风险,增加、扩大诊疗项目,导致诊疗费用增加;更为严重的是使患者的生命健康权益无法得到保障,严重阻碍了医学科学的发展,使医患双方的利益受损。

(六)医疗风险具有双重性

医疗风险同时兼具了可控性和不可控性两种特征,使得医疗风险可能发生变化。医疗风险中的主观诱因使其具有可控性特征,如:医护人员操作失误、疏忽大意、存在过失等;而其中客观诱因却同时导致它具有不可控特征,如认知水平差异及医疗技术发展局限等。

四、医疗风险的范畴

(一)医疗事故

医疗事故是依据《医疗事故处理条例》中的规定所产生的概念,是行政机关为了管理和处理医疗纠纷而设置的一个具有行政性质的概念。医疗事故是指医疗机构及其医务人员在医疗活动中,违反医疗卫生管理法律、行政法规、部门规

---

① 邵晓莹:《医疗风险与医学纠纷》,载《医学与社会》2001 年 14 卷第 5 期,第 7 页。

章和诊疗护理规范、常规,因过失造成患者人身损害的事故。

医疗事故是特定的职业事故。判断医疗事故主要依据:一是主体是医疗机构及医务人员,二是行为的违法性,三是过失造成患者人身损害的事实,四是过失行为和后果之间的因果关系,五是行为人主观上有过失。

在 1987 年国务院制定的《医疗事故处理办法》中,曾经基于不当医疗行为是否造成患者人身损害而设定了一个行政概念,即医疗差错,指在诊疗护理中因医务人员的诊疗护理过失,给病人造成一定后果或者给病人造成一定的痛苦,导致延长治疗时间或增加不必要的经济负担而没有到达死亡、残废和功能障碍程度的医疗损害事故。按照不良后果的程度又分为严重差错和一般差错。这主要是为卫生行政管理部门行政认定和处理医疗事故提供依据。随着 2002 年《医疗事故处理条例》、2010 年《侵权责任法》等相关法律文件的相继出台,医疗差错这一概念不再使用。

(二)医疗损害

医疗损害是一个民事概念,系指因医疗行为而对患者的人身产生不利的事实,包括经济利益及生命健康利益的损害。医疗损害是诊疗过程中侵袭性医疗行为所必然带来的后果,以利益最大化原则作为根本,排除因医疗行为所获取的生命健康利益,其所应避免产生的不利后果均可被认定为医疗损害而成为诊疗程序中的风险类型。因医疗行为导致的医疗损害,就需要承担相应的医疗损害责任。医疗损害所应承担的法律责任,依据法律的相关规定分为刑事责任、行政责任和民事责任。

(三)并发症

并发症主要指一种疾病在发展过程中自然引起的另一种疾病和症状,如剖宫产手术后容易引起粘连性肠梗阻。并发症的发生是医疗风险中的一个主要因素,是否承担责任,将视法律责任构成要件决定。

(四)后遗症

后遗症是指疾病好转或治愈后遗留下来的组织、器官缺损或功能障碍。如小儿麻痹后的下肢瘫痪,带状疱疹后遗神经痛等。其发生的主要原因是人类对疾病控制的有限性和医学科学发展的局限性,当然也不排除少部分的可控性因素存在。

(五)医疗意外

医疗意外是指由于无法预见和无法抗拒的原因,使病人出现难以预料和防范的不良后果。主要是指现有医疗手段无法控制的风险事件,同时也要排除医务人员的过失。

第二节 医疗法律风险概述

一、医疗法律风险的概念和特征

医疗风险发生的巨大危害常常给患者造成身体和经济上的巨大损失,这往往成为患者不能接受最终结果的重要原因,也是引发医疗纠纷的重要因素。在实际生活中,医疗风险往往演变为医疗纠纷,受损一方常常希望通过对法律的诉求获得医疗风险巨大损害的弥补。当医疗机构和患者之间的纠纷进入法律途径后,双方争议的焦点大多集中在医疗风险与医疗行为的关系上,从这个意义上讲,医疗风险演化为一种法律风险,即由医疗过程中的行为风险诱发的法律风险。

由此,医疗法律风险可以定义为医疗过程中因医疗行为的实施而引发法律争议的可能性。

医疗法律风险具有以下特征。

(一)医疗法律风险的发生以医疗风险的产生为前提和基础

只要医疗风险在临床诊疗过程中发生,产生了非诊疗行为之目的的后果,这种后果往往并非患者的求医目的,由此引发了患者的法律诉求,医疗风险随之转化为医疗法律风险。因此,医疗风险的发生实际上是产生医疗法律风险的前提和基础。

(二)医疗法律风险的发生同样具有或然性、危害性的特征

医疗法律风险同样具有一般风险的或然性、危害性特征,但其归宿又不同于一般风险,医疗法律风险不必然产生利益,也不必然产生法律责任。

(三)医疗法律风险是医疗风险的补充控制

医疗法律风险以医疗风险的发生为前提,以发生法律诉求为重要特征,以最终的责任划分和责任承担为法律结果,其目的是为了实现对生命健康权益和经济利益的补偿,因此,医疗法律风险的存在实际上是对医疗风险的损害后果发生的补充控制。正确认识他们之间的关系,加强医疗法律风险的管理和控制,正确履行医患双方权利义务,规范医疗制度,加强医疗管理,控制医疗风险,是构建和谐医患关系的重要措施。

二、医疗法律风险的诱发因素

防范医疗法律风险,有效地控制它的发生,就必须研究和认识引发医疗法律风险的原因和各种影响因素,以便找到相应的对策。前文已经阐明医疗风险是

医疗法律风险产生的直接原因，因此，导致医疗风险发生的诱因也是导致医疗法律风险产生的间接原因。

（一）从人的认知水平来看，医疗法律风险的诱发因素包括主观因素和客观因素

1.客观因素。

（1）疾病因素。医疗法律风险究其原因，来源于生命的复杂性与人类认识的局限性、生命的无限变化与人类解决问题能力有限性的矛盾。医学与疾病的矛盾是相伴而生的，历经长期的艰苦实践，人类虽然攻克了许多疾病，如天花、鼠疫、麻风等，但新的疾病又在不断出现，如艾滋病、疯牛病等；同时旧的疾病也在不断发生变化，如感冒病毒通过自身变异产生许多亚型，这些疾病从发现到找到治疗方法往往需要几个月、几年甚至更长的时间。在此期间，没有有效的治疗方法可以采用，医务人员往往只能运用常规手段来应对，即便能够探索性地应用新的治疗方法，其将面对的困难及面临的风险也可想而知。同样，从发展速度上来讲，医学的进步永远无法跟上疾病的步伐，甚至可以说医学的发展总是滞后于疾病的变化。尽管现代医学技术的发展今非昔比，对医疗行业的外部监督及内部自律也日益严格，但由于医疗活动中多种因素的不确定性依然存在，致使医疗活动仍然存在很大的风险。

（2）医疗现状。医疗机构的医疗条件、医疗机构从业人员的诊疗水平是存在有限性和差异性的。通常从误诊误治发生的情况就可以反映出医疗机构及医疗机构从业人员诊疗水平的差异性，而我国这个问题更为突出。一项有关学制与医学教育质量的研究表明，我国偏短的医学教育学制，与国际接轨的医学教育培养标准和认证制度的缺乏，住院医生规范化培训制度和专科医生培养制度的系统不完善等，在一定程度上影响了我国医学人才培养的质量，这也是造成医疗风险频发、医疗法律风险产生的重要因素之一。有关调查表明，农村卫生组织由于技术水平、医疗条件等多方面原因，医疗事故争议和被鉴定为医疗事故的比例很高，[1]这意味着医疗技术水平及医疗条件也是造成医疗法律风险的重要客观原因。

2.主观因素。

主观因素主要是指医疗机构和医务人员的道德风险因素。据中国误诊文献数据库显示，我国目前总误诊率为27.8%，造成误诊的原因有16种，其中很多与医疗机构从业人员有关，如医生的经验不足占25%，医生问诊及体格检查不仔细占17.3%，医生未检查特异性检查项目占17%，过分依赖辅助检查结果占14.7%。[2] 医务人员因责任心差、玩忽职守而导致病人死亡、残疾，或因服务态

① 沈义良：《指定门诊护理常规城乡应各有侧重》，载《健康报》2003年2月11日。
② 邵晓莹：《医疗风险与医学纠纷》，载《医学与社会》2001年14卷第5期，第7页。

度不好而发生医患纠纷的事例也很多,这些都增加了医患诉讼矛盾的发生,也使得医疗法律风险的发生率增高。

(二)医疗法律风险的诱发因素还来自社会因素和自身因素

1. 社会因素。

(1)在市场经济条件下,医疗机构社会公益性质遭受到巨大的冲击,政府资金投入有限,医疗机构和医务人员为了生存和竞争,必然要讲求经济效益,最直接的结果就是检查项目增多,医疗费用高涨。这在一定程度上影响了医患关系,导致了医疗法律风险的增加。

(2)医生的执业信心和责任心受执业环境、职业状况和法律保护现状的影响而极度受挫,从而导致医疗矛盾凸显,医疗法律风险增强。一项调查显示,只有27%的医生对当前的职业环境基本满意,医院级别越高,对职业环境不满意的医生所占的比例呈增高趋势;48.6%的医生没有职业自豪感和成就感;72.8%的医务人员认为在受到不法侵害时,没有得到执法机关的有效保护;有90%的医务工作者不愿意让自己的孩子从事医疗职业。[①] 近年来连续发生的严重的伤医事件,医疗行业的高风险造成的职业压力大、责任大、工作量大,都成为医疗法律风险的诱发因素之一。

(3)从患者角度来讲,患者对医疗行为预期过高,对医疗工作的风险了解不足,往往对疾病的治疗预期超出现有医疗水平所能达到的程度;同时随着患者维权意识的提高,对医疗过程的参与度提高,当出现患者预期与现实结果的偏差时,大部分患者都会主动采取维权行动。

(4)从行政作为来讲,政府财政对医疗卫生行业的投入不足。我国有着世界22%的人口,而卫生费用总额仅占世界卫生费用总额的2%;财政投入占医疗机构支出的比重:省级以上医疗机构为5%,市县级医疗机构一般仅占1%,乡镇医疗机构为1%～5%。[②] 而相应的社会保障制度不足造成医疗机构的社会公益性质受到严重冲击,医患之间因医疗费用的收支极度失衡成为诱发医疗法律风险的又一因素。同时,政府机构在面对医疗纠纷时所采取的预防、控制以及处理等应对措施不完善,甚至不得当,也是造成医患矛盾频发、不断升级的一个重要方面。

2. 医疗机构自身因素。

医疗法律风险的发生除具有很多社会因素外,医院自身管理方面也隐藏着

① 肖锦铖、杨巧兰:《医疗纠纷的成因分析与基本对策》,载《中国卫生事业管理》2001 年第 17 卷第 6 期。

② 《高州经验:解决看病难看病贵的范例》,顺德区人民政府网 http://www.shunde.gov.cndatama-in.php? id=40014－7170007,2011 年 7 月 6 日访问。

众多风险因素。如医疗机构管理不规范、工作重点不突出、人员安排不合理、各项制度及措施执行力度不够、服务模式及服务设置不合理等,都成为引发医疗法律风险的诱因。

以上风险因素可大致归纳为以下几点。

(1)管理制度问题。诊断技术的发展和应用制度不合理,医疗设备维修管理不严谨,医务人员的聘用、培养、考核、监督机制不完善,药品及医用材料供给和管理不严密等,均为产生医疗法律风险的潜在因素。

(2)管理水平问题。组织管理水平不够,不仅影响医疗资源的整合及有效合理的利用,而且也会影响医务工作人员技术水平的正常有效发挥。这往往造成医疗活动的混乱无序,导致医疗法律风险发生的概率增加。

(3)工作环境问题。工作人员压力大、工作强度高,缺乏继续教育和业务培训;医疗行业的高技术、高风险;人类疾病诊治的复杂性等特殊因素,使得医疗执业环境复杂,多重缺陷最终产生巨大的风险合力。

(4)工作协作和流程问题。团队结构、团队之间的合作和交流以及团队对外交流等方面缺乏系统和有效的沟通应对,如临床转诊、急诊以及会诊等注重团队协作的环节,往往成为风险高发的关键点。

(三)从诱发因素的性质来看,医疗法律风险又分为医源性因素和非医源性因素

1.医疗法律风险的医源性因素。医疗法律风险的医源性因素,是指因诊疗护理过程中所发生的具体医疗行为直接作用而产生法律争议的可能性。也就是说,当医疗机构从业人员的医疗行为直接作用于患者机体,导致患者机体产生非医疗行为本身目的之损害结果的发生,而由此产生法律争议的可能性。例如,药物不良反应、后遗症、并发症的发生,误诊、漏诊[①]导致的治疗措施失当等,该类行为都属于医疗行为或与医疗行为直接相关,一旦出现患者预期无法实现的结果而产生争议,都可能诱发医疗法律风险发生。凡此种种与医疗行为关系密切的医疗风险诱发因素,都可归结为医源性诱发因素。

2.医疗法律风险的非医源性因素。医疗法律风险的非医源性因素,是指因临床过程中所发生的非故意、非预期、非计划内的医疗意外或非医疗行为(如社会矛盾的转嫁、医患信息理解度不对等等情形)而产生的法律争议的可能性。它的产生并非医疗行为直接诱发,因此与诊疗护理中的具体医疗行为而造成的医疗法律争议是不一样的。如手术过程中的意外停电、医疗产品质量问题、工伤事

---

① 中华医院管理学会误诊误治研究会的报告显示,个别单病种的误诊率高达90%。研究表明,临床诊断与病理解剖诊断的符合率大约是70%~80%,而20%的患者在生前接受的临床治疗与所患的疾病几乎没有关系。参见许苹、郭文琼等:《医疗风险界定及其现状研究》,载《中国卫生质量管理》2006年第1期。

故或伤害案件转变为医患纠纷、医疗信息理解不充分、预后预期较高等;但是它们同样存在于医疗过程中,有可能被认作由医疗行为所导致,同样都有可能因此而产生不良的法律后果,因此应属于医疗法律风险中的非医源性因素。

(四)从医疗风险产生的法律后果来看,医疗法律风险可以分为有责性医疗法律风险和免责性医疗法律风险

在现有的医疗法律制度下,医疗风险的分担机制尚不完善,故存在着合理医疗风险的鉴定尚不能完全展开,因此,使得一部分因缺陷医疗行为所引发的医疗风险上升为医疗法律风险,其责任的承担会因为缺陷医疗风险的界定存在困难而产生偏斜。严格意义上来讲,从医疗风险的损害程度来看,医疗风险转化为医疗法律风险后,为了保障医学科学的健康发展,在法律的尺度范围内,必然要设定一个可以衡量其有责或免责的标杆来区分责任的承担,因此,从其形成的法律后果来看,我们也可以将其分为有责性医疗法律风险和免责性医疗法律风险。

三、医疗风险与医疗法律风险的关系

(一)医疗风险是医疗法律风险产生的前提

医疗法律风险的产生往往是由于医患双方对医疗风险的发生具有认知分歧而导致的,因此医疗风险是导致医疗法律风险产生的最直接和最主要的原因。但我们也应该认识到,医疗风险并非医疗法律风险产生的唯一原因。

(二)医疗风险不一定会产生医疗法律风险

医疗风险虽然是客观存在的,但是其发生具有或然性。每种疾病的预防、诊断、治疗和预后等都有其自身的风险,有的风险发生率高,有的风险发生率低,它可能出现灾害后果,也可能不会出现灾害后果。一般来说,医疗风险的损害程度往往成为决定医疗风险是否会转化为医疗法律风险的重要因素。如:药物过敏所造成的轻度皮损可能是人们所能承受的医疗风险损害后果,对该后果的认同和接受可能导致该风险并不会转向法律诉求解决;然而,同样由于药物过敏导致患者死亡,这样的医疗风险后果却往往会导致法律诉讼的发生。但这往往还和人们的认知程度有关,有时即使发生很严重的损害后果,基于对医学科学的认识、对医务人员诊疗的认可,当事的患者不追究,医疗风险也并不一定会发生转化。因此,医疗风险的发生并不一定会产生医疗法律风险,其发生率往往取决于患者对医疗风险发生损害后果的认同程度等。

(三)医疗法律风险也不一定是医疗风险的最终归宿

医疗风险的发生可能产生的后果并不具有唯一性,在健全的风险管理机制下,医疗风险可能会因合理风险管理机制的调控而被合理地分担或者化解,从而

使得医疗风险在尚未进入法律需求阶段即宣告平息或消失。因此,完善风险的预防控制机制是预防医疗法律风险发生的重要保障。

第三节 医疗风险及医疗法律风险的研究现状及意义

一、我国医疗风险及医疗法律风险研究的现状

医疗风险并非一个新鲜的话题,它是世界医学长期而普遍面临的问题,只是目前人们对于它的认识尚不完整,还没有把它当作一门系统的学问进行理论思维。实际上,医疗风险所涉及的理论,如产生的原因、容易发生的环节、导致的后果及发展趋向、解决的方法和途径,已经涉及一个十分庞大的、跨学科的、有完整体系的理论和方法。对尚未完全成熟的这一领域,我们把它称为一门新兴的复合学科。由于此项研究相对滞后,目前世界上不少国家对医疗风险的认识还比较模糊,大部分情况被笼统称为医疗不良事件,或者称为医疗缺陷。

进入 21 世纪,随着我国医疗卫生改革的不断深化,我国医疗损害赔偿纠纷案件呈现出逐年上升的趋势,几乎每一起医疗纠纷案例都涉及医疗技术、人身伤害、经济赔偿甚至道德谴责等方面,医疗风险问题日益频繁地出现在社会焦点话题当中;其复杂性和重要性因此愈来愈得到立法、司法和理论界的重视。然而,学界对于临床医疗风险的存在和发生的研究仅停留在基础研究领域,对临床医疗风险的发生因素、特征、来源等只进行了粗浅研究,对于防范医疗风险的研究也仅停留在个案医疗机构所设立的医疗机构医疗风险管理规范措施等,未能形成合理有效的制度性管理体系和风险防范体系。这样的现状无助于我国目前医疗体制改革中突出问题的解决,尤其是不利于缓解医患之间的矛盾冲突和减轻医疗与司法压力。

我国现有医疗风险及医疗法律风险研究存在的问题主要表现为以下几方面。

(一)医疗风险分担机制研究不充分

医疗风险分担机制是研究医患双方权利义务的基础,同时也是医疗法律风险防范的重要内容和措施。在日益增多的医疗纠纷案件中可以看到,许多患者及家属对医疗风险的认识相当有限。患方缺乏医疗专业知识、对医方的期望值过高、医患双方沟通不足等都是个中缘由,疾病给患者造成的不良情绪更使患者及家属无法客观看待医疗效果的不尽如人意、药品和器械可能带来的不良反应。目前患者及家属大多对医学的诊断、治疗功效以及给患者带来的利益深信不疑,但对医疗过程中存在风险的事实认识不足,甚至完全忽略。越来越多的患者错

误地认为,只要来到医院,就等于把自己由于疾病产生的危险转嫁到医院或医生身上。一旦产生自身无法接受的后果,往往会将其失望情绪转化为不满和愤怒,寻求法律的补偿和救助,医疗法律风险也由此发生。因此,医疗风险分担机制研究是未来研究医疗风险及医疗法律风险的重要部分。

(二)适应新型医患关系模式的医疗法律风险预防和控制管理体系研究不完善

我国传统医学领域中"命令—服从"基础上的家长式医患关系模式已经被打破,在经历了"指导—合作型"医患关系模式的转变之后,建立了"共同参与型"的新型医患关系模式。而我国法律是以侵权责任为基础构建医疗损害赔偿责任体系,其中医疗机构承担责任的构成要件之一是,在实施治疗措施过程中存在过错(虽然执业医师享有过失豁免权,但此过失仅指一般过失,而对重大过失或者故意行为,行为人仍要承担损害赔偿责任),这使得在医患关系的转变及医疗法律风险防范的建立之间存在空白,导致医患的分歧直接适应法律,缺少了风险管理的缓冲措施。因而,对适应新型医患关系模式的医疗法律风险预防和控制体系研究的滞后,成为制约新型医疗改革的瓶颈,也成为新型医患关系模式成功转型的制约因素。

(三)关于医学局限性的法律研究不足

医学的局限性是医疗风险及医疗法律风险产生的原因之一,然而,长期以来我国学者在各种理论性研究中仅意识到这个问题的存在,而未能对其展开学术界定的深入研究。如:医疗行业的特殊性、医学科学的滞后性、现行医学教育模式的缺陷性等,这些问题与医疗风险及医疗法律风险的发生,甚至对医疗责任的分担都具有深远的意义和影响,也是医疗风险及医疗法律风险研究中不可或缺的重要内容之一。例如,病毒窗口期检测技术和影像技术的局限性、误诊学等相关内容与医疗法律风险防范之间的联系。简而言之,如果可能导致灾害性后果的潜在因素是现有技术力量和技术手段无法控制、无法预测、无法避免的,灾害性后果的产生与医务人员的诊疗护理行为没有必然的因果关系,医疗风险造成的不良后果则不应归咎于医方,医疗机构和医务人员具有当然的免责。但是如何认定和判断医学领域的缺陷尺度仍然缺失,尚有待通过新标准的制定来解决。

二、国外医疗风险及医疗法律风险研究现状

相较于我国尚未建立的医疗风险统一管理体制,国外很多国家早已建立了应对医疗风险(如医疗不良事件监控,医疗质量监控等)多重问题的制度,有效应对因医疗风险的发生而造成的经济及生命健康的损害。1997年,澳大利亚在原有不良事件监控制度的基础上,制定了新的不良事件监控和分析制度,成立了全国医疗保健质量和安全专家咨询委员会及医疗保健质量和安全委员会等专职机构,以防范风险,降低医疗纠纷的发生,同时保证病人安全,提高医疗质量。在应对医疗风险方面,加拿大建立药物不良反应信息系统、加拿大病人安全协会、国家病人安全指导委员会等机构。美国则建立了更为完善的医疗风险管理程序,主要包括:医疗风险的识别(medical risk identification)、医疗风险的评价(medical risk measurement)、医疗风险的处理(medical risk handing)和医疗风险管理效果的评价(medical risk management evaluation)四个阶段,通过对风险的分析测量来有效控制风险的发生。英国、美国和澳大利亚都认识到了医疗差错和不安全事件在卫生保健领域的普遍存在,所以三者的防范措施都着重于报告系统和差错根源的分析。[①]

三、医疗风险及医疗法律风险研究趋势

近年来学界对于医疗风险的讨论仅仅局限于对风险的成因、种类及管理模式的建立,尚处于初级阶段;而对于医疗风险诱发医疗法律后果的关联性研究尚未开展。这使得医疗机构在面对现有医疗活动中各种高风险医疗行为时,因惧怕法律后果的发生而往往采用消极保守的态度去应对,未能建立合理有效的法律应对措施;在法律事件发生后,其法律后果往往会让医疗机构无法接受,医疗积极性受到严重损害。

未来,对于医疗风险及医疗法律风险的研究,除了继续通过基础性研究建立体系的基石外,还将集中在对其原发性诱因的预防和控制方面,同时对合理医疗风险的分担机制进行更多的关注,从而保障医疗法律风险在一个合理尺度的范围内存在,并得到有效的控制和预防。同时应该注意到,由于医疗风险发生的原因极其复杂,要预防和处理医疗风险问题,涉及许多相关学科的理论和方法,今后的研究应注重以下几个方面。首先,要减少风险的发生,必须从临床医学的角度来研究风险发生的规律性,并进行系统的归纳和整理,从而找到预防和避免的方法。其次,风险可能带来相应的后果和利益矛盾,这就会涉及责任的认定和法律问题的解决。再次,风险是可以发生演变的,如一般的医疗风险由于处理不及时或不得当,可以演变成影响较大的、十分被动的危机事件。

同时,在今后的研究工作中,基于各医疗机构较为分散的风险管理制度,政府应考虑建立统一的医疗风险应对机制。我国目前尚无全国性的医疗风险监管机制。在医疗风险管理机制建立的基础上,建立完善、有效的医疗法律风险预防与处理机制更为重要,如此才能够对医学事业的健康发展和人民生命健康权益

---

① 杨克虎、刘雅莉等:《澳大利亚医疗风险监管及措施的循证评价》,载《中国医院管理》2007 年第 27 卷第 10 期。

保障提供更为坚实的基础和保障。

如今,在医疗体制改革的进程和方向问题再次成为社会热点的时候,降低医疗法律风险与保证病人安全更具可操作性;医疗存在风险已是业内共识;国外的经验和教训不乏借鉴价值。更为重要的是,病人安全可有更多保障、医疗纠纷数量有望减少或得到更为合理的解决。这对建立和谐的医患关系,加快医疗制度改革的进程,会有很大的帮助。

本章小结

医疗法律风险是指在医疗过程中因医疗行为的实施而引发法律争议的可能性。医疗法律风险主要来源于医疗风险的产生,但并不仅限于此,其产生因素复杂,具有极大的或然性,然而其危害后果却不可小觑。两者之间既有联系,又有区别。

我国目前对于医疗风险的监测管理机制尚未建立和完善,医疗法律风险发生的概率较高,这对我国医疗卫生事业的健康发展影响极大。因此该项内容的研究刻不容缓。建立合理有效且完善的医疗法律风险预防及处理机制,不能忽视对医疗风险的研究,同时对其产生的因素也要深入细致地加以考虑。

思考题

1. 医疗风险及其特征是什么?
2. 医疗法律风险及其诱发因素有哪些?
3. 医疗风险与医疗法律风险之间有什么关系?

案例思考

案例一 原告,54 岁,女性,因慢性关节炎、肥胖、糖尿病和高血压接受门诊治疗。1988 年 8 月接受热疗,因热疗垫使用时间过长,不幸发生皮肤 II°烧伤。医方给予药膏局敷,嘱其一周后复诊。然而,在接下来的一周时间内,烧伤创面演变为溃疡,但是原告未在要求的时间内复诊。一个月后,患者因溃疡面继续扩大及组织坏死而住院,行清创和植皮术。原告住院两周,背部留有数条较长的疤痕,最长达 8in(1in=25.4mm)。故原告诉至法院请求赔偿。

被告辩称,原告没有在一周内复诊,任凭伤情恶化、溃疡形成,是导致原告最终住院手术的直接原因,其最终结果的形成是由原告自己的行为直接导致的,与医院的医疗行为不存在因果关系,因此医院不应当承担责任。

案例二 某护士在治疗中误将甲床的 80 万单位青霉素给乙床病人注射,而将乙床的 8 万单位庆大霉素给甲床病人注射,出现了交叉治疗的错误。注射后及时发现,立即报告医生,做好紧急抢救的一切准备,医护人员守候在乙床病人的身边。幸好乙床病人对青霉素不过敏,一场虚惊之后,病人安然无恙。

案例讨论

1. 结合案例一、案例二讨论医疗风险的范畴。

2. 结合案例讨论医疗风险与医疗法律风险之间的关系。

第二章 医疗风险控制的相关法律法规

第一节 医疗风险控制的相关法律法规概述

一、医疗风险控制概述

医疗风险控制是指医疗风险管理者采取各种措施和方法,消灭或减少医疗风险事件发生的各种可能性,或者减少医疗风险事件发生时造成的损失。

由于医疗风险的不确定性,医疗风险控制必须从医疗风险的形成因素出发,把握医疗过程的各个环节,从根本上控制医疗风险,减少医疗风险发生的可能性。医疗风险伴随医疗过程而产生,医疗风险控制的环节和因素,与医疗过程及管理环节密切相关。

依据医疗活动的行为主体,可以把医疗风险控制的环节和因素划分为医疗机构、医务人员、患者三个部分。按照我国现行的医院分级管理标准,各类型和各等级的医院规模、功能服务项目和技术水平都有一定区别,所面临医疗风险的发生频率与程度也存在较大差异,合适的医疗机构管理模式可以有效控制医疗风险。医务人员直接参与医疗一线活动,其专业才能包括技术与医德等都密切关系到医疗风险的发生、发展和后果。患者是医疗活动指向的对象,也是医疗风险的承担者,患者的个体体质和心理因素、风险意识、法律意识等都对医疗风险控制有着重要影响。

依据医疗风险的性质,可以把医疗风险控制的环节和因素划分为医源性要素与非医源性要素两类。医源性因素是来自医疗机构及医务人员等的因素,表现为医方在医疗技术、职业道德、医疗管理、医疗设备等方面存在的缺陷。非医源性因素是来自患者的因素,表现为疾病本身发生、发展的复杂性和多变性,患者个体差异性因素,社会心理因素等。

医院的各个工作部门、各个工作环节都存在潜在的医疗风险,如由于医方对自身利益的切身保护,有意或无意回避患者的正当要求而引发的风险;患者及其家属对医方期望过高,当主观愿望与现实产生差距时,采取过激行为引发的风险;部分患者及家属缺少道德与诚信,无理取闹造成的风险;药品出现不良反应而引发的风险等。面对医疗风险,患者担心,医生担心,医院担心,药品和医疗器械生产厂家也担心。在医疗实践中正确认知和控制医疗风险,提高医疗护理质量,解除医院和医务工作人员的后顾之忧,已经成为亟待解决的问题。

二、医疗风险控制的相关法律法规

法律规制是防范和控制医疗风险的重要手段,也是医药卫生立法的一个重要任务。医疗风险控制管理法是指调整医疗风险控制活动中所产生的各种社会关系的法律规范的总和。目前,我国的医疗风险控制管理立法分为四大类。

一是对医疗机构的管理法。包括医院管理、农村卫生管理、疗养院管理、血站管理、急救站管理等法律法规。在医疗机构管理方面,卫生部先后颁布了《全国医院工作条例》《医院工作制度》《医院工作制度补充规定(试行)》等。1994 年2 月,国务院发布了《医疗机构管理条例》,此后,卫生部陆续颁布了《医疗机构管理条例实施细则》《医疗机构监督管理行政处罚程序》《医疗机构设置规划指导原则》《医疗机构基本标准(试行)》《医疗机构诊疗科目目录》《医疗机构评审委员会章程》等规章。

二是对医疗卫生技术人员的管理法。包括医师管理、药师管理、护士管理,以及助产士、临床检验人员、放射线技术人员、理疗人员管理等法律法规。在各类医疗卫生技术人员管理方面,卫生部先后颁布了《医院工作人员职责》《医务人员道德规范及实施细则》《卫生部关于医务人员业余服务和兼职工作管理规定》《外国医师来华短期行医暂行管理办法》《护士条例》等。1994 年9 月,人事部和国家医药管理局制定发布了《执业药师资格制度暂行规定》及其系列配套措施。1995 年7 月,人事部、国家中医药管理局联合颁布了《执业中医师资格制度暂行规定》及配套措施。1998 年6 月26 日,第九届全国人大常委会第三次会议通过了《执业医师法》,并于1999 年5 月1 日施行。

三是对医疗技术设备的管理法。医疗技术设备严格来讲,可以划分为医疗技术与医疗设备两个部分,因此,这里就涵盖了医疗技术、诊疗护理常规管理法律法规,以及医疗器械、医用仪器设备、医器材管理等法律法规。2000 年1 月4 日,国务院发布了《医疗器械分类规则》和《医疗器械监督管理条例》。2008 年12 月,卫生部发布了《医疗器械不良事件监测和再评价管理办法(试行)》。2009 年4 月,卫生部和国家工商行政管理总局联合发布了《医疗器械广告审查办法》。2009 年3 月,卫生部组织制定了《医疗技术临床应用管理办法》。

四是对医疗用品的管理法。包括了消毒用品、药品管理等法律法规。2002 年3 月,卫生部修订通过了《消毒管理办法》。2001 年2 月,全国人大常委会修订通过《中华人民共和国药品管理法》。

以上这些法律法规，都是我国医疗风险控制法律体系的组成部分。

三、违反医疗风险控制相关法律法规的法律责任

法律责任是在医疗风险发生后，减少医疗风险事件发生所造成的损失的法律救济手段。违反医疗风险控制管理法的法律责任，从性质上可以分为行政责任、刑事责任和民事责任三类。从适用主体上分为医疗机构的责任、医务人员的责任和患者个人的责任。

第二节　医疗机构的法律规制

一、医疗机构的概念和医疗机构管理立法

（一）医疗机构的定义和类别

医疗机构是指以救死扶伤、防病治病、保护公民健康为宗旨，从事疾病诊断、治疗、康复活动的社会组织，必须经过登记取得《医疗机构执业许可证》。

按其功能、任务、规模等，我国的医疗机构的类别主要有：①综合医院，中医医院，中西结合医院，民族医院，专科医院，康复医院；②妇幼保健院；③中心卫生院，乡（镇）卫生院，社区（街道）卫生院；④疗养院；⑤综合门诊部，专科门诊部，中医门诊部，中西医结合门诊部，民族医门诊部；⑥诊所，中医诊所，民族医诊所，卫生所，医务所，医务室，卫生保健所，卫生站；⑦村卫生室（所）；⑧急救中心，急救站；⑨临床检验中心；⑩专科疾病防治院（所，室）；⑪护理院（站）；⑫其他诊疗机构。

（二）我国医疗机构管理立法现状

1994年2月26日，国务院发布了《医疗机构管理条例》，并于当年9月1日起实施。该条例对医疗机构的规划布局、设置审批、登记执业、监督管理等作了明确的规定。与之配套，此后卫生部陆续颁布了《医疗机构管理条例实施细则》（以下简称《实施细则》）、《医疗机构设置规划指导原则》《医疗机构基本标准（试行）》《医疗机构监督管理行政处罚程序》《医疗机构评审标准》《中外合资、合作医疗机构管理办法》等规章，各省、自治区、直辖市也相应制定了《医疗机构管理条例实施办法》等地方性法规。2000年2月，国务院办公厅转发了国务院体改办、卫生部等部门《关于城镇医药卫生体制改革指导意见》，为贯彻落实《指导意见》，国务院有关部委相继发布了《关于城镇医疗机构分类管理的实施意见》《关于医

疗卫生机构有关税收政策的通知》《国家计委、卫生部印发关于改革医疗服务价格管理的意见的通知》等一系列配套规范性文件。

二、医疗机构医疗风险的控制管理

医疗机构是开展医疗活动、提供医疗服务的主要场所,合法的医疗机构是医疗风险控制的前置条件,非法的医疗机构不受法律保护,控制医疗风险更无从谈起。我国医疗机构管理的现行法律制度主要包括:医疗机构设置规划和设置审批制度,医疗机构名称管理制度,医疗机构登记校验制度,医疗机构评审制度,医疗广告管理制度,医疗机构监督管理制度等。医疗机构的医疗风险控制主要是通过医疗机构市场准入制度及医疗机构存续过程中的许可、评审、监督制度等环节来实现的。

(一)医疗机构设置审批制度

医疗机构设置审批制度限定了医疗机构成立的基本条件,是从主体层面实行医疗风险控制的第一环节。县级以上地方人民政府卫生行政部门应当根据本行政区域内的人口、医疗资源、医疗需求和现有医疗机构的分布状况,制定本行政区域医疗机构设置规划。机关、企业和事业单位可以根据需要设置医疗机构,并纳入当地医疗机构的设置规划。医疗机构的设置必须符合当地《医疗机构设置规划》。

《医疗机构管理条例》第9、10、11、13条规定:单位或个人设置医疗机构,必须经县级以上地方人民政府卫生行政部门审查批准,并取得设置医疗机构批准书,方可向有关部门办理其他手续。

《实施细则》第12条规定,有下列情况之一的,不得申请设置医疗机构:①不能独立承担民事责任的单位;②正在服刑或不具有完全民事行为能力的个人;③医疗机构在职、因病退职或停薪留职的医务人员;④发生二级以上医疗事故未满五年的医务人员;⑤因为违反有关法律、法规和规章,已被吊销执业证书的医务人员;⑥被吊销《医疗机构执业许可证》的医疗机构法定代表人或主要负责人;⑦省、自治区、直辖市人民政府卫生行政部门规定的其他情形。

《实施细则》第22条规定,不予批准设置医疗机构的情形有:①不符合当地《医疗机构设置规划》;②设置人不符合规定条件;③不能提供投资总额的资信证明;④投资总额不能满足各项预算开支;⑤医疗机构选址不合理;⑥污水、污物、粪便处理方案不合理;⑦省、自治区、直辖市卫生行政部门规定的其他情形。

(二)医疗机构的登记执业和校验制度

医疗机构的登记执业和校验制度又称为医疗机构执业许可制度,是医疗机构医疗风险控制的第二环节,是从主体层面规制医疗风险最重要的法律制度。

《医疗机构管理条例》及其《实施细则》的第三章,对医疗机构的登记和校验制度作了规定。医疗机构通过登记,取得执业权力;卫生行政部门则通过登记和校验,对医疗机构进行监督管理。

医疗机构登记校验制度包括:登记机关和登记管辖权的划分、受理登记的条件、登记程序、登记事项、变更登记、注销登记、校验等制度。

1. 登记的法律规定。

《医疗机构管理条例》第15条规定:医疗机构执业必须进行登记,领取《医疗机构执业许可证》。

申请执业登记必须具备下列条件:①有设置医疗机构批准书;②符合医疗机构的基本标准;③有适合的名称、组织机构和场所;④有与其开展的业务相适应的经费、设施和卫生技术人员;⑤有相应的规章制度;⑥能够独立承担民事责任。

医疗机构执业登记的主要事项(《实施细则》第28条):①名称,地址,主要负责人;②所有制形式;③诊疗科目,床位;④注册资金;⑤服务方式等;共十项。门诊部、诊所、卫生所等除了登记落款所列事项外,还应当核准登记附设药房(柜)的药品种类清单、卫生技术人员名录及其有关资格证书、执业证书复印件等。

申请执业登记的受理审核:县级以上地方人民政府卫生行政部门,自受理执业登记之日起45日之内,根据《医疗机构管理条例》和医疗机构基本标准进行审核,对提交的材料进行审查和实地考察、核实,并对有关执业人员进行消毒、隔离和无菌操作等基本知识和技能的现场抽查考核,经审核合格的予以登记,发给《医疗机构执业许可证》;审核不合格的,将审核结果和不予批准的理由以书面形式通知申请人。

不予登记的几种情形(《实施细则》第27条):①不符合《医疗机构批准书》核准的事项;②不符合《医疗机构基本标准》;③投资不到位;④医疗机构用房不能满足诊疗服务功能;⑤通讯、供电、上下水道等公共设施不能满足医疗机构正常运转;⑥医疗机构规章制度不符合要求;⑦消毒隔离和无菌操作等基本知识的现场抽查考核不合格;⑧省、自治区、直辖市卫生行政部门规定的其他情形。

医疗机构的分立或者合并的,应当根据不同情况申请办理相应的手续:保留医疗机构的,申请办理变更登记;新设置医疗机构的,申请设置许可和执业登记;终止医疗机构的,申请注销登记。登记的变更与注销:医疗机构改变名称、场所、主要负责人、所有制形式、服务对象、服务方式、诊疗科目、床位等,必须向原登记机关办理变更登记。医疗机构停业,必须向原登记机关办理注销登记,经登记机关核准后,收缴《医疗执业许可证》。医疗机构非因改建、扩建、迁建原因,停业超过一年的视为歇业。

2. 校验的法律规定。

《医疗机构管理条例》第 22 条规定：床位不满 100 张的医疗机构，其《医疗机构执业许可证》每年校验一次。床位在 100 张以上的医疗机构，其《医疗机构执业许可证》每 3 年校验一次。校验由原登记机关办理。医疗机构应于校验期满前 3 个月内向登记机关办理校验手续，卫生行政部门应在受理校验申请后 30 日内完成校验。

3. 执业的法律规定。

《医疗机构管理条例》第 24 条规定：任何单位和个人，未取得《医疗机构执业许可证》，不得开展诊疗活动；为内部职工服务的医疗机构，未经许可和变更登记，不得向社会开放；吊销或注销执业许可证后，不得继续开展诊疗活动。

《医疗机构管理条例》第 25 条至第 39 条和《实施细则》第 52 条至第 62 条，对医疗机构的执业要求作了系统而具体的规定，包括以下四个方面：①医疗机构执业的基本要求；②医疗机构在执业过程中应当履行的法定义务；③医疗机构的社会法律责任；④医疗机构执业在内部管理上应当遵守的规则。

（三）医疗机构评审制度

《医疗机构管理条例》第 41 条规定，"国家实行医疗机构评审制度"。评审制度是为综合评价医疗机构的执业活动、医疗服务质量和管理水平，检查医疗机构是否符合基本标准以及是否能够提供符合标准的医疗服务，评定医疗机构能否继续执业而制定的一项法律制度，是医疗机构医疗风险控制的第三环节。

医疗机构评审办法和评审标准，由国务院卫生行政部门制定。县以上卫生行政部门负责组织本地区医疗机构评审委员会，并根据评委会的评审意见，对达到评审标准的医疗机构，发给评审合格证书；对未达到评审标准的医疗机构，提出处理意见。

（四）医疗机构监督管理制度

医疗机构的监督管理由县级以上人民政府卫生行政部门负责。医疗机构监督管理制度是医疗机构医疗风险控制的宏观手段，是由卫生行政部门来实现对医疗各环节中医疗风险的控制。

国务院卫生行政部门负责全国医疗机构的监督管理工作。《医疗机构管理条例》第 40 条规定，县级以上地方人民政府卫生行政部门负责本行政区域内医疗机构的监督管理工作。其监督管理职权是：①负责医疗机构的设置审批、执业登记和校验；②对医疗机构的执业活动进行检查指导；③负责组织对医疗机构的评审；④对违反《医疗机构管理条例》的行为给予处罚。县级以上人民政府卫生行政部门设立医疗机构监督管理办公室和医疗机构监督员，履行规定的监督管理职责。

除了上述几个环节,医疗机构管理制度还从名称管理、广告管理等方面对医疗风险的相关因素予以控制。

(五)违反医疗机构管理制度的法律责任

对于违反医疗机构管理法的责任人追究法律责任,既是对受害人的法律救济,也是对因违反医疗机构管理法、导致医疗风险发生的责任人的教育和惩戒;对医疗风险造成的损害后果的法律控制,既是对已经发生的医疗风险予以控制的最后环节,也是防范医疗风险再发生的重要手段。违反医疗机构管理法的法律责任,从性质上可以分为行政责任、刑事责任和民事责任三类。从适用主体上分为医疗机构的责任、医疗机构负责人的责任和直接责任者个人的责任。

1. 行政责任。

《医疗机构管理条例》第44条规定:未取得《医疗机构执业许可证》擅自执业的,由县级以上人民政府卫生行政部门责令其停业执业活动,没收非法所得和药品、器械,并根据情节处以一万元以下的罚款。

《医疗机构管理条例》第45条规定:逾期不校验《医疗机构执业许可证》仍从事诊疗活动的,责令其限期补办校验手续;拒不校验的,吊销其《医疗机构执业许可证》。

《医疗机构管理条例》第46条规定:出卖、转让、出借《医疗机构执业许可证》的,没收非法所得,并可处以5000元以下的罚款;情节严重的,吊销其《医疗机构执业许可证》。

《医疗机构管理条例》第47条规定:除急诊和急救外,医疗机构的诊疗活动超出登记范围的,予以警告,责令其改正,并可根据情节处以3000元以下的罚款;情节严重的,吊销其《医疗机构执业许可证》。

《医疗机构管理条例》第48条规定:使用非卫生技术人员从事医疗卫生技术工作的,责令其限期改正,并可处以5000元以下的罚款;情节严重的,吊销其《医疗机构执业许可证》。

《医疗机构管理条例》第49条规定:出具虚假医学证明文件的,予以警告,并可处以500元以下的罚款;对造成危害后果的,可以处以1000元以下的罚款;对直接责任人员,由所在单位或上级机关给予行政处分。

2. 刑事责任。

当医疗机构违反医疗机构管理法规,造成严重后果,而主管负责人或直接责任人有重大过错,构成犯罪时,对主要负责人或直接责任人应追究刑事责任。刑事责任的构成,要求有严重的危害后果,并且只能对主管负责人和直接责任人员适用,医疗机构本身作为一个社会组织,无法承担刑事责任。

3. 民事责任。

当医疗机构由于违反医疗机构管理法规的规定,造成其他人和单位一定的财产、人身损失时,应承担民事责任。《民法通则》第 134 条规定:承担民事责任的方式有 10 类,当事人应根据自己的行为和后果,承担其中的一种或数种。

三、医院医疗风险的控制管理

医院是医疗机构的主要形式,是提供医疗服务的重要场所,也是医疗风险控制的重点部分。

(一)医院的概念及其管理立法

医院是指拥有一定数量的病床设施,具备相应的医务人员和医疗设备,通过医务人员的集体协作,对住院病人实行诊疗活动,达到防病治病,保障人体健康的医疗机构。

卫生部先后制定发布了医院管理的一系列规章和规范性文件,主要有:《全国医院工作条例》(1982.1)、《综合医院组织编制原则》(1982.1)、《医院工作制度》(1982.4)、《医院分级管理办法(试行)》(1989.1)、《医院工作制度补充规定(试行)》(1992.3)。卫生部还制定实施了医院卫生管理的一系列标准,诸如《医院感染管理规范(试行)》(1994.10)、《医院感染诊断标准(试行)》(1997.9)、《消毒管理办法》(2002.8)、《医院消毒卫生标准》(1996.2)、《医院消毒供应室验收标准(试行)》(1988.3)。

(二)医院医疗风险控制的实现

医院的医疗风险控制是通过明确医院工作的任务,强化各项工作指标的具体标准化建设以及医院内部管理制度化等手段来实现的。

1. 医院的任务。

《全国医院工作条例》规定,医院的任务是:以医疗为中心,在提高医疗质量的基础上,保证教学和科研的完成,并不断提高教学质量和科研水平,同时做好扩大预防、指导基层和计划生育的技术工作。归纳起来,医院担负的是医疗、教学、科研、预防保健四项任务。

2. 医院组织编制的法律规定。

我国的综合医院,通常由诊疗部门、辅助诊疗部门、护理部门和行政后勤等部门构成。其机构设置实行院、科两级制。

医院工作人员编制是指医院工作人员的定员、结构比例和职务配备。医院工作人员编制以病床为基数核定。医院各类人员的比例:卫生技术人员应占总编制的 70%~72%,其中中西医师占卫生技术人员的 25%,护理人员占 50%,药剂人员占 8%,检验人员占 4.6%,放射人员占 4.4%,其他卫生技术人员占 8%,行政和后勤管理人员占总编制的 28%~30%,其中行政管理人员占总编制的 8%～10%。医院要求增加编制须向主管部门提出申请。

3. 医院分级管理和评审的法律规定。

根据卫生部发布的《综合医院分级管理标准(试行)》及《医疗机构基本标准》等规章,我国现行的医院分级管理标准由三部分组成。

一是医院基本标准。这是医院必须达到的必备条件和最低要求,主要包括医院的规模、功能与任务、医院管理、质量管理、思想政治工作和医德医风建设、医院安全和环境等。

二是分级标准。根据医院的功能和任务,将医院分为一级、二级和三级医院。在卫生行政部门的规划和指导下,一、二、三级医院之间应建立和完善双向转诊制度和逐级技术指导关系。

三是分等标准。我国医院共分为三级十等,即一、二级医院各分为甲、乙、丙三等,三级医院分为特、甲、乙、丙四等。

医院的分级分等是对医院技术质量和医院学术水平的评价依据。等级的评审工作,由部、省和地(市)三级评审委员会按各自规定的评审范围负责实施。

4. 医院工作制度的法律规定。

1982 年,卫生部先后发布了《全国医院工作条例》《医院工作制度》《医院工作人员职责》。1992 年,又发布了《医院工作制度的补充规定》。《全国医院工作条例》共七章 30 条,规定了医院的性质和任务,医院的领导体制和管理体制,对医院的门诊、急诊和住院诊疗工作作了详细规定,并对护理、医技、中医和中西医结合、隔离消毒、医院预防保健、计划生育门诊、划区分级分工医疗等工作作了具体规定,明确提出了医院要围绕提高医疗质量这个中心加强技术管理的各项要求,同时规定了教学、科研、经济管理、总务工作和思想政治工作等多项条款。1982 年卫生部发布的《医院工作制度》所规定的医院工作制度包括:领导干部深入科室制度,会议制度,请示报告制度,总值班制度,护理工作制度,门诊制度和急诊抢救、会诊、转院制度等 64 项工作制度。各项具体制度都明确了工作任务和完成任务的严格要求。1992 年卫生部又在七个方面对医院工作制度作了补充规定。《医院工作人员职责》对医院党委书记、院长、科主任、医护人员和后勤人员以及临床、医辅、行政、总务等科室,都明确规定了职责,共计 97 项。在每项具体职责里,还详细规定了分工负责的任务、职责范围和要求。

第三节　医务人员的法律规制

医务人员是直接进行医疗活动的主体,处于医疗风险的风口浪尖,也是医疗风险控制的关键环节。

一、医务人员医疗风险控制管理概述

（一）医务人员的概念

医务人员也可以称为医药卫生技术人员，是指受过高等或中等医药卫生教育或培训，掌握医药卫生知识，经卫生行政部门审查合格，从事医疗、预防、保健、药剂、护理、医技、卫生技术管理等专业的技术人员。

（二）医务人员的医疗风险控制

医务人员的医疗风险控制是通过资格准入、执业许可、执业规则、继续教育等环节的相应法律制度来进行控制的。如执业医师考试制度、执业药师考试制度、执业护士考试制度等。

二、资格准入环节的医疗风险控制

在医务人员的资格准入环节严格把关，是从又一主体层面实现医疗风险控制的首要环节。只有保证医务人员具备一定的专业技术水平，才能保证其医务活动的专业水准。不具备相应专业技术水平的人员无法胜任医务工作的要求，不能取得相应的职业资格。这就是从源头开始实现对医疗风险的控制。

（一）执业医师考试

医师是指取得执业医师或执业助理医师资格，经注册取得医师执业证书后，在医疗、预防或保健机构（含计划生育技术服务机构）中执业的专业医务人员。

《执业医师法》第 8 条规定，国家实行医师资格考试制度。它是一种执业准入控制制度，这是国家对重要岗位专业技术人员执业的准入控制。

医师资格考试制度的内容主要包括医师资格考试的组织管理，申报医师资格考试的条件以及取得医师资格的条件。

医师资格考试分为执业医师资格考试和执业助理医师资格考试。

申请执业医师资格考试的条件：①具有高等学校医学专业本科以上学历，在执业医师指导下在医疗、预防、保健机构中试用期满 1 年的；②取得执业助理医师执业证书后，具有高等学校医学专科学历，在医疗、预防、保健机构中工作满 2 年的；③取得助理执业医师执业证书后，具有中等专业学校医学专业学历，在医疗、预防、保健机构中工作满 5 年的。符合上述三个条件之一者，均可申请参加执业医师资格考试。

申请执业助理医师资格考试的条件：具有高等学校医学专科学历或者中等专业学校医学专业学历，在执业医师指导下，在医疗、预防、保健机构中试用期满 1 年的，可申请执业助理医师资格考试。

以师承方式学习传统医学满 3 年，或者经过多年实践医术确有专长的，经县级以上地方人民政府卫生行政部门确定的传统医学专业组织或医疗、预防、保健机构考核合格并推荐,可以申请参加执业医师资格或执业助理医师资格考试。

取得医师资格的条件。《执业医师法》第 12 条规定,医师资格考试成绩合格,即可取得执业医师资格或执业助理医师资格,此外没有也不应该有任何附加条件。

（二）护士执业资格考试

为了维护护士的合法权益,规范护理行为,促进护理事业的发展,保障医疗安全和人体健康,2008 年 1 月 31 日国务院颁布了《护士条例》,自 2008 年 5 月 12 日起施行。护士是指经执业注册取得护士执业证书,依照本条例规定从事护理活动,履行保护生命、减轻痛苦、增进健康职责的卫生技术人员。护理专业技术人员可分为：主任护师、副主任护师、主管护师、护师、护士、护理员六级。

凡申请护士执业者,必须通过卫生部统一执业考试,取得《护士执业证书》。符合免于护士执业考试规定以及护士执业考试合格者,由省、自治区、直辖市卫生行政部门发给《护士执业证书》。

（三）执业药师资格考试制度

执业药师是指经国家统一考试合格,取得《执业药师资格证书》,并经注册登记,在药品生产、经营、使用单位中执业的药学技术人员。

执业药师资格考试属于职业准入性考试。经过本考试成绩合格者,国家发给《执业药师资格证书》,表明具备执业药师的水平和能力,可在全国范围内的药品生产、经营、使用单位执业,可聘任其担任主管药师(中药师)专业技术职务。

三、执业许可环节的医疗风险控制

医务人员的执业许可是通过执业注册制度实现的,主要有医师执业注册制度、护士执业注册制度、药师执业注册制度。执业注册是对医务人员执业能力和执业许可的又一控制手段,它规范医务人员必须依法执业,是从主体层面实现医务人员医疗风险控制的又一重要环节。

（一）医师执业注册制度

1. 医师执业注册制度的概念。《执业医师法》第 13 条规定,国家实行医师执业注册制度。医师执业注册制度,就是国家以法律形式确定,取得医师资格且准备从事医师业务的人员,只有经过注册,在取得《医师执业证书》即取得执业许可后,方可从事医师执业活动的法律制度。

2. 医师执业注册的分类。分为初次注册、重新注册、变更注册。经过注册后,允许从事医师执业活动,但应依法执业,承担相应的义务,遵守执业规则,如不履行义务或有《执业医师法》第 16 条所规定的情形之一的,卫生行政部门有责任对其注销注册,收回《医师执业证书》。

3. 申请医师执业注册的条件和程序。一是已经取得医师资格,拟从事医师工作,需要领取医师执业证书的人员;二是应当向所在地县级以上人民政府卫生行政部门申请注册,卫生部发布的《医师执业注册暂行办法》对此作了详细规定;三是受理申请的主管部门,应自收到注册申请之日起 30 日内,对申请人提供的申请材料进行审核,对审核合格的予以注册,并发给卫生部统一印制的《医师执业证书》;对不符合注册条件的,也应书面通知申请人并说明理由。

4. 不予注册的规定。《执业医师法》第 15 条规定,有下列情形之一的不予注册:①不具有完全民事行为能力的;②因受刑事处罚,自刑罚执行完毕之日至申请注册之日止,不满 2 年的;③在执业活动中,受吊销医师执业证书的行政处罚,自行政处罚决定之日起至申请注册之日止,不满 2 年的;④有国务院卫生行政部门规定不宜从事医疗、预防、保健业务的其他情形的。最后这一款是法律授权,即除本条规定的前 3 条外,国务院卫生行政部门认为哪些情形不宜从事医疗工作,可以做出具体规定。

5. 注销注册的规定。《执业医师法》第 16 条规定,医师注册后有下列情形之一的,其所在的医疗、预防、保健机构应在 30 日内报告准予注册的卫生行政部门,卫生行政部门应当注销注册,收回医师执业证书:①死亡或者宣告失踪的;②受刑事处罚的;③受吊销医师执业证书行政处罚的;④因参加医师定期考核不合格、暂停执业活动期满、再次考核仍不合格的;⑤中止医师执业活动满 2 年的;⑥有国务院卫生行政部门规定不适宜从事医疗、预防、保健业务的其他情形的。

6. 变更注册的规定。《执业医师法》第 17 条规定,医师变更执业地点、执业类别、执业范围等注册事项的,应当到准予注册的卫生行政部门办理变更注册手续。

7. 重新注册的规定。《执业医师法》第 18 条规定,执业医师中止执业活动 2 年以上以及具备下列法定条件之一的,可以重新申请注册:①原来不具备完全民事行为能力,现已具备的;②受过刑事处罚,但自刑罚执行完毕之日起已满 2 年的;③受吊销医师执业证书行政处罚,自处罚决定之日起满 2 年的;④先前有国务院卫生行政部门规定不宜从事医疗、预防、保健业务的情形,现在该情形已消灭的。

8. 个体行医的特别规定。《执业医师法》第 19 条规定,申请个体行医的执业医师,须经注册后在医疗、预防、保健机构中执业满 5 年,还必须按国家有关规定办理审批手续,即按现行的《医疗机构管理条例》的规定,获得《医疗机构执业许可证》。如果未经获准,则不得行医。

(二)护士执业注册

我国实行护士执业许可制度。凡获得《中华人民共和国护士执业证书》者,方可申请护士执业注册。护士执业,应当经执业注册取得护士执业证书。

1. 申请护士执业注册的条件。申请护士执业注册,应当具备下列条件:

(1)具有完全民事行为能力;

(2)在中等职业学校、高等学校完成国务院教育主管部门和国务院卫生主管部门规定的普通全日制 3 年以上的护理、助产专业课程学习,包括在教学、综合医院完成 8 个月以上护理临床实习,并取得相应学历证书;

(3)通过国务院卫生主管部门组织的护士执业资格考试;

(4)符合国务院卫生主管部门规定的健康标准。

护士执业注册申请,应当自通过护士执业资格考试之日起 3 年内提出;逾期提出申请的,除应当具备前款第(1)项、第(2)项和第(4)项规定条件外,还应当在符合国务院卫生主管部门规定条件的医疗卫生机构接受 3 个月临床护理培训并考核合格。

2. 首次注册。申请护士执业注册的,应当向拟执业地省、自治区、直辖市人民政府卫生主管部门提出申请。收到申请的卫生主管部门应当自收到申请之日起 20 个工作日内做出决定,对具备本条例规定条件的,准予注册,并发给护士执业证书;对不具备本条例规定条件的,不予注册,并书面说明理由。护士执业注册有效期为 5 年。

3. 延续注册的规定。护士执业注册有效期届满需要继续执业的,应当在护士执业注册有效期届满前 30 日向执业地省、自治区、直辖市人民政府卫生主管部门申请延续注册。收到申请的卫生主管部门对具备本条例规定条件的,准予延续,延续执业注册有效期为 5 年;对不具备本条例规定条件的,不予延续,并书面说明理由。护士有行政许可法规定的应当予以注销执业注册情形的,原注册部门应当依照行政许可法的规定注销其执业注册。

4. 变更注册的规定。护士在其执业注册有效期内变更执业地点的,应当向拟执业地省、自治区、直辖市人民政府卫生主管部门报告。收到报告的卫生主管部门应当自收到报告之日起 7 个工作日内为其办理变更手续。护士跨省、自治区、直辖市变更执业地点的,收到报告的卫生主管部门还应当向其原执业地省、自治区、直辖市人民政府卫生主管部门通报。

(三)执业药师注册制度

国家实行执业药师注册制度,只有注册才能执业,未经注册者,不得以职业药师身份执业。国家食品药品监督管理局是全国执业药师注册的管理机构,各省、自治区、直辖市药品监督管理机构为注册机构。

申请注册者,必须同时具备下列条件:①取得执业药师资格证书;②遵纪守法、遵守药师执业道德;③身体健康,能坚持在执业药师岗位工作;④经所在单位考核同意。

执业药师有下列情形之一的,由所在单位向注册机关办理注销注册手续:①死亡或被宣告死亡的;②受到刑事处罚的;③受取消执业资格处分的;④因健康原因不能或不宜从事执业药师业务的。凡注销注册的,由所在省(区、市)的注册机构向国家食品药品监督管理局备案,并由国家食品药品监督管理局定期公布。

四、执业规则对医疗风险的控制

法律通过对医务人员在医疗活动中及相关各个方面必须严格遵守的规则作出规定,以规制医务人员的医务行为。要求医务人员必须严格按照执业规则来规范化执业,可以有效防范和减少医疗风险事件发生的可能性,是从主体层面实现医疗风险控制的又一关键性法制举措。

(一)医师执业规则

1. 医师权利。《执业医师法》第21条规定,医师在执业活动中享有以下7项权利:①在注册的执业范围内进行医学诊查,疾病调查,医学处置,出具相应的医学证明文件,选择合理的医疗、预防、保健方案;②按照国务院卫生行政部门规定的标准,获得与本人执业活动相当的医疗设备基本条件;③从事医学研究,学术交流,参加专业学术团体;④参加专业培训,接受继续医学教育(既是权利,又是义务);⑤在执业活动中,人格尊严、人身安全不受侵犯;⑥获取工资报酬和津贴,享受国家规定的福利待遇;⑦对所在机构的医疗、预防、保健工作和卫生行政部门的工作提出意见和建议,依法参加所在机构的民主管理。法律保障医师在执业活动中享有合法权利,有利于增强医师的责任感和积极性,对防范医疗风险有重要意义。

2. 医师义务。《执业医师法》第22条规定,医师在执业活动中应履行以下5项义务:①遵守法律、法规,遵守技术操作规范;②树立敬业精神,遵守职业道德,履行医师职责,尽职尽责为患者服务;③关心、爱护、尊重患者,保护患者的隐私;④努力钻研业务,更新知识,提高专业技术水平;⑤宣传卫生保健知识,对患者进行健康教育。

3. 执业规则。《执业医师法》第23条至第29条规定,医师在执业活动中应遵守以下执业规则。

(1)医师实施医疗、预防、保健措施,签署有关医学证明文件,必须亲自诊查、调查,并按照规定及时填写医学文书,不得隐匿、伪造或者销毁医学文书及有关资料。医师不得出具与自己执业范围无关或者与执业类别不相符的医学证明文件。

(2)对急危患者,医师应当采取紧急措施进行诊治,不得拒绝急救处置。

（3）医师应当使用经国家有关部门批准使用的药品、消毒药剂和医疗器械。除正当诊断、治疗外,不得使用麻醉药品、医疗用毒性药品和放射性药品。

（4）医师应当如实向患者或者其家属介绍病情,但应注意避免对患者产生不利后果。医师进行实验性临床医疗,应当经医院批准并征得患者本人或者其家属同意。

（5）医师不得利用职务之便,索取、非法收受患者财物或者牟取其他不正当利益。

（6）遇有自然灾害、传染病流行、突发重大伤亡事故及其他严重威胁人民生命健康的紧急情况时,医师应当服从县级以上人民政府卫生行政部门的调遣。

（7）医师发生医疗事故或者发现传染病疫情时,应当按照有关规定及时向所在机构或者卫生行政部门报告。医师发现患者涉嫌伤害事件或者非正常死亡时,应当按照有关规定向有关部门报告。

（二）护士执业规则

1.护士权利。护士在执业中享有广泛的权利。

（1）护士执业,有按照国家有关规定获取工资报酬、享受福利待遇、参加社会保险的权利。任何单位或者个人不得克扣护士工资,降低或者取消护士福利等待遇。

（2）护士执业,有获得与其所从事的护理工作相适应的卫生防护、医疗保健服务的权利。从事直接接触有毒有害物质、有感染传染病危险工作的护士,有依照有关法律、行政法规的规定接受职业健康监护的权利;患职业病的,有依照有关法律、行政法规的规定获得赔偿的权利。

（3）护士有按照国家有关规定获得与本人业务能力和学术水平相应的专业技术职务、职称的权利;有参加专业培训、从事学术研究和交流、参加行业协会和专业学术团体的权利。

（4）护士有获得疾病诊疗、护理相关信息的权利和其他与履行护理职责相关的权利,可以对医疗卫生机构和卫生主管部门的工作提出意见和建议。

2.护士义务。护士经过执业注册后,方可从事护士工作。护士在执业活动中应遵守以下规则。

（1）遵守职业道德和医疗护理工作的规章制度及技术规范。

（2）正确执行医嘱,观察病人的身心状态,对病人进行科学的护理;遇紧急情况应及时通知医师并配合抢救,医师不在场时,护士应当采取力所能及的急救措施。

（3）执业中得悉就医者的隐私,不得泄露,但法律另有规定的除外。

（4）承担预防保健工作、宣传防病治病知识、进行健康指导、开展健康教育、提供卫生咨询的义务。

（5）遇有自然灾害、传染病流行、发生重大伤亡事故及其他严重威胁人民生命健康的紧急情况，必须服从卫生行政部门的调遣，参加医疗救护和预防保健工作。

（三）执业药师职责

根据执业药师资格制度规定，执业药师必须遵守执业道德，忠于职守，以对药品质量负责、保证人民用药安全有效为基本准则。

1.必须严格执行《药品管理法》及国家有关药品研究、生产、经营、使用的各项法规和政策。执业药师对违反《药品管理法》及有关规定的行为和决定，有责任提出劝告、制止、拒绝执行并向上级报告。

2.在执业范围内负责对药品质量的监督和管理，参与制定、实现药品全面质量及对本单位违反规定的处理。

3.负责处方的审核及监督调配，提供用药咨询与信息，指导合理用药，开展治疗药物的检验及药品疗效的评价等临床药学工作。

五、继续教育环节的医疗风险控制

医疗行业是一个不断发展变化的行业，知识更新速度快，医务人员要保证行业水准，继续教育必不可少。继续教育是提升医务人员执业能力，控制医疗风险的有力手段。

（一）医师考核和培训

《执业医师法》第31条、第32条规定：国家建立医师工作考核制度。这是对医师进行管理的一个主要环节。县级以上人民政府卫生行政部门负责指导、检查和监督医师考核工作。

《执业医师法》第34条、第35条规定：县级以上人民政府卫生行政部门，应当制定培训医师的全面计划，对医师进行多种形式的培训，为医师接受继续医学教育提供条件。受委托承担医师考核任务的医疗卫生机构，应当为医师培训和接受继续医学教育提供和创造条件。医疗、预防、保健机构应当按照规定和计划，保证本机构医师的培训和继续医学教育。

（二）执业护士考核和培训

《护士条例》第11条规定：县级以上地方人民政府卫生主管部门应当建立本行政区域的护士执业良好记录和不良记录，并将该记录记入护士执业信息系统。护士执业良好记录包括护士受到的表彰、奖励以及完成政府指令性任务的情况等内容。护士执业不良记录包括护士因违反本条例以及其他卫生管理法律、法规、规章或者诊疗技术规范的规定受到行政处罚、处分的情况等内容。

《护士条例》第 24 条规定：医疗卫生机构应当制定、实施本机构护士在职培训计划，并保证护士接受培训。护士培训应当注重新知识、新技术的应用；根据临床专科护理发展和专科护理岗位的需要，开展对护士的专科护理培训。

《护士条例》第 26 条规定：医疗卫生机构应当建立护士岗位责任制并进行监督检查。护士因不履行职责或者违反职业道德受到投诉的，其所在医疗卫生机构应当进行调查。经查证属实的，医疗卫生机构应当对护士做出处理，并将调查处理情况告知投诉人。

（三）执业药师继续教育

为了加快执业药师的知识更新，掌握最新医药信息，保持较高的专业水平，更好地履行职责，《执业药师资格制度暂行规定》规定：执业药师必须接受继续教育，实行继续教育登记制度，执业药师接受继续教育经考核合格后，由培训机构在证书上登记盖章，并以此作为再次注册的依据。

第四节　医疗技术设备的法律规制

医疗技术是医疗活动的核心，有保障的医疗技术是确保和提升医疗质量以及医疗安全的前提。医疗设备是医疗活动的必要物资，合格的医疗设备可以有效提升医务人员的诊疗效率，大大减少患者的痛苦；相反，不合格的医疗设备则可能引发事故，甚至危及患者生命。因此，医疗技术及医疗设备是医疗风险控制不可忽视的环节。

一、医疗技术的医疗风险控制管理

（一）医疗技术的概念

医疗技术，是指医疗机构及其医务人员以诊断和治疗疾病为目的，对疾病作出判断和消除疾病、缓解病情、减轻痛苦、改善功能、延长生命、帮助患者恢复健康而采取的诊断与治疗措施。

（二）医疗技术的医疗风险控制

诊疗护理常规等技术性卫生规范都是控制医疗风险的医疗技术法规。2009年 3 月 2 日，为加强医疗技术临床应用管理，建立医疗技术准入和管理制度，促进医学科学发展和医疗技术进步，提高医疗质量，保障医疗安全，卫生部组织制定并发布了《医疗技术临床应用管理办法》。明确建立了医疗技术临床应用准入和管理制度，对医疗技术实行分类、分级管理。

1. 医疗技术分类分级管理。

根据医疗技术的安全性、有效性及所涉及伦理问题等，医疗技术分为三类。

第一类医疗技术是指安全性、有效性确切，医疗机构通过常规管理在临床应用中能确保其安全性、有效性的技术。

第二类医疗技术是指安全性、有效性确切，涉及一定伦理问题或者风险较高，卫生行政部门应当加以控制管理的医疗技术。

第三类医疗技术是指具有下列情形之一，需要卫生行政部门加以严格控制管理的医疗技术：①涉及重大伦理问题；②高风险；③安全性、有效性尚需经规范的临床试验研究进一步验证；④需要使用稀缺资源；⑤卫生部规定的其他需要特殊管理的医疗技术。

这三类风险划分细化了各类别医疗技术的风险等级，并明确了各级管理部门的管辖职权，使医疗技术风险管理在操作上更具有针对性。

2. 医疗技术临床应用能力审核。

根据风险程度高低，《医疗技术临床应用管理办法》规定了各类医疗技术临床应用能力技术审核工作的负责机构："卫生部指定或者组建的机构、组织（以下简称技术审核机构）负责第三类医疗技术临床应用能力技术审核工作。省级卫生行政部门指定或者组建的技术审核机构负责第二类医疗技术临床应用能力技术审核工作。卫生部可以委托省级卫生行政部门组织对指定的第三类医疗技术进行临床应用能力技术审核工作。"

医疗机构符合一定条件，可以提出医疗技术临床应用能力审核的申请，并提交医疗技术临床应用可行性研究报告。技术审核机构按照规定条件确定专家组。技术审核机构接到医疗机构医疗技术临床应用能力技术审核申请后，对于符合规定条件的，应当予以受理，并自受理之日起 30 日内，组织相关专业专家按照审核程序和医疗技术管理规范，对医疗机构进行医疗技术临床应用能力技术审核，并出具技术审核报告。

3. 医疗技术临床应用管理。

医疗机构同时具备下列条件时，省级以上卫生行政部门方可审定其开展通过临床应用能力技术审核的医疗技术：①技术审核机构审核同意意见；②有卫生行政部门核准登记的相应诊疗科目；③该项医疗技术与医疗机构功能、任务相适应；④符合相应卫生行政部门的规划；⑤省级以上卫生行政部门规定的其他条件。医疗机构开展通过临床应用能力技术审核的医疗技术，经相应的卫生行政部门审定后 30 日内到核发其《医疗机构执业许可证》的卫生行政部门办理诊疗科目项下的医疗技术登记。经登记后医疗机构方可在临床应用相应的医疗技术。

医疗机构应当建立医疗技术分级管理制度和保障医疗技术临床应用质量、安全的规章制度，建立医疗技术档案，对医疗技术定期进行安全性、有效性和合理应用情况的评估；建立手术分级管理制度；建立依据专业技术职务任职资格的医师手术级别限定和手术权限审核授予制度;建立医疗技术临床应用情况年报告制度。

(三)违反医疗技术临床应用管理办法的法律责任

1. 行政责任。对医疗机构来说,行政责任主要包括:不予登记医疗技术、撤销医疗技术登记、注销医疗技术登记、停止临床应用医疗技术、吊销《医疗机构执业许可证》等。对技术审核机构可以取消其技术审核机构资格。

2. 民事责任。给患者造成损害的,医疗机构和个人承担相应的民事经济赔偿责任。

3. 刑事责任。违法行为情节严重,构成犯罪的,依法追究刑事责任。

二、医疗器械的医疗风险控制管理

(一)医疗器械的定义及其立法

医疗器械是指单独或组合使用(包括使用所需软件)于人体的仪器、设备、器具、材料或者其他物品。其使用目的是:①疾病的预防、诊断、治疗、监护或者缓解;②损伤或残疾的诊断、治疗、监护、缓解或者补偿;③解剖或生理过程的研究、替代或者调节;④妊娠控制。

其用于人体体表及体内的作用不是用药理学、免疫学或代谢的手段获得,可能有这些手段参与并起一定辅助作用。

卫生部、国家医药管理局以及国家有关部门先后发布了《医疗器械产品注册管理办法》《医疗器械广告审查办法》《医疗器械生产企业管理办法》《医疗器械经营企业管理办法》《医疗器械临床试验规定》《医疗器械说明书、标签和包装标识管理规定》等。特别是国务院于 2000 年 1 月 4 日同时发布的《医疗器械分类规则》和《医疗器械监督管理条例》,对医疗器械的依法管理提供了依据。这些行政法规和规章构成了我国医疗器械管理的法律体系。

(二)医疗器械的医疗风险控制

医疗器械的医疗风险控制主要是通过分类管理制度、新产品证书制度、生产注册制度、生产企业许可证制度、经营企业许可证制度、广告管理制度、质量事故管理制度以及监督制度来进行。这些制度从医疗器械生产、流通、使用等各方面对由医疗器械引起的医疗风险进行了有效控制。

1. 医疗器械的分类管理制度。国务院药品监督管理部门负责全国的医疗器械监督管理工作。国家依据医疗器械的结构特征、使用形式和使用状况,对医疗器械实行分类管理。

第一类是指通过常规管理足以保证其安全性、有效性的医疗器械。

第二类是指对其安全性、有效性应当加以控制的医疗器械。

第三类是指植入人体,用于支持、维持生命,对人体具有潜在危险,对其安全性、有效性必须严格控制的医疗器械。

依据《医疗器械分类目录》不能确定医疗器械分类时,由省级药品监督管理部门根据《医疗器械分类规则》进行预先分类,并报国家食品药品监督管理局核定。

2. 医疗器械新产品证书制度。国家鼓励研制医疗器械新产品。第二类、第三类医疗器械新产品的临床试用,应当按照国务院药品监督管理部门的规定,经批准后进行。完成临床试用并通过国务院药品监督管理部门组织专家评审的医疗器械新产品,由国务院药品监督管理部门批准,并发给新产品证书。

3. 医疗器械生产注册制度。国家对医疗器械实行产品生产注册制度。生产第一类医疗器械,由设区的市级人民政府药品监督管理部门审查批准,并发给产品生产注册证书。生产第二类医疗器械,由省、自治区、直辖市人民政府药品监督管理部门审查批准,并发给产品生产注册证书。生产第三类医疗器械,由国务院药品监督管理部门审查批准,并发给产品生产注册证书。生产第二类、第三类医疗器械应当通过临床验证。医疗器械产品注册证书有效期4年,到期应重新注册。连续停产2年以上的产品生产注册证书自行失效。生产医疗器械应当符合医疗器械国家标准。国家对医疗器械实行再评价及淘汰制度。

4. 医疗器械生产企业许可证制度。医疗器械生产企业应当符合下列条件:
(1)有与其生产的医疗器械相适应的专业技术人员;
(2)有相适应的生产场地及环境;
(3)有相适应的生产设备;
(4)有对其生产的医疗器械产品进行质量检验的机构或人员及检验设备。

开办第一类医疗器械生产企业,应当向省、自治区、直辖市人民政府药品监督管理部门备案。开办第二类、第三类医疗器械生产企业,应当经省、自治区、直辖市人民政府药品监督管理部门审查批准,并发给《医疗器械生产企业许可证》。无该许可证的,工商行政管理部门不得发给营业执照。医疗器械生产企业许可证有效期5年,有效期届满应当重新审查发证。医疗器械生产企业在取得医疗器械生产注册证书后,方可生产医疗器械。

5. 医疗器械经营企业许可证制度。开办第一类医疗器械经营企业,应当向省、自治区、直辖市人民政府药品监督管理部门备案。开办第二类、第三类医疗器械经营企业,应当经省、自治区、直辖市人民政府药品监督管理部门审查批准,并发给《医疗器械经营企业许可证》。无该许可证的,工商行政管理部门不得发给营业执照。经营企业许可证有效期5年,有效期届满应当重新审查发证。

6. 医疗器械广告管理制度。医疗器械广告应当经省级以上人民政府药品监督管理部门审查批准并按批准的说明书为准刊登、散发；未经批准的，不得刊登、播放、散发和张贴。

7. 医疗器械质量事故管理制度。国家建立医疗器械质量事故报告制度和公告制度。对已经造成医疗器械质量事故或者可能造成医疗器械质量事故的产品及有关资料，县级以上地方人民政府药品监督管理部门可以予以查封、扣押。对不能保证安全、有效的医疗器械，由省级以上人民政府药品监督管理部门撤销其产品注册证书，该产品不得再生产、销售和使用。

8. 医疗器械的监督制度。国务院药品监督管理部门负责全国医疗器械监督管理工作。县级以上地方人民政府药品监督管理部门负责辖区内的医疗器械监督管理工作。

县级以上人民政府药品监督管理部门设医疗器械监督员。医疗器械监督员对本行政区域内的医疗器械生产、经营企业和医疗机构进行监督、检查；必要时，可以按照国务院药品监督管理部门的规定抽取样品和索取有关资料。有关单位、人员不得拒绝和隐瞒。监督员对所取样品、资料负有保密义务。

国家对医疗器械检测机构实行资格认证制度。经国务院药品监督管理部门会同国务院质量技术监督部门认可的检测机构，方可对医疗器械实施检测。医疗器械检测机构及其人员，对被检单位的技术资料负有保密义务，并不得从事和参与同检测有关的医疗器械的研制、生产、经营和技术咨询等活动。

（三）违反医疗器械管理规定的法律责任

1. 行政责任。主要包括警告、责令停止生产、责令停止经营、没收违法生产的产品和违法所得，以及罚款、吊销《医疗器械生产企业许可证》、吊销产品生产注册证书、撤销该检测机构的检测资格等。

2. 刑事责任。对违法行为情节严重，构成犯罪的，要依法追究刑事责任。

三、医用仪器设备的医疗风险控制管理

（一）大型医用设备的概念

大型医用设备是指列入国务院卫生行政部门管理品目的医用设备，以及尚未列入管理品目、省级区域内首次配置的整套单价在 500 万元人民币以上的医用设备。大型医用设备管理品目由国务院卫生行政部门及有关部门确定、调整和公布。

（二）大型医用设备使用管理的规定

2004 年 12 月，卫生部、国家发展和改革委员会、财政部联合发布了《大型医用设备配置与使用管理办法》，就大型医用设备的配置、应用、人员管理和监督与

处罚等做出规定。大型医用设备管理品目分为甲、乙两类。资金投入量大、运行成本高、使用技术复杂、对卫生费用增长影响大的为甲类大型医用设备(以下简称甲类),由国务院卫生行政部门管理。管理品目中的其他大型医用设备为乙类大型医用设备(以下简称乙类),由省级卫生行政部门管理。大型医用设备的管理实行配置规划和配置证制度。甲类大型医用设备的配置许可证由国务院卫生行政部门颁发;乙类大型医用设备的配置许可证由省级卫生行政部门颁发。大型医用设备使用人员实行技术考核、上岗资格认证制度,未取得《上岗技术人员合格证》而上岗者责令停止使用。

(三)医疗卫生机构

仪器设备管理是医疗卫生机构管理的重要内容,1996年9月,卫生部发布了《医疗卫生机构仪器设备管理办法》。该办法就管理机构与职责、人员与任务、计划管理、购置验收、使用保管、计划维修、调剂报废、统计报表、检查评估、奖励处罚等方面作了规定。

四、生物材料和医疗器材的风险控制管理

(一)生物材料和医疗器材的概念

生物材料和医疗器材是指用于诊断、治疗或置入人体的材料和器材。1997年6月,卫生部发布了《生物材料医疗器材监督管理办法》,全面系统地对上述产品的临床研究、生产和进口进行监督管理。

(二)临床研究、生产经营与进口产品的审核批准

生物材料和医疗器材的临床研究,应先经省、自治区、直辖市卫生行政部门初审,报卫生部审核合格后,在卫生部指定的临床研究机构进行临床研究。生产生物材料和医疗器材也须先报省级卫生行政部门初审,再报经卫生部批准,发给生产批准文号或试生产批准文号。进口生物材料和医疗器材必须向卫生部提出申请,并报送检验样品和有关资料,经中国药品生物制品鉴定所检验合格后,卫生部审核批准,发给进口批准文号,方可进口。

(三)监督管理

卫生部制定标准,颁布技术要求,批准临床研究和核发生产、进口批准文号;省级卫生行政部门负责临床研究和产品生产文号的初审;县级卫生行政部门负责辖区内生物材料和医疗器材的卫生监督。未经卫生部批准以及卫生部明令禁止使用的生物材料和医疗器材不得进行临床研究、生产、进口和临床使用,违者由卫生行政部门给予警告和罚款的处罚,情节严重的,还要追究其他法律责任。

第五节　医疗用品的法律规制

医疗用品存在于医疗活动的全过程,是医疗活动的基础物资,医疗用品的管理是细节管理,但也十分关键。依法管理医疗用品将有利于保障医疗活动的正常开展,减少医疗风险事件发生。

一、消毒用品的医疗风险控制管理

(一)消毒用品的概念及其法制建设

消毒用品指用化学、物理、生物的方法杀灭或消除环境中致病微生物,以达到无害化的医疗和卫生用品。《传染病防治法》《传染病防治法实施办法》等法律法规的颁布,特别是卫生部于2002年修订后的《消毒管理办法》,为消毒用品的管理提供了法律依据。

(二)消毒管理机构及其监督管理的对象

根据《传染病防治法》《消毒管理办法》的规定,各级政府卫生行政部门对消毒工作实行统一监督管理,各级卫生疾病控制机构执行消毒效果的监测管理。消毒用品监督管理的对象包括各类医院、疗养院、诊所、血库、病疫源地、幼托所、公共场所,以及从事食品与消毒器械的生产、销售、运输的部门等。

(三)消毒用品的审批管理

凡在国内生产销售消毒药械和医疗卫生用品者,均需取得《卫生许可证》。申报范围包括消毒药剂、消毒器械和需消毒灭菌的一次性使用的医疗卫生用品。

(四)消毒工作的监督管理规定

各级政府卫生行政部门对消毒工作行使的监督管理职权包括:对消毒措施进行监督、检查;责令被检查单位或个人限期改进消毒工作;对违反《中华人民共和国传染病防治法》《中华人民共和国食品卫生法》和《中华人民共和国传染病防治法实施办法》《公共场所卫生管理条例》及《消毒管理办法》的行为给予行政处罚。为落实对消毒工作的监督管理职责,各级政府卫生行政部门和卫生防疫机构内应设立负责消毒管理工作的卫生监督员,执行卫生行政部门交付的消毒卫生监督任务。

二、药品的医疗风险控制管理

药品的医疗风险控制主要体现在药品的制造与流通使用两个方面的控制。

(一)药品与药品管理法

按照《中华人民共和国药品管理法》(以下简称《药品管理法》)的规定,所谓

"药品",是指用于预防、治疗、诊断人的疾病,有目的地调节人的生理机能,并规定有适应症或者功能主治、用法、用量的物质,包括中药材、中成药、中药饮片、化学原料药及其制剂、抗生素、生化药品、放射性药品、血清、疫苗、血液制品和诊断药品等。

药品管理法是调整药品监督管理,确保药品质量,增进药品疗效,保障用药安全,维持人体健康活动中产生的各种社会关系的法律规范的总和,是国家对药品事业管理的依据和行为准则。药品管理法也是药品质量监督管理法律规范的总和。狭义的药品管理法仅指国家制定和颁布实施的药品管理法典,即《中华人民共和国药品管理法》;广义的药品管理法则指国家制定和颁布的一切有关药品管理的法律规范。

国家对药品的管理及药品医疗风险的控制,主要通过两种方式来实现:一是制定颁发药品标准的统一技术规范,二是建立一套完整有效的药品监督管理制度。

（二）药品生产与经营管理法律规定

1. 药品生产许可证制度。药品生产许可证制度是指国家通过对药品生产企业条件的审核,确定企业是否具有药品生产或继续生产的资格,对符合条件的企业发给《药品生产许可证》,企业凭此证才能在工商行政管理部门办理登记注册,领取经营执照。

2. 药品生产质量管理规范认证制度。药品生产企业必须按照国务院药品监督管理部门制定的《药品生产质量管理规范》(GMP)和《中药材生产质量管理规范(试行)》(GAP)的要求,并取得认证证书方可进行药品生产或继续生产。

GMP 是指《药品生产质量管理规范》,英文 Good Manufacturing Practice 的简称,是国际公认的从事药品生产和质量管理的基本准则。实施 GMP 认证制度,是国家对药品生产企业监督检查的一种手段,是药品监督管理工作的重要内容,也是保证药品质量的一种科学的先进的管理方法。任何药品生产企业或车间,必须取得《药品生产企业许可证》和《药品 GMP 证书》,才有资格仿制、生产新药或接受新药技术转让。实施 GMP 可以防止生产过程中药品的污染、混药和错药。现行的《药品生产质量管理规范》于 2010 年修订,它是目前我国药品生产和质量管理的基本准则。

GAP 是《中药材生产质量管理规范(试行)》,英文 Good Agricultural Practice For Chinese Crude Drug 的简称,是中药材生产和质量管理的基本准则,适用于中药材生产企业生产中药材(含植物、动物药)的全过程。它规定了中药材从生态环境、种植,到栽培、采收,到运输、包装的每一个环节都应该处在严格的控制之下。本规范于 2002 年 3 月 18 日经国家食品药品监督管理局颁布,2002

年 6 月 1 日起施行。

3. 药品经营质量管理规范认证制度。药品经营企业必须按照国务院药品监督管理部门制定的《药品经营质量管理规范》（GSP）的要求，并经 GSP 认证，取得认证证书方可进行药品经营。

GSP 是指《药品经营质量管理规范》，英文 Good Supply Practice 的缩写，是药品经营企业统一的质量管理准则，意即良好供应规范，是控制医药商品流通环节所有可能发生质量事故的因素，从而防止质量事故发生的一整套管理程序。药品经营企业应达到 GSP 要求，并通过认证取得认证证书，才能从事药品经营。我国现行 GSP 是 2000 年 4 月 30 日由国家食品药品监督管理局发布的，自 2000年 7 月 1 日起施行。

4. 药品管理法律制度。《药品管理法》对药品研制、生产、经营、使用和监督管理等各个环节作了明确规定，对于保证药品的质量，保障人民用药安全、有效，打击制售假药、劣药，控制药品医疗风险发挥了重要作用。具体包括九个方面的内容：

（1）药品标准的法律规定；

（2）新药管理的法律规定；

（3）药品审评、不良反应监测和淘汰的法律规定；

（4）进出口药品管理的法律规定；

（5）特殊药品管理的法律规定；

（6）处方药与非处方药管理的法律规定；

（7）国家基本药物管理的法律规定；

（8）中央、地方医药储备的法律规定；

（9）禁止生产和销售假药、劣药的法律规定。

5. 中药管理的法律规定。所谓中药是指依据中医学的理论和经验，用于防病治病的药物。狭义的中药指用于防病治病的植物、动物、水产和矿物，广义的中药还包括合成药材（生药）和成方制剂。

《药品管理法》对中药的研制、生产经营、使用和保护发展作了规定，卫生部和国家中医药管理部门对中药管理相应制定实施了一系列规章和规范性文件。2003 年，国务院又制定颁布了《中华人民共和国中医药条例》，进一步健全完善了中医药管理法律制度。

6. 药品监督管理法律制度。药品监督管理制度，是指国家通过立法授权政府药品监督管理部门，依法对药品的研究、生产、流通和使用活动强制实行质量监督管理的法律制度。

《药品管理法》第 5 条规定："国务院药品监督管理部门主管全国药品监督管

理工作。省、自治区、直辖市人民政府药品监督管理部门负责本行政区域内的药品监督管理工作。"

7. 违反药品管理法的法律责任。违反药品管理法的法律责任分为行政责任、民事责任、刑事责任。

(1)行政责任。行政责任在药品管理的法律责任部分规定得最为广泛,内容包括行政处分和行政处罚。

(2)民事责任。《侵权责任法》第59条规定:"因药品、消毒药剂、医疗器械的缺陷,或者输入不合格的血液造成患者损害的,患者可以向生产者或者血液提供机构请求赔偿,也可以向医疗机构请求赔偿。患者向医疗机构请求赔偿的,医疗机构赔偿后,有权向负有责任的生产者或者血液提供机构追偿。"《药品管理法》第93条规定:"药品的生产企业、经营企业、医疗机构违反本法规定,给药品使用者造成损害的,依法承担赔偿责任。"该法第87条规定,药品检验机构出具的检验结果不实,造成损失的,应当承担相应的赔偿责任。

(3)刑事责任。违反药品管理法构成犯罪的,按照《刑法》有关条款追究直接负责的主管人员和其他直接责任人员的刑事责任。

本章小结

医疗风险控制是指医疗风险管理者采取各种措施和方法,消灭或减少医疗风险事件发生的各种可能性,或者减少医疗风险事件发生时造成的损失。医疗风险控制的法律法规从医疗机构、医疗卫生技术人员、医疗技术设备、医用用品等方面,结合医疗风险的形成因素、医疗过程的各个环节,从医源性与非医源性要素为医疗风险控制提供了行为规范。我国的医疗风险控制管理立法分为四大类:一是对医疗机构的管理法,二是对医疗卫生技术人员的管理法,三是对医疗技术设备的管理法,四是对医用用品的管理法。

思考题

1. 医疗机构成立有哪些基本条件?
2. 申请执业医师和执业助理医师资格考试的条件有哪些?

案例思考

朱某因身体不适至某县计划生育服务中心看病,被诊断为甲亢,服务中心为其开了一些药品进行前期治疗。半年后,朱某又来到该计划生育服务中心要求做甲状腺切除手术。该中心检查后认为朱某病情基本得到控制,同意为其进行手术,朱某即预交2000元押金准备做手术。次日,该中心在未经朱某家属签名的情况下做了手术,手术过程较为顺利。但术后第二天早上,朱某出现呼吸困难,经抢救无效死亡。后经市医疗事故技术鉴定委员会鉴定认为,患者术后并发器官阻塞、急性呼吸衰竭致死,属于一级医疗事故。事故发生后,该计划生育服务中心主动给付死者母亲陈某 35000 元,作为对陈某的精神补偿。经查,该计划生育服务中心隶属于县计划生育局,不具备法人资格。

陈某向法院起诉,认为该中心的医疗行为构成医疗事故,应赔偿自己的经济损失;同时,由于朱某死亡给自己带来的巨大精神痛苦,该中心应给予足额赔偿和抚恤金共 35 万元。

被告县计划生育局及计划生育服务中心认为,死者和黄某(死者舅母,是该计划生育服务中心职工)曾多次到县计划生育服务中心要求为死者做甲状腺切除手术。计划生育服务中心劝说死者到市里大医院做手术,死者执意要求外科主治医师李某为其做手术;原告陈某也知道此事,并交了 2000 元押金。计划生育服务中心要求家属签名,陈某不在场,黄某则说有她在此就行,不用签名了。因此,原告也存在一定过错,也应承担部分责任。

案例讨论

1.被告计划生育服务中心是否存在过错? 若存在过错,具体有哪些过错?

2.该案的赔偿责任应该由谁承担?

第三章　医疗法律关系

第一节　医疗法律关系概述

一、医疗法律关系的概念

广义的医疗法律关系是由医事法调整的,在医疗卫生管理和医药卫生预防保健服务过程中国家机关、企事业单位、社会团体或者公民之间发生的权利与义务关系,即通常所说的医事法律关系。狭义的医疗法律关系仅指基于双方约定或法律直接规定而在医患之间发生的,就患者疾患的诊断、治疗、护理等医疗活动所形成的法律上的权利义务关系。本章所述仅指狭义的医疗法律关系。

随着 2002 年修订的《医疗事故处理条例》将医疗纠纷案件的诉讼模式由原1987 年的《医疗事故处理办法》所确立的行政诉讼模式修改为民事诉讼模式,以及《侵权责任法》的颁布与实施,从部门法的角度来看,医疗法律关系就成为一种特殊的民事法律关系,但在特定的情况下又兼具行政法的色彩,兼具私法和公法的性质。

二、医疗法律关系的类型

根据医疗法律关系的发生原因、当事人权利义务及相应的法律责任的不同,可将医疗法律关系分为医疗服务合同关系、医疗无因管理关系以及强制医疗关系三类。其中医疗服务合同关系是基本的医疗法律关系,而无因管理关系以及强制医疗关系则是医疗法律关系的特殊情形。随着《侵权责任法》的出台,明确了医疗侵权损害赔偿关系,这是从侵权法的角度、从医疗相关行为侵害患者权益的后果角度进行的分类。确定医疗法律关系包括医疗侵权损害赔偿关系,使之从医疗违约与医疗侵权的竞合中独立出来,可以警示医务人员审慎行医,避免在高尚的职业活动中造成低劣的伤害。但应当明确的是,在医疗民事法律关系中,医疗服务合同关系是基础;医疗服务合同关系确定了医患双方的基本权利和义务,认定和处理医疗侵权损害赔偿关系也要以这些基础权利、义务关系为基础。

（一）医疗服务合同关系

1. 医疗服务合同关系的含义。医疗服务合同法律关系是指医方与患方之间就患者疾患的诊断、治疗、护理等医疗活动形成的真实意思表示的民事法律关系。在实践中，最为常见的医疗法律关系就是基于医疗服务合同的存在，在医患双方间发生的医疗服务合同关系，这一法律关系是医患双方最基础的法律关系。

通常认为，医方的医疗行为是履行合同义务的行为，是以一定的作为即具有特殊的技术性、专业性和知识性的医疗行为为给付内容的，医务人员履行医疗诊治义务的范围是由医疗服务合同的性质决定的。因此，医疗服务合同是一种以医方提供适当医疗行为为内容的合同。

2. 医疗服务合同的特征。医疗服务合同和其他民事合同一样，都属于合同法领域，但是，由于医疗行为的特殊性，医疗服务合同与其他合同相比具有一定的特殊性。具体说，主要体现在以下几个方面。

（1）医疗服务合同当事人的意思自治受到公法上及道德上的某些限制。私法自治乃是民法的精神所在，在合同法上也不例外。医疗服务合同作为私法上的合同，其当事人应享有这些意思自由。但由于医疗服务合同在意思自治原则的具体表现上有其特殊性，即医疗行为的道德性，使当事人尤其是医方的意思自治受到公法的约束。医方所负的强制诊疗义务使其在缔结医疗服务合同时，对缔约自由作了限制。公法上医方不得拒绝诊疗义务的规定，是立足于医方负有治病救人的社会职责。为了充分保护患者的生命健康权，我国《医疗机构管理条例》第31条规定，"医疗机构对危重患者应当立即抢救。对限于设备或者技术条件不能诊治的病人，应当及时转诊"。可见，在我国也规定了患者处于危急之际医方的"强制缔约义务"，社会也普遍承认医方人道主义的救助义务，当其见死不救时，将会受到社会舆论的谴责。

（2）医疗服务合同的内容具有高度的专业性和双方当事人能力的不对等。医疗行为是医疗服务合同的基本内容，该行为具有高度的专业性，它以医方拥有的专业知识和医疗技术为条件，以医方具有的必要的技术设施为必需，这就决定了合同双方当事人能力上的不平等。作为医疗方当事人，拥有的是医疗上的专家或受过专业训练的护理人员，具有他人所不具备的业务技能；而作为患者的另一方当事人，通常是对医学知识缺乏了解的普通人。所以，在医疗服务合同中，医方与患者之间存在着很大程度的能力上的差异。

（3）医疗服务合同的供方主导性。由于大多数患者对自己的疾病或健康机制了解不够，自己无法选择或确定治疗方案，医疗供应的量与质，一般由医疗服务供给者（医方）在明确患者疾病的性质和健康状况的前提下，因人而异地实施治疗。因此，在医疗服务过程中，供方占主导地位。患者在整个合同的履行过程中只能基于对医方的信赖,期待医方依其技能而对患者做出适当的治疗。

(4)医疗服务合同中医方尊重患者的决定权。由于医疗行为具有高度专业性的特点,医方在合同履行中,具有高度的裁量权,医方通常不需要按照患者的要求和指示来履行义务。但是,因为诊疗是以患者自身不可替代的生命、身体为对象进行的,而且通常会对患者身体产生侵袭和痛苦,有时甚至可能造成生命危险,却不能约定良好的结果。因此,在诊疗过程中,最大限度地尊重患者对于自己命运的决定权,逐渐成为医疗服务合同的一项内容。当然,对患者决定权的尊重并非绝对,它以调和医疗过程中权利与义务的对等性为目的,以保护患者的权益为目标。

(5)医疗服务合同当事人双方对合同得以履行负有相互协力的义务。任何合同的履行都需要各方当事人共同协助,当事人的协力义务在医疗服务合同中体现得更为重要。因为诊疗是对作为合同当事人的患者自身进行的,患者就诊时,要向医方说明情况、病史等,对医方的提问要尽可能详细准确地回答。在治疗过程中,患方要谨遵医嘱,按时服药、检查、注意保养等。患方还需要调整自己的情绪,结合医方的物理和病理疗法,注重用心理疗法加快自己的康复。如果患方在诊疗过程中不予协力,医方即使有再高的医术也无法实现合同的目的,因患方不配合而导致治疗失败时,不能追究医方的法律责任。

(6)医疗服务合同不是一种结果合同,它只是要求医方提供合乎当时医疗水平的、尽到注意义务的医疗服务,而不能按照患者的期望约定良好的结果。

(二)医疗事务无因管理关系

一般情况下,医疗法律关系表现为医疗服务合同关系,但在个别情况下有例外情形的存在,如因医疗机构或医务人员对患者事实上的医疗行为而产生的医疗法律关系,即为医疗事务无因管理关系。从法理上讲,医疗事务无因管理是无因管理在医疗中的具体体现。医疗事务中的无因管理,是指医方在没有约定义务和法定义务情况下,为避免患者的生命健康利益受到损害,自愿为患者提供医疗服务的行为,这种行为在医患之间产生一种债权债务关系。这种医疗事务中的无因管理不同于一般的无因管理,因为它管理的事务是患者的身体健康,与患者本人不可分离。因此,医方只有在患者无法作意思表示,患者违反法律强行性规定或违背公序良俗时,才可能成立适法的无因管理。

1.医疗事务中无因管理的构成要件。

(1)管理他人医疗上的事务。医疗上无因管理事务是对患者身体健康进行诊疗,与患者本人不可分离。一般是患者处于昏迷,难以行使同意权的情况下,才得以成立医疗上的无因管理。而其他行为的无因管理,通常与本人身体处于分离状态,管理人在无法通知本人时才可成立。

（2）医方没有约定或法定义务。没有约定或法定义务是无因管理成立要件之一，医疗事务无因管理的成立也不例外。这里的约定义务，是指医患之间医疗服务合同的签订。如果医疗机构与患者之间事先就存在医疗服务合同，那么医疗机构的救治行为属于履行合同的行为，而不构成无因管理。这里的法定义务是指法律、法规规定的医疗机构和医疗服务者的救治病人的义务。需要说明的是，如前所述，救死扶伤是医疗机构和医师、护士等医疗服务者的天职，我国的医事法普遍规定了医方的这项基本义务，但是都把患者到医院就医而医院接受其就医作为这项义务生效的默认前提。作为管理人的医疗机构虽然有法定或约定义务，但在履行义务的过程中，超出了义务范围而对患者进行诊疗，且不属于诚实信用原则的必然要求的，仍属于无因管理。

（3）管理人有为他人管理的意思。即管理人有使其管理事务所生的利益归于他人的意思。[①] 为患者一方谋利益的意思，称为管理意思，这是构成无因管理的主观要件。在医疗事务中，医方应有以其医疗行为所生利益归属于患者的意思。由于医疗服务行为带有高科技性，所以患者本人或者普通社会成员对急需医疗救护的患者所需要的管理方式和手段缺乏必要的认识，所以在医疗事务无因管理中，作为管理人的医方主观性更强。

2. 成立医疗事务无因管理的情形。

医师与患者之间成立无因管理关系，主要是基于以下三种情形：一是医师在医院外，发现危急或昏迷之患者而加以治疗，如医生在火车上遇到行将分娩的孕妇加以诊疗；二是对自杀未遂而不愿就医者，予以救治；三是特定的第三人将意识不清或不能作意见表示的患者送到医院，医院对其加以救治而该第三人又没有负担诊疗报酬的意思。[②] 这三种情形，又可以分为两类：一类是医疗场外的无因管理，这类医疗事务无因管理较为多见，它与普通的无因管理没有实质区别，但由于医疗场所外环境和设备的限制，其对医方注意义务的要求低于医疗场所内的医疗行为，医方仅在故意和重大过失的情况下才承担责任。另一类是医疗场所内的无因管理，这类无因管理不应降低医方的注意义务程度，医方仍应尽善良管理人的注意义务。

（三）强制医疗关系

在医疗法律关系中最特殊的，就是强制医疗关系。它是国家基于医疗的特殊性和对国民生命和身体健康的维护，在法律上赋予医疗机构或医务人员的强制诊疗和对患者的强制治疗义务。与前几种医患关系不同的是，强制医疗关系一般涉及三方当事人：卫生行政主管机关、患者和医疗机构。其中，卫

---

① 张俊浩：《民法学原理》（下册），中国政法大学出版社 2000 年版，第 941 页。
② 龚赛红：《试论医疗事务的无因管理》，载《甘肃社会科学》2002 年第 2 期，第 87—90 页。

生行政主管机关与患者分别作为行政主体和行政相对人成为法律关系中的"主角",双方之间产生的属于行政法律关系;医疗机构在这里只是作为第三方对卫生行政主管机关的具体行政行为进行协助和支持,担任着"配角"的身份。在我国,强制医疗主要是针对某些传染病、吸毒、卫生免疫接种等实施的强制诊疗的一种措施。我国的《传染病防治法》《突发公共卫生事件应急条例》《强制戒毒办法》《艾滋病防治条例》以及《国境卫生检疫法》等,都规定了适用强制医疗的法定情形。

由于强制医疗措施要临时性地对患者的人身自由予以强制限制,而且运用时多在紧急情况下,适用不当会给相对人带来不必要的损害,因此,实施强制医疗措施时一定要严格按照法律规定适度地进行。具体的条件是:强制医疗主体必须符合法律规定;强制医疗对象必须符合法定条件;强制医疗措施应该符合法律规定,不能超越范围;采取强制措施时要依照法定程序进行。

强制医疗属于一种政府行为,所以它不会发生医疗服务合同的法律后果:被采取强制医疗措施的患者,不因医疗机构的治疗行为而支付医疗费用,医疗机构也不能向患者收取费用,因强制医疗所支出的费用由国家拨款。

世界多数国家医疗卫生立法都规定了强制治疗的损害赔偿问题。其中国家基于防卫传染病的目的而行使的预防接种行为,发生损害的情况较多。德国、日本及我国台湾地区的立法都规定,对因预防接种而受害的人,由国家给予赔偿。我国《传染病防治法》对各种传染病的预防和治疗作了明确的规定,较全面地规范了强制治疗的各种情形,规定了不认真实施传染防治有关人员和机构的法律责任。但是,没有规定因对患者进行强制治疗而造成的损害赔偿问题。目前在司法实践中由医方赔偿较为常见,我们认为,目前在这一方面卫生法规不健全的情况下,从法理上讲可以适用国家赔偿法的有关规定,因为对患者的强制治疗义务是国家公权力的行使。

第二节　医疗法律关系的构成

医疗法律关系的构成,是指一个医疗法律关系应由哪些要素组成。同其他法律关系一样,医疗法律关系在静态上也是由主体、内容、客体三方面的要素构成的,但其具体内涵有所不同。

一、医疗法律关系的主体

法律关系的主体是指法律关系的参加者,即在法律关系中享受权利承担义务的人。医疗法律关系的主体是指在医疗法律关系中享受权利承担义务的人。

医疗法律关系的主体一般情况下是医方和患方,但在强制医疗关系中还包括医疗卫生行政部门。

（一）医疗法律关系中的医方

根据目前的行政法规的规定,医疗法律关系中医方主体一般可分为医疗机构和个体开业医师（个体诊所）两种,主要包括医院和个体医师。前者一般都具有独立的法人资格或从属于某些法人单位,后者则以个人开业并承担责任的形式对外提供医疗服务。

1.医院。根据我国医疗管理的法律法规,有资格向社会提供医疗服务的医疗机构主要是医院,因此医院是医疗服务合同最主要的主体类型。患者到医院寻求医疗服务时,就与医院成立了医疗服务合同关系。而医务人员在医疗服务合同中的地位,应当认为是医疗合同履行的辅助人。因为在我国,医院和医务人员之间是劳动雇佣关系,与其他国家医师独立执业、医师可以和多家医疗机构建立合作关系是不同的。我国医师按照《医师法》只能在特定医疗机构执业,从人事管理上看,医务人员与医院之间也是雇员和雇主的关系。因此,作为工作人员在医院服务的医务人员,在医疗服务合同中并不是独立的一方主体,而是履行辅助人;医院承担合同主体的权利和义务。

2.个体医师（个体诊所）。个体医师是依照法律规定取得医师资格与行医执照,自己从事医疗业务并进行独立核算的个人开业医师。个体医师对于前来求诊的患者进行诊疗时,医疗法律关系就在患者和个体医师之间发生,个体医师是独立享受权利承担义务的一方法律关系主体。

（二）医疗法律关系中的患方

医疗法律关系中的患方主要是患者及其家属。一般而言,患者本人就是该关系中的主体。患者在民法上属于自然人主体,不论其是否具有民事行为能力,都可以成为医疗法律关系的主体;如果患者在医疗损害中死亡的,其近亲属为损害赔偿的请求权人。

如果患者是完全民事行为能力人,通常是自己前往医院就诊而与医院缔结医疗服务合同。此时,患者本人为医疗法律关系的一方当事人,其主体资格一般不存在争议。存在争议的是,当患者是未成年人、精神病人或昏迷状态人时,其监护人、近亲属是否能成为医疗关系的主体？我们认为不能。具体说,表现在以下三个方面。

1.患者有行为能力的情形。患者具有民事行为能力,但在昏迷状态被其近亲属护送前往就诊时,其近亲属仅为代理人,由他们代为决定医疗服务合同的具体内容并垫付费用。这时的医疗法律关系的一方主体仍是患者本人。

2.患者不具备行为能力的情形。根据我国《民法通则》的规定,未成年人的法定监护人是其父母,精神病人的法定监护人依次是配偶、父母、成年子女、其他近亲属等。监护人的职责是保护被监护人的人身、财产及其他合法权益,在被监护人的合法权益遭到侵害时,有权以其法定代理人的身份提起诉讼。可见,在诉讼中限制行为能力人和无民事行为能力人的监护人只是法定代理人,而并非一方主体。在医疗法律关系中,当患者本人是无民事行为能力人或限制民事行为能力人时,其近亲属只是代理人,一方主体仍是患者本人。虽然其行为应由法定代理人代理或征得法定代理人的同意才能发生法律效力,但我们不能因此就把患者的近亲属纳入医疗法律关系主体的范畴。

　　3.社会医疗保险中医疗服务合同的当事人。在社会医疗保险的情形下,作为被保险人的患者,应到保险公司指定的医疗机构进行治疗,这时存在保险公司、医疗机构与患者三方的关系。在这种情形下,就医疗服务合同来说,表面上由保险公司指定患者前往某个医疗机构就诊,但实际上医疗关系仍是建立在医院与患者双方合意的基础上。所以,在医疗保险情形下,形成的医疗法律关系仍是在医院与患者之间缔结的合同关系。因此,医疗法律关系的主体只能是医院与患方,保险公司不能成为该医疗法律关系的一方主体。

二、医疗法律关系的客体

　　法律关系的客体是法律关系主体的权利和义务所共同指向的对象,它是联系法律关系主体间的权利和义务的中介,包括物、行为、智力成果。医疗法律关系作为民事法律关系的一种,是患者因其恢复健康、提高生活质量的需要向医方寻求医疗诊治,由此而形成的医患双方的法律上的权利义务关系。其客体就是诊疗护理管理服务行为,即医疗行为。

　　(一)医疗行为的概念

　　医疗行为即诊疗护理管理服务行为,是指以诊疗疾病为目的的诊断治疗护理行为和医方对诊疗过程中的管理行为。

　　目前,我国法律中没有明确规定医疗行为的概念。一般认为医疗行为是指以疾病的预防、患者身体状况的把握和疾病原因的发现,以及因疾病引起的痛苦减轻、患者身体及精神状况的改善等为目的的对身心所做的诊断治疗行为,即医疗行为就是以治疗疾病为目的的诊断治疗行为。但由于医疗科学技术的不断发展,许多医疗领域的发展范围,已远远超过了传统的以诊疗疾病为目的的诊断治疗行为的观念。为了适应变化了的新情况,学者吴建梁先生提出"广义的医疗行为"的概念,认为医疗行为包括临床性医疗行为、实验性医疗行为、诊疗目的性医疗行为、非诊疗目的性医疗行为等四种类型。我们认为,作为医疗法律关系客体的医疗行为除包括以上四种类型的诊疗行为外,还应包括医方的管理服务行为。

（二）医疗行为的特点

医学科学是一门最高深、最复杂、未知领域最多、涉及知识领域最广的专门性和综合性相统一的科学。具体说，医疗服务行为是一门具有"高科技"、"高风险"的工作，它表现出其独有的特点。

1.医疗行为具有高度的专业性。医疗行为是运用医学科学理论和技术对疾病做出诊断治疗，以恢复人体健康，提高生活质量的高技术职业行为。医学科学的专门性、复杂性、综合性，要求从业者必须经过专门的教育培训，经过资格考试取得从业资格。疾病的治疗需要借助于药物或手术方法，而这些方法在治疗疾病的同时，也损害正常人体机能。因此，医疗职业行为是一项具有高度专业性的职业，国家制定了严格的任职考试批准制度。对于不具备相应的专业知识而擅自从事医疗活动的违法行为，要依据相关法律、法规追究法律责任。

2.医疗行为的局限性和高度风险性。医疗行为究其实质是一门探索性科学行为，而且是受到仪器设备、药物、治疗手段和手术方法、对疾病本质认识高度局限性的一门探索性科学行为。因此，医疗行为充满风险性。风险性即医务人员承担职业风险，就医者承担医疗风险。这种风险主要有：来自医疗器械和设备能力有限造成的潜在风险；对疾病发生、发展认识局限性造成的风险；对就医者临床症状表现与疾病性质认识局限性造成的风险；医师的认识水平局限性造成的风险等。医疗行为的结果，从该行为开始时就同时存在"获益"和"致害"的双向可能性。作为医师，无论有多么高超的医术，都无法绝对保证他所实施的医疗行为会向"获益"的方向发展。

3.医疗行为的侵袭性与"可允许的范围内"原则。医疗行为虽然是以拯救患者生命健康为目的，但采用的诊疗方法，都对身体具有侵入性和损害性。如穿刺注射、手术切割、抗癌放射性疗法和化学性疗法等，都具有医疗行为的侵袭性。在医学上，对这种具有伤害特点的侵袭行为有严格的限制，只有在公认的医学标准范围内属于法律允许的行为才受到法律的保护。它在一定程度上具有侵害社会利益的合法性，这种侵袭性的结果大部分应该是可知和可预测的，这也就是遵循法学上认同的"可允许的范围内"原则。一般认为，"可允许的范围内"判断标准为以下几方面。

（1）主观上实施侵袭性医疗行为的主体有无履行注意义务。也就是说，是否履行足够的谨慎和勤勉的高度注意义务。

（2）客观上实施侵袭性医疗行为的主体在实施前有无认真地全面检查患者身体状况，确定具体的实施方案和防范危险结果出现的措施，以及所用仪器、设备与药物的性状。在实施医疗行为时，是否严格按照医疗规章制度和治疗操作常规进行，实施过程中发现与之前诊断不相符的医学问题时，在无生命危险的情况下有无及时向患者方说明，并对变更的侵袭性医疗行为获得许可。

（3）医学上实施伤害与侵袭性医疗行为的方法和手段是否成熟、稳定，是否得到医学界的认可。医学上对于实施研究性、具有伤害与侵袭性的医疗行为作了严格的控制；必须在经过完整的动物实验研究基础上，获得专门机构与部门的认可，才能实施临床行为。

例：某女，38岁，因患上腹部疼痛2年之久，于1993年2月10日住院治疗。门诊检查拟诊为"慢性胃炎"，住院后经药物治疗两周效果不佳。由于患者出现上腹疼痛加剧，X线发现十二指肠降部有约5cm×3cm的钡斑，压之不动。与外科会诊疑十二指肠穿孔，急行剖腹探查术，结果术中发现十二指肠降部组织坏死，并有钡块附于表面。十二指肠无法保留，行胰腺十二指肠切除、消化道重建术。术后患者病情好转，住院半年后出院休养。后来，患者方认为损害是由于经治医师操作失误引起的，提出赔偿3万元以上，并免费终身治疗的要求。经调查医师采用的推注造影钡剂的方法，在当时国内未见任何报道，属于该医师的"创新"方法；而这种"创新"方法的实施未向上级主管部门汇报。对此，医疗机构表示理解与道歉，给予患者方免费治疗达4年之久，对有关医师也给予了相应的行政处罚。[①]

应当注意的是，在紧急医疗状态下实施侵袭性医疗行为，具有相当的风险性和结果未知性，其目的是为了保护患者的生命权。因此，就不能要求医师采用这种紧急侵袭性医疗行为，必须达到恢复健康状况的目的，更不能将这种医疗行为认定为医疗过失。

三、医疗法律关系的内容

医疗法律关系的内容即指在医疗法律关系中医患双方基于医疗服务合同的约定或法律的规定而确定的权利和应承担的义务，它是医疗法律关系中最核心的因素。具体内容详见以下第三节、第四节。

第三节　医方的权利与义务

一、医方的权利

医学技术的专业性决定了医方必须拥有相应的权利，以期充分发挥其专业优势，取得理想的诊疗效果。医方权利的实现有利于医疗服务的目的和患者权益的最终实现。因此，医疗服务活动中医方应当具有以下几项权利：

---

① 何松跃：《医疗纠纷与损害赔偿新释解》，人民法院出版社2002年版，第44—45页。

（一）治疗权

执业医师的专业活动,就是利用自己的专门知识与技能,为患者恢复或维持健康提供治疗行为,这是执业医师最基本的职业权利。因此,享有治疗权的前提必须是依法取得执业医师资格或者执业助理医师资格,成为经注册在医疗、预防、保健机构中执业的专业医师人员。《执业医师法》第21条规定,执业医师在执业活动中享有在注册的执业范围内进行医学检查、疾病调查、医学处置、出具相应的医学证明文件,以及选择合理的医疗、预防、保健方案的权利。一方面,医师依据国家法律规定,在国家规定的医疗服务活动范围内行使治疗权;另一方面,医师在为患者提供医疗服务的活动中,在患者同意及授权的范围内行使治疗权。医师治疗权的内容主要有以下一些内容。

1. 疾病调查权。疾病调查权是治疗权的首要权利。在医疗机构为患者提供医疗服务或执行国家医疗保健活动中,医师有权对患者与疾病有关的情况进行询问,作身体检查以及居住环境检查等,也可以建议对与患者生活密切相关的人员进行调查与检查。医师对患者的调查及结果,原则上应当在病历中或医嘱中进行记录并保存。涉及患者的隐私,可以不在病历中记录。严禁录音、录像;但得到患者的同意或涉嫌刑事犯罪等法律另有规定的情况除外①。

2. 自主诊断权。在经过临床医学调查和其他必要的调查、检查之后,医师有权在自主判断的基础上,对患者的健康状况或疾病状况做出诊断。任何人或部门不得指使、妨碍医师的自主诊断权。医师的诊断,原则上应当以书面病历的形式做出。特殊情况下,为疾病的快速治疗需要,可以进行口头诊断,但事后必须补充记录。因诊断失误、虚假而导致侵犯患者人格权、生命健康权、名誉权、隐私权等后果的,做出诊断的医师需承担所产生的法律后果。在疑难病例会诊讨论中,医务人员可以坚持个人的医学诊断,但在治疗方面应当按照会诊讨论形成的诊断意见实施。

3. 医学处方权。医学处方权包含对患者疾病进行治疗的一切医学方法与措施,如药物治疗、物理治疗、手术治疗、人身自由限制等。医学处方权的行使必须是经治医师本人,该权利不得转借于其他未亲自参与诊治的执业医师或其他非法执业医师。医学处方权的行使必须坚持经济性、合理性、有效性、合法性的原则,不得滥用药物特别是抗生素类药物或滋补药物,不得使用非法药物。经治医师对于开具的处方有向患者说明的义务。

（二）获取报酬权

不论是在医疗服务合同关系中还是医疗事务无因管理中,医方都享有请求

---

① 张秦初:《防范医疗事故与纠纷》,人民卫生出版社2002年版。

患方支付医疗费用的权利。而在强制医疗关系中,医方为患方治疗过程中支出的医疗费用由国家支付。

(三)特殊干涉权

通常而言,医师的一般权利常服从于患方权利的基本要求。但在特定的情况下,为对患方根本利益负责需要限制患方的自主权利,实现医师自己的意志,以完成医师对患方应尽的义务。这种权利称为医师的特殊干涉权。从临床医学的角度,医生的特殊干涉权常常适用于下列情况。

1.患者拒绝治疗。一般情况下,患方拒绝权必须在患方有理智决定、法律允许、医生讲明利害之后,在符合社会公序良俗的情况下,方可使用。如果是在下述情况患者拒绝治疗,主治医师可以行使特殊干涉权:

(1)不能取得患者及其近亲属意见,且不治疗将给患者带来严重后果或不可挽救的损失;

(2)拒绝治疗是无行为能力或限制行为能力的人所做出的;

(3)拒绝治疗是患方的精神情绪处于极不稳定的状态下所做出的;

(4)拒绝治疗是在药物对思维、认识能力产生影响的作用下所做出的。

2.必要的行为控制。对发作期的精神病和法律规定的某些疾病患者,如非典、麻风病等烈性传染患方,医生可以行使干涉权,依法采取合理的、有效的、暂时的和适度的强制措施,强制患方住院并接受治疗。

(四)医学研究权

医学研究权是指医务人员在临床医学实践中,对疾病的治疗与预防进行研究的权利。《执业医师法》第 21 条第 3 款规定,医师在执业活动中,享有从事医学研究、学术交流、参加专业学术团体的权利。医务人员行使医学研究权是一项具有限制性的权利,必须坚持尊重患者生命的原则,坚持社会公益的原则,坚持诚实研究的原则。此外,临床医学研究往往涉及患者的许多个人资料,医务人员必须坚持保守秘密的原则,尊重患者的人格和名誉权、隐私权。

(五)人格尊严权

医务人员与患者一样,都是社会公民,其人格理应受到尊重。《执业医师法》第 21 条第 5 款规定,医师在执业活动中,享有人格尊严、人身安全不受侵犯的权利。强调医务人员的人格尊严的一个重要表现,就是不向医务人员提供虚假情况,不得有意识误导、骗取医学证明文件,不向医务人员提出不合理及违法的要求;病情明确之后,在知情同意的前提下,对自己的治疗做出负责的决定,不随意猜测、责怪医务人员;对出现的医疗问题,应与医务人员配合协商,经过法定的程序进行处理;不侮辱、不殴打医务人员,不破坏医疗机构的财物。

二、医方的义务

由于医疗损害责任的发生往往离不开医方对其法定义务和约定义务的违反,所以医方的义务是本节阐述重点。医方的义务是指在医疗法律关系中医方应履行的职责,概括而言,就是正确地诊疗患者所患疾病,对患者实行尽可能妥当的医疗诊疗行为,促使患者恢复身体健康;也就是说,医方应尽到善良管理人的义务。医疗机构的义务主要体现在医生角色上,但并不限于医生,还包括护士和其他医疗技术人员。医方的义务主要包括以下几个方面。

（一）诊疗护理义务

医疗机构应当以其所掌握的全部医学知识和治疗手段,尽最大努力为患者治病。医疗机构还负有使用最简明、迅速以及具有增加医疗效果的医疗方式的义务,不能以任何政治的、社会的等非医疗理由来推脱为患者治病的义务。总的来说,医疗机构诊疗义务的核心是注意义务。判断医方是否充分履行了诊断治疗义务的标准,是看医方是否在疾病的诊断治疗上尽到了"专家的高度注意义务"。医疗机构中的医务人员作为专业人士,对其注意义务的要求自然不同于普通人之一般注意标准,而是以与其专业身份、专业知识、专业技能相匹配的高度注意义务标准,具体标准认定应考虑如下几方面内容。

1.一般医疗标准。这是指医师为特定病人所作的诊断和治疗应当符合当时医学界之一般的平均的质量水平。这里首先要注意的是,一般医疗标准不同于学术最高标准,医学界中各个不同专业的最高学术组织经常会发布某些疾病之治疗方案,这些诊断治疗方法往往是医学界最新研究成果,发布的目的是为了推广和普及该项技术以提高整体诊疗水平。因此,这个标准可以称之为"学术最高标准"。由于此标准并未普及,不宜作为衡量一般医疗机构是否充分履行诊断治疗义务的一般标准,而应当以医学界已经普遍应用的一般诊断治疗标准作为衡量指标,即"一般医疗标准"。以上是对一般医疗标准抽象的说明,其具体判断可以参考以下指标:

（1）医学界已经有普遍应用的明确的规章制度和技术指南的,应遵循其规定;

（2）没有详细的技术指南,但已经有诊断治疗流程上和操作步骤上之规定的,须遵循其程序性规定;

（3）对其他医疗病例,应遵循医学界通行之方法或者约定俗成之方法,但存在特别理由需要改变通常医疗方案的除外。

2.客观条件差异。这是对一般医疗标准进行校正的一个指标,就是在判断医疗机构是否充分履行诊断治疗义务时,要考虑到医疗机构所具备的客观条件的差异性。这其中包含由于地区差异与医院级别差异所造成的医院拥有的医疗设备、器材、药品存在差异性,而这一差异必然影响医学诊断治疗的质量。不能以具备良好客观物质条件的医疗机构所能达到的诊断治疗标准,要求不具备此种条件之医疗机构;对前者的诊断治疗标准应相应提高,对后者的诊断治疗标准应相应降低。当然,这其中的一个前提是,此客观条件差异是由于不可归责于该医疗机构的社会原因所造成的。

3. 医疗紧急性差异。在紧急医疗的情况下,医务人员缺乏慎重考虑判断的时间条件,所有医学处置措施必须当机立断地做出。因此,其诊疗质量较之普通非紧急病人可能有所下降。考虑到病例本身的紧急性,考虑到医务人员被赋予强制缔约义务必须立即救治病人的现实情况,我们认为应当以医疗紧急性为校正指标,适当降低一般医疗标准。

4. 经济性差异。显而易见,对同一种疾病,医疗费用投入的不同对最终的效果有很大影响。一般而言,经济上的高投入有助于提供诊断治疗的质量。因此必须承认,经济性差异对诊断治疗的标准有影响。考虑到一般医务人员在具体医疗活动中必须考虑患者方的经济承受力,并参照其经济承受力制订诊疗方案的现实,我们认为,应当在医方尽到说明义务患者不反对的前提下,对于经济投入不足的案例,适当降低一般医疗标准。

(二)告知义务

告知义务又称为"说明义务",是指医疗机构和医务人员对于患者的病情信息、诊疗措施信息、医疗指导信息和医疗风险信息,应当向患者一方予以告知的义务。医方履行说明义务,有利于患者及时了解自己的病情和将要实施的医疗行为,进而行使自我决定权以实现自身权利。对医方来说,在向患者详细说明并取得同意后,再实行医疗行为便有理有据,也有利于取得患者配合以获得更好的医疗效果。如今,医疗技术的发达已经使许多疾病可以通过各种不同手段进行处置和治疗;具体采用何种方法,在医方履行其说明义务后,患方可根据自身状况、经济实力、忍耐程度甚至宗教信仰等情况做出自己的选择。从本质上讲,这显示了医患关系模式从"善良家父"模式向"权责对等"模式转变的表现,是患者权利意识增强要求掌握医疗主导权的表现。

我国的《侵权责任法》《执业医师法》等法律都对医方的说明义务做出了明确规定,要求医疗机构及其医务人员应当如实向患者告知病情、医疗措施、医疗风险等,并及时解答患者的咨询;在医疗机构实施手术、特殊检查或者特殊治疗时,必须征得患者或其家属的同意并签字。从这些规定来看,说明义务可以从以下几个方面予以理解。

1. 基于病情的如实告知义务。此种义务的来源是患者及其亲属对患者所患疾病的真实情况有了解之权利,因此,医方对于其掌握的病情信息有向患者方及时、真实地披露的义务。但此种病情信息披露义务的履行,有时候会和对患者保护性医疗(即避免患者因获知疾病事实遭受严重心理打击的义务)相冲突,因此,实践中此种义务履行的标准应为"合理"标准,医方应按照一般生活常理决定是否向患者本人透露真实病情信息,但医方向患者家属履行的病情告知义务则应当遵循"充分"标准。另外,即使对于患者本人,"合理"标准也有例外,就是在患者曾对病情知晓权提出特殊要求的个例中,医方应尊重患者本人的意见。因为即使身患绝症,患者本人也可能希望知晓真实情况,以便及时安排其本人和家庭、工作中的各种事务。

2. 基于诊断治疗措施的告知义务。医方将其拟定的或者正在实施的诊断治疗方案向患方予以告知,有利于患方对自己治疗过程的理解、把握和配合。但在此义务的履行标准上,应遵循"有限"告知标准,而不能像有些研究者所言要达到让患者完全理解的"充分"标准。理由在于医学知识复杂艰深,医务人员尚需数年至数十年之知识和经验积累才能掌握到一定程度,而要患者或家属在短时间内去"充分认识和理解"诊疗方案,是不现实和不可能的。因此,这里将基于诊断治疗措施的告知义务与基于病情的告知义务分离,对前者在不考虑保护性医疗的前提下应当要求医方"充分"履行,对后者则仅要求医方"有限"履行,其限度应按照一般之习惯标准。

3. 基于医疗风险决策的告知义务(简称"医疗风险告知义务")。这是最重要的一类告知义务,韩国学者称之为"贡献性说明义务",即"贡献于患者行使自己决定权并保障其完整利益的一种保护义务"。此类告知义务发生的前提,是患者即将面临一项抉择,自主决定是否采用某类具有较高风险的医疗措施(如手术,具有侵害性的操作,等等),使患者能在信息充分的情形下做判断。法律要求医方对具有高风险的医疗措施的风险性向患者告知,同时也应当告知不进行该医疗措施所面临的健康风险。我们认为,医务人员在医疗风险告知上只能尽到"有限"的告知义务。并且法律应当允许医生在告知的同时表达自己的倾向性意见,只要这种倾向性意见不明显违反医疗常规,就应当得到责任豁免。也即患方受到医务人员影响选择了该意见并且有不良后果出现,患者也不能追究医生意见倾向性之责任,除非证实医生的意见明显违反了医学界的常规。

4. 基于医疗指导的告知义务。在医疗活动中,医师对于患者的用药、饮食、随诊等指导和提示的义务,即为基于医疗指导的告知义务。这部分告知义务的履行实际上是医学上治疗措施的延续,只不过由于此类信息的非专业性而被归于告知义务的范畴。在此类告知义务的履行保证上,应遵循"充分"告知标准,以最大限度保护患者的健康利益。

另外,《侵权责任法》第56条规定,因抢救生命垂危的患者等紧急情况,不能取得患者或者其近亲属意见的,经医疗机构负责人或者授权的负责人批准,可以立即实施相应的医疗措施。从理论上讲,该规定涉及医生治疗干涉权的问题,规定医生此项特权并严格限定其范围,属于法律上的利益衡量范畴,体现着法律的价值取向,即在某些特殊情况下,即便不存在患者的明示同意,亦可推定患者实际接受了治疗行为。值得注意的是,本条规定的"不能取得患者或者近亲属意见",主要是指患者不能表达意思,也无近亲属陪伴,又联系不到近亲属的情况,但不包括患者或者近亲属明确表示拒绝采取医疗措施的情况。因此,诸如2007年发生的(肖志军)"丈夫拒签手术致孕妇死亡案"就不属于本条规范的范围。

(三)医疗记录制作与保管义务

医疗记录有广义与狭义之分。狭义的医疗记录仅指病历,广义上的医疗记录还包括护理记录、检验记录、医疗设备检查诊断记录及医学影像照片资料等。从患者的继续治疗方面来说,病历是转诊时其他医师诊断的依据和参考,对于同一医师继续诊疗或将来诊疗,病历也是重要的资讯来源;从病历具有诉讼上的证据功能来说,病历能提供证据以认定医疗过失和因果关系的基本事实。同样,病历以外的其他医疗记录对医方和患方也是十分重要的资料。因此,医师必须在亲自诊断和检查后,依照医疗记录制作和保存的目的亲自制作并精心保存。

在我国,目前规定医疗机构的门诊病历至少保存15年,住院病历的保存期不得少于30年。病历资料书写是否规范对医疗损害案件处理结果具有重要影响;实践中,由于病历资料书写不规范而导致医疗机构承担责任的案件时有发生。《侵权责任法》第61条规定,医疗机构及其医务人员应当按照规定填写并妥善保管一些特殊的客观病历资料,这些客观病历资料有:住院志、医嘱单、检验报告、手术及麻醉记录、病理资料、护理记录、医疗费用等病历资料。依据本条规定,医疗机构及医务人员要严格依照病历书写基本规范书写病历资料,病历资料必须客观真实反映患者病情和诊疗经过,不能臆想和虚构病历书写,要使用国内甚至国际通用的医学词汇和术语,要精练准确;同时,医疗机构必须妥善保管病历资料,应防止病历资料毁损和丢失,并依法对患者履行查阅、复制客观病历资料的义务。至于对医疗机构是否充分履行了"制作、保管和为患者复制病历的义务"的标准,应当从以下标准加以评判:①发生医学诊断治疗行为时必须制作病历;②病历中包含的基本信息应当完整,基本信息是指政府卫生行政部门规定的《病历书写规范》对病历在形式上的要求;③书写的病历资料内容应当字迹清晰可辨认;④病历中的改动应当符合《病历书写规范》对病历修改的要求。

关于医疗记录的所有权归属问题,学界有所争论;但从医疗记录的专业性和知识性的角度考虑,医疗记录具备一定的知识产权因素,尤其是对特殊医疗手段如传统中医处方、医学实验数据记录等,其中不乏医师的研究成果。因此,医疗记录属医方所有较为合理,但患方应当有要求复制医疗记录的权利。

(四)转诊的义务

转诊义务又称为转医义务,是指医方因技术能力、医疗设施限制或患者病症属于自身专业领域以外等因素,无法做出明确诊断和完成有效治疗时,建议患者转至有条件的其他医方诊疗,并安全迅速地配合患者就诊的义务。《医疗机构管理条例》第 30 条规定:"对限于设备或者技术条件不能诊治的患方,应当及时转诊。"《医院工作制度》第 30 项制度即转院转科制度,对医方履行转诊义务作了较为具体的规定。

1.医方履行转诊义务主要发生在以下几种情形:

(1)患者的病症属于医方专门领域之外的;

(2)医方对患者的病症无诊疗能力或能力不充分;

(3)医方在医疗设备或诊疗设施上欠缺;

(4)其他医方存在更适当的诊疗方法,能取得明显改善的医疗效果,且患者方便转诊的;

(5)医方向患方说明有多种医疗行为可供选择后,患方选择的医疗行为医方尚无法实施的。

在这些情况下,无论是医方进行转诊说明后患方同意转诊,或者患方自己要求转诊时,医方均需保证患者安全,快速地转至其他医方就诊。转诊义务包括转院和转科、换医生以及提供资料等义务。但是,在患者处于危险或紧急状况下,医方必须先进行必要处置,稳定患者的病情,再视具体情况配合患方转诊。必须注意的是:转诊指示做出后得到患者或其家属的同意,并不意味着医方已履行转诊义务,只能认为医方已经履行了转诊说明义务。

2.医方确实履行转诊义务应当具备的要件。对行动能力限制或病情变化随时可能出现危险的患者,医方确实履行转诊义务应当具备以下要件:

(1)医方已经做出转诊指示并得到患方同意;

(2)患者体征稳定可以运送;

(3)已联系转入医院并安全运送患者就诊;

(4)向转入医院交付必要的医疗记录及相关资料。

对于行动能力尚自由可以自行就医的患者,医方需在确定患者暂无危险并明确说明转诊注意事项后,方可视为履行了其转诊义务。

(五)保密义务

《执业医师法》第 22 条第 3 项明确规定,医师的义务中包括"关心、爱护、尊重患者,保护患者的隐私"。该法第 37 条还规定了侵犯患者隐私的处罚。除该法外,一系列的法律、法规、规章以及医师的职业道德规范都规定了对公民隐私权的保护。隐私,是指公民私人生活中一切不愿意被他人知悉或公开的且不损害他人和公共利益的个人情况的总和。作为患者,其隐私侧重于自身健康状况、既往病史、身体肌肤形态、自身的隐私部位、身体缺陷、特殊经历遭遇等等情况。上述隐私内容也可称为个人秘密。如果医护人员将上述情况泄露出去,即违反保密的义务,构成违约或侵权。如造成损害后果,还将承担损害赔偿责任。不过这种责任有时会由医疗机构承担,其承担责任的区分标准,是该泄密行为是否是职务行为。

(六)医疗机构管理、监督医护人员使之适任的义务

现代医疗中,医疗机构已非仅供医护人员使用的场所,并兼具提供照护、医疗支援与服务的整体机能,为使医护人员能适法地执行其医疗业务,医疗机构有依照法律法规及内部规章制度管理、监督医护人员的义务。

(七)遵守法律与行政法规、规章以及其他有关诊疗规范的义务

众所周知,遵守法律、行政法规、规章,是所有法律关系主体双方的义务,作为医疗法律关系主体的医方和患方也概莫能外。鉴于医疗领域的专业性,有关诊疗规范也具有法律规范的性质,也是医方应遵守的义务内容。近年来,从规范诊疗行为、遏制过度医疗等目的出发,在国家卫生行政管理部门主持下,出台了100余种疾病的临床路径,这些临床路径既具有诊疗规范的性质,也构成医方义务的内容。对于不履行以上义务的法律后果,《侵权责任法》第58条规定,不遵守法律、行政法规、规章以及其他诊疗规范的,直接推定医方有过错。同时,根据该法第54条规定,患者在诊疗活动中受到损害,医疗机构及其医务人员有过错的,由医疗机构承担赔偿责任。

第四节　患方的权利与义务

一、患方的权利

随着社会文明程度的提高和医学知识的普及,以医疗专业人士自主权为中心的旧医学伦理被打破,患者纷纷要求参与到医疗活动中来;尊重病人的自主权被确立为现代医学道德的重要原则,成为构建和谐医患关系的基础。患者权利的兴起源自患者自我决定权的确立,使患者一方从传统医疗模式中的被动地位转变成主动地位,医患关系走向了一种平等、双向、互动的状态。患者在医疗过程中的权利主要有:

(一)人身自由权与人格尊严权

我国《宪法》第37条、38条规定了公民的人身自由和人格尊严不受侵犯的

权利。即使在封闭式精神病院住院的精神病人,其人身自由受到一定限制,尤其在病情发作期间其人身还要受到一定约束,但其应享有的人身自由权仍应得到尊重和保障。对于拖欠医药费的患者,医院不得以留置患者作为支付其医药费的担保,否则可能构成非法拘禁,侵犯了患者的人身自由权。患者的人格尊严应受到尊重和保护,对精神病人、艾滋病患者或身体残疾的患者不得歧视。未经患者或其家属同意,不得对患者录音、录像、摄影等,并做成广告宣传手段以招揽业务。将患者或其病理标本用以教学、科研,虽不以营利为目的,也需要征得患者同意,并注意保护患者的人格尊严及其他人身权利。

(二)生命健康权

生命权是一项独立的人格权,是指自然人的生命安全不受侵犯的权利。健康权是指自然人以其器官乃至整体功能利益为内容的人格权,它的客体是人体器官及各系统乃至身心整体的安全运行,以及功能的正常发挥。

(三)身体权

身体权是自然人对其肢体、器官和其他组织的支配权。身体权与健康权既相互联系,又有严格的区别。其区别有三:首先,身体权以身体为客体,健康权以健康为客体;其次,身体权侧重强调身体组织的完整性,健康权则侧重于身体功能的完整性;第三,身体权是公民对自己身体组织部分的支配权,健康权则没有明显的支配性质。

(四)基本医疗权

人类生存的权利是平等的,因而医疗保健享有权也是平等的,任何患者在医疗活动中均应得到合理的不受歧视的诊断、治疗、护理等权利,不因其地位、财富、性别、国别、疾病状况等的不同而得到不平等的诊治。医方在医疗过程中,要合理平均地使用医疗资源,用于每个患者身上,不能以贫富贵贱而区别对待,而且要尊重患者的选择权。每个人的一生中都要面临生老病死、患病求医。保持健康和维持生存是人的基本权利,发展医疗卫生事业是国家保障公民获得基本医疗服务的重要手段。我国现行的法律法规虽然没有对患者基本医疗权做出明确的规定,但我国宪法强调保护人的生命权和健康权,这意味着在与生命权休戚相关的医疗服务中,公民享有基本医疗权体现了宪法的规定。

(五)自主决定权

即患者在真实认知的基础上有权对医疗诊治方案、医学实验做出理性的自主决定,这既是一种自主权也是一种选择权。另外,自主权或选择权还包括对医疗单位、医务人员的选择等。我们通常所说的同意权只是自主权或选择权的一个方面。要真正贯彻自主权,首先必须保证患者知情,因此,医务人员应该尽到说明和解释的义务;其次,还需要患者有一定的自主能力,达到一定年龄和具备良好的精神状态。但患方的决定或选择如对自身、他人和社会带来严重危害，医务人员就要行使干涉的权力。

（六）知情权

除意识不清或昏迷状态外，患者对自己所患疾病的性质、严重程度、治疗情况及预后有知悉或了解的权利，医生在不损害患者利益和不影响治疗效果的前提下，应提供有关疾病信息。并且患者有权从医疗机构和医务人员处得到自己病情、诊疗方法和手段、医疗风险、诊疗效果、预后等方面信息的权利，有权知道负责其治疗的医生的身份和专业地位，有权查阅、复印病历资料，有权得到详细的医疗费用情况等。

（七）隐私权

任何公民都有使自己的个人生活秘密不被公开并禁止他人干涉的权利，在医疗活动中，患者的隐私权更应得到尊重和保护。因为，医疗活动的特点和患者对医务人员的信任，决定了医务人员可以了解更多患方隐私，例如查体、询问既往史、各种诊疗措施的实施，等等。这就要求医务人员保守患者的个人隐私，如自身缺陷、传染病史等。但如果保护患者的隐私权将给患者自己、他人或社会带来的危害大于放弃这种权利带来的损失，医务人员可以超越患者这一权利要求。如患严重传染病的患者要求医生对任何人保密，医生就不能满足其要求，而应及时上报有关部门并采取预防、控制措施。

（八）请求赔偿权

当医方在医疗活动中，违反医疗卫生管理法律、行政法规、部门规章和诊疗护理规范、常规，过失造成患者人身损害时，患者有权提出赔偿请求。

二、患方的义务

患方的义务是指患方在医疗法律关系中应承担的责任。患方有协力配合诊疗的义务，不应消极对待自身疾患甚至无理拒绝治疗，同时还有支付医疗费用的义务，遵守医院的规章制度、支持医学科学发展等义务。[①]

（一）协力配合诊疗的义务

寻医就诊是患者自由选择的结果，而医疗服务活动是需要患者与医务人员相互配合才能顺利开展的。因此，在治疗过程中，患方应积极配合医疗人员的诊疗需要，遵从医嘱，力求达到治疗效果。这正是治愈疾病、恢复与维持健康的重要基础。与医疗服务人员密切合作，必须在医患双方相互信任的基础上进行。因此，应注意以下几点。

① 胡燕华：《医疗事故的防范与处理法律实务》，华中科技大学出版社 2003 年版。

1. 如实、全面地提供病史,使接诊医师能够全面、准确地了解患者的疾病史以及疾病发生、发展的有关医学信息,从而能够在这些医学信息的基础上,做出科学、客观的分析。如果涉及个人的特别情况,可以向医务人员提出保密要求。

2. 遵从医嘱,按时服用医嘱药物和接受治疗。只有接受正规的药物治疗,才能实现治疗疾病的目的,不按时服药或表面服用医嘱药物,实际上未服医嘱药物而服用私下寻求的偏方、土方等,是对自己不负责任的行为。

(二)接受医学检查的义务

医学检查的目的是明确病情,以便对症治疗,这也是医务人员进行医疗行为的必要手段。因此,患者自入院就诊时起就要承担此义务。接受医学检查,患者必须严格按照医学检查的要求实施吞食、注射、灌注以及其他侵袭性或非操作性的医学行为,以保证检查的顺利进行。在进行检查的过程中,患者应当听从医师的指令。

(三)支付治疗费用的义务

医疗服务行为是一种有偿的服务行为,医疗服务关系是合同关系,因此,医疗机构为患者提供医疗服务,患者理应交纳合理的医疗服务费用。所谓合理的医疗费用,是指患者治疗疾病所必须、且向患者告知并获得同意的情况下,所实施的门诊或住院检查、治疗等医疗服务的费用。

(四)遵守医疗机构规章制度的义务

患方由于疾病或为了恢复、维持健康状况去就医,医疗机构通过正当的医疗管理制度的运作来保证患方的就医权利得以实现。因此,患方就医时必须自觉遵守医院的规章制度,如门诊挂号制度、进出院登记制度、医院探视制度、急诊制度,以及维持医疗机构的安静、秩序等的有关规定。任何人不得利用特权故意违反医疗机构的规章,干扰、破坏医疗机构服务行为的正常进行,更不能有意滋事、毁坏医疗机构的公有财产和给医疗服务人员造成人身伤害。如果违反有关的规章制度,将可能受到行政法规或刑事法律的处罚。

(五)尊重医务人员人格与工作的义务

医务人员是提供医疗服务行为的主体,其工作、人格必须得到尊重。尊重医务人员的人格与工作,也是保证医疗服务工作得以正常进行的基础,因为医疗服务者的情绪、判断能力,与做出正确医学诊断、检查和治疗行为有密切关系。

(六)患方接受强制治疗的义务

强制治疗是针对患者患有医疗法律法规规定的,必须对患者的人身自由加以限制、进行专门性隔离治疗的疾病而实施的一种特殊行为,其目的是为了保证社会安全与社会生活有序。接受强制治疗,是国家法律规定患者应该履行的义务即法定义务,患者家属也有积极配合患者履行该项义务的责任。例如,对于患有严重的精神疾病和严重传染病者,因其对他人和社会存在危害,为防止出现疾病蔓延,法律规定患者必须接受强制治疗。为了控制和预防疾病,法律不仅规定患有严重传染病者有接受强制治疗的义务,而且还规定患有疑似严重传染病的人或人群,也有接受强制检查、诊断与治疗的义务。

本章小结

本章所述医疗法律关系是指基于双方约定或法律直接规定而在医患之间发生的,就患者疾病的诊断、治疗、护理等医疗活动所形成的法律上的权利义务关系。医疗法律关系本质上是一种特殊的民事法律关系,其主要有三种类型:医疗服务合同关系、医疗无因管理关系以及强制医疗关系。医疗法律关系由主体、客体、内容三部分构成。医方的权利包括治疗权、获取报酬权和特殊干涉权。医方的义务主要包括以下几个方面:诊疗护理义务、告知义务、转诊的义务、医疗记录制作与保管义务、保密义务、提供适当安全的治疗环境的义务等方面。患方的权利包括基本医疗权、知情权、决定权、隐私权、损害赔偿请求权以及延伸服务的权利等。患方的义务主要包括协力配合诊疗的义务、支付医疗费用义务、遵守医院的规章制度、尊重医务人员人格与工作等义务。

思考题

1. 什么是医疗法律关系,医疗法律关系主要有哪些类型?
2. 医疗合同有哪些特征?
3. 医疗法律关系的客体的特点有哪些?
4. 医方的义务有哪些?
5. 患方的权利有哪些?

案例思考

1995年8月4日,年仅三岁的彬彬(化名)因患急性黄胆性肝炎到某县医院治疗时,输用了不具备国家规定采供血资格的A卫校非法向医院提供的血浆100ml。2005年2月,经省艾滋病防治研究所HIV抗体检测确认,彬彬感染了艾滋病。彬彬父母认为,彬彬自从出生以来仅仅在某县医院输过一次血,肯定是那次输血感染了艾滋病,于是找到医院要求赔偿。医院经查得知,医院当时儿科所用血浆均由A卫校血站(该血站无合法证照,不具备国家规定的采供血资格,)供给,认为血浆是A卫校血站供给的,责任应由卫校承担,因此拒绝赔偿。彬彬的父母找到A卫校,卫校却和医院互相推诿,拒不承担赔偿责任。协商无果,彬彬的父母将某县医院和A卫校诉至法院。

某市中级人民法院审理了这起医疗纠纷。法院认为,某县医院作为医疗单位,在给患者使用血浆时,没有依法严格进行审查,致彬彬因输入血浆而被感染艾滋病,应承担一定的赔偿责任。A卫校无合法证照,擅自非法向县医院提供血浆,给患者造成巨大的伤害,对此应承担主要赔偿责任。据此,法院判决A卫校、某县医院按照65%:35%的比例赔偿彬彬医疗费、护理费、精神损失费等共计10.65万元,并按照同等比例预付彬彬后期治疗费15万元。①

案例讨论

1.本案中涉及的法律关系有哪些?

2.运用医疗法律关系构成要素的理论,分析这个医疗损害争议案件。

---

① 中国法院网。

第四章　医疗风险相关民事责任

第一节　医疗风险相关民事责任概述

医疗风险相关民事责任,是指医疗风险所导致的医疗损害事实所引发的医疗机构承担的民事赔偿责任,即医疗损害民事责任。

一、医疗损害民事责任的概念

医疗损害,是指因医疗行为对患者产生的人身上不利的事实。民事责任是指根据民法规定,民事主体侵犯他人的民事权利或违反自己所负有的民事义务时所应承担的法律后果。

医疗损害民事责任,是指因医方不履行所承担的义务或者侵害患方的权利而给患方带来不利的事实时,依法应该承担的民事责任。具体到《侵权责任法》的相关规定,可以知道,医疗机构及其医务人员在诊疗过程中,如果未尽到与当时医疗水平相应的诊疗义务,或者违反告知保密义务,或者因医疗产品缺陷而造成患者人身损害时,医疗机构应当承担以损害赔偿为主要方式的民事责任。

二、医疗损害民事责任的特征

（一）医疗损害民事责任发生在医疗过程中,或由医疗行为导致

医疗损害责任发生在医疗活动中,在其他场合不能发生这种民事责任。医疗活动不仅仅局限于诊疗行为,还包括在医院进行的身体检查,进行的医疗器械的植入,对患者的观察、诊断、治疗、护理、康复等;这些都是医疗活动。当然,医疗活动具有时间性,有时医疗活动虽已经结束,但医护人员过失所造成的损害后果一时还没有显现,必须等到一定时间,损害才能为人察觉。

（二）医疗损害民事责任是医方违反民事义务所应承担的法律责任

《民法通则》第 106 条规定:"公民、法人违反合同或者不履行其他义务的,应当承担民事责任。""公民、法人由于过错侵害国家的、集体的财产,侵害他人财产、人身的,应当承担民事责任。"从上述规定可以看出,承担民事责任必须以民事义务的存在为前提,没有民事义务也就谈不上民事责任。在医疗法律关系上,

如果医方违反谨慎诊疗的注意义务,造成患者的人身损害,医方就应当承担相应民事责任。

（三）医疗损害民事责任主要内容是财产责任

违反民事义务主要给对方造成财产损害,所以民事责任的内容主要是财产责任。在医疗损害中,无论是违约责任还是侵权责任,主要的责任形式都是损害赔偿。但其他民事责任形式在医疗损害民事责任承担中也有运用,比如赔礼道歉、恢复名誉、返还医药费、支付违约金等;在损害即将发生前,当患者家属有所发现时,可以要求医方消除危险或者排除妨碍;在损害已经发生、并在继续进行时,患方可以要求停止侵害。医疗民事责任还有一些非财产责任形式,但财产责任是其主要内容。

（四）在法律允许的范围内,当事人对医疗损害民事责任可以协商

民法的平等、自愿原则决定了民事责任是可以协商的。对于医疗违约的民事责任,当事人可以在法律规定的范围内,约定违约金的数额、损害赔偿数额的计算方法和免责条款;对于医疗侵权的民事责任,虽然没法事先约定,但在责任承担上,如损害赔偿金的数额、支付方式等也是可以进行协商的。这就是医疗损害民事责任不同于行政责任和刑事责任的一个重要特征。必须注意的是,当事人协商的内容不得违反法律、行政法规,侵害国家、集体和他人的合法权益。

（五）医疗损害民事责任的基本形态是替代责任

替代责任也称为间接责任、转承责任、延伸责任,是指责任人为他人的行为和为他人的行为以外的自己管领下的物件所致损害承担赔偿责任的侵权责任形态。[1] 替代责任的最基本特征,是责任人与行为人相分离,行为人实施侵权行为,责任人承担侵权责任。医疗损害责任就是替代责任。造成患者人身损害的行为人是医务人员,但其并不直接承担赔偿责任,而是由造成损害的医务人员系属的医疗机构承担赔偿责任。[2] 从这个意义上来说,医疗损害民事责任是典型的替代责任。即发生医疗损害后,患者可以向医疗机构进行索赔,这方便了患者的维权活动;医疗机构进行赔偿后,可以进一步向需要承担责任的医务人员追偿,这可以增强医务人员的风险意识和责任感,有利于减少医疗损害事件的发生。

第二节　医疗损害民事责任的性质

就民事责任体系而言,主要分为违约责任和侵权责任,医疗损害责任的性质也存在违约责任说和侵权责任说。另外,由于违约责任和侵权责任常常发生竞

---

[1]　杨立新:《中华人民共和国侵权责任法精解》,知识产权出版社 2010 年版,第 131 页。

[2]　杨立新:《医疗损害责任概念研究》,载《政治与法律》2009 年第 3 期,第 75—82 页。

合,又产生了责任竞合说。医疗损害赔偿责任究竟属于何种性质的民事责任,当前理论和实践中存在较大的分歧。本节结合民法学基本原理,对这三种理论进行辨析,以更好地把握医疗损害民事责任的性质问题。

一、关于医疗损害民事责任性质的不同认识

(一)违约责任说

违约责任说认为,医疗机构或医生与患者依合意形成契约关系,医疗机构或医生未尽谨慎治疗义务导致发生医疗损害,应依契约承担赔偿责任。大陆法系某些国家的判例及解释,较为盛行此说。[1] 按照这种学说,患者就诊后,即与医疗机构建立医疗服务合同关系,在此合同关系中,医疗机构与医务人员负有为患者谨慎治疗的默示附随义务。一旦医疗机构及其医务人员没有尽到谨慎治疗义务,即构成违约,应向患者或其亲属承担违约赔偿责任。由于在很多情况下,医疗机构或者医生并没有签订书面合同,甚至连口头承诺都没有,因此违约责任说遭受了一定的质疑,对此一些学者也给出了解释,认为:"医疗机构与患者之间虽然没有签订书面合同,但是一种事实上的民事合同关系。医疗机构未尽到谨慎的义务,而在医疗活动过程中出现过错,造成患者人身损害的事实发生,因而应承担相应的合同违约责任。[2]"

(二)侵权责任说

侵权责任说认为,导致医疗损害发生的医疗人员的过失行为是侵权行为,英美法系国家普遍持此观点。[3] 这种学说认为,医疗机构因过失行为造成患者人身损害的,应依照其过错程度向患者或其亲属承担侵权损害赔偿责任。国内也有学者持这种观点,认为医疗损害赔偿是一种侵权民事责任。按照这种观点,医疗机构及其医务人员由于过失的医疗行为,导致了医疗损害的事实发生,侵害了患者的生命健康权,因而应承担侵权的民事责任。[4]

(三)责任竞合说

由于违约责任和侵权责任本身就可能会发生竞合,又由于医疗行为中既可能存在某些合同,也可能不存在此类合同,出现模棱两可的状态;在法律实践中,当事人也可能自主选择对自己最有利的维权方式;因此出现了责任竞合说。这种学说认为受害者在医疗损害发生后,既享有契约上的请求权,又有侵权法上的

---

[1] 刘劲松:《医疗事故的民事责任》,北京医科大学出版社2000年版,第37页。
[2] 程华宾、徐忠明:《医疗损害赔偿的责任性质和归责原则》,《中国全科医学》2008年9月,第1618—1620页。
[3] 张新宝:《侵权责任法研究》,中国人民大学出版社2005年版,第256页。
[4] 封启明:《急诊医疗纠纷防范措施与分析》,《中国全科医学》2007年10月,第1004页。

损害赔偿请求权,受害者可以选择行使一种请求权。^① 此种观点的思维和解释认为,应当在立法上承认竞合的存在,允许受害人从中选择最有利的诉因提起诉讼,这既有利于保护患者的利益,又充分尊重当事人的意志,体现了民法意思自治的基本特征。^②

二、我国现行法律的解决办法

由于医疗行为一方面是基于医患之间存在医疗合同而发生的,患者所受的损害是医方的债务不履行所导致,同时,不得非法侵害他人的人身及财产利益,乃是一项法定义务;2011 年 2 月 18 日最高人民法院发布的《最高人民法院关于修改〈民事案件案由规定〉的决定》中,医疗法律风险诉讼的案由包括医疗服务合同纠纷、医疗损害责任纠纷两类。根据我国《合同法》第 122 条规定:"因当事人一方的违约行为,侵害对方人身、财产权益的,受损害方有权选择依照本法要求其承担违约责任或者依照其他法律要求承担侵权责任。"医疗损害赔偿责任应是违约责任和侵权责任的竞合:是违约请求权和侵权请求权的竞合,因医方履行合同的行为——医疗行为不当,侵害了患者的生命权和健康权,而给患者带来了肉体上、精神上或财产上的损害,构成侵权行为。当事人选择何种请求权,对于其利益实现具有重要意义。

在医疗损害赔偿纠纷案件司法实践活动中,绝大多数受害人都是以医疗机构过失侵权作为诉因而请求医疗机构承担侵权赔偿责任。因为采侵权责任构成的理由有利于受害者,具体表现在三个方面:其一,由于医师债务一般是手段债务,因此债务内容无法确定,诊疗行为因过失而失败时,只能认为成立侵权行为,而不能评价为契约的违反。其二,在诉讼时效和损害赔偿范围上,有利于受害人。其三,侵权责任可以排除契约上的免责条款,较好地保护受害人的利益。从我国司法实践来看,人民法院在审理医疗损害赔偿案件时,一般按侵权责任处理,采取这种方法的确减少了法院在援引法律、确定责任等方面的麻烦。但是,由于限制了当事人选择请求权的自由,不利于保护受害人利益。当然,每种学说的提出都有其存在的理由和价值,无论把医疗损害赔偿限定为以上哪一种责任,对受害人的保护都是不够充分的,均只能顾及一方面的利益。我们认为,应该区分不同的情况分别对待。首先应该确定当事人的诉因问题,然后根据当事人不同的诉因,来确定医疗损害赔偿类案件中民事责任的性质。患者选择起诉的诉因不同,承担的责任形式就不同,归责原则也会不同。

---

① 张新宝:《侵权责任法研究》,中国人民大学出版社 2005 年版,第 256 页。
② 柳经纬、李茂年:《医患关系法论》,中信出版社 2002 年版,第 207 页。

第三节　医疗损害民事责任的归责与构成

民事责任构成要件,是指民事主体承担民事责任所必须具备的条件,它因承担民事责任的方法不同而有所不同。[1] 医疗损害民事责任的构成要件,是指某一民事主体承担医疗损害民事责任所必须具备的主客观要件的总和。它是受害人向医方要求损害赔偿的前提和基础,只有具备医疗损害民事责任的构成要件,损害赔偿的承担才成为可能。

一、医疗损害违约责任的归责与构成

许多国家的法律规定,违约责任适用严格责任,也就是说,只要当事人未按约定履行义务,且不具有有效的抗辩事由,就必须承担违约责任。[2] 医疗损害从违约责任角度来看,适用严格责任原则。在严格责任归责原则下,有利于当事人认真严肃地对待合同,更符合违约责任的本质。如果患者是以违约责任起诉的,那根据我国合同法对于违约采取的是严格责任,即只要客观上存在合同一方有违约行为,不管违约人主观有无过错,都不影响违约责任的构成。责任认定效率相对较高,这对患者是有利的。所以,医疗损害中违约责任的构成要件应包括违约行为和医疗损害事实,违约行为与医疗损害事实之间具有因果关系。

(一)违约行为

医疗损害中的违约行为是指医方违反医疗契约的行为。在医疗契约中,医方的违约行为可包括不履行、不完全履行及迟延履行,但不履行中仅指因医方主观因素拒绝履行,而不能包括因客观因素导致不能履行,如医方因患者病情超出其服务领域而履行不能时,不能判定医方违约。对此我国《合同法》第110条规定了履行的除外情况,即法律上或者事实上不能履行的不能要求履行方履行。另外,医疗合同只能是一种医方对诊疗过程负责的合同,不可能是医方对诊疗结果负责的合同,因为限于医学发展的局限性,许多疾病根本无法将其治愈,如要求医方以治愈患者作为全面履行合同标准的话,恐怕无医生敢接诊。因此,一般说来,判定医方在医疗损害中违约行为的标准应是医方是否尽到了其应尽的注意义务;只要医方严格按照诊疗规范、常规操作,尽了其应尽的注意义务,即使患者未能治好,也不能算医方违约。

---

[1]　王利明:《民法本论》,东北财经大学出版社2001年版,第462页。
[2]　王利明:《民法·侵权行为法》,中国人民大学出版社1993年版,第225—226页。

(二)医疗损害事实

医疗损害事实既包括给患者所造成的人身损害,如患者的死亡、残疾、组织器官功能障碍及其他身体损害;也包括对患者隐私权、名誉权的侵害及在造成患者伤亡、侵害其人格权时的精神损害;还包括在延长了患者病程,小病大治、短病长治、甚至无病也治时给患者所造成的财产损失。但按我国现行相关法律及司法解释规定,违约责任中不包含精神损害赔偿问题,因此,医疗损害违约责任构成要件中的损害事实应将医疗损害中的有关精神损害问题排除在外。

(三)违约行为与医疗损害事实之间有因果关系

所谓违约行为与医疗损害事实之间有因果关系,是指违约行为与医疗损害事实之间存在引起与被引起的关系,也即违约行为是医疗损害事实发生的原因,而医疗损害事实则是医方违约行为所产生的结果。

二、医疗损害侵权责任的归责与构成

《侵权责任法》第 54 条规定涉及两个基本问题,一是医疗损害的归责原则,二是医疗损害责任的构成。这两个问题是医疗法律风险民事处理的基本问题,对于这两个问题的不同回答,将会导致医疗侵权处理机制的不同。下面分别加以分析。

(一)医疗损害侵权责任的归责原则

2009 年 12 月 26 日,十一届全国人大常委会第十二次会议审议通过《中华人民共和国侵权责任法》(以下简称《侵权责任法》),该法于 2010 年 7 月 1 日起施行。《侵权责任法》用 11 个条文对医疗损害责任的一些重要内容进行了专章规定,包括患者的知情同意权、医务人员的过错界定、医疗机构的过错推定、药品和血液等造成患者损害的责任、医疗机构的免责事由等,为进一步合理解决长期以来颇受争议的医患纠纷提供了法律依据。

1. 关于医疗损害侵权的归责原则。

(1)《侵权责任法》出台前我国关于医疗损害归责原则的规定。

《侵权责任法》出台前,我国关于医疗损害的归责原则主要经历了从一般过错原则到过错推定原则又到过错责任原则倾向的过程。

1987 年 1 月 1 日起施行的《民法通则》第 106 条规定:公民、法人由于过错侵害他人财产、人身的,应当承担民事责任。没有过错,但法律规定应当承担民事责任的,应当承担民事责任。当时,医疗侵权不属于"但法律规定应当承担民事责任的,应当承担民事责任"的范围,因而,医疗损害适用的是一般过错责任原则,即患方在诉讼中必须证明医方有过错,医方才承担因其医疗行为导致的损害赔偿责任。

2002 年 4 月 1 日起施行的《最高人民法院关于民事诉讼证据的若干规定》第 4 条第八款规定,因医疗行为引起的侵权诉讼,由医疗机构就医疗行为与损害结果之间不存在因果关系及不存在医疗过错承担举证责任。这是在我国医疗侵权诉讼中实行的"谁主张谁举证"的举证方式的改革,通常也被称为"举证责任的倒置"。

2002 年 9 月 1 日起施行的《医疗事故处理条例》第 2 条规定:"本条例所称医疗事故,是指医疗机构及其医务人员在医疗活动中,违反医疗卫生管理法律、行政法规、部门规章和诊疗护理规范、常规,过失造成患者人身损害的事故。"第 49 条第二项规定:"不属于医疗事故的,医疗机构不承担赔偿责任。"这些规定,体现了过错责任原则的思路。

(2)其他国家、地区关于医疗侵权归责原则的通常做法。

关于医疗侵权的归责原则,德国、法国、日本等大都按照过错责任原则处理。德国处理医疗侵权案件的法律依据是德国民法典第 823 条的规定,适用一般的过错责任原则,即原则上由患者承担举证责任,患者需要证明医生没有遵守相应的标准、医生存在过错、医生的过错与其损害之间具有因果关系。只有当医生出现重大过错时,则由医生承担没有过错和因果关系的举证责任,即过错原则是解决医疗侵权的基本原则。

我国台湾地区司法实务中曾试图用无过错责任原则处理医疗侵权责任。台湾地区法院曾认为,医疗行为系属医疗机构提供服务之消费行为,而依据台湾地区消费者保护法第 7 条的规定,应当适用无过错责任。有台湾学者认为,医疗行为终究不是商品,也不是以消费为目的的营利性服务,自然不宜适用消费者保护法。2004 年台湾地区医疗法第 82 条规定:"医疗机构及其医事人员因执行业务致病人损害,以故意或过失为限,负损害赔偿责任。"依该条的立法目的以及文义解释,显然已经改变消费者保护法第 7 条规定的原则,使医疗侵权责任转变为过错责任。

2.《侵权责任法》关于医疗损害的归责原则。

医疗损害责任的归责原则,是指确定医疗机构承担医疗损害责任的一般准则,是在受害患者的人身损害事实已经发生的情况下,为确定医疗机构对自己的医疗行为所造成的损害是否需要承担赔偿责任的准则。根据《侵权责任法》第七章及总则部分的相关规定,医疗损害责任的认定采用的是区别不同情况下的多元归责原则体系,具体如下。

(1)一般情况下适用过错责任原则。《侵权责任法》第 54 条规定:"患者在诊疗活动中受到损害,医疗机构及其医务人员有过错的,由医疗机构承担赔偿责任。"该条规定确定了医疗侵权损害赔偿中的归责原则为过错责任原则。过错责任原则,是指以过错作为归责的主要构成要件。按照过错责任原则,行为人仅在有过错的情况下,才承担民事责任。医疗侵权属于一般的过错责任范畴,应当适用过错责任原则,而不属于特殊的过错推定和无过失责任。医疗侵权行为具有特殊性,但不等同于《民法通则》中规定的民事特殊侵权行为,其在行为对象、行为性质、主观过错、法律因果关系等方面有别于民法规定的特殊侵权。所以,在判断医疗侵权损害赔偿责任时,医务人员有过错的才需要承担赔偿责任,无过错就无需承担赔偿责任。并不是说患者在诊疗活动中只要受到损害,就可以要求医疗机构赔偿。

(2)特殊情况下适用过错推定原则。《侵权责任法》第58条还规定了医疗机构过错推定的情形:患者有损害,因下列情形之一的,推定医疗机构有过错:①违反法律、行政法规、规章以及其他有关诊疗规范的规定;②隐匿或者拒绝提供与纠纷有关的病历资料;③伪造、篡改或者销毁病历资料。该法律条款确立了我国《侵权责任法》关于医疗损害责任的过错推定原则。由此可见,我国立法在医疗损害责任上的基本归责原则是过错责任原则,即对于医疗侵权行为,归责原则的基础仍然是过错;同时,《侵权责任法》为了保护处于弱者地位的患者,在一些情形下要求医疗机构承担过错推定责任,对于实践中医疗机构出现违法违规操作或妨碍证明的严重不当行为时,其行为本身便直接可以说明违反了医方的诊疗义务,因此只要存在这些行为,就可以直接推定医疗机构存在过错,由医疗机构负责举出反证才能推翻自己的责任。

(3)特别案件适用无过错责任原则。《侵权责任法》第7条规定:行为人损害他人民事权益,不论行为人有无过错,法律规定应当承担侵权责任的,依照其规定。该法律条款确立了我国侵权责任认定的无过错责任原则。所谓无过错责任原则,是指无论行为人有无过错,但法律规定应承当民事责任的,也应当承担民事责任。无过错责任是一种严格责任,因此,只有在法律有明文规定的情况下,才能适用。《侵权责任法》第59条规定:因药品、消毒药剂、医疗器械的缺陷,或者输入不合格的血液造成患者损害的,患者可以向生产者或者血液提供机构请求赔偿,也可以向医疗机构请求赔偿。患者向医疗机构请求赔偿的,医疗机构赔偿后,有权向负有责任的生产者或者血液提供机构追偿。这是我国现有法律中唯一的关于医疗损害责任认定适用无过错责任原则的法律规定。①

(二)医疗损害侵权责任构成

《侵权责任法》第54条阐述的另外一个基本问题就是医疗侵权责任的构成。侵权责任的构成要件,是指侵权行为人承担侵权行为责任的条件。侵权责任构

---

① 陈志华:《医疗损害责任深度释解与实务指南》,法律出版社2010年版,第57页。

成理论是侵权责任法的核心。任何民事活动,如果要认定其违法,应当承担侵权责任,就必须要符合法定的侵权责任构成的要件。在侵权责任法理论界,一直存在着侵权责任构成要件的"四要件说"和"三要件说"之争。"四要件说"认为,侵权责任有四个构成要件:违法行为,损害事实,因果关系,过错。[①]"三要件说"则认为侵权责任的构成要件包括损害事实,因果关系,过错。[②] 我国多数学者主张侵权责任构成要件四要件说;依据我国现有的法律规定和司法实践,本书中我们也采用"四要件说"。由于一般医疗损害侵权责任适用过错责任的归责原则,因此,此处着重讨论过错侵权责任的构成要件。关于医疗侵权责任的构成要件,我国通说将其概括为侵权行为的违法性(侵权行为)、损害事实、违法行为与损害事实之间的因果关系、行为人的过错等四个要件。只有在这四个要件同时具备的时候,医疗损害侵权责任才能成立,才需医疗机构承担赔偿责任。

1.医方存在违法行为。

医疗损害侵权责任的构成必须是医疗机构及其医务人员在诊疗活动中存在违法行为。医疗机构及其医务人员在诊疗活动中存在违法行为,是构成医疗损害侵权责任的必备条件,也是其成立必不可少的要件之一。"侵权行为的中心问题,为行为之违法性。"[③]所谓违法性,也就是指行为违反法律,即行为为法律所不允许。具体而言,侵权行为的违法性表现为违反法定义务、违反保护他人的法律和故意违背善良风俗而损害于他人。

医疗损害侵权行为的违法性是指广义的违法,应包括三层含义。第一层含义,是指医疗行为违反医疗部门规章、诊疗护理规范、技术操作规程等。这些技术操作规程可以是成文的,也可以是约定俗成在实践中普遍遵循的。只要其中包含有确认与保护患者权益的内容或者包含有医务人员义务的内容,医务人员如果没有遵守,便可视为违法。第二层含义,是指医疗行为违反了医疗卫生管理法律和行政法规。如违反《献血法》《执业医师法》《母婴保健法》《计划生育法》《药品管理法》《医疗事故处理条例》等。第三层含义,是指医疗行为违反了国家关于保护民事主体合法权益不受侵害的法律规定。如违反《民法通则》第 98 条和第 119 条的规定,侵害患者生命健康权利。

医务人员具有上述违法性的医疗侵权行为,通常具体体现为以下情况。

(1)误诊。根据患者的实际情况、医疗机构的设备和有关的操作规定,以一个合格的医师应有的注意本来应当诊断出来患者所患疾病,但是由于医师未遵守操作规定或未能正确使用医疗设备,导致对患者疾病的错误认识。

---

① 杨立新:《侵权责法论》,人民法院出版社 2005 年版,第 6 章。
② 王利明、杨立新编著:《侵权行为法》,法律出版社 1996 年版,第 3 章。
③ 史尚宽著:《债法总论》,中国政法大学出版社 2000 年版,第 106 页。

（2）贻误治疗。医师虽然对患者疾病作出了正确的诊断,但未对患者进行及时有效的治疗。

（3）不当处方。对于已经确诊的患者,给予错误的处方。

（4）不当手术和处置。包括对不需要和不应当手术处置的患者进行手术,错误切除不应当切除的器官或组织,在手术和处置中将器具药棉等遗留在患者体内。

（5）治疗中使用不合格的材料,导致患者的伤害或其他损失。等等。

上述医疗侵权行为既表现为积极的作为,也表现为消极的不作为。前者指的是不当治疗行为,后者指的是拖延治疗或拒绝治疗。

2.必须对患者造成了损害后果。

损害是侵权行为的构成要件之一。损害后果必须是法律明确规定的后果,必须是侵犯了患者的受法律保护的合法权利。医疗损害常常表现为因医疗行为造成患者的死亡、残疾、组织器官的损伤及健康状况相对于诊疗前有所恶化的情形,可见医疗损害并不必然导致医疗损害责任。在医疗损害侵权责任构成要件中的"损害",主要是医源性损害。所谓医源性损害,系指因治疗而对患者已经造成损害或无法排除的损害风险。医源性损害可发生在治疗的整个过程中。例如药物不良反应、用药失误、手术不当、诊断错误、器械不良事件、院内感染、血液输注、执行医嘱失误等引起的各种损害。医源性损害既包括患者身体利益的损失,也包括精神的损失。当然,医源性损害并不必然导致医疗损害侵权责任,只有在医疗行为有过错,且该过错与医源性损害之间有因果关系时,才能成立医疗损害侵权责任。医源性损害的具体表现形式主要体现为四方面。

（1）人身伤亡。

①对生命权的侵害。生命权是以自然人的生命安全为利益内容的权利,是自然人最基本的人身权。侵害生命权是指医方侵害患者身体导致患者死亡的侵权行为。我国《民法通则》第98条规定,公民享有生命权,作为患者的公民生命权是理应受到法律保护的。医疗损害中对患者生命权的侵害,表现为由于医疗机构的过失行为导致患者的死亡,对于这种行为,医疗机构在承担相应的法律责任的同时,还要对患者家属承担民事损害赔偿责任。

②对健康权的损害。健康不仅为疾病或衰弱之消除,而系体格、精神与社会之完全健康状态。① 此处的健康权主要指身体健康权。健康权是指公民以其机体生理机能正常运作和功能完善发挥,维持人体生命活动的利益为内容的人格权,包括健康维护权和劳动能力。健康的损害往往导致患者出现明显的器官、组

---

① 张秦初、刘新社主编:《防范医疗事故与纠纷》,人民卫生出版社2000年版,第99页。

织损伤或功能障碍,对健康损害程度的判断通常根据日常生活能力、劳动能力的丧失和影响程度进行判断。

③对身体权的侵害。身体权是指患者维护其身体完整并支配其肢体器官和其他组织的人格权,以身体权作为侵害客体的侵权行为,就是侵害患者身体权的侵权行为。身体权与健康权虽然分属两种不同的人格权利,二者具有不同的内容,但人的身体权与健康权又是紧密相连、相辅相成的,人的健康是以其身体的完整为前提的,一旦身体的完整性遭到破坏,那么健康权也就同时受损。如医生的不当手术致使患者身体组织破坏,侵害了其身体权,同时该患者的健康权也遭到侵害。因此,很多情况下,侵害患者身体权时,可参照侵害患者健康权的规定。

(2)患者及其近亲属的财产损害。

财产损害是指行为人的不法行为侵害了受害人的财产权、人身权及其他权利,从而导致了受害人所拥有的财产价值的减少和可得利益的丧失。财产损害是一种实际的物质财富损失,是直接可以用金钱的数额来衡量的。医疗过错行为使患者近亲属所遭受的财产损害主要表现为:不必要的医疗费用、丧葬费、误工损失、收入的减少或丧失、可得利益的丧失,以及住院和转院治疗的差旅费、护理费、营养费等。

(3)患者及其近亲属的精神损害。

精神损害是指受害人在受到侵害后精神上的痛苦和肉体上的疼痛等方面的损害。[①] 精神损害的表现形式为因非法行为人的行为而导致的受害人生理和心理上的痛苦;它是一种非财产性损害,与财产损失没有直接联系。只有法律法规做出了规定,民法学上的精神损害才是最终有意义的。患者的健康权、身体权受到侵害,必然会导致其肉体的痛心和心灵的创伤,患者的死亡或严重的残疾也将使其近亲属遭受精神的痛苦。另外,患者及其近亲属的精神伤害还包括身份利益的丧失。

(4)名誉权、隐私权、知情同意权等人格权利遭受侵害。

名誉权作为一种民事权利,它是由民事法律规定的民事主体所享有的获得和维持对其名誉进行客观公正评价的一种人格权。侵害名誉权的方式主要有侮辱、诽谤等。我国《民法通则》第 101 条规定,公民享有名誉权,公民的人格尊严不受侵犯。患者知情同意权是指患者有权享有知晓本人病情和医务人员要采取的诊断、治疗措施以及预后和费用方面的情况,并自主选择适合于自己需要和可能的治疗方案的权利。医疗行为对患者名誉权、隐私权、知情同意权的侵害主要表现为,在诊断过程中对一些社会舆论认为有伤风化的病的误诊,并未履行保守

---

① 张新宝:《中国侵权行为法》,中国社会科学出版社 1998 年版,第 103 页。

秘密的义务,致使受害人所处的群体对其社会评价造成减损。

3.医方违法行为与患者的损害后果之间存在因果关系。

现阶段我国民法对因果关系理论的研究,主要有必然因果关系说和二分法的因果关系说。必然因果关系说认为,只有当行为人的行为与损害后果之间存在内在的、本质的、必然的联系时,才有法律上的因果关系;如果行为与后果之间是外在的、偶然的联系时,则不能认为两者有因果关系。① 此学说是我国因果关系的传统理论。

二分法将因果关系分为事实上的因果关系和法律上的因果关系。事实上的因果关系是指仅从事实角度来考察加害人的加害行为与受害人的损害结果之间的客观联系。法律上的因果关系是指在界定事实上的因果关系的前提下,确定加害人是否应当承担法律责任的问题。在因果关系的认定上,一般先由原告证明"事实上因果关系"的存在,如果不能证明事实上的因果关系存在,则原告承担败诉的责任。如果能证明事实上的因果关系存在,则由法官根据法律上的因果关系理论判定被告对损害后果是否承担责任。在对事实上的因果关系的界定上,大体上是运用普通法上的必要条件理论和实质要件理论。而在对法律上的因果关系进行界定时,运用的是相当因果关系理论。二分法的因果关系说是我国目前的通说。

医疗损害民事责任因果关系的确定包括事实因果关系的判定和法律因果关系的判定。

(1)事实因果关系判定。

在医疗损害民事责任事实因果关系的判定上,可采用认定或推定的方法。事实因果关系的认定是指直接确认因果关系事实的存在。依认定依据的不同,事实因果关系的认定又可分为事实本身证明说认定和技术鉴定方法认定两种。

通常情况下,医疗机构违反民事义务的行为和对患者造成的损害后果之间的因果关系联系是较为明确的,没有介入外来的、不确定因素的影响,原被告双方对医疗机构违反义务的行为与损害后果间的因果关系也没有争议。对这类案件可以事实本身证明认定两者间的因果关系。事实证明说适用于被告的违反义务的行为与其造成的损害后果比较明显的情况。根据此学说,原告在诉讼中只需证明自己主张的事实即可,由被告证明此事不存在或属于可免责的情况。

有些情况下,多种原因造成了损害后果的发生,需要确定各种因素作用的大小,这时,仅凭经验方法是不可能的,需要用技术鉴定方法。对存在争议的事实因果关系,需要委托有关的专家和鉴定机构运用科技手段和专业知识进行鉴别、

① 王利明主编:《民法新论》(上册),中国政法大学出版社1988年版,第465页。

监测和分析后制成鉴定结论。由于医疗活动的高度专业性,面对大量出现的复杂的医疗损害因果关系问题,就需要用技术鉴定的方法,来认定事实上的因果关系。

事实因果关系的推定是指即使在通过技术鉴定的方法也无法对事实因果关系做出认定的情况下,根据已知的事实或公认的科学原理,对未知的事实所进行的判定和推断,以解决事实因果关系的判定问题。不论采用哪种方法,一定要找出造成损害后果的全部原因,为考察法律上的因果关系做好准备。

(2)法律上因果关系的判定。

按照两分法,一旦证明被告的行为是原告所受损害的事实原因,法院就必须确定在法律上是否有充分理由使他对损害承担责任。① 这就是法律上因果关系的判定问题。法律因果关系的判定方法,是用什么样的法律价值判定标准来分析、评价被告的加害行为和原告的损害后果的事实因果关系问题,民法理论的通说为用相当因果关系说来评价法律因果关系。相当因果关系说对医疗事故民事责任中因果关系的认定具有重要意义。此种学说对于医疗过失行为加重了患者原有疾病的医疗事故,或多种原因造成的医疗损害民事责任都能适用。

总之,考察医疗损害民事责任法律上的因果关系的目的是,在所有造成损害的原因事实中,找出与医疗机构具有法律上联系的事实。医疗机构只对自己违反义务的行为承担民事责任,考察医疗损害民事责任中的法律因果关系,就是考察在造成患者损害的所有原因事实中,是否存在医疗机构违反义务的原因行为。

4.医疗机构及其医务人员主观上存在过错。

过错是医方承担民事责任的构成要件,医方只有在主观上有过错的情况下才承担民事责任。如果医方没有过错,即使造成损害,也不承担民事责任,即"无过错即无责任"。根据过错责任原则,确定医方的责任,不仅应考查医方的医疗行为与损害结果之间有无因果关系,更重要的是看医方主观上是否具有过错,即对患方所受损害是否具有故意或过失。医方存在过错,说明其行为本质上具有不可原宥性,由此决定了其必须对自己的过错承担责任。

侵权责任法规定了判断过错的两个层次的标准,即55条和57条的规定,第一个层次是医疗机构是不是违反了告知义务,第二个层次是是否尽到了医疗注意义务,具体为是否尽到了与当时医疗水平相应的诊疗义务。

《侵权责任法》第57条规定:医务人员在诊疗活动中未尽到与当时的医疗水平相应的诊疗义务,造成患者损害的,医疗机构应当承担赔偿责任。"当时的医疗水平"作为判断医疗过错的标准,而不是医学水平,因为医学水平是医学科学

---

① 王家福主编:《中国民法学·民法债权》,法律出版社1991年版,第483页。

发展的最高水平,医疗水平则是损害发生当时临床所能够达到的医疗技术水平。

确定医疗机构及医务人员在诊疗活动中应当尽到与医疗时的医疗水平相应的技术注意义务,即"合理的专家标准"或者"合理医师"标准。[①] 根据 57 条,注意义务应该理解为,一般情况下可以尽到的,通过谨慎的作为不作为避免损害发生的义务。注意义务应是医疗机构实施医疗行为时,依据法律、法规、规章和有关诊疗规范,保持足够的小心谨慎以预见医疗行为结果和避免损害结果发生的义务。凡是医疗机构或者医护人员在从事病情的检验诊断、治疗方法的选择、治疗措施的执行以及病情发展过程的追踪或术后照护等医疗行为中,不符合当时的临床医疗专业知识或技术水准的懈怠或疏忽,就是医疗技术过失。这种医疗技术过失的认定标准,借鉴的是日本的"当时的医疗水准"规则,是完全正确的。[②] 但注意义务并非与合法、合规不是完全等同的概念,如果一个医疗行为完全符合操作规程,可它的结果并不一定就是一个正确的结果,也可能被法院判决为一个错误行为和结果。根据医疗行为的未知性和特异的特点,不能仅根据一个结果去判定一个医疗行为是不是正确,关键看一般的医务人员也可能会犯这种错误,或不能犯这种错误。

对于违反法律、行政法规、规章以及其他有关诊疗规范的规定,隐匿或者拒绝提供与纠纷有关的病历资料,伪造、篡改或者销毁病历资料的行为,推定医疗机构有过错。

我们认为,在强调诊疗义务时应该注意以下几个问题。

(1)合理性,指合理的注意与技术,强调的是"通常的注意",即通常的技能、知识与经验。不能以高年资的医师的知识和经验去评价低年资的医师所发生的医疗事件;不能用专科医师的知识和经验去评价普通医师的医疗事件。

(2)是否考虑地区和人员资质差异,应根据具体情况分析。判断当时的医疗水平应分为两个层次,第一个层次是法律、法规、规章和诊疗规范规定的操作行为以及课本都有要求的一些基本性的操作诊疗行为,医务人员都应该都知道的常识,医务人员和医疗机构都应遵守,这不受地区和资质不同影响。第二层次是确定应当考虑地域和资质方面,由于我国医疗水平客观上存在地域差异,注意义务不能强求统一,第一个层次中没有涉及的行为,在处理时应当考虑这些差别和因素,但这个应严格掌握。是否符合当时的医疗水平,应当通过司法鉴定程序,由第三方认定。

---

① 张新宝:《大陆医疗损害赔偿案件的过失认定》,载《医疗过失举证责任责任之比较》,元照图书出版公司 2008 年版,第 93 页。

② 陈忠五:《法国法上医疗过错的举证责任》,载《医疗过失举证责任之比较》,元照图书出版公司 2008 年版,第 125 页。

（3）时间性，即必须以医疗事件发生当时的医疗水平，医务人员应具有知识、技能和经验作为判断的依据，引用的所有文章或著作也应该是事发以前所公开发表的。

第四节 医疗损害民事责任的类型

在医患法律关系中，医疗损害责任是一种综合性的责任，主要包括两种不同的民事责任：一是基于合同产生的违约责任，二是基于合同以外责任；包括非合同医疗关系（无因管理和强制治疗）所产生的债务责任和侵权行为所致的债务责任。

一、医疗损害违约责任

违约责任，是指合同当事人不履行合同义务或者履行合同义务不符合约定时，依法产生的法律责任。违约，又称债务不履行，大致包括以下四种形态：拒绝履行、履行不能、履行迟延及不完全履行。前三种形态是合同履行期届满未履行合同，而不完全履行属于履行合同义务不符合约定的情形。

拒绝履行和履行不能又分别称为主观不履行和客观不履行，其实质都是指医方根本没有履行医疗合同的义务。

延误履行是指医方未按照医疗合同的约定及时履行其义务。

不完全履行是指合同当事人虽有履行义务的行为，但不符合合同的约定或法律的规定。它在范围上包括了不适当履行、部分履行、违反附随义务等各种违约行为。（1）不适当履行：医疗活动中的不适当履行，是指医方的履行质量不符合约定或法律的规定。（2）部分履行：医疗活动中医方的部分履行，是指医方仅对患者的疾病作了部分处理，而遗漏了其他部分，从而给患者造成损害的行为。（3）违反附随义务：我国《合同法》第60条规定，当事人应当遵循诚实信用原则，根据合同的性质、目的和交易习惯来履行通知、协助、保密等义务。该款规定的通知、协助、保密等义务，在理论上即称为附随义务或者附从义务，即都属于根据诚信原则所派生的并根据合同的性质、目的和交易习惯应当履行的义务，是附属于主债务的从属义务。这种义务是诚信原则在合同履行中的体现，并且随着合同履行的状况而变化。在医疗合同中，根据医疗合同的性质及诚信原则，医方应负有对患者告知与说明病情、医疗措施、医疗风险的义务。医方一旦没有尽到其告知与说明义务，应当承担相应的赔偿责任。

二、医疗损害侵权责任

为了更好地适用侵权责任法，划分责任归属，有必要对医疗损害责任进行类型化,并且在类型化的基础上,即在区分不同情形、不同种类的医疗损害的基础上,适用不同的法律规则。以损害发生的不同原因为分类标准,将医疗损害侵权责任进行类型化,可分为违反医疗技术损害责任、医疗伦理损害责任以及医疗产品责任三种类型,具体如下。

(一)医疗技术损害责任

《侵权责任法》第54条和第57条规定的是医疗技术损害责任。医疗技术损害责任,是指医疗机构及医务人员在从事病情检验、诊断、治疗方法的选择,治疗措施的执行,病情发展过程的追踪,以及术后照护等医疗行为中,存在不符合当时医疗水平的过失行为时,医疗机构所应当承担的侵权赔偿责任。

这里所谓的医疗技术规定,是指有关医疗的法律法规、技术规范以及操作规程等,这些规定设置的目的是避免医疗过程中的自然风险,以更好地服务于患者。对这些规定的违反,将导致一定的损害风险,对患者的权益保护相当不利。对医疗技术规定的违反本身即是一种过错,因而《侵权责任法》第54条规定:"患者在诊疗活动中受到损害,医疗机构及其医务人员有过错的,由医疗机构承担赔偿责任。"可以说这是医疗损害的最为基本、最为常见的类型。另外,《侵权责任法》第57条第1款规定:"医务人员在诊疗活动中未尽到与当时的医疗水平相应的诊疗义务,造成患者损害的,医疗机构应当承担赔偿责任。"依此规定,不论采取的医疗措施是否经患者一方同意,只要在诊疗活动中,医务人员未尽到与当时的医疗水平相应的诊疗义务,医疗机构就应对由此造成的损害承担责任;相反,只要医务人员在诊疗活动中尽到与当时医疗水平相应的诊疗义务,即使造成损害,也不发生医疗损害责任。

(二)医疗伦理损害责任

医疗伦理损害责任,指医务机构和医务人员违背医疗良知和医疗伦理的要求,违背医疗机构和医务人员的告知或保密义务,具有医疗伦理过失,造成患者人身损害以及其他合法权益损害的医疗损害责任。医疗伦理损害责任主要分为以下几类。

1. 未尽说明义务的损害责任。在医患关系中,患者享有知情权和同意权,医务人员负有相应的说明义务。因此,《侵权责任法》第55条规定:"医务人员在诊疗活动中应当向患者说明病情和医疗措施。需要手术、特殊检查、特殊治疗的,医务人员应当及时向患者说明医疗风险、替代医疗方案等情况,并取得其书面同意;不宜向患者说明的,应当向患者的近亲属说明,并取得其书面同意。""医务人员未尽到前款义务,造成患者损害的,医疗机构应当承担赔偿责任。"依此规定,只要医务人员未按照规定尽到说明义务或者取得患者一方同意而实施手术、特殊治疗、特殊检查的,医疗机构就应对此而造成的损害承担医疗损害责任。

2.不必要诊疗的损害责任。过度医疗被认为是导致"看病贵"的重要原因之一。在临床实践中,主要表现为过度治疗、滥用药物、过度检查等。过度医疗行为虽然违法,但并没有具体法条有针对性地对其加以规范。《侵权责任法》首次予以明文规定,第63条规定:"医疗机构及其医务人员不得违反诊疗规范实施不必要的检查。"医疗机构及其医务人员应当按照诊疗规范,根据患者的病情实施合理的诊疗行为。只要医疗机构及其医务人员违反诊疗规范要求实施检查,其诊疗行为就是不合理的不必要的,就应对不必要检查所发生的损害承担医疗损害责任。

3.侵害患者隐私的损害责任。患者享有隐私权,医疗机构对患者的隐私负有保密义务。在医疗领域,患者隐私权受侵害的情形主要涉及私密隐私权的侵害。最常见的表现为:一是医方泄露患者所患疾病或身体隐私特征、公开病历资料内容,构成对其私密隐私的损害;二是未经患者同意即以其为对象实施教学演示,构成对其隐私权的侵害。《侵权责任法》第62条规定:"医疗机构及其医务人员应当对患者的隐私保密。泄露患者隐私或者未经患者同意公开其病历资料,造成患者损害的,应当承担侵权责任。"也就是说,只要泄露患者的隐私或者未经患者同意公开患者的病历资料,给患者造成损害,医疗机构就应承担侵害患者隐私的医疗损害责任,而不论其为何泄露患者隐私,也不论公开患者病历资料的主要目的为何。

(三)医疗产品损害责任

医疗产品损害责任,是指医疗机构在医疗过程中使用有缺陷的药品、消毒药剂、医疗器械以及不合格血液及制品等医疗产品,因此造成患者人身损害的,医疗机构或者医疗产品的生产者、销售者所应当承担的侵权赔偿责任。

医务人员在对患者实施诊疗活动中必不可免地需要使用药品、消毒药剂、医疗器械,或者输入血液,因这些医疗用品有缺陷或者不合格,也会对患者造成损害,由此而发生医疗损害责任。

《侵权责任法》第59条规定:"因药品、消毒药剂、医疗器械的缺陷,或者输入不合格的血液造成患者损害的,患者可以向生产者或者血液提供机构请求赔偿,也可以向医疗机构请求赔偿。患者向医疗机构请求赔偿的,医疗机构赔偿后,有权向负有责任的生产者或者血液提供机构追偿。"依此规定,因医疗用品缺陷造成患者损害的,患者有选择权,可以选择向生产者或者血液提供机构请求赔偿,也可以选择向医疗机构请求赔偿。患者请求医疗机构赔偿的,医疗机构不能以损害是因医疗用品缺陷造成为由而免责,也不论其有无过错,应承担赔偿责任。医疗机构此时承担的是无过错责任,因为药品、器械和血液生产者和医疗机构承担是连带的赔偿责任;只有当有证据证明当时的科学技术水平不能发现缺陷,医院和生产者才能免责。医疗机构对于生产者而言,承担的才是过错责任,如果医疗机构没有过错,医疗机构向患者承担责任后有权向生产者或者血液提供机构追偿。这样处理既便于保护患者的权益,又明确了最终的责任主体,维护了医疗机构的利益。

第五节 医疗损害民事责任的豁免

责任豁免,在侵权行为法中一般称之为抗辩事由或免责事由,指的是行为人对其行为所导致的损害基于某种法定理由而不承担责任的情形。在侵权行为法中,免责事由是被告对抗原告诉讼请求、免除或减轻自身责任的重要途径,是被告维护自身权益的重要法律武器。《侵权责任法》第60条规定了医疗机构不承担责任的三种特殊免责事由,即患方的过错、紧急医疗救治和医疗水平限制。需要说明的是,该三种情形仅适用于医疗损害责任认定的特别免责事由。但是,医疗损害责任作为一种侵权责任,同样适用《侵权责任法》第三章规定的其他免责事由,即为一般免责事由。具体分析如下。

一、特殊免责事由

医疗损害责任的特殊免责事由,是指仅用于医疗机构对抗患者或家属提出的医疗损害责任的抗辩事由,具体包括患方过错、紧急医疗救治、医疗水平限制和医疗意外。

(一)患方过错

患方过错,是受害人过错的一种特殊形式。受害人过错,是指损害的发生或扩大不是由于行为人的过错,而是由于受害人的过错而发生。受害人的过错又可以分为故意、重大过失及一般过失。过错的形式不同,行为人是否承担责任,应根据具体情况决定。《侵权责任法》第26条规定:"被侵权人对损害的发生也有过错的,可以减轻侵权人的责任。"《侵权责任法》第60条第一款明确规定患者或者其近亲属不配合医疗机构进行符合诊疗规范的诊疗,造成患者人身损害后果的,医疗机构不承担赔偿责任。但医疗机构及其医务人员也有过错的,应当承担相应的赔偿责任。受害人过错是否作为抗辩事由而使行为人免责,应当根据具体情况分析,而不是一律免责。其原则是,如果受害人的过错是损害发生的唯一原因,构成免除责任的抗辩事由。如果加害人(行为人)只具有轻微过失,亦构成免除责任的抗辩事由。如果受害人有故意、重大过失,加害人亦有过错,则构成混合过错,只可以减轻加害人的责任,而不能作为免除责任的理由。

医疗活动的顺利进行,需要医患双方的相互配合。医方有诊疗注意义务,患方则有配合医方的协助义务。在医疗实践中,如果是由于患者不遵守医嘱,或由于患者的虚假回答直接导致诊疗错误,或者由于患者延误治疗而导致损害的发生,医生可因此免责,但其前提条件是医生没有违反其注意义务,即在医疗过程中不存在过失,如切实履行了问诊的义务,已尽说明义务和告知义务,否则仍需承担全部或部分责任。

(二)紧急医疗救治

紧急医疗救治,是紧急避险抗辩事由在医疗损害责任案件中的适用。在抢救生命垂危的患者等紧急情况下,医生不可能像在正常情形下那样对患者的病情及症状做详细的检查、诊断,而只能凭借自己的经验和技术对病症迅速做出判断并及时安排抢救,以尽可能排除危险,挽救患者的生命。在此情形下,医生的思维能力、判断能力和预见能力低于正常情形是不争的事实,其注意义务也应低于一般的医疗情形。

《侵权责任法》第60条第二款明确规定,医务人员在抢救生命垂危患者等紧急情况下已经尽到合理诊疗义务的,可以作为免责事由。根据《侵权责任法》的规定和紧急避险理论,医疗行为构成紧急避险须符合下列条件:(1)必须是紧急情况,即患者存在生命危险;(2)紧急医疗措施应当限于迫不得已,尽管可能造成损害后果,但别无选择;(3)医方必须履行了及时、全面和必要的紧急救治义务,对损害的发生没有重大过失;(4)对患者的损害应当控制在最小限度内,即紧急救治措施所导致的损害应当以挽救患者生命需要为界限。

(三)医疗水平限制

当今医学技术已取得突飞猛进的发展,以往所谓的不治之症和医学难题逐步为现代医学所攻克;尽管如此,由于人们的认识能力的有限性,现代医学不可能解除人类所有的病患,仍然面临众多亟待解决的医学难题,尤其是医学技术自身的局限性,不可避免地存在某些潜在或现实的缺陷,在治疗疾病的同时也可能给患者带来损害。因此,医疗技术和医学水平总是有局限性的。正因如此,限于当时的医疗水平难以诊疗的病症,医务人员无法治愈也是正常的。

《侵权责任法》一方面将当时的医疗水平作为确定医疗技术过失的标准,另一方面将限于当时的医疗水平难以诊疗的情形作为免责事由,在这个问题的两端做出了合理的规定。对此,应当注意条文使用的"当时医疗水平"与《侵权责任法》第57条规定的内容一致;在运用时,一定要将"当时医疗水平"与当时的医学科学水平相区别,不能采用当时的医学科学水平,也不能采用当时的医学科学技术水平作为标准。在"当时的医疗水平"条件下,医疗机构对所发生的不良后果无法预料,患者已经预料到了但没有办法避免,因此造成不良后果的,不构成医疗损害责任,医疗机构不承担赔偿责任。

（四）医疗意外

医疗意外是指因医务人员无法预料的原因造成的,或者根据实际情况无法避免的医疗损害后果。通常是在医疗活动中,由于患者病情异常或者患者体质特殊而发生医疗意外。医疗意外有两个主要的特征:一是医务人员或医疗机构对损害的发生没有过失,通常是由于病情特殊或病员体质特殊引起的。二是损害后果发生时,医疗机构或医务人员难于防范的。《侵权责任法》没有明确规定医疗意外是免责事由。但是,既然构成医疗意外,那么就能够证明医疗机构没有过失;既然没有医疗过失,医疗机构当然就不承担侵权责任。因此,医疗意外即使没有明文规定为免责事由,但由于医疗损害责任实行过错责任原则,医疗意外没有过失,当然也就没有责任。

二、一般免责事由

根据《侵权责任法》的有关规定,医疗损害责任的一般免责事由,是一般侵权行为法上的免责事由在医疗损害赔偿中的具体运用。它包括患者故意、第三人过错、不可抗力、患者知情同意等。

（一）患者故意

患者故意系属受害人故意表现形式之一。受害人故意,是指受害人明知自己的行为会造成其自身的损害结果,却希望或放任这种结果的发生,分为受害人的直接故意和间接故意。《侵权责任法》第 27 条规定:"损害是因受害人故意造成的,行为人不承担责任。"临床工作中,患者的故意最典型的表现形式是患者在医疗机构内自杀。如果医疗机构对于患者的自杀不存在医疗过错,完全是因患者自己选择的结果,那么,医疗机构不承担责任;反之,就应承当相应的民事责任。例如,抑郁症精神病患者在住院期间上吊自杀,事后查明医院护士没有按时巡视病房,医院应承担过错赔偿责任。

（二）第三人过错

第三人过错是指除原告和被告之外的第三人,对原告损害的发生或扩大具有过错,包括第三人的故意和过失。第三人的过错可以作为行为人减轻或免除民事责任的抗辩事由。《侵权责任法》第 28 条规定:"损害是因第三人造成的,第三人应当承担侵权责任。"

在医疗实践中,与第三人过错有关的医疗损害案件主要涉及患者在就医期间因第三人原因致人身伤害或财产损失的情形,包括患者受到他人的人身伤害、婴儿被盗、财物被盗等。在这些情形下,即涉及医疗机构是否应就第三人过错造成的损害后果承担责任的问题。从法律的角度来讲,即医院是否应对患者承担安全保障义务,保证患者在医院就医期间不受到医疗行为以外的其他伤害。

《侵权责任法》第 37 条规定:"宾馆、商场、银行、车站、娱乐场所等公共场所的管理人或者群众性活动的组织者,未尽到安全保障义务,造成他人损害的,应当承担侵权责任。因第三人的行为造成他人损害的,由第三人承担侵权责任;管理人或者组织者未尽到安全保障义务的,承担相应的补充责任"。医疗机构的就诊区域、住院病房等场所,应属法律规定的公众场所。因此,医疗机构的管理者负有相应的安全保障义务,应对在其处就医的患者承担相应的安全保障义务。但是,医院对其承担的安全保障义务应当是在"合理限度范围内",其对第三人造成的损害赔偿责任以"能够防止或制止损害的范围内"为限。在医疗服务合同关系中,医院的主要义务是医疗服务、提供诊疗护理,治疗患者的疾病;安全保障义务是其附随义务,是一般性的保护。在确定医疗机构是否应对患者受到的第三人的伤害承担补充赔偿责任问题中,最关键的是判断医疗机构在安全保障方面是否存在过错。若在管理上存在过错时,就应承担相应的赔偿责任。医疗机构在承担此种补充赔偿责任后,还可以依法向第三人追偿。

(三)不可抗力

所谓不可抗力,是指人力所不可抗拒的力量,包括自然原因如地震、台风、海啸和社会原因或武装冲突、战争等。不可抗力造成不良后果,是《医疗事故处理条例》规定的免责事由,而《侵权责任法》并没有规定。那么《侵权责任法》究竟是不承认不可抗力是医疗损害责任的免责事由,还是在医疗损害责任中可以按照《侵权责任法》第 29 条规定的不可抗力的一般规则免除责任呢?

我们认为《侵权责任法》第 29 条规定的不可抗力的一般规则,是普遍适用的免责事由,具有普遍适用的效力。在医疗损害责任中,尽管医疗损害责任的免责事由的规定没有不可抗力,但也没有明确规定禁止适用不可抗力规则。因此,在医疗损害责任中,如果因不可抗力造成不良后果的,应当依据《侵权责任法》第29 条的规定免除责任或减轻责任。例如,医务人员在手术过程中发生地震,造成患者死亡或者不良后果,当然可以免除责任。确定适用不可抗力免责或者减轻责任的规则,应当是医疗机构在正常的医疗活动中,造成患者损害的直接原因是不可抗力而不是医疗过失。如果不可抗力与医疗过失行为是造成损害的共同原因,则应当根据过错的程度和原因力的分析,确定医疗机构承担责任的大小。但是在医疗损害案件的司法实践中,医疗机构以不可抗力作为其免责或减轻责任的抗辩事由,获得成功的几率并不高,且经常混淆了不可抗力与意外事件之间的区别。

(四)患者知情同意

医疗行为往往是一柄"双刃剑",在治疗患者的同时,也具有侵袭的特点,特别是手术、特殊检查或特殊治疗。所以,在实施医疗行为前,法律规定通过知情同意使得其行为的创伤性能够被"阻却违法性"。在医疗场合下,如患者自愿接受手术治疗,该治疗行为本身对人身带来一定的损害,但是由于符合患者的利益,并不与社会利益和公共道德相冲突,作为"加害人"(医疗机构)可将之作为免责事由。

对于医疗行为中患者的有效同意必须符合下列要求。

1.具有同意的能力,即患者必须有能力了解治疗的性质、目的和效果。

2.理解被告知的信息的内容。如果患者未能真正理解医生说明的信息的内容,则同意是无效的。

3.同意的侵害法益必须在法律允许的范围内,生命法益一般不能作为同意行为可侵害的法益。

4.同意必须出于自愿,凡出于威胁、利诱、欺骗、强制下的同意均不发生同意的效力。

因此,在医疗实践中,手术同意书和麻醉同意书一般都不规定免责条款,但一般都会详细规定在手术或麻醉过程中可能出现的并发症,由患者或其家属签字同意,并以此作为免责的依据。可见,患者的同意并不必然免除医方的责任,只有在医生履行其必要的注意义务仍不能避免损害发生的,该不利后果事先取得患者同意的,医方可因此免责。

本章小结

医疗损害民事责任是指因医方不履行所承担的义务或者侵害患方的权利而给患方带来不利的事实时,依法应该承担的民事责任。医疗损害民事责任的性质是违约责任与侵权责任的竞合,但在司法实践活动中比较倾向于按侵权责任处理。医疗损害民事责任的构成要件,是指某一民事主体承担医疗损害民事责任所必须具备的主客观要件的总和。

医疗损害民事责任主要包括两种不同的民事责任:一是医疗损害违约责任,二是医疗损害侵权责任。以损害发生的不同原因为分类标准,将医疗损害侵权责任进行类型化为违反医疗技术损害责任、医疗伦理损害责任以及医疗产品责任三种类型。医疗损害责任的免责事由分为特殊免责事由和一般免责事由,前者包括患方过错、紧急医疗救治、医疗水平限制和医疗意外,后者包括患者故意、第三人过错、不可抗力、患者知情同意等。

思考题

1.医疗损害民事责任的特征是什么?

2.怎么理解医疗损害民事责任的性质?

3. 怎么把握医疗损害侵权责任的构成要件?

4. 医疗损害责任的豁免事由有哪些?

案例思考

1992 年 4 月 25 日下午,田某夫妇 8 岁的儿子在玩耍时不慎吞下笔帽,田某立即将孩子送往山西省某大医院。在耳鼻喉科,一位实习医生开了透视单,透视结果证明是气管异物。实习医生立即去找值班大夫任某,但任某当时在不远处的家中看电视;实习医生将情况说明之后,任某很不高兴地说:"没有床,不能救,叫他们走。"约 20 分钟后,任某不紧不慢赶到了医院。此时,孩子已经呈现出缺氧状态,但任某没有对孩子立即进行检查和治疗,甚至连科室的门都未进,只对田某说:"我说过了,没有床,你们走吧。"田某苦苦哀求,任某仍无动于衷。无奈田某只好抱着儿子前往山西医学院某附属医院。在途中,孩子停止了呼吸,甚至连心跳也无法探测到。到山西医学院某附属医院后,因情况紧急,来不及进手术室和病房,医生就在地板上进行手术,他用一把连消毒都来不及做的剃须刀切开孩子的喉部,再用一个普通的钳子把那个卡在孩子喉咙处一个多小时的笔帽取了出来。笔帽虽然取出,但因为窒息的时间过长,孩子仍然没有心跳和呼吸。经过人工呼吸,20 分钟后,孩子的心跳渐渐恢复,但仍没有呼吸。继续抢救十几个小时后,孩子的呼吸才慢慢恢复正常,但孩子已经因为脑部长时间的缺氧而成了植物人。田某遂以山西某大医院和山西医学院某附属医院为被告提起诉讼,发生争议。

案例讨论

1. 本案中山西某大医院是否应承担赔偿责任?试以医疗损害责任构成要件分析之。

2. 本案中山西医学院某附属医院是否应承担赔偿责任?为什么?

第五章　医疗风险相关行政责任与刑事责任

第一节　医疗风险相关行政责任

一、医疗风险相关行政责任的概念和特征

（一）医疗风险相关行政责任的概念

医疗风险相关行政责任是指在发生或处理医疗风险时,相关机构或人员因违反行政法,其中主要是卫生法律、法规、部门规章或诊疗护理操作规范,所应承担的行政法律后果。根据承担责任的主体不同,医疗风险相关行政责任分为:医疗机构及其医务人员的行政责任,卫生行政部门及其工作人员的行政责任,尸检机构的工作人员的行政责任,参加医疗事故技术鉴定工作人员的行政责任,患者及其亲友等人的行政责任。

（二）医疗风险相关行政责任的特征

1. 主要是违反了卫生法律、行政法规或规章。行政责任是指主体因违反行政法而依法应当承担的行政法律后果。我国行政法在形式上与民法、刑法有较大的不同,它不具有系统的、完整的、统一的法典,而是散见于具有行政性质和内容的法律、法规和规章中。具体到医疗风险相关的行政责任所违反的行政法,有法律、法规和规章,其中主要是指卫生法律、行政法规和规章。例如:《执业医师法》《医疗事故处理条例》(以下统称《条例》)、《医疗机构管理条例》《医疗机构管理条例实施细则》《护士条例》《医院工作人员职责》《医疗事故技术鉴定暂行办法》《医疗事故分级标准(试行)》《病历书写基本规范(试行)》《医疗事故争议中尸检机构及专业技术人员资格认定办法》等。医疗风险相关行政责任的确定,以违反了这些行政法律规范为前提。

2. 行政责任只适用于特定的人。

医疗风险相关行政责任的主体,是指在医疗风险的发生以及处理过程中有着特定职责的机构或人员,或者是与医疗风险的处理结果有着密切关系的患者或其亲友。如:发生医疗风险的医疗机构以及相关医务人员,医疗机构所在地的卫生行政部门及其工作人员,参加医疗事故鉴定的鉴定人员等,这些机构或人员

对医疗风险的发生和处理有着特定的职责;患者或其亲友与医疗风险的处理结果也有着密切关系。因此,医疗风险相关行政责任的主体涉及医患双方和处理医疗风险的中间机构。

3.行政责任只能由法定机关追究。

医疗风险相关行政责任的追究机关,会因主体的不同而有所不同。医疗机构和医务人员行政责任的行使机关,是卫生行政部门;卫生行政部门及其工作人员的行政责任的追究,则由对该卫生行政部门有管辖权的监察机关或与之有行政隶属关系的上级主管部门来进行;患者及其亲友因故意扰乱医疗秩序而产生的行政责任的追究,根据《条例》和《治安管理处罚法》的相关规定,则由公安机关来进行处理。

现实中,在处理某些医疗风险时,相关行政责任被弱化,出现有行政责任不追究,①或者以民事责任代替行政责任,即以赔代罚的做法。这是不正确的,是对行政责任本身特征的错误解读。

二、医疗风险相关行政责任承担的条件和方式

(一)承担医疗风险相关行政责任的条件

1.必须有违反行政法的行为。在医疗风险中,主要是指有关机构或责任人有违反卫生法律、法规、规章的行为。例如,行为人违反了全国人大常委会、国务院或卫生部制定的《执业医师法》《医疗事故处理条例》《全国医院工作条例》《医院工作人员职责》《医院工作制度》等。

2.违法行为超过一定限度。违法行为的严重程度,已超过了批评教育的限度。一般来说医疗风险相关行政责任中违法的限度,是指超过批评教育但还没有达到触犯刑律的程度。但也有例外,如:医务人员的行为构成医疗事故罪,则该医务人员既要承担刑事责任,又要同时承担行政责任。总之,当违法行为超过一定限度时,则必须追究其行政责任。

3.主观上有过错。过错包括故意和过失,医疗风险相关行政责任中主观要件既有故意也有过失。如医务人员违反诊疗操作规范而导致的行政责任,一般为过失;而卫生行政部门的工作人员在处理医疗事故过程中利用职务上的便利收受他人财物或者其他利益,滥用职权,玩忽职守,或者发现违法行为不予查处,应追究其行政责任的,其主观上既有故意也有过失。

值得注意的是,行政责任在构成要件上不同于民事责任,损害事实不是行政责任的必备要件,但却是民事责任的必要前提。对行政责任来说,其更注重违法

---

① 布克:《怎样防止"内部消化"医疗事故?》,载《南方周末》2005 年 2 月 24 日 13 版。

行为,有时只有违法行为,即使没有损害后果,也要承担行政责任。如某卫生院在职医生,既未征得本单位同意,也没有向卫生局申请批准,更无《医疗机构执业许可证》,擅自开设诊所,开展诊疗活动,虽未造成患者的人身伤害,但若县卫生局发现,依照有关法规仍可对该非法行医行为作出处罚决定:取缔诊所,没收药械,并处罚款。

（二）承担医疗风险相关行政责任的方式

医疗风险相关行政责任方式分为行政处分与行政处罚两种。行政处分是国家机关或者其他组织依照行政隶属关系对违法失职的公务员或者所属人员实施的惩戒措施。行政处罚是国家行政机关对构成行政违法行为的公民、法人或其他组织实施的行政法上的制裁。在医疗风险相关行政责任中,对卫生行政部门及其工作人员违反行政法律、法规及操作规范,造成严重后果,尚不构成刑事责任的,可施以行政处分,对医疗机构主管人员或其他直接责任人员既可以进行行政处分又可以进行吊销执业证书的行政处罚;患者及其亲友因故意扰乱医疗秩序的,一般施以行政处罚。

1.行政处分。

（1）行政处分是国家机关或者其他组织依照行政隶属关系对违法失职的公务员或者所属人员实施的惩戒措施。行政处分具有如下特点。①行政处分是用来调整国家行政职务关系的。②行政处分的主体是公务员所在的行政机关、上级主管部门或监察机关。③行政处分是一种内部责任形式。行政处分是国家行政机关对其行政系统内部的公务员实施的一种惩戒,不涉及一般相对人的利益。

医疗风险相关的行政处分是发生在医疗卫生系统内部的一种惩戒。由于我国的医疗机构绝大部分属于国家所有,在行政编制上属于国家事业单位,医务人员及其他责任人员是医疗单位的职工,因此当他们出现违法失职时,代表国家利益的医疗单位、行政管理部门可以对他们进行行政处分。[①] 例如,发生医疗事故后,为了减轻、逃避责任,护理人员私自涂改护理纪录的,卫生行政主管部门给予其警告的行政处分。

（2）行政处分的形式有六种:警告、记过、记大过、降级、撤职和开除。警告:是对于违法失职和违反纪律但情节比较轻微的干部或职工的书面、正式谴责。记过、记大过适用于虽有违法乱纪行为并应受处分,但仍可继续担任现职的人员。受到警告、记过、记大过处分的人员,在处分满半年后,如没有新的违法乱纪行为,不影响其评奖、提级。降级、撤职适用于违法乱纪行为较严重,不能继续担任现职的人员,无职可撤的,可以降低其工资级别。对于受到撤职处分的人员,

---

① 乔世民:《医疗事故的行政处理与刑事责任》,人民军医出版社 2009 年版,第 15 页。

必要时可以同时降级。受到撤职处分的人员一年内不得提职、提级。开除适用于对严重违法失职,屡教不改,不适合继续留在原单位工作的人员的处分。

在这里,要将行政处分与纪律处分区别开来,在《条例》中对于行政责任的追究上,经常以"或者"二字将行政处分与纪律处分放在一起。如《条例》第58条规定:"医疗机构或其他有关机构违反本条例的规定,有下列情形之一的,由卫生行政部门责令改正,给予警告;对负有责任的主管人员和其他直接责任人员依法给予行政处分或者纪律处分……"纪律处分不属于行政责任的实现方式,它是指企业、事业单位、党政机关或者纪律监察机关,对没有行政隶属关系的违法失职的所属人员所实施的惩戒措施,其惩戒措施与行政处分的形式存在很大的相似之处,如:警告、记过、记大过、降级、降职、开除留用、开除等内容。

2. 行政处罚。

(1)行政处罚是指行政机关或其他行政主体依照法定权限和程序对违反行政法规,尚未构成犯罪的相对方给予行政制裁的具体行政行为。行政处罚有以下特征。①行政处罚的主体是行政机关或法律、法规授权的其他行政主体。医疗风险相关行政责任中,行政处罚的主体通常是卫生行政部门和公安机关。②行政处罚的对象是作为相对方的公民、法人或其他组织,就医疗风险相关行政责任的相对方来说,一般是医疗机构、医务人员、患者及其亲友。③行政处罚的前提是相对方实施了违反行政法律规范的行为。只有相对方实施了违反行政法律规范的行为,才能给予行政处罚,法律法规没有规定的不能处罚。

(2)依据《行政处罚法》,行政处罚的种类有:警告、罚款、没收违法所得、没收非法财物、责令停产停业、暂扣或者吊销许可证、暂扣或者吊销执照、行政拘留、法律规定的其他行政处罚。在医疗风险相关的行政法律关系中,卫生行政部门对违反行政法的医疗机构通常给予警告、罚款、停业整顿直至吊销《医疗机构执业许可证》的行政处罚;对直接责任的医务人员,则视情节轻重给予警告、暂停6个月以上1年以下的执业活动直至吊销执业证书的行政处罚。

①警告:是指行政主体以书面形式对违法行为人予以谴责和告诫。在医疗风险的行政责任中,属于一种轻微的、经常被使用的行政处罚措施。它由法定机关依照法定程序进行,具有强制性,目的是声明行为人的行为已经违法,如违法者仍不纠正违法行为,就将受到更加严厉的处罚。

②罚款:是指行政主体强制违法相对方承担金钱给付义务的处罚形式。如《医疗机构管理条例》第47条规定:"违反本条例第二十七条规定,诊疗活动超出登记范围的,由县级以上人民政府卫生行政部门予以警告、责令其改正,并可以根据情节处以3000元以下的罚款。"罚款一般针对被处罚人的合法收入;非法收入一般不作为罚款的收入,没收违法所得则是针对被处罚人的非法收入。此外,

对发生医疗事故的医疗机构及其医务人员予以行政处罚,不用罚款这一形式。罚款无法有效地制裁和处理已经发生的违法行为,而且还会使违法者产生只要交了罚款就可以使违法变合法的错误观念。

③吊销、暂扣许可证和执照:是指行政机关依法收回或暂扣违法者已获得的从事某种活动的权利或资格的证书,限制或剥夺其从事该活动的权利或资格的处罚形式。在医疗风险相关行政责任中通常体现为暂停执业活动、吊销执业证书或资格证书。

④行政拘留:是对违反治安管理的人,依法在短期内限制其人身自由的一种处罚。行政拘留的决定和执行由公安机关进行,一般期限为 15 日以下。在医疗风险相关行政责任中,通常针对的是患者及其亲友违反医疗秩序的行为。

综上所述,行政处罚和行政处分是医疗风险相关行政责任的两类处罚方式,它们共同构成了医疗风险相关行政责任。其主要区别在于:第一,行政处罚的对象既可以是医务人员、患者及其亲友等个人,也可以是医疗机构的法人;而行政处分的对象一般只能是医务人员等个人。第二,行政处罚属于外部行政行为,相对方不服可以提起行政诉讼或行政复议;行政处分属于内部行政行为,被处分者不服,只能申诉,不能提起行政诉讼。

三、医疗风险相关行政责任的承担

医疗风险相关行政责任的承担,即行政责任由谁来承担,以及怎样承担的问题。与《侵权责任法》主要解决损害赔偿责任的目的不同,《医疗事故处理条例》(下称《条例》)具有更多的行政管理性质,即保护患者和医疗机构及其医务人员的合法权益,维护医疗秩序,保障医疗安全和促进医学科学的发展等,这也直接决定了该条例具有十分丰富的内容。例如,该条例对医疗事故的预防与处置、医疗事故的技术鉴定、医疗事故的行政处理与监督、医疗事故的行政责任等,均作了相关规范,而这些内容显然是我国《侵权责任法》所不能包容的。在国家立法机关没有明令废止《条例》的情况下,该部分与《侵权责任法》不构成法律规范的冲突;按照法律冲突的一般解决原则,即在上位法没有规定而下位法有规定且没有被废止的情况下,可以适用下位法,该部分应当继续有效。所以,本节将结合《条例》等相关的法条来进行分析。

(一)医疗机构及其医务人员的行政责任的承担

因为医务人员过失行为所致的医疗风险,最为主要的是追究医疗机构及其工作人员行政责任。《条例》规定了医疗机构及其工作人员在不同的情形下承担不同的行政责任。

1.医疗机构及其医务人员就医疗事故本身所应承担的行政责任。根据《条例》第 55 条规定:"医疗机构发生医疗事故的,由卫生行政部门根据医疗事故等级和情节,给予警告;情节严重的,责令限期停业整顿直至由原发证部门吊销执业许可证,对负有责任的医务人员尚不构成刑事处罚的,依法给予行政处分或纪律处分。对发生医疗事故的有关医务人员,除依照前款处罚外,卫生行政部门并可以责令暂停六个月以上一年以下的执业活动;情节严重的,吊销其执业证书。"

由此可知,对发生医疗事故的医疗机构,卫生行政部门可以根据情节轻重,依法给予警告、停业整顿直至吊销医疗机构执业许可证的行政处罚。对发生医疗事故的医务人员,卫生行政部门可以根据情节轻重,依法给予警告、暂停六个月以上一年以下执业活动的行政处罚;情节严重的,给予吊销其执业证书的行政处罚。

例:2009 年 11 月 3 日中午,婴儿徐宝宝因高烧、眼眶部肿胀等症状进入南京市儿童医院住院治疗,次日清晨 5 点多钟不治身亡。据婴儿家属反映,婴儿住院病情恶化时,他们几次向值班医生反映病情,由于医生打游戏、睡觉等原因,都未得到及时有效救治,由此导致了婴儿病情急剧恶化最终死亡。11 月 12 日下午,南京市卫生局再次召开新闻发布会,公布了由专家、网民、记者等组成的联合调查组调查的最终结果:患儿家属的投诉情况基本属实。上网玩游戏的当事医生被吊照开除,南京儿童医院诊治措施有失职行为,院长、书记分别受处分。①

2. 在预防和处置医疗风险中医务人员的行政责任。《条例》第 56 条规定:医疗机构违反本条例的规定,有下列情形之一的,由卫生行政部门责令改正;情节严重的,对负有责任的主管人员和其他直接责任人员依法给予行政处分和纪律处分:

(1)未如实告知患者病情、医疗措施和医疗风险的;

(2)没有正当理由,拒绝为患者提供复印或者复印病历资料服务的;

(3)未按照国务院卫生行政部门规定的要求书写和妥善保管病历资料的;

(4)未在规定的时间里补记抢救工作病历内容的;

(5)未按照本条例的规定封存、保管和启封病历资料和实物的;

(6)未设置医疗服务质量监控部门或配备专(兼)职人员的;

(7)未制定有关医疗事故防范和处理预案的;

(8)未在规定时间内向卫生行政部门报告重大医疗过失行为的;

(9)未按照本条例的规定向卫生行政部门报告医疗事故的;

(10)未按照规定进行尸检和保存、处理尸体的。

本条对违法行为实行的是单罚制:即仅对负有责任的主管人员和其他直接责任人员给予行政处分的行政制裁,而对于违法的医疗机构规定了责令改正这

---

① 李新月:《医生渎职无异于杀人》,载《扬子晚报》2009 年 11 月 13 日。

一措施。责令改正不属于行政制裁,而是行政强制措施的一种。

负有责任的主管人员和其他直接责任人员,一般是指直接从事医疗事故预防和处置工作的人员以及主管这项工作的管理人员,如院长、医疗服务质量监控部门的负责人或专(兼)职人员等。

此外,关于医务人员的行政责任,还有《执业医师法》第37条规定:医师利用职务之便,索取、非法收受患者财物或者牟取其他不正当利益的行为,情节严重的,由县级以上人民政府卫生行政部门吊销其执业证书。

3.医疗机构拒绝尸检和破坏病历资料的行政责任。《条例》第58条规定:"医疗机构或者其他机构违反本条例的规定,有下列情形之一的,由卫生行政部门责令改正,给予警告;对负有责任的主管人员和其他直接责任人员依法给予行政处分或者纪律处分;情节严重的,由原发证部门吊销其执业证书或者资格证书:(1)承担尸检任务的机构没有正当理由,拒绝进行尸检的;(2)涂改、伪造、隐匿、销毁病历资料的。"

关于尸检。如果医患双方对于患者的死因有异议,无法就赔偿问题达成一致意见,为了确定医疗事故与非医疗事故的界限,明确医患双方的责任,则必须进行尸检。承担尸检义务的机构,根据《条例》第18条的规定,只能由专门机构和病理解剖专业技术人员承担。负有责任的上述机构或人员则不得拒绝。

关于病例资料。病例资料作为对患者疾病治疗经过及其治疗效果的原始记录,不仅对指导患者疾病的诊疗具有现实意义,而且在医疗事故发生后,还是重要的证据材料。因此,《条例》不仅规定医疗机构应当按照国务院卫生行政部门规定的要求,书写并妥善保管病例资料,而且严禁涂改、伪造、隐匿、销毁或者抢夺病例资料。

对于医疗机构没有正当理由拒绝进行尸检,或涂改、伪造、隐匿、销毁病例资料,由卫生行政部门责令改正,给予警告;对负有责任的主管人员和其他直接责任人员依法给予行政处分或者纪律处分;情节严重的,由原发证部门吊销其执业证书或者资格证书。

(二)医疗风险处理过程中的其他机构或人员的行政责任的承担

在医疗风险处理过程中,还会涉及相关部门和个人的行政责任。

1.卫生行政部门及其工作人员的行政责任。

(1)卫生行政部门的工作人员违反法定义务所应承担的行政责任。

《条例》第53条规定:"卫生行政部门的工作人员在处理医疗事故过程中违反本条例的规定,利用职务上的便利收受他人财物或者其他利益,滥用职权,玩忽职守,或者发现违法行为不予查处,造成严重后果的,依照刑法……追究刑事责任;尚不够刑事处罚的,依法给予降级或者撤职的行政处分。"

卫生行政部门的工作人员的违法包括以下四种情形。

①利用职务上的便利收受他人财物或者其他利益,是指利用本人职务上主管、分管、负责医疗风险的处理,主动索取或接受与医疗风险的处理有利害关系的人的财物或其他利益。

②滥用职权,是指负责处理医疗风险的卫生行政人员超越职权范围或者违背法律授权的宗旨、违反条例规定的处理程序行使职权。

③玩忽职守,是指负责处理医疗风险的卫生行政人员严重不负责任,不履行或不正确履行条例规定的正确、及时处理医疗风险的职责,通常表现为放弃、懈怠职责,或者在工作中马虎草率,敷衍塞责,不认真、正确地做好本职工作。

④发现违法行为不予查处,从严格意义上讲,也是一种玩忽职守的表现。但是二者还是有区别的。玩忽职守是出于一种疏忽大意或者轻信能够避免造成损害的过失,而发现违法行为不予查处既有可能是出于疏忽大意或者轻信能够避免造成损害的过失,也有可能是故意放纵违法行为。

对卫生行政部门的工作人员行政责任的追究,由违法行为人所在单位有管辖权的监察机关或与之有行政隶属关系的上级主管部门依照《行政监察法》《公务员法》或者卫生行政系统内部的有关管理规定,对有关违法行为人给予降级或者撤职的行政处分。

(2)卫生行政部门违反法定义务所应承担的行政责任。

《条例》54条规定:"卫生行政部门违反本条例规定,有下列情形之一的,由上级卫生行政部门给予警告并责令限期改正;情节严重的,对负有责任的主管人员和其他直接责任人员依法给予行政处分:①接到医疗机构关于重大医疗过失行为的报告后,未及时组织调查的;②接到医疗事故处理申请后,未在规定时间内审查或移送上一级人民政府卫生行政部门处理的;③未将应当进行医疗事故技术鉴定的重大医疗过失行为或者医疗事故移交医学会组织鉴定的;④未按照规定逐级将当地发生的医疗事故以及依法对发生医疗事故的医疗机构和医务人员的行政处理情况上报的;⑤未依照本条例规定审核医疗事故技术鉴定书的。"

由此可知,如果发生以上情形应当处理卫生行政部门,而不是其工作人员,只有当情节严重时,才涉及对负有责任的主管人员和其他直接责任人员给予行政处分的问题。也就是说,本条的责任主体是卫生行政部门。这是因为上述的违法行为虽然是卫生行政部门的工作人员做出的,但都是卫生行政部门履行职责时的行为,因此其后果应当由卫生行政部门来承担。判断责任主体一般有两个标准:一是行政行为是由工作人员以什么样的名义做出;二是违法行为的过错程度。如果负有责任的主管人员和其他直接责任人员违法情节严重,则仍要与行政机关承担连带责任,即依法承担行政处分的法律责任,因为他们对这些违法行为主观上有过错,并且未尽到法律规定的义务。

对卫生行政部门的处罚形式有:

①警告,是指上级卫生行政部门对实施了《条例》规定的违法行为的卫生行政机关提出告诫,使其认识到其行为的违法性的一种行政处分形式;

②责令其限期改正,值得注意的是,它不是行政处罚的方式,是对违法行为的纠正和制止,源自于《行政处罚法》第 23 条的规定:"行政机关实施行政处罚时,应当责令当事人改正或者限期改正违法行为。"

对违法情节严重的负有责任的主管人员和其他直接责任人员,只规定了行政处分的责任形式而没有规定行政处罚。

2.对参加医疗事故鉴定的鉴定人员的行政责任。

参加医疗事故鉴定的工作人员,收受当事人财物或利益,出具虚假医疗事故技术鉴定书,尚不构成刑事处罚的,由原发证部门吊销其执业证书或资格证书。这在《条例》第 57 条中作了详细的规定:"参加医疗事故鉴定的工作人员违反本条例的规定,接受申请鉴定双方或者一方当事人的财物或者其他利益,出具虚假医疗事故技术鉴定书,造成严重后果的,依照刑法关于受贿罪的规定,依法追究刑事责任;尚不够刑事处罚的,由原发证部门吊销其执业证书或资格证书"。

由此可知,对参加医疗事故鉴定的鉴定人员追究行政责任的前提是"未造成严重后果,尚不够刑事处罚",行政处罚的主体是原发证部门,处罚方式为吊销其执业证书或资格证书。

3.关于寻衅滋事、扰乱医疗秩序的行政处罚。

《条例》第 59 条规定:"以医疗事故为由,寻衅滋事、抢夺病例资料,扰乱医疗机构正常医疗秩序和医疗事故技术鉴定工作,依照刑法关于扰乱社会秩序罪的规定,依法追究刑事责任;尚不够刑事处罚的,依法给予治安管理处罚。"

《治安管理处罚法》第 23 条第一款第一项规定:扰乱机关、团体、企业、事业单位的秩序,致使工作、生产、营业、医疗、教学、科研不能正常进行,尚未造成严重损失的,处警告或者二百元以下罚款,情节严重的,处五日以上十日以下拘留,可以并处五百元以下罚款;第二款规定:聚众实施前款行为的,对首要分子处十日以上十五日以下拘留,可以并处一千元以下罚款。

第二节　医疗风险相关刑事责任

一、医疗风险相关刑事责任概述

(一)医疗风险相关刑事责任的概念

关于什么是刑事责任? 学者陈兴良认为,刑事责任有三层含义:第一义为刑事法律后果,第二义为应受处罚的地位,第三义为归责。刑法中所称的刑事责任主要是指第一义,以及个别情况下是指第二义,而刑法理论上所研究的刑事责任是指归责意义上的刑事责任。[①]

本文所讲的刑事责任主要是责任的第一义,即刑事法律后果。因此我们认为,医疗风险相关刑事责任,即指在发生或处理医疗风险时,相关人员因违反刑事法律、法规所引起的刑事法律后果。这里的相关人员,主要是指医务人员、患者及其亲友、处理医疗事故的卫生行政部门工作人员、参加医疗事故技术鉴定工作的人员以及承担尸检工作的机构的负责人等。

(二)医疗风险相关刑事责任的特征

刑事责任具有强制性、严厉性的特征。所谓强制性,是指刑事责任是一种强制犯罪人向国家承担的法律责任,责任一经确定,它不允许犯罪人和被害人之间"私了"。严厉性是指刑事责任是一种最严厉的处罚方式,它剥夺的不仅可以是犯罪人的财产权利与人身自由,甚至还有生命权利。医疗风险相关刑事责任除了具有上述刑事责任的一般特征之外,还有:

第一,医疗风险相关刑事责任的主体具有特殊性。在医疗风险相关刑事责任中,责任主体一般为医务人员或争议处理中的相关人员,如鉴定人、卫生行政机构工作人员、患者等。

第二,医疗风险相关刑事责任的犯罪种类多样。医疗风险发生、发展和解决可能是一个漫长的过程,在这个过程中所发生的各种犯罪都是属于医疗风险相关的刑事责任;比如诊疗护理过程中医务人员的医疗事故罪、强奸罪、故意杀人罪等,处理争议中鉴定人员的受贿罪,不满处理结果的患者的故意伤害罪和故意杀人罪等,都是医疗风险相关的犯罪,都应承担医疗风险相关刑事责任。

(三)医疗风险相关刑事责任的实现方式

刑事责任的实现具体包括以下几种情况。

1.定罪判刑方式,即对犯罪人在作出有罪判决的同时予以刑罚,这是实现刑事责任的最常见、最基本的方式。

2.定罪免刑方式,即确定有罪而免除刑事处罚。

3.消灭处理方式,即本来应该负刑事责任的,但由于法律规定的实际阻却追究事由的存在,因而使刑事责任归于消灭。如对已超过追诉时效期限的犯罪人,其刑事责任就是消灭处理的方式。

4.转移处理的方式,即对享有外交特权和豁免权的外国人通过外交途径解决。

---

① 陈兴良:《从刑事责任理论到责任主义——一个学术史的考察》,载《清华法学》2009年第2期,第20—21页。

医疗风险相关刑事责任的实现方式以第一种情况为主。这里主要介绍定罪判刑方式中的刑罚种类。

根据我国《刑法》的规定,承担医疗风险相关刑事责任的刑罚种类包括主刑和附加刑。主刑有:管制、拘役、有期徒刑、无期徒刑和死刑,它们只能单独适用。附加刑有:罚金、剥夺政治权利和没收财产,它们可以附加适用,也可以独立适用。同时,对于外国人犯罪,还可以独立适用或附加适用驱逐出境。

在医疗风险相关犯罪中,较常见的几种刑罚的种类有:①拘役,适用于情节较轻的犯罪,是一种短期剥夺犯罪分子的人身自由,就近实行劳动改造的刑罚方法;②有期徒刑,适用于一般的犯罪,即剥夺犯罪分子一定期限的自由,实行强制劳动改造的刑罚方法,同时根据情节的严重程度不同,可以分别处以三年以下或三年以上七年以下的有期徒刑;③罚金,适用于单位犯罪或者个人涉及经济的犯罪,即人民法院判处犯罪分子向国家缴纳一定数额金钱的刑罚方法;④没收财产,即将犯罪分子个人所有财产的一部分或者全部强制无偿地收归国有的刑罚方法。

二、医疗风险中的主要犯罪

犯罪是一个抽象的概念,而犯罪构成则在犯罪本质的基础上阐明了犯罪的成立要件。犯罪构成是启动刑事追究的前提和基础,只有构成犯罪,才可能谈到追究刑事责任的问题。"罪—责—刑"是中国刑法学的研究逻辑,"认定犯罪—确定责任—决定刑罚",乃是中国刑事司法的作业逻辑。[①] 因此,讲到犯罪,必须先从犯罪构成开始。

犯罪构成是指刑事实体法规定的,决定某一行为的社会危害性及其程度,并为成立该种犯罪所必需的客观要件和主观要件的总和。一般包括:犯罪客体、犯罪客观要件、犯罪主体、犯罪主观要件四个部分。

犯罪客体,是指我国刑法所保护的而为犯罪行为所侵犯的社会关系。

犯罪客观方面,是指刑法规定的、在犯罪活动的外在表现中所包含的、为构成犯罪所必需的具有一定特征的事实。

犯罪主体,是指刑法规定的实施犯罪行为,并承担刑事责任的人,包括自然人和法人。

犯罪主观方面,是指犯罪主体实施犯罪行为时,对其危害社会的行为及其危害社会的结果所持的心理态度。

犯罪的构成要件是构成犯罪的基本组成部分,每个犯罪都有其各自的构成要件。以下,结合犯罪构成来解读医疗风险中的主要犯罪。

---

① 高铭暄:《对中国刑法学犯罪构成理论的思考》,载《法学》2010年第2期,第52页。

（一）医疗事故罪

《刑法》第335条规定，医疗事故罪是指医务人员由于严重不负责任，造成就诊人死亡或者严重损害就诊人身体健康的行为。

医疗事故罪是医疗风险相关中最常见的犯罪，它一般发生在诊疗护理过程中，表现为医务人员由于严重不负责任导致的业务过失，结果是严重侵害了患者的生命健康权。它的构成要件如下。

1. 客体要件。犯罪客体是指《刑法》所保护的为犯罪行为所侵犯的社会关系。医疗事故罪，在我国《刑法》中规定在"妨害社会管理秩序罪"中的"危害公共卫生罪"一节中，本罪侵犯的客体是国家对医疗工作的管理秩序和就诊人的生命及健康权。医疗工作的管理秩序和就诊人的生命及健康权是受我国《刑法》所保护的，但是在医疗事故罪中，由于医务人员的严重不负责任，违反诊疗护理规范，破坏了医疗管理秩序，造成就诊人的生命及健康权受到侵犯，其危害小到就诊人的生命健康，大到不特定多数的患者的生命健康，因此本罪是复杂客体。

2. 客观方面要件。本罪在客观方面表现为严重不负责任，造成就诊人死亡或者严重损害就诊人身体健康的行为。具体可以从以下几个方面来理解。

（1）医务人员在医疗活动中存在严重不负责任的行为。严重不负责任，是指在诊疗护理工作中违反医疗操作规范和诊疗护理常规的行为。包括作为和不作为。如护士打错针，药师发错药都是属于作为的形式；不作为的形式如，医务人员不履行职责，对急诊病患不予抢救，导致患者病情延误死亡。

（2）严重不负责任的行为导致患者的身体健康严重损害或发生死亡的结果。本罪重在看结果，即必须要造成患者的身体健康严重损害或死亡的结果。这种结果的发生可以是在诊疗护理过程中，也可以是在诊疗护理结束后。

造成就诊人死亡，构成医疗事故罪，这一标准现实中比较好判断。那么如何认定因"严重损害就诊人身体健康"而构成的医疗事故罪呢？"严重损害就诊人身体健康"是否就是指达到重伤的标准呢？《刑法》没有明文规定。理论界围绕《条例》与《医疗事故分级标准（施行）》确定的标准和《人体重伤鉴定标准》确定的标准来讨论，观点不一。实务中最高人民检察院和公安部在2008年发布《最高人民检察院公安部关于公安机关管辖的刑事案件立案追诉标准的规定（一）》第56条第2款指出："'严重损害就诊人身体健康'，是指造成就诊人严重残疾、重伤、感染艾滋病、病毒性肝炎等难以治愈的疾病或者其他严重损害就诊人身体健康的后果。"严重残疾和重伤具体又是指什么情况？实务中法院对医疗事故罪的认定往往依赖医学会的鉴定，而医学会的鉴定又是以《医疗事故分级标准（施行）》来判断。所以，司法实务中，《医疗事故分级标准（施行）》是医疗事故罪的认定依据。

我们认为,《刑法》对过失犯罪是以重伤作为罪与非罪的界限的;医疗事故罪属于过失犯罪,也不例外。《人体重伤鉴定标准》是依照我国《刑法》第 85 条规定,以医学和法医学的理论和技术为基础,结合我国法医检案的实践经验,为重伤的鉴定提供科学依据和统一标准,因此它是《刑法》判断医疗事故罪的当然标准。只有在《人体重伤鉴定标准》没有规定的情况下,才可以参考《医疗事故分级标准(施行)》。

(3)严重不负责任行为与患者身体健康严重受损、死亡之间必须存在刑法上的因果关系。这里所说的刑法上的因果关系是指刑法上认可的因果关系,即只有医疗行为严重违反医疗规章制度,并导致了患者的伤亡结果,两者之间有必然的因果联系,才能承担刑事责任。否则,行为人则无需承担刑事责任。

3. 主体要件。本罪的犯罪主体是特殊主体,《刑法》第 335 条明确规定,医疗事故罪的主体是医务人员,包括各级各类医疗机构的医务人员及合法开业的个体医务人员。

医务人员具体是指哪些人呢?是指经过考核和卫生行政部门批准和承认,取得相应医师执业证书的各级各类卫生技术人员,按照业务性质分为:医疗防疫人员、药剂人员、护理人员及其他技术人员。但就医疗机构的行政、后勤服务等工作人员可否构成本罪的主体的问题,理论界一直存在争议。

持赞成观点的认为,由于诊疗护理工作是群体性活动,构成医疗事故的行为人,还应包括从事医疗管理、后勤服务等人员。[1] 也有学者认为,医疗事故罪的主体,除前述卫生技术人员外,医疗单位中其他负有为保障公民的生命健康权益而必须实施某种行为的特定义务,由于不履行或不认真履行这种义务,以致造成就诊人身体健康严重受损或死亡的人员,也可以成为医疗事故罪的主体。[2] 该观点有条件的认可了医疗机构的行政、后勤服务工作人员构成本罪的主体,即只有负有特定义务才可以构成。

持否定观点的认为,我国《刑法》规定的医疗事故罪,在法定刑上远低于其他责任事故犯罪,这是考虑到诊疗护理工作的特殊性而给予它的一种立法上的宽容。因此,有资格享受这种特殊对待的只能是同诊疗护理的特殊性有关的人员。虽在医疗单位工作,但从事的并非诊疗护理工作的人员等,不应享受立法上的这种特殊对待,因其从事的工作并不具有诊疗护理工作的特殊性,在造成责任事故的情况下,同其他类型的责任事故并没有根本性的区别。[3]

---

[1] 张明楷:《刑法学》,法律出版社 2003 年版,第 850 页。

[2] 赵秉志:《新编刑法教程》,中国人民大学出版社 1997 年版,第 701 页。

[3] 冯卫国:《医疗事故罪若干问题探析》,西北刑事法律网,http://xbxsf. nwupl. cn/wenji/ShowArticle. asp? ArticleID=635,2011 年 1 月 18 日访问。

我们认同否定观点。理由是：(1)将非医务人员与医务人员同等对待,同罪同罚,则有悖于立法精神;(2)扩大医务人员的范围有违罪刑法定原则。既然《刑法》规定医疗事故罪的主体是医务人员,便不应随意扩大解释,将医疗机构中的非医务人员也包括进来,否则,跟《刑法》罪行法定的原则相悖。

4.主观方面要件。本罪在犯罪主观方面表现为过失。根据我国《刑法》的规定,过失分为疏忽大意和过于自信的过失。疏忽大意的过失是指行为可能发生危害社会的结果,因为疏忽大意没有预见,以致发生损害结果。过于自信的过失是指已经预见自己的行为可能发生危害社会的结果,但轻信能够避免,以致发生损害结果。医疗事故罪的过失,既可以是疏忽大意的过失,也可以是过于自信的过失。

(1)医疗事故罪的疏忽大意的过失,是指医务人员应当预见到自己违反规章制度或诊疗护理常规的行为,可能造成就诊人死亡或严重损害就诊人身体健康的后果,但由于疏忽大意而没有预见,以致损害结果发生。

发生在医疗过程中的例子如:手术医生因疏忽大意将纱布遗忘在患者体内,造成患者感染死亡;护士给患者打青霉素,忘记先做皮试,导致患者过敏性休克死亡,等等。

(2)医疗事故罪的过于自信的过失,是指医务人员已经预见到自己违反规章制度或诊疗护理常规的行为,可能发生就诊人死亡或严重损害就诊人身体健康的后果,但轻信能够避免,以致损害结果发生。

例:田某因患右侧中耳炎引起面瘫,需手术治疗,由某医院麻醉医师林某对其施行全身麻醉。手术中,林某擅离岗位,去院长办公室接长途电话,他自认为凭借其多年的麻醉经验,离开一会,患者不会有事,然其结果是患者因麻醉时间过长而深度昏迷,虽经全力抢救,终因脑缺氧时间过长,造成脑萎缩,左侧上颌窦炎。经鉴定为二级甲等医疗事故。①

本案就属于过于自信的过失而导致的医疗事故罪,第一,林某预见到了自己的行为可能导致危害结果的发生。第二,他轻信自己能够避免。第三,危害结果还是发生。医疗事故罪与一般医疗事故的质的界限,主要在于医疗事故行为造成的危害结果的严重性是否达到造成就诊人死亡或者严重损害就诊人身体健康的程度。

医疗事故罪的刑事责任,我国《刑法》第335条规定:"医务人员由于严重不负责任,造成就诊人死亡或者严重损害就诊人身体健康的,处三年以下有期徒刑或者拘役。"

---

① 改编自《麻醉师擅离岗位,造成麻醉过量》,菏泽医学信息网,. http://www.hzyxh.com/0shigu/fx/show.php? filename=20051006200332.txt,2011 年 7 月 9 日访问。

出于保护医生，保护公共利益的考虑，实践中医务人员很少被认定构成医疗事故罪。

（二）非法行医罪

非法行医罪，是指未取得医生执业资格的人非法行医，情节严重的行为。

1.客体要件。本罪侵犯的客体是国家医疗管理秩序及公众的生命健康安全。本罪侵犯的是复杂客体，主要客体是国家对医疗机构和医务从业人员的管理秩序，次要客体是公共卫生。① 为了加强对医疗秩序的管理，促进医疗卫生事业的发展，保障公民健康，国家制定了一系列的法律法规，用来规范医疗卫生秩序。如《医疗机构管理条例》《执业医师法》，对医疗机构的设置、医师的执业条件及审批程序、法律责任等都做了明确的规定。非法行医不仅扰乱了业已建立的良好的医疗卫生管理秩序，而且往往由于非法行医者不具备执业的基本条件，医疗服务质量差，同时也侵犯了不特定就诊人的身体健康和生命安全。

2.客观方面要件。本罪的客观方面表现为：行为人在没有取得医生执业资格的情况下，擅自从事医疗活动，情节严重的行为。

（1）必须有擅自从事医疗活动的行为。医疗活动主要是指诊断和治疗，即通过各种检查对疾病作出诊断，借用药物、器械和手术等方法消除疾病、缓解病情、减轻痛苦、延长生命、改善病理或生理状况的活动。擅自从事医疗活动主要是指违反国家对医疗秩序的管理，没有取得执业医师资格或没有医疗机构经营许可证。实践中出现的江湖游医利用巫术、封建迷信、气功行医，私自开办牙科诊所、性病诊所等，均属于擅自从事医疗活动的表现。

例：江湖女郎中李某仗着自己略有一些药理知识，在家乡也为周围的邻居看过一些小毛病，甚至多次为村里的妇女接生的经验，在上海松江区开设了一家"私人诊所"，2004年4月，经电话联系，到一产妇家中为其接生，婴儿产下后，产妇出现昏迷等症状。被告人慌忙将产妇送到医院抢救，最终产妇虽然得救，但却因此而失去了子宫。松江区法院判处被告人非法行医罪3年有期徒刑，并处罚金1000元。② 本案中，李某既无执业医师资格，又无医疗机构经营许可证，属于典型的擅自从事医疗活动。

（2）擅自从事医疗活动须达到"情节严重"的程度。情节严重是定罪情节，而非单纯的量刑情节，也即只有达到情节严重，才能构成非法行医罪，否则，只构成一般违法而非犯罪。那么情节严重如何认定呢？《最高人民法院关于审理非法行医案件具体应用法律若干问题的解释》第2条规定，具有下列情形之一的，应

---

① 张明楷：《非法行医罪研究》，载陈兴良主编《刑事法判解》（第二卷），法律出版社2000年版，第63—64页。

② 改编自金贤、方芳、李郭平：《江湖女郎中非法接生酿险情》，载上海《新闻晨报》2004年9月7日。

认定为《刑法》第 336 条第一款规定的"情节严重":

①造成就诊人轻度残疾、器官组织损伤导致一般功能障碍的;

②造成甲类传染病传播、流行或者有传播、流行危险的;

③使用假药、劣药或不符合国家规定标准的卫生材料、医疗器械,足以严重危害人体健康的;

④非法行医被卫生行政部门行政处罚两次以后,再次非法行医的;

⑤其他情节严重的情形。

(3)《刑法》第 336 条规定:"严重损害就诊人身体健康,处三年以上十年以下有期徒刑,并处罚金。"根据《最高人民法院关于审理非法行医案件具体应用法律若干问题的解释》第 3 条规定,"严重损害就诊人身体健康"是指:

①造成就诊人中度以上残疾、器官组织损伤导致严重功能障碍的;

②造成三名以上就诊人轻度残疾、器官组织损伤导致一般功能障碍的。

3. 主体要件。只能是未取得医生执业资格的人才能成为非法行医犯罪的主体。既可以是中国人,也可以是外国人。未取得医生执业资格的人非法行医具体是指哪些?《最高人民法院关于审理非法行医案件具体应用法律若干问题的解释》第一条指出了五种情形:

(1)未取得或者以非法手段取得医师资格从事医疗活动的;

(2)个人未取得《医疗机构执业许可证》开办医疗机构的;

(3)被依法吊销医师执业证书期间从事医疗活动的;

(4)未取得乡村医生执业证书,从事乡村医疗活动的;

(5)家庭接生员实施家庭接生以外的医疗行为的。

在这里需要特别注意的是(1)中所提到的"未取得或者以非法手段取得医师资格",这里的"医师资格",是仅指通过国家统一考试而取得的"医师资格",还是指通过国家统一考试而取得的"医师资格"与经注册登记而取得的"执业资格"的统一? 我们认为应是两者的统一。

最高法院所列举的五种情形,并没有穷尽所有非法行医的主体,如关于取得医生执业证书的人,超越注册的执业地点、执业类别、执业范围从事诊疗活动的,可否成为本罪的主体,就没有规定。理论界对此观点不一。有的认为,一律不构成。有的认为,要具体问题具体分析,医生仅超越注册的执业地点行医的并非都构成非法行医罪的主体,如医生走穴就不构成;医生超越执业类别、执业范围从事医疗业务的,原则上可以构成非法行医罪的主体,但经过有关部门批准,或紧急情况下实施的除外。①《最高人民法院关于审理非法行医案件具体应用法律

---

① 王峰、谭静:《浅析非法行医罪的主体认定》,载《中国卫生法制》2009 年 3 月第 17 卷第 3 期,第 14 页。

若干问题的解释》公布后,最高人民法院研究室有关负责人强调,对于违反执业医师法的规定,超过注册的执业地点、执业类别、执业范围从事诊疗活动的,目前不宜作为刑事犯罪处理。①

最高法院相关负责人的答复,代表当前最高法院的态度。未来如何?理论上的讨论也还有必要。我们认同,应区别对待医师超越注册的执业地点、执业类别、执业范围从事诊疗活动。对于仅超越注册的执业地点执业的,一般不能成为非法行医罪的主体。医师超越注册地点从事医疗业务,其执业水平、能力并无瑕疵,其行医活动大多只是违反国家对医疗秩序的管理,并不侵犯公民的生命健康。对于超越执业类别、执业范围执业的,可以成为非法行医罪主体。医师超越执业类别和范围执业的,不仅侵犯了国家对医疗卫生秩序的管理,同时对不特定人的生命健康构成威胁。当然,由于我国医疗资源的不均,当涉及具体的案件时,还要具体斟酌。

4.主观要件。本罪在犯罪主观方面表现为故意,即行为人明知自己无医生执业资格却擅自行医,其结果会扰乱医疗管理秩序,危害公共卫生,而行为人却希望或放任这种危害结果的发生。由于本罪存在结果加重犯,对于结果加重犯行为人的心理态度,我们认为是过失或间接故意。

例:马某无医师执业资格并私自开设诊所。某日,为前来就诊的王某接生,造成王某产后子宫下段撕裂,致羊水栓塞、失血性休克,经送医院抢救无效于当日死亡。本案中马某明知自己无医生执业资格,也无医疗机构执业许可证,却擅自开设诊所,扰乱医疗管理秩序,危害公共卫生,马某在主观方面是故意;对造成就诊人死亡的加重结果,是持过失或间接故意的心理态度。

非法行医罪的刑事责任:"未取得医生执业资格的人非法行医,情节严重的,处三年以下有期徒刑、拘役或者管制,并处或者单处罚金;严重损害就诊人身体健康的,处三年以上十年以下有期徒刑,并处罚金;造成就诊人死亡的,处十年以上有期徒刑,并处罚金。"(《刑法》第 336 条)

实施非法行医犯罪,同时构成生产、销售假药罪,生产、销售劣药罪,诈骗罪等其他犯罪的,依照《刑法》处罚较重的规定定罪处罚。

(三)受贿罪与非国家工作人员受贿罪

受贿罪,是指国家工作人员利用职务便利,索取他人财物或者非法收受他人财物,为他人谋取利益(含收受各种名义的回扣、手续费归个人所有)的行为。

非国家工作人员受贿罪,是指公司、企业或者其他单位的工作人员利用职务上的便利,索取他人财物或者非法收受他人财物,为他人谋取利益,数额较大的

---

① 袁定波:《最高法院披露非法行医司法解释出台背景》,http://news. xinhuanet. com/legal/2008
—05/13/content_8156289. htm,2011 年 1 月 3 日访问。

行为。这是 2006 年通过并实行的《刑法修正案（六）》对原有的公司、企业人员受贿罪修订后的定义。它将该罪的犯罪主体的范围从公司、企业人员扩大到其他单位的工作人员，因此，也就将在医疗机构工作的非国家工作人员包涵进来。如：医生利用处方权收受回扣，数额较大的行为，一般就属于"其他单位工作人员"受贿犯罪。

为惩治商业贿赂，维护市场经济公平竞争秩序，推进党风廉政建设，最高人民法院、最高人民检察院于 2008 年联合发布了《关于办理商业贿赂刑事案件适用法律若干问题的意见》（以下简称《意见》），其中第 4 条针对医务人员收受贿赂作出了全新的司法解释。

第一款为：医疗机构中的国家工作人员，在药品、医疗器械、医用卫生材料等医药产品采购活动中，利用职务上的便利，索取销售方财物，或者非法收受销售方财物，为销售方谋取利益，构成犯罪的，依照刑法第三百八十五条的规定，以受贿罪定罪处罚。

第二款为：医疗机构中的非国家工作人员，有前款行为，数额较大的，依照刑法第一百六十三条的规定，以非国家工作人员受贿罪定罪处罚。

以上两款实际上规定了两种不同身份的人在药品、医疗器械、医用卫生材料等医药产品采购活动中收受贿赂的行为分别定什么罪名。是否为国家工作人员，成为区分受贿罪与非国家工作人员受贿罪的关键。

第三款为：医疗机构中的医务人员，利用开处方的职务便利，以各种名义非法收受药品、医疗器械、医用卫生材料等医药产品销售方财物，为医药产品销售方谋取利益，数额较大的，依照刑法第一百六十三条的规定，以非国家工作人员受贿罪定罪处罚。

本款将医务人员利用开处方的职务便利收受销售方财物的行为认定为非国家工作人员受贿罪。不再将医务人员作身份上的区分，即是否为国家工作人员的区分。这其实就在一定程度上承认了医生的处方权并不是公权，医生从事的医务活动不是公务活动。

由此可知，在医疗领域，受贿罪与非国家工作人员受贿罪的共同点在于：第一，客观上都是利用职务上的便利，索取或收受他人数额较大的财物，为他人谋取利益；第二，主观上均为故意，即行为人主观上有收受、索取他人财物的目的的，并且知道或者应当知道自己的行为是受贿行为，而仍然索取或收受他人数额较大的财物。

两罪的不同在于：第一，侵害的犯罪客体的不同，前者为国家工作人员职务活动的廉洁性，后者为国家对医院的工作人员职务活动的管理制度；第二，犯罪主体的不同，受贿罪是国家工作人员，如国有医院的院长、书记、药事委员会委员、药剂科负责人,而非国家工作人员受贿罪主要为不具有国家工作人员身份的人,如医疗机构中的普通临床医生。

怎样认定医务人员的国家工作人员的身份呢?《刑法》第93条规定:"本法所称国家工作人员,是指国家机关中从事公务的人员。国有公司、企业、事业单位、人民团体中从事公务的人员和国家机关、国有公司、企业、事业单位委派到非国有公司、企业、事业单位、社会团体从事公务的人员,以及其他依照法律从事公务的人员,以国家工作人员论。"我国的医疗机构大多是事业单位,因此,在属于事业单位性质的医疗机构中,只有国有事业单位和非国有事业单位中具有委派身份的工作人员,才有可能涉嫌"受贿罪"。至于非国有事业单位医疗机构中不具有委派身份的人员收受药品回扣行为,只有可能涉嫌"非国家工作人员受贿罪"。关于乡镇卫生院院长是否属于国家工作人员的问题,根据《最高人民检察院法律政策研究室关于集体性质的乡镇卫生院院长利用职务之便收受他人财物的行为如何适用法律问题的答复》意见,经过乡镇政府或者主管行政机关任命的乡镇卫生院院长,在依法从事本区域卫生工作的管理与业务技术指导,承担医疗预防保健服务工作等公务活动时,属于《刑法》第93条第二款规定的"其他依照法律从事公务的人员",对其利用职务上的便利,索取他人财物的,或者非法收受他人财物,为他人谋取利益的,以受贿罪追究刑事责任。

最高人民法院和最高人民检察院的《意见》给司法机关打击医疗领域的商业贿赂行为带来了有利的指导。然而,由于受其打击商业贿赂的目的及医疗实践的复杂性所限,《意见》也有它的局限性。一是只规定了医疗机构工作人员的受贿行为。实际上,与医疗风险相关的受贿行为不只出现在医疗机构中,在卫生行政部门及医疗鉴定机构也存在受贿行为。二是实践中医务人员受贿行为比较复杂,《意见》无法解决实践中出现的一切问题。比如下面的案例:

例:程某系甲医院B区分院内分泌科主任(国家工作人员),全面负责科内事务管理。程某事先与医药代表约定回扣比例,承诺在科室尽量安排医师使用有回扣的药品,由医药代表根据全科医师开具的药品数量每月结算回扣数额。在实际操作时,程某在对医师的业务指导过程中并不指定科室内的医生一定要使用有回扣的药品,而是要求下属医生对症开药,但会向医师具体细致地介绍有回扣的药品,以此加深印象,从而提高有回扣药品的使用量。2007年1月至2008年12月期间,程某收受多个制药公司医药代表回扣共计10万余元,存入个人账户;接受某药业公司邀请免费赴日旅游4天,旅游费用2万余元,旅游期间收受该公司经理给付的4万日元"零花钱"。[①]

---

① 黄辉、谢杰、须丽红:《医师开具处方后科室主任收受回扣的行为如何定性》,载《人民检察》2009年第2期,第35页。

本案事实在于：其一，具有国家工作人员身份的程某的受贿行为没有发生在药品、医疗器械、医用卫生材料等医药产品采购活动中，不符合《意见》第4条第一款所指的受贿罪；其二，他没有利用自己开处方的便利，而是间接地利用了他人开处方的便利。不符合《意见》解释第4条第三款的非国家工作人员受贿罪。据此，实践中对程某的受贿行为，有三种不同的看法：第一种意见认为，程某不构成犯罪，这是严格按照"两高"解释的结果；第二种意见认为，程某构成非国家工作人员受贿罪，这是将第3款的规定作扩大解释，把利用他人开处方的便利也视作利用处方的便利。第三种意见认为，程某构成受贿罪，这是将商业贿赂行为扩大到采购活动以外。

我们认同第三种观点。《意见》解释第4条第一款，将医务人员的受贿罪规定在药品、医疗器械、医用卫生材料等医药产品采购活动中，这是有局限的。诚然，医疗领域大多数的商业贿赂发生在采购活动中，但在采购活动之外，例如像本案科室主任受贿的情形，现实中也不少。将程某定性为受贿罪并不违背《意见》解释的精神，它完全符合《刑法》关于受贿罪的规定。第一，程某属于国家工作人员，主体资格符合。第二，程某有科室管理的权力。作为科室主任，程某对全科室用药进行指导、对药品特质进行介绍、对处方质量进行时时监控，其职权内容与范围决定了医药代表在甲医院B区分院的销量受制于程某。收受回扣的基础在于科室主任的身份及其全面负责科室管理的职权，符合受贿罪"利用职务上的便利"要件。第三，向医药代表承诺安排尽量多开药，业已符合"为他人谋取利益"要件。根据2003年《全国法院审理经济犯罪案件工作座谈会纪要》第3条关于受贿罪构成要件的认定，为他人谋取利益包括承诺、实施和实现三个阶段的行为。只要具备其中一个阶段的行为，就具备了为他人谋取利益的要件。

此外，本案中程某仅仅是利用了科室主任的职权收受贿赂，如果其既利用了科室主任的职权，又利用开处方的便利，同时收受贿赂及回扣，且均数额较大，则依照刑法的规定，可以数罪并罚。

受贿罪的刑事责任，我国《刑法》第386条规定："对犯受贿罪的，根据受贿所得数额及情节，依照本法第383条的规定处罚。索贿的从重处罚。"具体如下。①个人受贿数额在十万元以上的，处十年以上有期徒刑或者无期徒刑，可以并处没收财产；情节特别严重的，处死刑，并处没收财产。②个人受贿数额在五万元以上不满十万元的，处五年以上有期徒刑，可以并处没收财产；情节特别严重的，处无期徒刑，并处没收财产。③个人受贿数额在五千元以上不满五万元的，处一年以上七年以下有期徒刑；情节严重的，处七年以上十年以下有期徒刑。④个人受贿数额在五千元以上不满一万元，犯罪后有悔改表现、积极退赃的，可以减轻处罚或者免予刑事处罚，由其所在单位或者上级主管机关给予行政处分。⑤个人受贿数额不满五千元，情节较重的，处二年以下有期徒刑或者拘役；情节较轻的,由其所在单位或者上级主管机关酌情给予行政处分。⑥索贿的从重处罚。

《刑法》第163条规定,犯公司、企业、其他单位人员受贿罪,受贿数额较大的,处五年以下有期徒刑或者拘役;受贿数额巨大的,处五年以上有期徒刑,可以并处没收财产。

由此可见,非国家工作人员受贿罪的处罚要比受贿罪的处罚轻,体现了国家对从事公务的国家工作人员的更高要求。

三、医疗风险相关的其他犯罪

(一)卫生行政部门工作人员的滥用职权罪、玩忽职守罪

滥用职权罪,是指国家工作人员滥用职权,致公共财产、国家和人民利益遭受重大损失的行为。滥用职权,是指掌握有一定职权的人在使用职权时不作审视、不加选择或者毫无节制地使用职权。

玩忽职守罪,是指国家工作人员违反职责的规定,不尽职责和义务或者不正确履行职责和义务,致使国家和人民利益遭受重大损失的行为。

这两种罪在卫生行政部门的工作人员的犯罪中,一般表现为某工作人员在工作中,由于滥用职权、玩忽职守或因收受贿赂,未能依法对管辖区内的医疗机构行使监督管理职权,使本身不符合法定要求的医疗机构逃避应有法律义务,继续进行诊疗护理活动,从而造成了更多患者的生命健康权严重受损的法律事实。在这种情况下,除了对该医疗机构及医务人员依法惩处之外,还应当追究该卫生行政部门工作人员的刑事责任。

我国《刑法》第397条规定:"国家机关工作人员滥用职权或者玩忽职守,致使公共财产、国家和人民利益遭受重大损失的,处三年以下有期徒刑或者拘役;情节特别严重的,处三年以上七年以下有期徒刑。本法另有规定的,依照规定。"

(二)医务人员利用医疗之便的犯罪

在医疗过程中,极个别医务人员有时也会利用医疗之便,实施犯罪行为,常见的有:故意杀人罪、强奸罪,出售、非法提供公民个人信息罪。

1. 故意杀人罪,是指医务人员故意非法剥夺他人生命的行为。客观上可表现为,医务人员借医疗之便故意杀害仇人,帮助他人实施积极安乐死,遗弃急诊患者等,主观上行为人对患者的死亡持希望或者放任的心理态度。《刑法》第232条规定,故意杀人的,处死刑、无期徒刑或者十年以上有期徒刑;情节较轻的,处三年以上十年以下有期徒刑。

2. 强奸罪,是指违背妇女意志,以暴力、胁迫或者其他手段强行与妇女性交的行为。本罪的主体一般是男子,主观方面为故意,客体为妇女性的不可侵犯的权利,客观方面表现为,以暴力、胁迫或其他方法。实践中,医师利用职业便利强

奸妇女,通常不采用暴力、胁迫的方法,而采用其他方法,如采用药物,使对方丧失反抗能力。《刑法》第236条规定:以暴力、胁迫或者其他手段强奸妇女的,处三年以上十年以下有期徒刑。奸淫不满十四周岁的幼女的,以强奸论,从重处罚。强奸妇女、奸淫幼女,有下列情形之一的,处十年以上有期徒刑、无期徒刑或者死刑:①强奸妇女、奸淫幼女情节恶劣的;②强奸妇女、奸淫幼女多人的;③在公共场所当众强奸妇女的;④二人以上轮奸的;⑤致使被害人重伤、死亡或者造成其他严重后果的。

3.出售、非法提供公民个人信息罪。随着网络和电信技术的发展,公民个人信息被侵犯的现象越来越多,引起了全社会的关注。在医疗领域表现为,一些医疗机构或医务工作人员,违反国家的相关法律及职业道德的规定,将其掌握的病人的信息出售或非法提供给儿童摄影、保险公司、母婴用品企业等,严重干扰了他人的生活。

为此,全国人大常委会于2009年通过了《中华人民共和国刑法修正案(七)》,其中第七条就是专门针对这一现象所作的立法。具体条文为:在《刑法》第253条后增加一条,作为第253条之一:国家机关或者金融、电信、交通、教育、医疗等单位的工作人员,违反国家规定,将本单位在履行职责或者提供服务过程中获得的公民个人信息,出售或者非法提供给他人,情节严重的,处三年以下有期徒刑或者拘役,并处或者单处罚金。窃取或者以其他方法非法获取上述信息,情节严重的,依照前款的规定处罚。单位犯前两款罪的,对单位判处罚金,并对其直接负责的主管人员和其他直接责任人员,依照该款的规定处罚。

由此可知,医疗领域出售、非法提供公民个人信息罪,本罪的主体既可以是医务工作人员,也可以是各级各类医院、保健院、卫生院、门诊部、急救中心等。客观上表现为,医务人员或医疗单位将合法取得的他人信息,在未经患者本人同意的情况下,非法出卖给他人或非法无偿提供给他人,并且情节严重的行为。何谓"情节严重"? 有关机关尚未作出相关的司法解释,学理上一般认为是指:大批量地提供公民个人信息;多次提供公民个人信息;提供公民个人信息,供获得信息者进行违法犯罪活动,造成严重后果的。一般的泄露公民个人信息行为不构成犯罪。

例:重庆永川区某孕妇在妇幼保健医院生产之后,出院回家,接二连三地接到一个个突如其来的儿童摄影和推销奶粉、尿片的骚扰电话,甚至一天之中有两个陌生人敲开房门,直呼家长姓名并说免费给小孩照相,严重影响了产妇的康复及其家人的生活。经过询问,商家坦言信息是医院给的。当地卫生局在接到投诉后,责令该保健医院整改。①

---

① 改编自《这家妇幼保健院把我个人信息卖了》,华龙网—重庆晚报 http://news.sina.com.cn/c/2010—02—08/034817061652s.shtml,2010年2月8日.2011年1月21日访问。

本案虽未通过刑事途径来解决,但是如果经司法机关查证确实构成情节严重,理论上应当可以构成出售、非法提供公民个人信息罪。

（三）患者及其家属的犯罪

近年来医疗纠纷一直处于上升趋势,有些纠纷中,患者及其亲友会出现一些过激的行为,如暴力殴打医生或在医院门口停尸、实施医闹;由此造成严重后果或情节严重的,便会触犯刑法,构成犯罪。

1.聚众扰乱社会秩序罪。

《条例》第59条规定:"以医疗事故为由,寻衅滋事、抢夺病历资料,扰乱医疗机构正常医疗秩序和医疗事故技术鉴定工作,依照刑法关于扰乱社会秩序罪的规定,依法追究刑事责任;尚不够刑事处罚的,依法给予治安管理处罚。"

《刑法》第290条规定:"聚众扰乱社会秩序,情节严重,致使工作、生产、营业和教学、科研无法进行,造成严重损失的,对首要分子,处三年以上七年以下有期徒刑;对其他积极参加的,处三年以下有期徒刑、拘役、管制或者剥夺政治权利。"

2.故意伤害罪、故意杀人罪。

在医疗风险发生后,由于医务人员存在过错,一些患者或其亲友的情绪失控,往往会对医务人员大打出手。如有些患者的亲人,手持砍刀,冲进医务人员的办公室,肆意砍杀,造成医务人员重伤或死亡。因此行为人可能会构成故意伤害罪或故意杀人罪。到底构成哪一种犯罪,要看行为人的主观心理态度及犯罪结果等犯罪构成要件。《刑法》第232条规定:"故意杀人的,处死刑、无期徒刑或者十年以上有期徒刑;情节较轻的,处三年以上十年以下有期徒刑。"《刑法》第234条规定:"故意伤害他人身体的,处三年以下有期徒刑、拘役或者管制。犯前款罪,致人重伤的,处三年以上十年以下有期徒刑;致人死亡或者以特别残忍手段致人重伤造成严重残疾的,处十年以上有期徒刑、无期徒刑或者死刑。本法另有规定的,依照规定。"

本章小结

医疗风险相关行政责任,是指在发生或处理医疗风险时,相关机构或人员因违反行政法律、法规,其中主要是卫生法律、法规、部门规章或诊疗护理操作规范,所应承担的行政法律后果。根据承担责任的主体的不同,医疗风险相关行政责任分为:医疗机构及其医务人员的行政责任,卫生行政部门及其工作人员的行政责任,尸检机构的工作人员的行政责任,参加医疗事故技术鉴定工作的人员的行政责任,患者及其亲友等人的行政责任。行政处罚和行政处分是医疗风险相关行政责任的两类处罚方式。

医疗风险相关刑事责任,是指在发生或处理医疗风险时,相关人员因违反刑事法律、法规所引起的刑事法律后果。"相关人员"主要是指医务人员、患者及其亲友、处理医疗事故的卫生行政部门工作人员、参加医疗事故技术鉴定工作的人员以及承担尸检工作的机构的负责人等。

思考题

1. 什么是医疗风险相关行政责任？
2. 医疗风险相关行政责任有哪些？
3. 什么是医疗风险相关的刑事责任？
4. 什么是医疗事故罪的主体？
5. 医疗事故罪与非法行医罪有何区别？

案例思考

2003 年 12 月 24 日 13 时许,被告人付某在为被害人郑某做剖宫产手术时,未通过器械护士和巡回护士,违反规程,擅自下手术台,从敷料储槽取一块纱布垫(39cm×18cm),放置在郑某已经打开的腹腔内,用于挡肠管。关闭腹腔前,因为肠翻转,这片纱布垫被遮挡。护士在清点手术包器械敷料无误后,手术完成,致使该纱布垫遗留在郑某的腹腔内。术后,郑某因腹痛、腹胀且长时间不能缓解,于 2004 年 1 月 8 日到宁河县某医院就诊,经县医院剖腹探查,发现了这片纱布垫并取出,同时发现郑某继发屈氏韧带下 170cm 以下小肠全部变黑坏死。该事故经宁河县医学会、天津市医学会医疗事故技术鉴定,均鉴定为二级丁等医疗事故。

法院认为,被告人付某作为主刀医生,违反流程操作,造成被害人小肠坏死被切除 3/4,属于二级丁等医疗事故。由于其对工作的不负责任,严重损害被害人的身体健康,其行为已经构成了医疗事故罪。鉴于被告人认罪态度较好,其辩护人提出从轻处罚的意见予以采纳,法院做出如上判决。①

案例讨论

用犯罪构成理论分析上述案例是否构成医疗事故罪？

---

① 刘元旭:《天津判决首例医疗事故罪 医生付克荣获刑一年半》,新华网 http://news. xinhuanet. com/newscenter/2007—08/20/content_6571052. htm,2011 年 1 月 21 日访问。

第六章　诊断治疗中常见的法律风险

医疗风险虽然原因十分复杂,但是如果从临床过程来看,风险主要集中在诊断、侵入性医疗、药物治疗、预后及人为的差错(事故)等四方面,有其固有的规律性。只要掌握其规律就能够把风险降到最低。疾病诊疗指医师等专业人员根据患者综合情况(病症、病史、体格检查、辅助检查等)对患者病情有一个综合认识后所采用的控制病情、延缓病症、治疗疾病等的医疗手段,包括对因治疗、对症治疗、支持治疗、手术、麻醉、输血等处理手段,分为疾病诊断和疾病治疗两个阶段。

第一节　临床误诊中的法律风险

误诊已经不是一个单纯的医学问题,法律也要对它加以关注,这是因为误诊引起的医疗纠纷很多。医学要研究如何避免和减少误诊,而法律则要研究如何看待误诊这一现象,即什么样的误诊应当归于过失,医院方要承担责任;什么样的误诊是难以避免的,因而可以加以宽宥。

一、诊断与误诊的概念

(一)疾病诊断的概念

疾病诊断指由医生等专业人员根据病症、病史(包括家庭病史)、病历或医疗测试结果等资料作出对人体生理或精神疾病及其病理原因所作的判断。

诊断是治疗、康复等医疗活动的基础,是能否进行良好有效医疗的基石;只有有了正确的诊断,才能为后续的医疗打下坚实的基础,为后续的医疗提供正确的保障。诊断的主要内容包括问诊采集病史,全面系统地掌握患者的症状;通过视诊、触诊、叩诊和听诊,仔细了解患者的体征;进行一些必要的实验室检查以及心电图、X线和超声等辅助检查,揭示或发现患者的整个临床表现;以上述诊断内容为基础,应用基础医学理论,阐明患者临床表现的病理生理学基础,提出可能性的诊断。误诊是诊断中最易出现法律风险的环节。

(二)误诊的概念

1. 误诊的概念。

误诊是医生经过临床诊断后,其结论与疾病本质不符合或不完全符合的现象,是医生在认识疾病过程中期望认识其本质而实际与本质偏离,或仅接近本质的现象。误诊的性质可以概括为:误诊的基础是期望认识本质而未能达到期望目标,误诊的原因是事物的复杂性和人们认识的局限性。①

误诊是指由于医务人员工作不负责任或专业技术水平没有达到应该达到的标准或因为医疗技术发展水平所限而导致的诊断错误。诊断是治疗的前提和基础,只有诊断正确,才能有针对性地实施行之有效的治疗措施,否者不仅不能达到治疗目的,反而会给患者造成不同程度的损害。

判断误诊的标准包括四方面内容:一是患者已经就诊,二是就诊时具备了确诊的条件,三是医生没有主动收集用以诊断的所需资料,四是已经给以无效的治疗并使病情延误恶化。

2.临床误诊的法理分类。

(1)责任性误诊。责任性误诊是指因医务人员工作不负责任导致的误诊,包括过于自信的误诊和疏忽大意的误诊。常见的责任性误诊错误有下列几种:采集病史草率,不详细询问病史,不重视患者或家属提供的情况;忽视其他医疗单位或其他科的资料,不重视陪送医务人员的意见;不认真分析病史;对疑难问题不及时请示或会诊,擅自鲁莽行事。

(2)技术性误诊。技术性误诊是指医务人员因缺乏应具备的技术和经验或者因为医疗技术发展水平所限导致的误诊。因为医疗行为具有一定的侵入性、专业性、复杂性、紧迫性和危险性,诊疗过程易造成对患者的人身损害;从事医疗服务的人员必须经过专业技术训练,具有法定的执业水平和工作经验,倘若不具备接诊能力而勉强支撑导致误诊,则往往渗入过失性因素。

另外,随着生存环境的变化,对人类身体造成威胁的危险源越来越多,新的变异疾病或尚未被普遍认识、掌握的罕见疾病和疑难病症很难被正确诊断,这就表现为医疗技术发展水平所限导致的误诊。

在医疗法律风险争议案件中,因误诊而引起的并不少见,但误诊不一定都导致医疗损害责任的承担。如限于一些客观因素,如疾病的早期症状不明显,特殊复杂且少见的疾病难于适时明确诊断,因医疗技术水平的限制等引发的误诊,医方并不存在过失,因此不需要承担医疗损害责任。

二、误诊出现的原因

(一)主观因素

1.资料收集不完整、不确切。资料收集就是病史采集,即问诊,是通过医生

---

① 刘振华、王吉善:《医患纠纷预防处理学》,人民法院出版社 2007 年第二版,第 196—197 页。

与患者进行提问与回答了解疾病发生与发展的过程。许多疾病经过详细的病史采集，配合系统的体格检查，即可提出初步诊断。由此可见病史采集的重要性。如若问诊不完整、不确切，就有碍于医生全面、系统地分析问题，得出的结论也可能是错误或者是不全面的。

2.临床观察不细致。此处所指的临床观察，指对患者症状、体征的观察，体格检查和病情变化的观察。其手段就是人们耳熟能详的视诊、触诊、叩诊和听诊。细致、全面的临床观察，对做出初步诊断或印象可发挥重要的作用；而不细致的临床观察可能漏掉重要的体征和症状，可能造成误诊、漏诊，甚至延误诊治导致病情恶化。

3.检验结果有误差。检验包含实验室检查和辅助检查，前者指通过物理、化学和生物学等实验室方法，对患者的血液、体液、分泌液、排泄物、细胞取样和组织标本等进行检查，从而获得病原学、病理形态学或器官功能状态等资料，结合病史、临床症状和体征进行全面分析的诊断方法。后者指如心电图、X光、超声、肺功能和各种内镜检查，以及临床上常用的各种诊断操作技术等。实验室检查和辅助检查在临床诊断方面发挥着重要作用，其结果的错误或者误差可能对诊断和治疗造成较大的影响。

4.先入为主、主观臆断、惯性思维。有些医生在诊治患者时，不能用全面、变化的思维来对待全局，不能以客观、辩证的态度对待患者病症，先入为主、惯性思维，或者完全凭自己的想象作决定，这也是导致误诊的重要因素。

5.医学知识不足，缺乏临床经验等。对一个医生来说，医学理论知识和临床经验同等重要，仅仅有扎实的医学理论知识或者只有丰富的临床实践经验，都不可能成为一个优秀的临床医生。医学理论知识不足，或者临床实践经验缺乏，当然很难做出正确的诊断。

（二）医生的素质

有的医生将学历、资格、名誉、地位等当成资本，在工作中往往表现出自以为经验多、学问深、水平高，听不进同事、下级医生和护理人员的意见，对患者的某些简介更是不屑一顾，固执己见、刚愎自用，出现误诊也在所难免。

（三）不确定因素

1.临床资料的错误、模糊或者解释的多样性。临床资料可以通过患者的主诉、现病史、既往史、家族史和医生的相应检查获取，在获取临床资料的过程中，患者的主观感受、叙述的差异、对于同一检查结果不同的观察者的不同解释，以及解释者发现各种体征的能力及记录病情的习惯不同，对判断某种临床征象的有无时，个人的感觉域值不同，都可能导致同样的表现得到不同结果，以致不可避免地会出现误诊。

2.临床信息和疾病表现间的关系的不确定性。同一疾病可能表现为不同的症状,同一症状又可以用不同的疾病解释。如急性阑尾炎的典型表现是转移性右下腹疼痛,但是右肾、输尿管结石、胆囊结石同样可以引起右下腹疼痛;而不典型的急性阑尾炎可能表现为腹痛、恶心、呕吐,便秘或腹泻,低烧,食欲不振和腹胀等其他症状。

3.治疗效果的不确定性。

三、如何正确处理误诊

（一）医疗鉴定是关键

需要注意的是,不是所有的误诊都要加以宽宥,但也绝不是所有的误诊都属于过失。误诊是医学发展中不可避免的事实,不可能完全杜绝,法学家、法官、律师及媒体应对此有正确的认识。对于因误诊而引起的医疗纠纷,要通过鉴定来定性,确定有无过失、有无责任及责任大小。因此,鉴定是关键。如何鉴定,采用什么标准来衡量误诊,是一个很重要的问题;有了合理的标准,方能使鉴定人有据可依,避免鉴定人主观因素的影响。

（二）注意义务和人身损害是判定要素

什么样的误诊可以归于过失,我们提出的判断标准是:第一,医务人员在诊疗护理过程中,是否尽到注意义务;第二,给患者是否造成了人身损害。上述两条全部具备,即未尽到注意义务并对患者造成了人身损害,就构成过失,就要承担责任;相反,尽到了注意义务,或虽未尽到注意义务但未造成人身损害的,就不能定为过失或不需承担责任。实践中的大部分误诊是因技术性原因引起的,因违规而造成误诊的是少数。

（三）误诊的相关法律责任

司法实践中,"误诊"首先是关于一个医疗事件的定义,"误诊"的定义方法,是关于医疗事件成立与否的边界描述,如果牵涉法律问题,这个医疗事件的边界就是"误诊"的法律边界,不同性质的误诊涉及不同的法律责任。

根据《侵权责任法》的有关规定,医疗纠纷侵权诉讼实行的是"过错责任原则",即只有存在过失的误诊并且给患者造成人身损害后果的,才需承担相应的责任,而且过失和损害后果之间必须存在因果关系。对于过失性临床误诊,无论给患者造成何种程度的损害,都要由医疗机构承担民事责任。对医务人员的处理则需按照《执业医师法》第31条的规定给予行政处罚,即责令停止执业3个月至6个月,并接受培训和继续医学教育;暂停执业活动期满,再次进行考核,考核合格的,允许其继续执业;对考核不合格的,依法注销注册,收回执业证书。刑事法律责任则按照《刑法》第335条的规定:"医务人员由于严重不负责任,造成人员死亡或严重损害就诊人身体健康的,处三年以下有期徒刑或拘役。"但是,如果医生为了达到某种目的故意造成误诊,并因此导致患者死亡或者身体严重伤害时,构成犯罪的,按照《刑法》所规定的故意杀人或故意伤害罪,由医务人员承担刑事和刑事附带民事责任。倘若造成一般伤害尚未构成犯罪的,由医疗机构向患者做出民事赔偿后,有权向故意实施误诊的医务人员追偿。

四、医方误诊归责的抗辩思路

按照我国现行医事法律法规和相关司法解释的规定,医方及时梳理抗辩思路并全面准确地搜集证据以备应诉是十分必要的。寻找以下抗辩理由是具有法律意义的。

(一)医疗行为符合专业水准并已尽专业注意义务

在临床医疗的综合流程中,医方检查、诊断、治疗、手术、护理等环节均符合医疗常规和患者疾病及身体状况;医生在实施医疗行为时,其学识、注意程度、技术以及态度等均符合具有同等医疗专业水准的医师于同一情况下所应遵循的标准。

(二)可容许的合理医疗风险

医学的进步需要承担相应的医疗风险,这种既是医方承担的也是患者在作出利益最大化知情选择的前提下承诺承担的风险,是现阶段医学发展水平无法预料且不能避免的风险。

(三)知情同意

对于医方充分履行了告知义务、患者承诺同意的治疗方案,患者不能对自己充分知情并作为必要治疗手段的合理身体损伤主张损害救济。但应当注意,患方的承诺只是接受合理的侵袭性治疗方案,并非对任意医疗结果的承诺,因此,不能抵消医方的专业注意义务和患方对医方的高度依赖。

(四)患者本身有主要过错

只有当这种过错是引起不适当后果的直接、主要和不能免除的原因时才属于主要过错。但有的情况下即使患者有不配合治疗、甚至放弃有效治疗方法等过错,也应分析具体情形,不能据此全部免除医方的告知义务和适当治疗的相应义务。

第二节　手术的相关法律风险

手术是现代临床医学的重要诊疗手段,手术的广泛应用,治愈或缓解了许多其他方法不能治愈或缓解的疾病或损伤。然而,由于手术对机体的损伤性及其他种种原因,手术导致的医源性疾病或损伤屡屡发生,如引起出血,损伤脏器、神经,合并感染,脏器粘连等,甚至严重损害患者的健康乃至危及患者生命。因而手术医疗纠纷成为目前最常见的一种医疗纠纷,潜藏巨大医疗法律风险。

一、手术过程中潜在的法律风险

(一)手术前环节

1.诊断错误。正确的诊断是治疗一切疾病的最基本前提。诊断错误,治疗上再仔细认真,也不可能达到治病救人的目的;与非手术科室相比,手术科室诊断错误给患者造成的后果就更为严重,轻者重新诊断来纠正,重者导致误治,甚至造成无法弥补的损害。所以正确的诊断对于手术科室来说至关重要。

2.失去、贻误手术时机。在恰当的时机进行手术,对于有效抢救患者使之良好恢复身体机能,有着重要的意义;但有些医疗机构或医务人员由于种种原因,导致失去或者贻误手术时机,对患者造成不可弥补的损害。

3.术前准备不充分。术前准备是针对患者的术前全面检查结果及预期施行的手术方式,采取相应的措施,尽可能使患者具有良好的心理准备和机体条件,以便更安全地耐受手术。手术的术前准备涉及多专业、多科室,是一项庞杂的工作。术前准备的任何一个环节出现差错,都可能导致手术进行的不顺利,甚至手术失败。

(二)术中环节

1.技术性风险。手术是一个技术性要求极强的工作,医师的手术技巧、解剖层次的掌握情况、临床实践经验、心理素质等都对手术的成功与否起着直接的影响。技术性风险包括手术操作、手术对象判断、手术病变判断、麻醉等多方面风险。

2.责任性过错。《侵权责任法》第58条第一款规定以"违反法律、行政法规、规章以及其他有关诊疗规范的规定"推定医疗机构的过错医疗行为。因此,医疗行为必须严格依照法律、法规、规章以及诊疗规范进行,否则一旦对患者造成损害,应当承担过错赔偿责任。此时应由医疗机构承担举证责任。在手术中违规违章操作导致患者医疗损害的案例层出不穷,有的外科医生为求手术速度,违反了手术"稳、准、轻、敏"的操作原则,导致周围组织严重损伤;有的违反手术室关于手术材料、器械管理的规定,对手术用品清点不仔细,疏忽大意,导致手术材料、器械遗留在患者体内,给患者造成极大的痛苦,甚至危及生命。

3.科间协作有障碍。外科手术的科间协作包括手术科室、麻醉科、手术室、后勤物资部门等多部门的协作。良好的科间协作不仅可以使繁杂的医疗任务顺利进行,还能有效防止和纠正失误的发生。

(1)术中配合不协调。一个手术的成功不仅需要主刀医生过硬的技术,而且需要助手和其他台上台下人员的密切配合。主刀医师和助手的配合强调协作,助手要有主动性和积极性,要协助术者暴露充分的手术视野;台上的术者与器械护士之间的配合强调默契,具有丰富经验的器械护士能够准确地理解术者何时使用何种器械,为术者做好传递手和助手;术者与麻醉人员之间的配合强调有效性,麻醉的深浅和肌肉的松弛程度要有理性的统一,要在保证患者安全的情况下配合术者的要求,顺利完成手术。反之,以上任何一个环节的不配合、不协调,都会导致手术的失误。

(2)术中保障不到位。因后勤人员失职而导致的术中失误,如器械失灵、消毒不完备、停电,等等。

(三)术后环节

手术后处理得当可以减轻患者的痛苦和不适,预防和减少并发症,防止不应该发生的医疗事故出现。如果处理失当,则较容易产生医疗损害争议。在手术后的处理环节中,容易发生争议的主要有以下几个环节。

1. 对重病或有特殊病史者的监护环节。对危重患者进行术后重病室监护,可以及时发现心肺等器官的异常变化并采取相应措施,以防止严重并发症的发生。这一措施特别适用于大手术后有休克或休克倾向,有严重的心、肺疾病,肝、肾功能不全,老年或过度肥胖的患者。此外,对有特殊病史,术后易发生意外者,也应加强观察或监护。如不考虑个体差异,未对特殊的患者区别对待,加强监护,则极易产生严重的后果。

2. 防切口感染环节。Altemies(1973 年)指出,1/3 的手术后切口感染由厌氧菌引起。上海中山医院证实阑尾脓肿、阑尾术后切口化脓中约 70.58% 为厌氧菌引起。预防切口感染,主要应严格遵守无菌操作、注意手术操作规程、增强患者抗感染能力。

3. 防术后出血环节。术中止血要严格彻底,结扎要可靠;关闭切口前手术野应无任何出血点,必要时术中、术后应用止血剂;术后仔细观察,及时发现患者术后出血或对患者术后出血及时处理。否则极易发生严重后果,引发医疗损害争议。

4. 防肺部并发症环节。术后严重并发症中,肺部并发症最为常见,各种手术均可发生,以腹部手术后较多见。其原因有:术后因疼痛不敢咳嗽,活动减少,或应用镇静、镇痛药剂量过大,均不利于气管内分泌物引流,增加了发生合并症的机会;麻醉中口腔内分泌物或胃内容物误吸入气管。如果术后医师未对患者的并发症进行妥善处理,则难免侵害患者的生命权和健康权。

二、手术中出现相关医疗法律风险的原因

(一)病史采集不详细、不全面

病史采集对于明确诊断是一个必不可少的环节,而有的外科医生往往忽略了病史采集的重要性,他们更多地关注于患者的体征和辅助检查,而忽略详细的问诊。

例:一名20岁的男性患者,因为右下腹疼痛急诊入院。医生根据其右下腹疼痛和血常规白细胞增高等资料,诊断为急性阑尾炎,并立即行阑尾炎切除术;术中发现阑尾正常,未发现阑尾发炎表现,医生只能关腹再作其他检查。术后详细询问患者病情,患者告知发病后有血尿史,遂行腹部超声检查、确诊为右侧输尿管结石,予以体外震波碎石后痊愈出院。

(二)忽略原有病历资料

有些医生由于身在大医院而常以"老大"自居,对基层医院提供的病历资料不采纳、不认可,以致出现"大医院"医生只能掌握患者目前现状,而对发病之后的具体情况了解甚少,结果造成临床资料连续性的断裂,对诊断带来极大的障碍。

(三)查体不仔细、不全面

有些外科医生不仔细不全面,往往关注的是本专业的专科情况,而很少检查到其他部位;有的医生甚至只看辅助检查报告,根本就不查体,所以经常出现误诊、漏诊等情况。

例:一车祸致脑外伤患者收入神经外科,经CT等检查诊断为急性硬膜外血肿、鼻骨骨折,经硬膜外血肿清除术后数日,转耳鼻喉科进行相应治疗。在患者住院期间,医生只对患者进行神经外科和耳鼻喉专业的专科情况进行了检查,未作全身检查。患者出院后一直右脚不能站立,后就诊于骨科,方诊断患者车祸伤并发右股骨颈骨折,此时股骨颈已经坏死,只能进行全髋关节置换。

(四)不仔细观察患者病情变化

有些医生对患者的同情心不够,甚至麻木不仁,不仔细观察患者病情变化,对患者的痛楚反应冷漠,不进行及时处理,导致失去或者贻误手术时机。

例:某妇幼保健院产科收治一足月孕妇,拟行顺产;在孕妇胎膜破裂后胎儿不能顺利生产的情况下,没有及时中转进行剖宫产手术,导致胎儿在生产过程中窒息死亡。

(五)科间协作不到位

患者的疾病很多时候涉及多科多专业问题。在涉及其他专业问题时,科室多采用请他科会诊的方式协助诊治。但有些会诊科室科间协作意识不强,会诊

不积极,紧急会诊姗姗来迟,普通会诊拖延数日,常导致延误抢救和治疗。

有的科室为了"创业务量"而"抢患者",将其他专业的患者或主要病症不在本专业的患者收入本科室,不履行"专科专治"的管理制度,导致专业不对口,因而误诊误治而延误手术时机。

（六）首诊负责制不落实

首诊负责制是指患者来院就诊的第一个科室的接诊医师(即首诊医师)不得以任何理由拒绝诊治患者,而应热情接待,详细检查,认真书写病历,提出诊断和处理意见;若经检查后判断患者病情属他科疾患或涉及多科情况,应耐心解释,介绍患者到他科就诊或请他科会诊。各科首诊医师均应将患者的生命安全放在第一位,严禁在患者及家属面前争执、推诿。但有的医师工作拖沓,不遵守首诊负责制,将本该自己完成的医疗工作推给下一班的医师,或者将患者推到其他专业科室,导致延误诊治,失去或贻误了手术时机。

三、手术法律风险的应对措施

（一）手术前应采取的正确措施

1.手术前充分了解患者的病史及对患者查体、检查、化验的结果,做到诊断准确无误。

2.提出手术指征,符合手术治疗的适应证,尤其是急症手术。

3.明确手术的禁忌证,重视手术治疗的安全程序。

4.制订手术治疗方案,充分预料手术中的困难、意外,做到有思想准备和物质准备,并提出预防和解决的具体办法,防止措手不及。

5.落实执行手术的权限,明确责任。

6.手术的其他参与者要明确手术范围,明确职责。

7.必要时向领导请示关于术前准备的意见。

8.完成手术前与家属谈话。

9.安排好手术教学、见习人员的参观等。

10.完成一切术前准备措施。

（二）加强术前准备

术前准备是手术成功的基础,没有充分的术前准备很难保证手术的顺利进行。术前准备与疾病的轻重缓急、手术范围的大小有密切关系。手术按照其期限性,大致可分为三种。①急症手术:需在最短时间进行必要的准备,然后迅速实施手术。②限期手术:手术时间虽然也可以选择,但有一定的限度,不宜过久延迟手术时机,应在限定的时间内做好术前准备;③择期手术:应在充分的术前准备后进行手术。

手术前,不仅要注意外科疾病本身,而且要对患者的全身情况有足够的了解,查出是否存在增加手术危险性或对恢复不利的异常。如有异常并预备行大手术者,还需作重要器官的特殊检查,以便发现问题,术前予以纠正,术中和术后加以防治,并对患者的手术耐受力作出确切的估计。

1.一般准备。主要包括心理和生理两方面。即消除患者和家属的恐惧心理,使患者能以较好的心态接受手术和术后治疗,使患者家属能配合整个治疗过程;对患者生理状态及拟实施的手术对患者生理状态可能造成的影响的准备,包括适应性锻炼、输血补液、预防感染、胃肠道准备等。

2.特殊准备。对于手术耐受力不良的患者,除了要做好术前的一般准备外,还需根据患者的具体情况,如针对营养不良、高血压、心血管疾病、呼吸系统疾病、肝肾脏疾病、内分泌疾病等做好特殊准备。

3.会诊和术前小结。会诊是术前准备的一个重要环节。术前小结是对术前诊断和准备工作的最后审查和综合归纳。

4.其他。如麻醉方案的制订与麻醉准备,后勤物资准备,电力准备、手术室人员准备等。

(三)重视医务人员履行告知义务

《侵权责任法》第55条规定:"医务人员在诊疗活动中应当向患者说明病情和医疗措施。需要实施手术、特殊检查、特殊治疗的,医务人员应当及时向患者说明医疗风险、替代医疗方案等情况,并取得其书面同意;不宜向患者说明的,应当向患者的近亲属说明,并取得其书面同意。医务人员未尽到前款义务,造成患者损害的,医疗机构应当承担赔偿责任。"

由于手术是一种侵袭性操作的治疗方式,其本身就是对人体的一种创伤,因而在手术前应根据上述法条的规定,向患者及其近亲属履行告知义务,并须取得其书面同意。这是术前一项必不可少的工作,对维护医患合法权益也起着重要的作用。

第三节　急诊中的相关法律风险

急诊医学科(室)或急诊医学中心是医院中重症患者最集中、病种最多、抢救和管理任务最重的科室,主要承担院前急救和院内急诊的工作,是所有急诊患者入院治疗的必经之路。综合医院急诊设有内、外、妇、儿、五官等专科诊室,因此,急诊科的工作可以说是医院总体工作的缩影,直接反映了医院的急救医疗、护理工作质量和人员素质水平。急诊医生与其他科室医生相比,会接诊到更多急、危、重症患者,面临更多未知数,且工作更紧张、繁忙和劳累,急诊患者与家属也容易情绪激动,故也存在更多的医疗法律风险。

一、急诊中常见的相关法律风险

近年来,医疗法律风险争议不断增多,而急诊患者更是医疗法律风险争议的高发群体,急诊科的患者多是急、危、重症患者,涉及病种多,急诊科的医疗护理工作有着更高的要求。如何防范医疗法律风险,避免违法、违章行为,成为急诊医疗护理管理工作的重点。

(一)急诊中医务人员常见工作过错

1.院前急救中,工作疏忽、粗心大意,其表现是:

(1)接听电话时不坚守工作岗位,漏接急救电话;

(2)接听电话时未听清或未详细询问病情、地址等,造成派错专科医生或救护车空返,延误对患者的抢救时间;

(3)医务人员时间观念不强,未按规定及时出诊;

(4)护士未遵守交接班制度,未对车载设备及药品进行检查、补充与登记,造成使用时设备损坏或药品不齐、过期等,延误对患者的抢救;

(5)在转运途中,未认真观察患者病情变化或监护,患者液体外渗未发现,甚至患者呼吸、心跳停止均不知道,延误患者抢救时间。

2.院内疏忽大意,指患者在医院内就医过程中,由于医务人员不认真履行职责,不执行规章制度和护理常规,违反操作规程,擅离职守,给患者带来伤害或者造成严重后果的行为,主要表现如下:

(1)未严格执行交接班制度,交接班时未进行认真检查、记录,导致未发现患者异常情况;

(2)未执行"三查七对"制度,发错药、打错针;

(3)进行护理操作时,违反操作规范;如洗胃时,未进行告知,一次灌注量过大,造成急性胃扩张甚至胃破裂等;

(4)医务人员未认真履行职责,不及时巡视病房,患者病情变化或出现异常情况未及时发现,如输注甘露醇时,液体外渗可造成皮下组织坏死;

(5)医务人员未坚守工作岗位,值班时擅自离岗,造成危重患者抢救不及时,甚至死亡;

(6)医务人员未严格执行病房安全管理制度,造成患者坠床等意外。

以上种种疏忽大意的行为,给患者造成严重后果时,即可构成医疗行为渎职。渎职者应予以追究刑事责任。

(二)急诊中医务人员常见侵权与违法行为

1.侵权行为。患者作为特殊的群体,其权益受到法律保护,而医务人员在执业过程中,若不注意就会造成侵权行为,主要表现如下。

(1)医务人员在执业时,窥探或故意暴露患者隐私部位,则侵犯患者隐私权。

(2)医务人员在执业时,态度恶劣,对患者造成语言恶性刺激,造成患者心理或行为障碍;又如在急诊抢救患者时,因为费用问题而延误患者的抢救,则侵犯了患者的健康权、生命权。

(3)医务人员在执业时,尤其在进行损害性操作时,未事先对患者进行宣教、告知,则侵犯了患者的知情权。

2.违法行为。医疗行为与法律密切相关,医务人员依法履职行为受到法律保护。医务人员在执业时,若不规范操作,其医疗行为就会违法。

(1)医务人员在执业时,未按规定使用一次性医疗用品,用后未及时收回、彻底销毁,在无菌操作时,违反无菌操作原则,就违反了《消毒管理办法》。

(2)医务人员在传染病流行或自然灾害、突发重大伤亡事故时,不服从卫生行政部门调遣,则违反了《执业医师法》《中华人民共和国护士条例》。在急诊工作的护士更应熟悉此项条例。

(3)对传染病患者的排泄物、分泌物、使用物品,未按规定进行消毒处理,造成传染病流行,则违反了《传染病防治办法》。

(4)在执业时,修改、隐匿、销毁医疗文书,则违反了《医疗事故处理条例》和《侵权责任法》。

二、急诊中出现相关医疗法律风险的原因

(一)管理不到位,执行措施不力

医院管理不规范,科室工作重点不突出,急诊流程不合理,管理者对急诊科的特殊性不予重视。

1.由于急诊科建筑分区、管理人员理念等原因,急诊流程设计不合理,绿色通道不畅通,导致急诊患者急诊手续繁杂,急诊患者为了就诊多次往返于挂号室、收费室、检验科、急诊室、药房等部门,导致急诊效率低下,以上均可能因为流程不完善而耽误急诊患者的急救。

2.缺乏协调系统管理,导致收费、检验、药房和医护之间缺乏良好的合作。尤其是少数收费人员缺乏危机意识,对医疗法律风险争议抱着事不关己的态度。同时,在人员安排上也存在着不合理,缺编、缺位现象严重;管理过于松散,导致少数医务人员擅离职守。还经常有患者或家属因找不到医生看病,找不到收费人员收费,将不满全发泄在医生、护士身上,从而导致医疗法律风险争议的发生。

(二)服务态度不好引起的问题

医院布局不合理,繁琐的手续和来回找窗口,使患者容易产生不满情绪,成

为医疗纠纷的导火线。有资料表明80％的医疗纠纷有服务方面的原因。① 中华医院管理学会通过大量的调查,认为"由于医务人员服务态度不好引发的医疗纠纷"占49％。② 所以,医务人员在医疗、护理过程中,良好的服务态度非常重要。另外,由于急诊科的特殊性,在短时间内建立融洽的医患关系较其他科室更难。因为双方相处时间短,患方根本就不了解、不理解诊疗、护理的过程,加之双方缺乏良好的沟通与交流,容易发生误会。急诊科长期工作量大,医务人员长期超负荷运转,导致其他科室人员不肯来急诊室,急诊室的人员难以继续干下去的僵局现象。基于以上所有原因,难免有个别护理人员在对待患者时,服务态度生硬,语言出现强制命令式,缺乏同情心、关心和主动服务,使得建立融洽、和谐的医患关系也就更难了。

(三)人员配备不合理,医务人员经验不足

急诊科室处于医院的最前沿;与门诊或者临床科室不同,急诊医生每天接诊的患者往往涉及各种专业的疾病,要准确诊断和妥善处理,就要求急诊医生必须具备各科临床知识,且应有丰富的临床经验。然而,在目前国内医疗行业,特别是中小型医院,对急诊工作不甚重视;由于人手不足等原因,常派出经验不甚丰富的年轻医生到急诊一线工作,加之大部分医院急诊科专职急诊医生很少,绝大部分急诊工作由临床各科室的轮转医师承担,以致工作起来难以胜任,手忙脚乱,甚至酿成大祸。

(四)首诊负责制执行不到位

首诊负责制包括门诊首诊负责制和急诊首诊负责制。

急诊首诊负责制包括护士分诊与各科接诊,首诊医师接诊后的抢救、申请会诊,或专科、疑难病例的科内会诊和科间会诊,危重患者的抢救,急诊患者的管理与转院等多方面内容。"首诊负责制"可防止各种因医生不了解病情而出现的"头痛医头、脚痛医脚"现象,同时可避免医生与医生之间、科室与科室之间,可能出现的事不关己、互相推诿的现象发生,从而避免留下责任空隙。

急诊首诊负责制的每一个环节和内容都切实关系着患者的生命健康安全,若首诊负责制执行不到位,将对患者的急诊急救产生不利影响,甚至危及患者生命。

(五)缺乏有效的医患沟通

急诊工作主要体现在一个"急"字上。即使是"感冒发热"、"痛经"或"皮外

---

① 阳红、王洪强、任福祥等:《运用语言艺术处理医疗纠纷问题的探讨》,载《中国医学伦理学》,2005年第18卷第1期,第70页。

② 姜朝晖、张姝玲:《医院在医疗市场竞争中的战略取向》,载《中国卫生经济》,2003年第22卷第2期,第50页。

伤",患者及其家人也往往心急如焚。即使医生心中有数,处理迅速,但患者及其家人还是会一个劲地催促快快退热、快快止痛、快快止血。作为医生,这时应有"医者父母心"的情感和胸怀,在给予患者迅速、正确和有效处理的同时,给予患者及其家人心理安抚,如轻声细语地进行说明和解释工作,告知患者及其家人医生(包括其他医务人员)已及时处理,请他们放心;同时告诉他们发热不可能一针打下去就退;痛经不可能一针就立即止痛;血可以马上止住,但伤口不可能马上不痛痊愈。同时,还可给予患者精神鼓励,如对成人可要求他们戒急忍痛;对孩子则可要求他们以成人或英雄人物为榜样,"轻伤不下火线,重伤不叫一声",等等,以避免他们对医生产生"不管死活、冷漠"等误会,导致医疗纠纷。

三、急诊法律风险的应对措施

对急诊医师而言,做出正确诊断固然重要,但赢得患者的满意也是工作中重要的一环。急诊医师必须在极短时间内面对这两项任务的挑战,并做出正确回应。因此,急诊医师应学习和掌握必要的技能,努力使医患双方对患者在急诊室就诊的经历均感到满意,从而避免可能发生的医疗法律风险争议。这些技能包括以下内容。

(一)注重接诊时的交流技巧

接诊时的交流技巧:①使患者了解所患疾病的诊断信息和诊疗计划;②向患者介绍病情和目前的状态;③请患者共同参与制订治疗方案,这样患者更能遵从亲身参与制订的治疗计划;④在完成接诊后,如果患者要回家,要为其制订后续的治疗方案。

如果患者在急诊处理后不必住院而可以回家,则应注意:①让患者对自己的病况有相应的理解,更能遵从已制订的出院治疗方案,而返回急诊室的可能性也相应减少;②当诊断尚不明确时,必须使患者知道,如果症状持续或加重,则应立即复诊。

(二)文件书写技巧

详细记录患者主诉,认真考虑疾病的诊断;在搜集病史、查体过程中,注意搜集可以确定或排除诊断的证据;书写病历时,要记录特殊的既往病史和体格检查阳性体征,这些都有可能影响诊断。

准确记录症状发生的时间点与变化十分重要,这有利于会诊医生和其他急诊医师了解患者病情的发展、演变过程。注意阅读病历的每一个部分,包括护士记录和会诊医师意见,作为急诊医师,要为患者病历的每一部分负责。

做任何有创的检查、治疗之前,要与患者签署书面的手术同意书,参考卫生管理部门制定的相关法律文件的适用范本;在手术同意书顶端应注明患者姓名、签署日期。文中要列出将要进行手术的操作要点,可能出现的危险性。在手术同意书的最后至少应包括三个部分:患者的签名;与患者讨论这项操作风险/益处的医师的签名;在现场的第三者签名,最好是患者的护士、其他医师或司法公证人员。手术同意书必须包括经治医生与患者及其家属所探讨的进行此项操作所承担的风险和医师的建议。

医疗文件最重要的部分是对患者病情的评估和诊疗计划:结合患者的主诉、病史和体格检查,记录接诊者的"思维过程";写下诊疗计划,实验室检查结果;在完成所有检查和处理后回顾诊疗计划:在患者病历的结尾,用一到两句话进行简单的总结。如果患者出院回家,应在病历上写下后续的治疗方案。

第四节　麻醉中的相关法律风险

麻醉(anesthesia)指应用药物或其他方法来消除手术时的疼痛。麻醉的目的是消除手术疼痛,保障患者安全,并为手术创造条件。在现代麻醉工作中,消除手术疼痛已不是麻醉的全部内容,在急救复苏、重症监测治疗、急性和慢性疼痛治疗等方面也积累了丰富的临床经验。然而,麻醉是一项复杂的技术,同时麻醉是对有病机体实施,手术又是不良的刺激,因此在麻醉过程中,尽管麻醉人员操作规范,但是仍会出现一些难以预料的问题,如对麻醉剂发生过敏、痉挛、心律失常、心搏骤停等。在麻醉过程中,生理功能受到严重干扰,有可能发生危及生命的事件,如若处理不当,后果不堪设想。

一、麻醉风险的种类

(一)麻醉意外

麻醉意外指在诊疗过程中,因限于目前医疗技术水平等复杂原因,导致患者出现难以预料和防范的不良后果,多见于患者体质或特殊病情等原因导致的难以预料和防范的不良后果,包括死亡、残疾、器官功能障碍等。"麻醉意外"是极为少见的。过去,在发生"麻醉损害"后,医疗机构常以"麻醉意外"来"规避责任"。实际上,多数"麻醉损害"与实施麻醉者的判断、操作失误以及患者因素和手术因素有关,并非是不可预防的。

(二)麻醉并发症

麻醉并发症指麻醉中发生了可能预料的,却难以完全避免的另一种症状的不良后果,与麻醉医师的责任心和技术无关,医方是不负法律责任的。常见的麻醉并发症有:插管困难所致损伤,深静脉穿刺造成气胸等。

(三)麻醉过错

麻醉过错是指由于麻醉医师疏忽大意或技术水平不高,没有尽到应有的注意义务造成差错从而导致患者损害的情形。常见的麻醉过错有:气管插管误入食道、全脊髓麻醉未及时发现、麻醉用药过量导致呼吸抑制等。

（四）麻醉失败

麻醉失败指实施某种麻醉方法后其结果并未达到预期的麻醉目的。

二、麻醉风险出现的原因

（一）患者因素

1. 年龄:年龄越小的儿童危险性越大;年龄大于 70 岁的心源性死亡率为常人的 10 倍。

2. 疾病:许多疾病本身即是造成死亡的原因,尤以心血管疾病为多;若给如此危重患者实施麻醉,其风险性不言而喻。

3. 体质状态:ASA 分级对评估麻醉风险意义重大。Ⅰ级死亡率为 0.1%,Ⅱ级 0.2%,Ⅲ级 1.8%,Ⅳ级 7.8%,Ⅴ级 9.4%。

（二）手术因素

1. 手术危险性:麻醉风险程度同样取决于手术种类和创伤大小。

2. 手术时机选择不当:如未纠正的严重贫血,重症高血压、糖尿病、严重的心律失常,急性心肌梗死行急诊手术。

3. 不规范的手术操作:粗暴的腹腔或胸腔探查;助手压迫胸腹或气道影响患者呼吸;体位不当压迫神经等。

（三）麻醉因素

1. 麻醉时机选择不当,如:严重体液和电解质失衡和酸碱平衡紊乱未予纠正,心肌梗死后 6 个月内行择期手术等。

2. 麻醉方法选择不当,如:严重休克患者行椎管内麻醉,疑有气道压迫不作气管插管控制呼吸道而行颈丛阻滞或静脉麻醉等。

3. 麻醉药物选择不当,如:给哮喘患者使用可致组胺释放的药物如硫喷妥钠和筒箭毒,高钾血症和烧伤患者用琥珀胆碱等。

4. 麻醉操作失误,如:气管插管误入食道。

5. 麻醉管理不当,如:麻醉相关机械故障,麻醉药品管理缺乏规范,麻醉操作不规范等。

（四）环境因素

手术室通风不良、湿热流汗、灯光刺眼、声音嘈杂、谈论与手术无关事宜等,以上原因致使医护人员精力分散,可能因为疏忽而发生过失或意外。

三、麻醉法律风险的应对措施

在麻醉工作中签署麻醉同意书是十分重要的环节。麻醉医师应当在最大限度维护患者利益的情况下落实知情同意权,完善麻醉协议书制度,防范医疗法律风险于未然。

(一)麻醉告知的内容

我国的麻醉医师通常是在手术前一天接到手术通知后访视患者,并与患者及家属签署麻醉同意书。麻醉同意书上包含的内容,有患者的基本信息、所患疾病、手术名称、术中麻醉方式、麻醉意外及并发症。同意书上只印有基本的条文,而细节问题则由麻醉师在空白处加以补充注解。在与患者及家属沟通过程中,还应告知使用药品的种类,如哪些是自费的;使用术后除痛泵也要得到患者及家属同意;如中转手术需要更改麻醉方式及由此引发的问题,则应重新告知并签字。

(二)选择正确的告知对象

告知和签署麻醉同意书的行为属于民事行为,应当符合民事法律行为构成的基本要件,否则将失去法律效力。故在通常情况下,若患者具有完全民事行为能力,即年满 18 周岁及 16 周岁以上未满 18 周岁,以自己的劳动收入为主要生活来源,能够辨认自己行为的,则告知的对象为患者和其家属,并让他们都签字。当患者意见与其亲属意见不一致时,在不违背保护性治疗制度的前提下,首先应当考虑并尊重患者的意见;患者亲属的意见原则上不能代替患者的意见。知情同意权的主体是患者本人,只在特殊情况下才能由他人行使。

(三)告知的内容要充分且易懂

将麻醉同意书中拟施手术可采用的所有麻醉方法及其各自特点,麻醉过程中可能出现的意外、并发症和术后注意事项等都要告知患者和其家属,由其自己选择麻醉方法;如果存在手术疾病外的身体异常,还应告知此异常对麻醉的影响情况;告知使用术后镇痛泵的效果、并发症及注明是否使用之;对医保和农保患者,要告知有些药品、材料在保险范围之外,需自费,并征求其是否同意使用。因医疗行为结果具有相当程度的不确定性,任何人无法详尽手术可能出现的意外及并发症,故告知应采取非穷尽式列举方式,附加"兜底式条款"。在告知时要使用简明、易懂的语言,要鼓励其提问并给予详细的解释,让患者和家属理解所提供的信息。

(四)实施保护性医疗措施

《医疗事故处理条例》第 11 条提醒医方:既要让患者知情,又要避免对患者产生不利后果。麻醉医师尊重患者的知情同意权不应以对患者产生不利后果为代价。如果生搬硬套上述卫生法律,就会要么对患者产生严重的不利后果,要么侵犯了患者的知情同意权。我们认为在签署麻醉同意书前,应先与患者家属和外科医师进行沟通,以了解患者情况。若患者的心理承受能力和身体状况都比较差,则不宜直接告知患者,以免产生不利后果。这时可以要求患者签署委托书,指定代理人代替其了解及全权决定医疗方案,因为知情同意对患者来说是一项权利,不是义务,而权利是可以放弃的;也可以先告知患者家属,再根据家属的意见和本人的要求,采取适当的时机和方式告诉患者本人。

(五)变更麻醉要重新告知说明

因麻醉或手术方面原因需要变更麻醉方法的,如行椎管内麻醉操作不顺利需要改全麻,扩大手术范围需要增加其他麻醉,等等,要重新告知说明及签署麻醉同意书,并记录变更的原因。

第五节　护理中的相关法律风险

护理学是一门独立的医学科学,它不仅有完善的理论体系,而且在应用新技术方面也有很多新的发展。随着医学模式的转变和现代科学技术的进步,护理服务范围也正在不断扩大,除了在医院里直接为患者服务外,护理服务已走向社会,为更多的人进行保健服务。社区医疗服务机构的设立,家庭病房的开设,都需要护理人员广泛参与。

护理行业是高风险、高责任的服务行业。由于职业的特殊性,疾病的复杂性和不可预见性及医疗技术的局限性,使得风险无处不在、无时不有。

常见的护理风险有:患者跌倒,未按医嘱或指引行事,输液或注射失误,用药错误,错误分流患者,患者身份确认错误,患者运送时出错误,跟患者沟通出问题而导致的失误,未能提供安全、舒适的照顾,记录文件不完善,患者情况转变没有报告,对患者评估不合宜等。

一、护理工作中潜在的法律风险

(一)护士无执业资格证上岗

护理工作是医疗卫生工作的重要组成部分,与人的身体健康和生命安全息息相关。由于护理人员严重缺编,时有一些无执业证的护士上岗进行医疗工作。无证护士的产生原因:①新毕业的护士一年内没有执业资格证即上岗;②有的新毕业的护士毕业时间短,临床经验少,业务素质差,多次资格考试不合格者也在上岗。这些无证护士的存在,造成护理队伍素质参差不齐,护理质量下降,出现护理质量问题,容易发生医疗法律风险争议。且一旦发生争议,患者诉之法律,护士面临没有执业资格的事实,医疗用人单位及护士本人将承担相应的法律责任,而护士本人可能承担巨额的经济责任和法律责任。

(二)不能全面履行告知义务

《侵权责任法》第55条规定:"医务人员在诊疗活动中应当向患者说明病情和医疗措施。需要实施手术、特殊检查、特殊治疗的,医务人员应当及时向患者说明医疗风险、替代医疗方案等情况，并取得其书面同意；不宜向患者说明的，应当向患者的亲属说明，并取得其书面同意。医务人员未尽到义务，造成患者损害的，医疗机构应当承担赔偿责任。"临床工作中，护士与患者及家属接触最多，交流最多，该告知患者及家属的内容，责任护士一般都会很详细地讲解，但往往都忽视了取得书面同意书，或家属签名时没有确认与患者的关系，无患者或其近亲属的签名，有时仅仅是与患者关系比较好的人签名。而《侵权责任法》中明确规定了必须取得患者或其近亲属的书面同意。还有一种情况，就是取得了签字，但该告知的内容却没有详细告知，或未尽到告知义务，或没有书面告知，一旦发生纠纷，就对自身不利，很难处理。

（三）存在侵权行为

《侵权责任法》第62条规定："医疗机构及其医务人员应当对患者的隐私保密。泄露患者隐私或者未经患者同意公开其病历资料，造成患者损害的，应当承担侵权责任。"有些责任护士议论某个患者的隐私，把患者的家庭情况透露给其他同事或自己的亲戚朋友，有的甚至还把患者某些方面的缺陷当作茶余饭后的笑料，把护士的义务丢到了脑后。出现的侵权行为还有对患者生命健康权、知情同意权、自由权的侵犯，如对重症患者特别是临终患者的治疗护理消极对待，未执行"一日一清单制"，对普通患者的干涉，等等。

（四）护理文书不符合法律规范

《侵权责任法》第58条规定："患者有损害，因下列情形之一的，推定医疗机构有过错：违反法律、行政法规、规章以及其他有关诊疗规范的规定；隐匿或者拒绝提供与纠纷有关的病历资料；伪造、篡改或者销毁病历资料。"与此有关的潜在法律问题主要存在以下两方面。

1.处理及执行医嘱不规范。各种代签名现象普遍存在，有时长期医嘱单上处理者与核对者名字各异，却可明显看出字迹一样。临时医嘱单未履行"谁执行、谁签名、谁负责"的规定，有时处理者、核对者、执行者由同一个人签不同的名字，且时间与医嘱不一致，与医生的记录不一致。

2.临床护理记录不规范。漏记、错记，不使用医学术语；无专科特色，字迹不清、涂改刮擦多，损害了护理记录的真实性；有的护理人员文字表述水平低，某些概念模糊不清，病情观察或进行相关处理后医生病志未写就不会记录，或照抄医生的记录，主观语言使用频繁，错别字不少；甚至有的护理记录提前记或推后记录，不注重客观事实。危重患者护理记录不及时、不严谨、不真实、不完整。

（五）护理核心制度执行不力

护理工作中未严格执行各项规章制度及操作规程。如对住院时间长的患者不执行双识别制度；查对制度执行不仔细，给患者发错药、打错针；进行各项操作时违反操作规程,不认真履行岗位职责;不挂牌上岗、无证护士单独值班或进行相关治疗;签名潦草,无法辨认等。

二、护理工作中法律风险引起的原因

(一)管理跟不上社会需求

随着我国社会经济的发展,人们物质生活水平大幅提高,维护自身权益的意识明显增强;患者在就医中,护理人员不经意的一句话或过去一些约定俗成的做法,现在往往也会被患者及其家属看作无法忍受的侵权行为。如:护士在进行某些基础护理操作时,产前检查给产妇会阴理疗、会阴清洗等情况下,若不注意保护患者的隐私,就容易造成护患纠纷。

(二)社会环境原因

由于高新技术不断引进,加之新药、特药的应用,医疗费用的增长往往同患者的经济承受能力之间产生矛盾。患者对医疗费用很敏感,加上其他社会问题,如下岗职工经济状况差,不能承受昂贵的医疗费用等,均会影响护医患间的沟通。患者在就医时,对护理服务稍有不满就会引起投诉和纠纷,对护理人员的理解和信任度降低。

(三)缺乏有效沟通

护士工作忙时,容易出现语言行为不当,如对患者或家属提出的问题不回答或是回答简单,态度生硬,因此引起患者反感和家属不满。另外,由于患者缺乏对有关疾病的认识,对病情不了解,或者护理人员没有周密考虑患者的病情和充分估计其可能发生的问题而向患者进行交代,患者及家属没有思想准备,那么出现意外以后患者及家属常不能理解,尤其一旦出现患者死亡、残疾和器官功能性障碍,便认为是医护人员的工作失误导致的事故,甚至会出现过激行为。

(四)服务质量原因

由于护理人员责任心不强,违犯操作常规而引发危机的事件也很常见。如:护士在为新生儿进行洗澡时,不按常规洗完后先把新生儿抱出来擦干、穿衣,再关水龙头,而是将新生儿洗完后先关冷水,致新生儿被热水烫伤。再如:护士在给患者服药时,给药时间不规范;有的护士将每日3次的口服药全部发给患者,造成患者服药过量等。

(五)技术质量原因

护理行为是独立的、具有科技行为的组合行动,其中风险始终存在,所以具有高风险性,这也是导致医疗纠纷和投诉发生的隐患。如高科技不断引进,护士若不熟悉使用方法及注意事项,则会加大事故的发生率。

（六）组织管理原因

各项规章制度不健全,业务技术培训不够,仪器设备管理不善,环保措施不力等,都可能是产生风险的因素。

三、护理法律风险应对措施

（一）严格管理

加强护士执业资格审查。护士必须持证上岗;即符合法定条件,且依照法定程序取得相应资格的人,方能成为护士。无护士执业资格证,不得单独从事护理工作,1年内不能取得职业资格的护士坚决予以辞退。这样的管理,即使发生医疗纠纷,也可得到法律保护。

（二）护理人员要加强法律知识学习,增强法制观念

护理人员要学习和医疗护理相关的法律知识,了解法律法规对护理注意义务的要求,严格遵守规章制度和操作规程,依法执业。护理人员要提高道德修养,加强职业道德修养,在工作中具有高度责任心、主动、自觉、认真地履行工作职责,追求患者利益最大化;要认真学习业务,具有丰富的理论知识和扎实的操作能力;随着临床新业务的开展,护理人员应及时学习新知识,熟练操作技能,提高注意能力,否则也会被认为未尽到合理注意义务。

（三）加强护理管理

护理管理是护理工作顺利进行的保障,管理者要注意规范化管理,合理配置使用工作人员,制定或修订各种规章制度,注意关键环节（交接班制度,危重患者检查,病历书写）、关键人员（护生、新毕业护士、危重患者等）的管理,防范护理风险,加强护理安全,杜绝法律纠纷。

第六节　接诊特殊人群涉及的相关法律风险

特殊人群指受社会特别关注和自我保护能力较弱的社会群体,是相对于一般社会人群而言的。本节主要关注的诊疗上的特殊人群,主要包括精神病患者、未成年人、孕产妇、医学美容患者等。

一、接诊精神病患者的相关法律风险

精神病指严重的心理障碍,患者的认识、情感、意志、动作行为等心理活动均可出现持久的明显的异常;不能正常地学习、工作、生活;动作行为难以被一般人理解,显得古怪、与众不同;在病态心理的支配下,有自杀或攻击、伤害他人的动作行为;有程度不等的自制力缺陷,患者往往对自己的精神症状丧失判断力,认

为自己的心理与行为是正常的,拒绝治疗。

在医院接受治疗的精神病患者主要分两种情况,一是因精神疾病而在精神病专科或者专科医院接受治疗;另一种情况是因为精神疾病以外的其他疾病而在非精神病专科的其他专业治疗。

在精神病专科或者医院接受治疗的患者,其风险主要在于精神病患者伤人、自伤、自杀,在开放式管理模式的精神病医院还可能存在患者出走等风险。有些抑郁症患者隐匿病情、伪装好转,乘人不备趁机自杀;有些精神分裂症患者平时表现安静,也无消极观念,但会因突然出现幻觉、妄想或者强加的冲动而攻击他人、自残或者自杀。因此防范和及时控制精神病患者的上述行为,对医院来说就显得非常重要。最高人民法院《关于贯彻执行中华人民共和国民法通则若干问题的意见(试行)》第 160 条规定:在幼儿园、学校生活、学习的无民事行为能力的人或者在精神病院治疗的精神患者,受到伤害或者给他人造成损害,单位有过错的,可以责令这些单位适当给予赔偿。也就是说,在无第三人行为介入情况下,精神病院的管理维护瑕疵导致被监护人遭受损害的,精神病院有过错的,承担适当的责任。这说明医院必须在没有过错的情况下才能免责,所以医院规章制度是否完善、执行力度是否到位、相关设施是否存在安全隐患,对于能否免责就显得极为重要。

在其他专业治疗的精神病患者,其风险除了上述伤人、自伤、自杀之外,由于非精神病专科病房未采取封闭式管理,门窗等也不可能如精神病院一样采取全封闭构造,故而精神病患者发生逃跑、走失、跳楼自杀的风险自然加大。由于精神病患者的精神状况等特殊性,不配合治疗而出现不良后果的风险也很大;如精神病患者因骨折入住综合医院骨科,医务人员对患者进行处理后要求患肢必须制动,但很可能由于该患者的不配合、四处乱动而导致骨折处对位不好、错位,甚至愈合不良。所以在非精神病专科病房,除了对患者进行本专业的治疗外,还必须请专科医师协助诊疗;在护理方面,应同患者家属沟通,敦促其帮助精神病患者遵守医嘱,并保障患者安全。

二、接诊未成年人患者的相关法律风险

未成年人一般是指未满十八周岁的公民,而在某些国家(例如日本)的定义则指未满二十周岁的公民。未成年患者就医存在以下风险:未成年人欠缺独立自主能力,特别是儿童理解能力有限,医务人员同患儿本人的沟通存在问题,患儿本人往往不能很好地表述自己的病情,大多数由父母代说,容易造成误诊。特别是对婴幼儿疾病的诊疗,医师往往只能通过体格检查、辅助检查和自身经验对患儿病情进行诊断,误诊的风险自然加大。在用药方面,由于未成年的身体结构和个体差异,在剂量把握方面有很大的误差,不好考量。未成年患儿容易发生院内感染。生病期的儿童抗病力差,在医院诊疗时间过长,很容易通过呼吸道或直接接触等渠道,感染其他病菌,造成旧病未愈又添新病。未成年患儿病情变化迅速,有些病变尤其迅猛,往往无法预料和防范。

三、接诊孕产妇患者的相关法律风险

孕产妇指的是妊娠和产后处于围产期的妇女。孕产妇因其特殊性,就医时的风险主要包括三方面。

第一,妊娠期流产的风险。由于遗传基因缺陷、环境因素、母体因素、胎盘内分泌功能不足、免疫因素等多方面原因,皆可能导致流产,但某些流产可以通过医学手段予以避免;对于已经流产的孕妇,如处理不当或处理不及时,可能遗留生殖器官炎症,或因大出血而危害孕妇健康,甚至威胁生命。

第二,孕产期用药的风险。孕期,特别是妊娠前三个月,应特别谨慎使用药物,若使用药物不当,可能由于药物副作用导致胎儿流产、发育不良、器官功能受损等;产期,特别是在哺乳期同样需要慎重使用药物,以避免药物通过乳汁被婴儿吸收而导致不良影响。

第三,分娩的风险。胎儿巨大、体位不理想、孕产妇基础疾病(如妊高征等)、产后出血等,皆是威胁母婴安全的风险。

四、接诊医疗美容者的相关法律风险

医学美容指采用手术和非手术的医学手段,来直接维护、修护和再塑人体美,包括的项目有医疗美容心理诊断及辅导、美容外科、美容牙科技术、美容皮肤科、美容中医科、美容医疗应用技术等。

每个人的审美观不同,容易造成主观认识的误差;美容技术的不成熟;美容医疗的客体的复杂性;美容医疗风险意识薄弱,管理制度不完善,医疗美容市场不规范,没有统一标准,违章扩大经营范围;经营者夸大其词误导诱导,合同不明,逃避责任:均容易导致医疗风险。国家《医疗美容服务管理办法》规定:实施治疗前,须就医者本人或亲属书面通知治疗的适应证、禁忌证等,并取得就医者本人或监护人签字同意。但部分医学美容院在手术前不向治疗者说明,或在合同中不规定手术失败后的责任,这主要是怕一旦说明有风险,顾客会放弃美容影响"生意";另外,利用合同逃避风险,一旦有纠纷可处于相对有利或主动的地位。

关于医疗美容争议的法律归属问题,目前我国没有明确的法律规定。我们认为,因未达到医患双方术前约定的"美容效果"但未造成"人身损害的"医疗争议,其法律归属应为"违约之诉",其案由以"医疗服务合同纠纷"为宜,适用于《民

法通则》与《合同法》等法律；因医疗美容造成患者人身损害而产生的医疗争议，患者可以选择"侵权责任之诉"或者"违约之诉"，若选择侵权责任之诉的，其案由以"医疗损害赔偿纠纷"为宜，适用于《侵权责任法》等法律。

第七节　医疗产品缺陷的相关法律风险

医疗产品是指用于治疗疾病或用于辅助治疗的产品，包括药品、医疗器械、血液制品等，血液制品相关法律风险将在第八节单独介绍。

《侵权责任法》第 59 条规定："因药品、消毒药剂、医疗器械的缺陷，或者输入不合格的血液造成患者损害的，患者可以向生产者或者血液提供机构请求赔偿，也可以向医疗机构请求赔偿。患者向医疗机构请求赔偿的，医疗机构赔偿后，有权向负有责任的生产者或者血液提供机构追偿。"

一、药品缺陷相关法律风险

药品是指用于预防、治疗、诊断人的疾病，有目的地调节人的生理机能并规定有适应证或者功能主治、用法和用量的物质，包括中药材、中药饮片、中成药、化学原料药及其制剂、抗生素、生化药品、放射性药品、血清、疫苗、血液制品和诊断药品等。

（一）缺陷药品的界定

对缺陷药品的判断是确定药品侵权责任的重要前提。区别所有的缺陷药品是困难的，不可能制定标准的体系，原因在于缺陷药品本质上存在不合理的危险，而这种不合理性由于生命、医疗行为的复杂性，要做到完全准确地确认它危害患者的因果关系的判断是困难的。但以下几种情况是明确的。

1. 不符合《产品质量法》要求的药品属于缺陷药品。从法律意义来讲，药品具有产品的法律属性。《产品质量法》第 46 条规定："本法所称缺陷，是指产品存在危及人身、他人财产安全的不合理的危险；产品有保障人体健康和人身、财产安全的国家标准、行业标准的，是指不符合该标准。"缺陷，包括设计缺陷、质量缺陷、指示缺陷。

2. 不符合国家药品标准的药品属于缺陷药品。《药品管理法》规定药品实行国家标准管理，即符合《中国药典》标准。

3. 不符合药品安全性的药品属于缺陷药品。近年来发生的多起药害事件，就有按照标准检验合格但仍然造成人身伤害的现象。例如：较早就已进入临床使用的、符合《中国药典》规定的含有马兜铃酸的药品造成肾衰竭事件，国内有按照按份承担责任的判决，而当事人没有能够免予承担赔偿责任。再如"齐二药"

所生产的亮菌甲素注射液,尽管按标准检验合格,但以另外的方法检出含有二甘醇,法院判决当事人承担连带责任。前者属于科技认识局限造成,后者属于药品含有造成危险的物质。因此,缺陷药品不能仅以经检验是否符合国家药品标准作为判断,而应该作广义的理解,如果药品不符合法律关于药品安全性要求的,应该被认为本质上存在缺陷。

(二)法律的适用性

1.《药品管理法》适用的不明确性。《药品管理法》确定的药品损害赔偿范围较《侵权责任法》为宽,但是《药品管理法》所规定的"依法承担赔偿责任"仍然缺乏明确的法律依据。司法实践中一般参照《民法通则》《产品质量法》《消费者权益保护法》《医疗事故处理条例》等法律法规,而这些法律法规对药品损害的特殊性缺乏特别的规定。

2.《侵权责任法》适用的合理性。《侵权责任法》全面提出了侵权行为认定、侵权责任关系、侵权责任形态、抗辩事由、侵权损害赔偿的原则,为全面理清药品损害赔偿体系提供了基础。《侵权责任法》规定:患者因药品、消毒药剂、医疗器械等缺陷,或者输血造成损害的,患者既可以向医院,也可以向生产者索赔。这条规定意义重大。医用产品质量损害赔偿与《合同法》及《产品质量法》的规定相统一,扩大了患者追偿的责任对象。以往,有的生产厂商与医院采购者通过行贿受贿等方式,使不合格的药品器械流入医院,患者受到损害后,医院就推脱说是生产厂商的责任,而这些厂商往往在外地甚至外国,这就增大了患者索赔的难度。如今有了这条规定,患者可以直接向医院索赔。这条规定的意义还在于,医疗机构为了减轻自己的风险,会对药品等严格把关。

3.《侵权责任法》带来的变化。我国关于产品侵权责任的立法起步较晚,药品侵权责任研究也仅开始于近几年。《药品管理法》仅有药品生产企业、经营企业、医疗机构违反本法的规定,给药品使用者造成损害要依法承担赔偿责任的规定,仅仅是一条准用性规则,需要援引其他法律规则作为依据,实际案例中分别援引《民法通则》《产品质量法》《医疗事故处理条例》等作为审判依据,存在同案不同判的现象。但随着《侵权责任法》的实施,这一现象有望解决。

(三)药物性风险的预防

1.严格遵循用药常规,详细阅读说明书。要避免和减少药物性风险,就要严格遵循用药常规,因为常规是无数经验的总结,按常规用药一般是安全的,即使出现风险也有法律依据可循。其次是说明书,它具有准法规的性质,只要按照说明书用药,一般而言不会出现大的风险。所以用药严格按常规进行,细读说明书,是避免风险的重要一环。

2.以循证为基础,用药渐进达标。循证医学是现代医学发展的必然产物,是传统辨证论治思想在新时期的进一步发展和体现,是现代医学实践的重要特征和根本要求。循证就是用证据说话,用大量的文献数据及质量可靠的对照进行分析,而不是以某个专家的经验为依据,是根据所收集到的数据不断地调整和评价。对某些慢性疾病、感染性疾病,为了减少药物的毒性及不良反应带来的额外风险,应该遵循渐进达标的原则。

3.持续严密观察。由于大众法律意识的增强,要求任何事情都要有依据。观察必须是客观的、具体的,即在观察时不能附加任何主观成分,排除想当然的认识观点;同时,观察要全面、系统,不能留有死角,不能敷衍了事;另外,观察包括察看、体验和测量的含义。随着科学技术的发展,医生越来越多地借助于科学仪器来进行观察;观察还包括审查、验证的含义。

4.正确的用药途径和剂量。用药的途径和剂量也有某种法规的性质,一般而言不能随意改变。许多药典和说明书都有明示,如果随意改变,就可能增加风险,而且这种风险会因为未按照明示而承担责任。

5.及时发现不良反应。任何药物在治病的同时都可能会出现治疗目的之外的不良反应,无论是否明示,医生都有责任严密观察,及时发现。如有明示而医生未落实,原则上医生应承担责任。例如:结核病一线用药链霉素,说明书明示有耳毒作用的可能性,这要提前告知;如果在用药过程中出现耳毒性反应,医生应注意观察并采取相应的预防措施;如已采取措施仍出现毒性反应,需要患者理解,因为这是治病应付出的合理代价。

6.谨慎联合用药。主观上讲联合用药一般是为了尽快治愈,或为了满足患者的愿望,担心某一种药物效果难以达到尽快治愈的目的;但是,目前联合用药有无限扩大的趋势,已超越了实际需要与常规要求。

二、医用器械缺陷相关法律风险

医疗器械,是指单独或者组合适用于人体的仪器、设备、器具、材料或者其他物品,包括所需要的软件;其用于人体体表及体内的作用不是用药理学、免疫学或者代谢的手段获得,但是可能有这些手段参与并起一定的辅助作用;其使用旨在达到下列预期目的:对疾病的预防、诊断、治疗、监护、缓解,对损伤或者残疾的诊断、治疗、监护、缓解、补偿,对解剖或者生理过程的研究、代替、调节,妊娠控制。

国家对医疗器械实行分类管理:第一类,是通过常规管理足以保证其安全性、有效性的医疗器械;第二类,是对其安全性有效性应当加以控制的医疗器械;第三类,是植入人体,用于支持、维持生命,对人体具有潜在危险,对其安全性有效性必须严格控制的医疗器械。

医疗机构在采购和使用医疗器械的过程中,应履行下列注意义务:采购合格的医疗器械义务,使用前向患者说明的义务,使用前核实检查的义务,正确、如实记录存档的义务。

第八节　临床输血中的相关法律风险

输血(blood transfusion)曾经是促进外科发展的三大要素(麻醉、无菌术、输血)之一。输血作为一种替代性治疗,可以补充血容量、改善循环、增加携氧能力,提高血浆蛋白,增进机体免疫力和凝血功能。正确掌握输血的适应证,合理选用各种血液制品,有效防止输血可能出现的并发症,对保证外科治疗的成功和患者的安全有着重要意义。然而因血液制品的特殊性,其风险也较为突出。

一、输血的相关风险

输血造成的不良反应和并发症较多,急性的不良反应能够引起器官和机能的迅速改变,处理和抢救稍不及时将带来严重后果,甚至危及生命;慢性的并发症如疾病传播等,也会带来极为可怕的后果。

因输血发生的各种不良反应和并发症有:发热反应,过敏反应,溶血反应,细菌污染反应,循环超负荷,疾病传播,输血相关性移植物抗宿主病,输血相关性的急性肺水肿,免疫抑制,大量输血致低体温,酸碱平衡和电解质紊乱等;甚至可能出现异型输血差错事故等。

二、造成输血不良反应和并发症的原因

第一,试剂检测存在一定的漏检率,可能将一些检测结果为阴性但带有病毒的血液用于临床注射;

第二,献血者处于感染的窗口期,造成漏检;

第三,在血液采集或输注过程中因疏漏造成血液的细菌性污染;

第四,血液交叉配血结果错误;

第五,血液输注错误或输注速度过快;

第六,由于医学技术的局限性而造成输血感染到一些现阶段人类未知的病毒;

第七,其他原因。

三、输血法律风险的应对措施

输血对于外科医学有着重要的意义,医务工作者应从以下几方面防范输血给患者带来的不良反应和并发症。

（一）严格把握适应证

输血在某些时刻是挽救生命的有效方式，但是输血并不是万能的。输血绝非有益无害，严重的输血反应可以致命，其带来的并发症也后患无穷。卫生部多次强调"输血终究是有风险的"，呼吁人们"能不输血就不输血"，故必须严格按照《临床输血指南》掌握输血的适应证，无明确适应证者不应滥用输血。

（二）严格输血程序

患者需要输血，经治医师要认真填写《临床输血申请单》，按照医院规定履行申报手续，由上级医师核准签字后报输血科。

（三）输血前告知

由于当前科学技术水平的限制，输血达不到"零风险"，医务人员在决定输血治疗前，经治医生要向患者或其家属说明输血的不良反应和经血传播疾病的可能性，征得同意，并在《输血治疗同意书》上签字。《输血治疗同意书》是医院医生和患者或家属在输血前鉴定的协议书，是双方法律义务的一种表现形式，也是过失责任认定的一种重要依据。护士在输血前必须查看患者是否签了《输血治疗同意书》，否则不予以输血（特殊情况除外）。

（四）严格输血前检查

输血前检查分为两个方面，一方面是对供血者进行的检查。另一方面是对实际接受输血的患者（受血者）进行的检查，本节所指的输血前检查主要针对后者。输血前检查的目的，在于为每一名受血者选择适合的血液成分，使其有正常的存活时间，并且不引起受血者本身红细胞临床上的明显破坏，同时对受血者输血前是否存在 HIV（人类免疫缺陷病毒）、HAV（甲型肝炎病毒）等进行检测，这样做对医疗争议的举证有积极的作用。一旦出现纠纷，输血前五项血液检测结果可以作为区分责任在输血前还是输血后的依据。采血护士必须在患者首次输血前采集血标本，急诊抢救输血，也应该在抽血留样后再为患者输血，以保证检测结果的准确性。

（五）血液检测结果的保密

抽取的血液标本按要求送检并及时取回结果，存入病历，其阳性结果不得随意议论或告知患者，尤其是医院检测的 HIV 阳性结果属初筛而不是最后结果，要待国家实验室确认后，由规定的医务人员告知患者或家属，不得由无关人员泄露，以免引起不必要的纠纷。

（六）妥善保存血袋标签

血袋标签内容标明供血机构名称、许可证号、供血者姓名或条形码编号及血型、血液品种容量、采血日期、血液成分的制备日期、有效期血袋编号/条形码、储存条件等。《献血法》第 13 条规定：医疗机构对临床用血必须进行核查，不得将不符合国家规定标准的血液用于临床。血袋标签内容是证明输注血液来源和血液质量的直接依据,可使患者输注的每单位血液追溯到献血者,帮助发现和解决以后出现的问题。护士在为患者输血后,应从血袋上取下标签贴在病历中,完整而规范地保存。

（七）保管输血医疗文件

根据卫生部印发的《临床输血技术规范》要求,在病历中保管的有:输血治疗同意书、交叉配血报告单、患者输血前血液五项检测报告单、血袋标签和各种输血护理记录的登记签字。输血医疗文书是患者输血过程的原始资料,是解决输血纠纷的有力证据,是对以输血医疗文书为依据的人们权利的保护。因此,在患者住院病历的保管上,护士要注意输血文书的完整性和规范性。

（八）严格查对制度

输血前要严格执行"三查、八对",需两名医护人员对输血申请单、交叉配血报告单和血袋上的标签内容仔细核对,认真检查有无破损、渗漏,血液有无溶血、浑浊及凝块等,确认无误后同时签名。遇有严重的输血反应,特别是疑有溶血反应时,应立即停止输血,采取常规处理措施,注意保留血袋、输血器,必要时抽取患者的血样,以进行输血前后样本的血清或血浆颜色对比。

本章小结

本章通过对误诊、手术、急诊、护理、麻醉、特殊人群、医疗产品缺陷、输血等医疗过程中的重点环节的介绍,分析各诊疗环节产生法律风险的原因、规避法律风险的措施。对于医疗机构和医务人员而言,诊疗过程中"医疗风险无处不在",而严格的管理制度、规范的医疗行为和高尚的医德医风,才是降低法律风险的唯一手段,才是人民群众生命安全的重要保障。

思考题

1. 什么是误诊? 如何减少和防范误诊的发生?

2. 手术的风险有哪些? 如何降低手术的法律风险?

3. 导致急诊的法律风险的因素有哪些?

4. 临床输血有哪些风险? 如何降低临床输血的法律风险?

5. 收集相关文献资料,选择诊疗过程中某一环节,制订防范该诊疗环节法律风险的预案。

案例思考

黄某,女,26 岁,2009 年 10 月 20 日因"不规则阴道流血 10＋天"就诊于某三级医院门诊妇产科,B 超检查描述,"子宫大小正常,宫壁回声均匀,宫腔内见不规则暗区及稍强回声,约 1.7cm×2.5cm",检查提示"子宫腔内异常回声,请结合临床",该门诊医生诊断为"月经不调、宫内异物",经调经(益母草膏等)等药物治疗,期间患者因"感冒"服用"左氧氟沙星"等药物。

2009 年 11 月 9 日患者在该院门诊妇产科复诊,复查 B 超提示"早期妊娠",查血 HCG 和尿 HCG 提示为阳性,诊断为"早期妊娠"。

患者被确定为"早期妊娠"后,患者及其丈夫等人多次向院方反映情况,并以医院误诊可能导致胎儿畸形或流产为由提出 69 万的赔偿请求。本案经该医院所在地的医疗纠纷调解中心多次调解,鉴于患者曾服用喹诺酮类药物(左氧氟沙星)可能导致胎儿畸形,患者选择先行人流术,若术后无输卵管等阻塞(即不影响下次受孕)可进行进一步协商。2009 年 11 月 20 日,患者在该院产科行人流术,手术顺利,复查 B 超患者宫腔未见异常。2010 年 1 月 20 日,患者再行子宫输卵管造影术,其结论为:子宫腔未见异常,双侧输卵管尚通畅。后经多次协商,于 2010 年 6 月 30 日达成由医院一次性赔偿 25000 元的协议。

案例讨论

1.本案例是否构成误诊,属于什么类型的误诊?

2.请思考医务人员如何才能避免类似的错误?

第七章 临床伦理及管理中的法律风险

第一节 告知与知情同意的相关法律风险

医疗法律风险的防范,是一个比较复杂的问题。迄今为止,"知情同意"被认为是防范医疗风险的重要对策。从知情同意原则的发展轨迹中可以看出,知情同意原则所保护的权利是患者的自主权和自我决定权,同时对医疗风险责任的分配起到指导作用。

一、患者知情同意权与医疗告知义务

医学领域中的知情同意原则是英美法系国家的产物。"知情同意"作为医疗法律领域中最具特色和最基本的原则,具有独特的法理基础和权利基础,其灵魂和本质在于对患者自主权和自我决定权的尊重。尊重患者自我决定权,是医学伦理学中尊重患者自主性之主张在法学中的对应产物。任何一个心智健全,具有理性能力的个体都享有对自己身体和生命健康利益的处置权。在临床中履行知情同意原则,是对患者生命权和医疗权的尊重,同时也是建立医患之间相互信任的关系、减少医疗纠纷所必需的,既有利于提高患者参与治疗的主动性,也有利于保护医方的正当权益。

(一)患者知情同意权的概念

知情同意最重要的法律基础是个人自决,即作为生命权的个体,有权决定对自己的身体做什么或者不做什么。患者知情同意权是指患者有权享有知晓本人病情和医务人员要采取的诊断、治疗措施以及预后和费用方面的情况,并自主选择适合于自己需要和可能的治疗方案的权利。[①] 临床上,患者知情同意权在法律上分为两种情况:其一,如果医疗行为没有太大的风险,患者寻求医生的治疗,法律推定患者同意医生所采取的医疗措施;其二,如果医疗行为有很大的风险,就需要专业人员对病患者说明,并征得书面同意。

---

① 《履行知情同意原则的指导意见》,载《医学与哲学(临床决策论坛版)》2008年10月第29卷第10期,第2—6页。

(二)患者知情同意的有效要件

通说认为,患者对医疗行为做出的有效同意必须满足三个要件。

1.知情。以医师承担充分的说明义务为前提,即指由医方向患者提供做出同意所需的一切与医疗行为有关的信息,包括医方的职业状态,患者的病情、诊断、医疗措施和医学检查、治疗措施、治疗风险等与医疗行为相关的信息。

2.患者具备同意能力。指患者具有能够完全理解治疗后果、可能的不良反应及不进行治疗的预期后果的能力。在我国,对患者同意能力的判断标准主要存在三种学说,包括:以民事行为能力为标准、以刑事责任能力为标准和以有无识别能力为标准,通说一般采用有无识别能力为标准。识别能力是指患者能够理解治疗的性质和目的,包括如若接受治疗将对身体所作的处置、不治疗可能带来的后果、理解医生对其说明的各种危险及副作用等的能力。并且,理解水平必须与所作决定的重要性成适当比例,决定的重要性越大,对能力的要求越高。对于如何判断患者有无识别能力,我国学说很少涉及,但英美法中一般考虑四种因素:其一,理解相关信息的能力;其二,保有相关信息的能力;其三,评价该信息作为决定过程的一部分的能力;其四,交流自己决定的能力。[1]

3.患者自主自愿的同意。指患者基于自由意志,自主选择医生,自主决定是否接受或拒绝检查、治疗,或其他医疗行为并不受任何人的威胁、强迫及其他不当的影响。在原则上,患者的知情同意应优先于家属的意见。

(三)医疗告知义务

《侵权责任法》第55条第一款明确规定了医疗机构的说明、告知义务:"医务人员在诊疗活动中应当向患者说明病情和医疗措施。需要实施手术、特殊检查、特殊治疗的,医务人员应当及时向患者说明医疗风险、替代医疗方案的情况,并取得其书面同意;不宜向患者说明的,应当向患者的近亲属说明,并取得其书面同意。"

从患者知情同意权实现的角度讲,医疗告知义务的履行是患者知情同意权实现的逻辑前提,没有医疗告知义务的履行,患者的知情同意权就无从实现。

从分配医疗风险的角度讲,医疗告知义务的履行构成医疗行为违法性的阻却要件,医疗告知是确定医疗行为正当性的前提,在同意的范围内,医疗行为具有正当性。医疗告知具有在医患之间分配医疗风险的功能。[2] 当医方已经充分

---

[1] 赵银仁、刘超:《浅析医疗行为中患者有效同意的法律要件》,载《南京医科大学学报(社会科学版)》2007年3月第1期,第18—21页。

[2] 马齐林:《论医疗告知义务——以经济学和法学为视角》,载《当代法学》2008年1月第22卷第1期,第84—90页。

有效地告知患者或其近亲属,且在诊疗过程中尽到相当的注意义务时,患者或其近亲属的同意就意味着愿意承担医疗固有风险和意外风险可能造成的损害,医方在告知的范围内对此类损害可以免责。

从医疗告知义务之对象的角度来讲,不同于以往的立法,《侵权责任法》中明确规定了以患者的同意为第一顺位,规定只有当不宜向患者说明时,才应当向其近亲属说明并取得同意,充分尊重了患者的自主决定,明确了患者的同意优先于其近亲属同意的原则。同时也将有权代理患者同意的代理人的范围从原来的"患者家属"限定为"患者的近亲属",但立法中未对不宜说明的具体情形和近亲属之间的先后顺序做出进一步的详细规定。

从义务履行的角度讲,告知义务的主体是医疗机构及其医务人员,医方在诊疗活动的全过程中都应尽告知义务,且应该用患者能够理解的语言进行解释说明,尽量避免使用令患者觉得晦涩难懂的医用专业术语,且在需要实施手术、特殊检查和特殊治疗时,需要征得患者或其家属的书面同意。

从侵权责任的角度来讲,根据《侵权责任法》的规定,医方未经告知义务须有损害结果,且未尽告知义务行为与损害结果之间存在因果关系。如虽未尽说明告知义务或者未得到书面同意,但并未造成患者损害的,不承担赔偿责任。在已造成患者损害的情况下,虽已尽说明义务并征得书面同意,也不一定构成当然的免责,因为在有证据证明医务人员有过错情形下,书面同意的预先免责条款并不能阻却侵权责任的承担;并且根据《合同法》第 40 条,格式条款具有本法第 52 条和第 53 条规定情形的,或者提供格式条款一方免除其责任、加重对方责任、排除对方主要权利的,该条款无效。

二、临床中应如何履行告知义务

(一)临床中常见的未尽告知义务的情形

告知不足的判断标准比较复杂,在法无明文规定情况下,从世界各国情况看,有以下几个标准。

一是理性医生的判断标准,以具有中等专业水平和技能的医生在相同情况下应当向患者说明的内容为标准;

二是理性病人的判断标准,一位通常的理性病人在同等情况下,希望及需要获得哪些内容,以此来判断告知是否充分;

三是个案主观判断标准,一位普通病人在当时情况下需要被告知哪些内容才能做出合理的同意。

三类标准是对医院义务逐渐升高的趋势,结合我国具体情况和司法实践,应采取第二种,即理性病人的判断标准。

在实践中,未尽告知义务的情形主要表现如下。

第一,拒绝向患者或其家属告知与疾病和诊疗相关的信息,传统"家长思想"严重,认为没有必要向患者或其家属对相关信息进行说明和解释,患者和家属只需要遵照医嘱、配合医生的工作即可;或未经患者及其家属同意就对患者进行治疗;或擅自改变预订的诊疗计划;或仅仅对患者家属进行告知并获得了家属的同意,却忽视了患者自身的意愿。

第二,告知内容不全面,仅对医疗过程中的部分环节进行告知,而未贯穿于整个医疗全过程中的各个环节。

第三,态度生硬,言语简单,存在敷衍、草率、走过场的行为。

第四,告知信息虚假、不真实,故意向患者或其家属提供会导致其做出错误同意的信息,或有意夸大疗效、并发症,或者有其他不实之词。

第五,在告知过程中使用大量晦涩难懂的医疗术语,导致患者及其家属无法正确理解医生所提供的相关信息,做出违背自己意愿的同意,等等。

(二)临床中应如何履行告知义务

1.科学界定告知内容,充分、准确、适当地告知患者。

根据法条,医务人员应该在评估患者病情发展状况、知情同意能力和心理承受能力之后,充分、准确、适当地向患者告知如下信息:病情、医疗措施、医疗风险、替代性的医疗解决方案,等等。

(1)法定告知义务:一般情况下应告知病情疾病的名称、性质、诊断依据和严重程度、发展变化趋势等方面。主要包括以下内容。

①患者所患疾病的概况及现时所处的进程;应当采取的诊断措施(包括侵入性诊断)和方法,这些诊断措施和方法可能发生的风险。

②患者所患疾病的诊断或暂时不能确定诊断及其根据。

③拟采取的治疗措施(包括药物治疗、手术治疗以及其他治疗)以及近期和远期效果,包括可能出现的理想效果、某种程度的好转、可能出现的副作用及并发症,以及可预见的风险;如存在有多种可能的替代性治疗措施时,应同时向患者说明这些不同措施的效果及可预见的风险,并尽可能地向患者提供学术界认可的实际效果的相关资料,以供其选择。

④治疗过程中发生的病情变化及需要采取的处置措施。

⑤诊断和治疗所要支出的费用。

⑥患者或家属应与配合及注意的事项。

⑦告知患者需要详读知情同意书上的内容,明确表明本人的意见。

⑧告知负责主治患者的医师姓名、职称或职务,医院的相关情况和应遵守的院规。

(2)非法定告知义务:分为两种情况。

①对于医疗机构客观情况的告知义务,即转医或转诊的告知义务。如,对于超出本人或本院治疗能力的难以诊治的情况,应及时向患者或家属说明,并提供安全快速运到有条件加以治疗的医院的义务,或者提供邀请外院专家来院会诊、治疗的建议。违反这些义务,通常认为是延误了最佳治疗时机,侵犯了患者对就医的选择权。

②后医疗行为的关注义务。医疗行为即将结束时,医院应将患者此后复查、用药、功能锻炼、饮食起居等方面需要注意的情况向患者进行告知。

2.科学、准确地进行告知,注意沟通技巧的运用。

(1)对患者或家属的告知内容应当是真实的、准确的、充分的。应尽量保证告知内容的科学性,切忌夸大疗效、并发症,或低估疗效、并发症及其他不实之辞;特别是涉及疗效、可能出现的并发症等方面,更要实事求是、力求严谨。对某些暂时难以确定诊断、难以预测的预后或其他信息,也应如实向患者或家属说明。但是由于医学的局限性和疾病的多变性,医师的告知不可能是绝对准确的,这些也应向患者及其家属如实说明。

(2)可将对患者告知的内容区分为"重要情况告知"与"一般情况告知"。对手术、特殊的和有损伤的检查与特殊治疗,应视为重要情况的告知,要安排较为充分的时间,由主治医师、主刀医师与患者或家属做认真切实的交谈;其他如服药、注射等治疗常规,也应在处置前向患者说明。

(3)对患者的告知,应尽可能将专业术语转化为通俗易懂的语言,运用温和的语气与患者沟通。如遇到某些讲外语、地方话的患者,医患双方直接交流有困难的,应当设法通过翻译、文字书写等方法,让医患双方准确了解彼此表达的意愿,避免发生误解。

(4)在告知患者时,应鼓励患者提出自己的疑惑,并尽可能地解答患者的质疑,在医患双向交谈中完成对患者的告知。

(5)对患者的告知应注意不同文化背景、不同宗教信仰、不同种族和民族的差异,尊重他们的习俗和文化特点,以便他们更好地理解和接受。

(6)对患者的告知应当贯穿于医疗全过程的每一个环节。告知应体现在诊治、病情变化、康复的各个环节,其中包括诊断、治疗、麻醉、发药与服药、注射、膳食、休息与活动、转院、出院复查及医嘱等。对已经履行告知程序、但在手术或其他治疗过程中发现有新的病变,如情况允许,仍应再向患者或家属补充告知,并履行必要的手续。如情况紧迫,也要简明地向患者或家属说明必须立即处理的紧迫性,并在病志上记录清楚,同时向医院行政主管部门报告。

三、未尽医疗告知义务的法律风险

(一)承担民事赔偿责任的风险

《侵权责任法》第55条第二款明确规定:"医务人员未尽到告知义务,造成患者损害的,医疗机构应承担赔偿责任。"由此可见违反医疗告知义务属于医疗损害侵权,适用过错责任原则。违反医疗告知义务的侵权应该具备以下几个构成要件。

1.医疗机构及其医务人员存在未履行或违反告知义务的行为。

2.医疗机构及其医务人员未尽告知义务给患者造成了损害后果。根据举证责任的分配,患者应该对医方未尽告知义务对其造成的实质性损害后果承担相应的举证责任。医方尽管未尽告知义务,但未造成损害后果的,不对此承担相应的侵权责任。

3.医疗机构及其医务人员未尽告知义务的行为与损害结果之间存在因果关系。

4.医疗机构以及医务人员主观上存在过错,包括故意和过失,在实践中主要以过失为主。

(二)承担行政责任与刑事责任的风险

《医疗事故处理条例》第56条规定:医疗机构违反条例规定,未如实告知患者病情、医疗措施和医疗风险的,由卫生行政部门责令改正,对负有责任的主管人员和其他直接负责人员依法给予行政处分或纪律处分。《刑法》第335条规定:医务人员由于严重不负责任,造成就诊人死亡或者严重损害就诊人身体健康的,处以三年以下有期徒刑或者拘役。①

四、医疗告知义务的法律免责

(一)紧急情形下的免责

根据《侵权责任法》第56条的规定:"因抢救生命垂危的患者等紧急情况,不能取得患者或者其近亲属意见的,经医疗机构负责人或者授权的负责人批准,可以立即实施相应的医疗措施。"此免责需要满足三个要件。

1.患者的生命健康正面临严重威胁,不及时施救将造成严重的后果,导致患者死亡。

2.确实无法取得患者或其近亲属的同意,若要取得其同意后再采取措施将严重损及患者康复之希望。

---

① 古津贤:《医疗侵权法》,吉林大学出版社2008年版,第161页。

3.经过医疗机构负责人或授权的负责人批准。医务人员在抢救生命垂危的患者时,应以患者的生命健康利益为优先,此时可以免除医务人员的告知义务。

(二)强制医疗中的免责

基于公共卫生和公共安全利益的理由,患者的自主决定权需受到一定程度的限制。若患者个人利益与公共利益无法协调且公共利益的重要程度明显超过个人利益时,对个人权益进行限制是具有正当性的。因此,在对传染病患者、精神病患者、药物滥用者等进行强制治疗时,患者的自主决定权可能被否定,从而在强制治疗的范围内免除了医师必须先经由患者同意才能进行治疗的义务。如《传染病防治法》在第39条第二款中,规定了对甲类传染病的病人、病原携带者、疑似病人及其密切接触者,拒绝隔离治疗或隔离期未满擅自脱离隔离治疗的,可以由公安机关协助医疗机构采取强制隔离治疗措施。

(三)保护性医疗中的免责

当某些特殊疾病的诊断结果、诊断预测告知患者后,可能会对患者的心理、生命健康产生重大危害时,医务人员经家属的要求或同意,可以对患者刻意隐瞒病情或隐瞒与治疗、预后及风险等相关的信息。尽管在我国法律中并未明确规定,但是若干法律条款中却体现了对这一医疗措施的认同。如在《执业医师法》第26条第一款和《医疗事故处理条例》第11条中,规定了医务人员在告知时应"避免对患者产生不利的后果",以及《侵权责任法》第55条中规定了"不宜向患者说明的,应向其近亲属说明"。这都体现了对患者知情同意权的保留,医务人员对其经家属授意或同意的隐瞒行为不应承担违反告知义务的法律责任。但需要注意的是,医务人员对患者知情告知的保留并不意味着免除医务人员的告知义务。医务人员仍应向患者的近亲属进行充分的告知并取得其同意,并在患者亲属的配合下,根据患者病情和心理状况的发展,以适当的方式在适当的时机下向患者进行告知。

第二节　医方保密义务与患者隐私权保护的相关法律风险

一、医方的保密义务和患者的隐私权

(一)医方的保密义务

保守医疗秘密是一条古老的医德规范,早在两千五百多年前,希波克拉底就说过:"凡我所见所闻,无论有无职业关系,我认为应守秘密者,我愿保守秘密。"世界医学会1948年通过的《日内瓦宣言》规定:"我要保守一切告知我的秘密,即使病人死后,也这样。"世界医学会于 1994 年制定的《国际医学伦理准则》中也规定:"由于病人的信任,一个医生必须绝对保守所知病人的隐私。"在现代社会中,医疗保密不仅是各国医疗机构和医务人员应该遵守的道德准则,也是医疗机构和医务人员必须履行的法律义务。医疗保密义务体现了对患者隐私权的尊重,有利于医患之间信任关系的建立,对保持良好的医患关系具有重要的意义。

我国卫生部 1985 年颁布的《医务人员医德规范和实施办法》,规定了医疗机构应该为病人保密,不得泄露病人的隐私和秘密。《执业医师法》第 22 条规定:"医师在执业活动中应当关心、爱护、尊重患者,保护患者隐私。"该法第 37 条同时规定:"医师泄露患者隐私,造成严重后果的,要承担相应的法律责任。"《侵权责任法》第 62 条也明确规定了患者隐私的保密义务:"医疗机构及其医务人员应当对患者的隐私保密。泄露患者隐私或者未经患者同意公开其病历资料,造成患者损害的,应当承担侵权责任。"

(二)患者的隐私权

隐私是个人不愿为他人所知晓和干预的私人生活,其内容包括三个方面:个人信息秘密、个人生活的不受干扰和个人私事决定的自由。患者的隐私尽管是在一般隐私概念的基础上产生和发展起来的,具有自然人隐私权所具有的一般特征,但患者作为一个特殊的群体,其隐私具有与一般隐私不同的特殊性。[1]

在医疗活动中,与医方保密义务相对应的权利就是患者的隐私权。患者隐私权是指患者拥有保护自身隐私部位、病史、身体缺陷、特殊经历、遭遇等隐私不受任何形式的外来侵犯的权利。[2] 患者隐私的内容如下。

一是患者的身体,如暴露于外时会引起个体羞耻心理的身体部位以及患者的身体残疾或缺陷;

二是患者的私人信息,包括医方在对患者询问、诊疗过程中所知晓的患者的病因、病历资料、生理特征、精神状况、经济状况、个人病史、性生活以及其他与疾病相关情况的信息,也包括一般自然人所享有的私人信息,如通信、与他人交谈的内容等;

三是患者的私人空间,患者因诊疗而需要暴露个人信息或隐私部位的空间与场所被视为患者的私人空间(如检查室、手术室),除非直接从事诊疗行为的医务人员外,任何人无权介入。

患者隐私权的特殊性表现在四方面。

第一,主体的特殊性。患者隐私权的权利主体仅限于到医疗机构就诊,接受医疗服务的自然人。患者隐私权的义务主体是医疗机构和医务人员,此处的医

---

[1] 艾尔肯、秦永志:《患者隐私权》,载《法治研究》2009 年第 9 期,第 31—37 页。

[2] 孙海燕:《论患者隐私权的特殊性及限制》,载《法制与社会》2008 年第 7 期下,第 87—88 页。

务人员应作广义理解,凡是在职务行为中能够接触到患者隐私的医疗机构的工作人员都是患者隐私权的义务主体。

第二,有限的让渡性。为了实现治疗疾病的目的,医师必须通过询问患者的病史、病况、生活状况等个人信息,并对患者的身体部位进行检查才能做出准确的诊断。医师介入患者隐私的行为是医疗行为的特殊性所要求的,在通常情况下,患者必须要放弃自己的一部分隐私,将其让渡给医方,以此来实现对生命健康利益的维护。

第三,保护范围的特定性。患者的隐私权仅仅保护患者与诊疗活动密切相关的个人隐私,不保护与患者的医疗活动完全没有任何关系的其他隐私。

第四,保护期间的延续性。患者隐私权保护的期限并不以医患之间医疗服务关系的终止为限。当患者接受完诊疗或出院后,医方将在医疗活动期间知悉的患者隐私不适当地泄露或传播的,依然构成对其隐私权的侵害。

二、临床中常见的侵犯患者隐私权的情形

隐私权是公民的人格权,属于绝对权,任何其他人都对其负有不作为的义务,患者的隐私权亦是如此。依据《侵权责任法》的规定,侵犯患者隐私权的行为是指:泄露患者隐私或者未经患者同意公开其病历资料的行为。具体而言,侵犯患者隐私权的行为通常表现为四方面。

第一,与不参与诊疗的其他医师或无任何关系的第三人谈论患者的隐私。

第二,未经患者允许,在临床教学观摩中暴露患者私密部位或公开患者的私人信息。

第三,医院对病历资料的管理疏漏,导致患者信息泄露的,或者为了谋取经济利益,故意向医药代表或他人提供患者的私人信息和病历资料。

第四,未经患者同意向第三人公开患者病历资料中的信息。例如:为了宣传疗效或撰写学术文章,未经患者同意,公开其病历资料;医院公开放置患者的病历、化验单、检查单,通过床头卡公开患者详细情况;为了临床教学或研究交流的目的,未经患者允许,公开宣读或介绍、讨论患者的病历资料等。

第五,临床就诊环节侵犯患者隐私权。例如,床头卡泄露患者信息,就诊环境私密化不够,化验单随意陈列。

三、临床中如何保护患者隐私权

(一)尊重患者隐私权、严守保密义务

医护人员应该平等对待患者,尊重患者的人格尊严和权利,在工作和生活细节中注重对患者隐私权的保护,主要包括以下几个方面。

1.注意询问技巧,在询问患者个人信息和病史,尤其是涉及较为敏感的私隐问题(如性生活史或婚育史)时,应避免患者家属和其他不相关人员在周围旁听,如家属要求陪同的,应事先征得患者同意。

2.对患者身体进行检查或治疗时,应将患者带入检查室或治疗室,在大病房、门诊或者急诊室时,应该注意使用屏风或者布帘进行遮挡,尽可能减少对患者身体的暴露,并禁止患者家属或其他人员进入,为患者提供一个安全、舒适的私人空间。

3.在临床教学过程中,应该对患者进行解释说明,在获取患者的同意后才能允许学生进行观摩和参与实践,并避免向学生透露与学习内容无关的患者信息。

4.未经患者允许不能擅自公布或随意泄漏患者的病历资料,尤其是患者的姓名、联系电话、家庭住址、工作单位等信息;出于学术研究和教学的目的,需要对患者病历信息进行讨论、交流或公布的,应尽量以匿名的、无明确指向性的方式进行。

5.不得向其他不参与诊疗的医护人员或者患者以外的第三人泄露或散布患者的隐私,不应该对患者的私生活或者品行进行议论、评价或指责。

(二)加强医疗文书的管理

对患者的病历、化验单、检查单等资料进行妥善保管。医护人员在书写完病历或诊疗记录后,应及时将其放入病历架归档,禁止在办公室、休息室或者其他场所随处乱放患者的病历资料或其他医疗记录。对工作区内的病历架进行严格管理,禁止参与诊疗的医护人员之外的他人翻阅或复制患者的病历资料。加强对院内计算机系统中电子文书的管理和维护,防止他人通过不法手段获取患者的资料和信息。未经合法程序或符合医院规章的程序,不得允许他人随意进入病案室,或调取、查阅和复制病案室中存放的患者病历资料。

四、违反医方保密义务的法律风险

(一)承担民事侵权责任的风险

根据《侵权责任法》第 62 条规定:"泄露患者隐私或者未经患者同意公开其病历资料的,造成患者损害的,应当承担侵权责任。"违反医方保密义务的侵权构成要件包括以下方面。

1.医疗机构及其医务人员实施了侵害患者隐私权的行为,包括泄露患者隐私和未经患者同意公开其病历资料。

2.存在患者隐私受到损害的事实。由于患者隐私的损害不同于有形损害具有外在的表现形式,一旦医疗机构及其医务人员实施了侵权行为即具备了侵犯患者隐私权的损害事实。侵犯患者隐私权的损害结果一般表现为患者隐私权受到侵害后,受害者精神上的痛苦和为了恢复损害而支付的财产损失。

3.医疗机构及其医务人员的侵权行为与患者遭受的损害之间存在因果关系。在实践中,患者对自己所遭受的精神上的损害,很难拿出证据证明侵权行为与损害之间因果关系的存在。

4.侵权行为人主观上有过错。侵害隐私权的主观过错形式,主要是故意即明知侵害隐私权的不良后果却希望或放任该结果的发生。过失也可以构成侵害隐私权的责任,即只要加害人能够或者应当预见其行为的后果,无论主观上是希望、放任还是疏忽,均不影响责任的构成。[①]

根据《民法通则》侵犯人格权的相关规定,承担民事责任的方式主要包括:停止侵害、赔偿损失、消除影响、恢复名誉、赔礼道歉等。在现实中,消除影响、恢复名誉和赔礼道歉的方式,往往容易导致患者的隐私在客观上进一步被公开或宣扬,有违立法本意。所以有学者提出,赔偿损失应是患者隐私权受侵害时最主要的救济方式,包括财产损失赔偿和精神损害赔偿。关于精神损害赔偿的认定及赔偿数额,可以依据《关于确定民事侵权精神损害赔偿责任若干问题的解释》的相关规定。

(二)承担行政责任和刑事责任的风险

1.行政责任:根据《执业医师法》第37条的规定:"医师在执业活动中,违反本法规定,有下列行为之一的,由县级以上人民政府卫生行政部门给予警告或者责令暂停六个月以上一年以下执业活动;情节严重的,吊销其执业证书;构成犯罪的,依法追究刑事责任。""下列行为"即包括"泄露患者隐私,造成严重后果的"。

2.刑事责任:2009年2月28日通过的《刑法修正案(七)》第7条规定:"国家机关或者金融、电信、交通、教育、医疗等单位的工作人员,违反国家规定,将本单位在履行职责或者提供服务过程中获得的公民个人信息,出售或者非法提供给他人,情节严重的,处三年以下有期徒刑或者拘役,并处或者单处罚金。"由此可见,医务人员出售或者非法向他人提供患者隐私信息,情节严重的,将构成刑事犯罪并承担刑事责任。

五、违反保密义务的违法阻却事由

不受限制的权利是不存在的。尽管法律中没有明确规定,但是学理上认为:当隐私权同患者的生命健康权、社会公共利益或第三人的利益发生冲突时,隐私权必须受到一定程度的限制,医疗机构及其医务人员因上述需要,不得不违反保

---

① 何含兵、陈辉、何美:《患者隐私权的法学思考》,载《医学与哲学(人文社会医学版)》2008年7月第29卷第7期,第47—48页。

密义务侵犯患者隐私的,不应承担法律责任,这就是违反保密义务的违法阻却事由。

(一)医疗职务行为的需要

医疗行为针对的是患者的身体,身体本身就是患者隐私的一部分,在诊疗过程中不可避免地要接触和获取患者的隐私,患者必须以放弃一部分的隐私权来获得诊疗。为了保障患者的生命健康利益,为了治愈患者的疾病,医师之间彼此交流信息、交换意见,相互协作的行为,不构成侵权。为了提高医学水平,实现救死扶伤的宗旨,通过临床教学向学生公开患者信息或进行学术交流,在事先经过患者同意的前提下,不构成对患者隐私权的侵犯。

(二)出于公共利益的需要

当患者所患的疾病可能危害到社会公众的健康和相关利益时,对患者的隐私权保护应该让位于对公共利益的保护。如:当患者所患疾病是法定传染病时,医疗机构或医务人员应该如实向有关机关披露患者的疾病信息。根据我国《传染病防治法》的规定,任何个人都有义务接受预防、控制措施,并如实提供有关情况。医疗机构应当依法将发现的传染病疫情,向疾病预防与控制机构和卫生行政部门报告,否则应当承担法律责任;当患者所受伤病可能涉及刑事犯罪时,根据《刑事诉讼法》第84条的规定,"任何单位或个人发现有犯罪事实或者犯罪嫌疑人,有权利也有义务向公安机关、人民检察院或人民法院报案或者举报。"因此,医疗机构有义务在了解到相关犯罪信息后及时向公安机关报告,以保障打击刑事犯罪的及时性和有效性,此行为不构成对患者隐私权的侵犯。

(三)对第三人合法利益的保护

当患者所患疾病可能危害到第三人的合法利益时,医务人员是否有向第三方披露相关信息的义务,这一点在理论上存在较大争议。对患者隐私权进行保护的同时,却可能侵犯了另一主体的知情权或重大的生命健康利益,例如:当患者不同意或不愿意的情况下,医生是否应该对艾滋病患者或携带者的配偶进行告知?对患有精神疾病、遗传疾病或者传染病的患者,医生是否应该告诉其配偶,或与其有密切生活关系的人?有学者认为当患者的隐私权与第三人的合法权益相冲突时,对患者的隐私权应该适当地放弃,在权衡利益的情况下,应该取其重者。在这种情况下,医方披露患者隐私的行为不构成侵权。但也有学者认为:对患者隐私的披露主体应该只限于患者自己,医方不应该未经患者同意向第三方披露其隐私。

第三节 医疗文书的相关法律风险

一、医疗文书的概述

(一)医疗文书的概念

医疗文书是指医疗机构和医务人员在医疗活动过程中,依据有关法律法规和专业技术规范要求制作的反映医疗服务关系、患者健康状况和医疗措施、过程及其结果等方面信息资料的规范文件。[①] 它是医务人员对患者的疾病进行诊断和鉴别处理的客观记录,也是对患者的治疗和转归进行全面系统科学的写实和总结,同时还是医疗科研方面的宝贵资料。[②]

(二)医疗文书的类型

医疗文书通常包括三类:病历资料、医疗证明文件或医学意见书以及其他民事文书。

1.病历资料:根据卫生部 2010 年 3 月 1 日起在全国施行的《病历书写基本规范》的规定,病历是指医务人员在医疗活动过程中形成的文字、符号、图表、影像、切片等资料的总和,包括门(急)诊病历和住院病历。门(急)诊病历内容包括门(急)诊病历首页[门(急)诊手册封面]、病历记录、化验单(检验报告)、医学影像检查资料等;住院病历内容包括住院病案首页、入院记录、病程记录、手术同意书、麻醉同意书、输血治疗知情同意书、特殊检查(特殊治疗)同意书、病危(重)通知书、医嘱单、辅助检查报告单、体温单、医学影像检查资料、病理资料等。病历在医疗机构的诊疗活动、教学科研和医院管理中扮演着重要的角色,是医疗机构管理和卫生行政管理、卫生统计、医疗保险理赔、伤残鉴定以及医疗事故鉴定和民事诉讼的重要法律依据。

2.医疗证明文件或医学意见书,包括出生证明、健康证明书、死亡证明、伤残证明、病假证明、疾病诊断书、暂缓结婚意见书、终止妊娠意见书等具有行政性质的文书,能够对患者产生赋予、限制或剥夺其权利的法律后果。

3.其他的民事文书,是指除病历资料中各类同意书之外的,能够反映患者对其民事权利进行处分,反映医患之间设立、变更或终止特定民事法律关系的文书。如患者的授权委托书、患者拒绝治疗的书面声明等。

---

① 王国平、胡琴琴:《医疗文书的证据学意义及其规范要求》,载《杭州医学高等专科学校学报》2003年 12 月第 24 卷第 6 期,第 323—325 页。

② 马文元:《医患双方的权益》,科学出版 2005 年版。

二、医疗文书书写及管理中的常见问题

医疗文书既是医生观察诊疗效果和调整诊疗方案的重要证据,又是体现医生专业特点、学术发展水平和医疗内涵质量的法律凭证。医疗文书反映患者的疾病诊疗信息,制定医疗文书是医务人员的法定职责;医疗文书必须按规定的时限由医务人员亲自参与或直接主持下完成;医疗文书的记录及制作必须符合有关卫生行政部门的法规和法律规定;在医疗法律风险争议诉讼中,医疗文书更是辨明是非、判明责任、进行医疗技术鉴定或司法鉴定的证据。

医疗文书尤其是病历,作为医疗损害赔偿诉讼中的关键证据,其真实性是非常重要的。然而由于各种原因,临床中医疗文书书写及管理中常常存在如下问题。

第一,医疗机构及其医务人员可能会做出影响病历真实性的事情来,主要有以下情况:病历质量管理环节导致病历失真;医务人员工作态度不严谨,询问病史、观察病情不仔细导致的病历失真;医护人员的医疗经验、技术水平导致的病历失真;发生医疗纠纷后,医疗机构或其医务人员怕承担责任而涂改、伪造病历。

第二,医疗文书书写中常见如下问题:如文件缺失;记录过分简单、单调;事后的涂改、编造;签名不规范、捏造伪造病历。

第三,医疗文书保管中常见如下问题:如病历失窃;病历中的文件丢失;环节病历阅读人无限制。

目前,我国医疗机构因医疗文书问题以致在医疗纠纷中失利的现象经常发生,因此,加强医疗文书管理,是当前摆在各级各类医疗机构面前的一项重要课题。实践证明,规范医疗文书对防范医疗法律风险将起到非常重要的作用。

三、与医疗文书相关的法律风险

(一)承担民事侵权责任的法律风险

1.过错推定的法律风险。

过错推定是指在损害发生时,因某种客观事实或条件的存在,即推定行为人有过错,从而减轻或免除被害人对于过错的举证责任,并转化为由加害人负担无过错的证明责任。在《侵权责任法》第58条中明确规定了适用推定过错的三种情形,其中两条与病历资料有关。当医疗机构"隐匿或者拒绝提供与纠纷有关的病历资料"或"伪造、篡改或者销毁病历资料"时,法律推定医疗机构有过错,患者无须对医疗机构的诊疗行为存在过错承担举证责任。医疗机构在没有提出其他证据证明自己不存在过错的情形下,因举证不能可能要承担败诉的风险。

隐匿是指医疗机构和医务人员为了自身利益在医患纠纷或医疗诉讼中将对

己方不利的病历藏匿起来的行为。伪造是指完全凭空捏造并不存在的病历的行为。篡改是指在原来真实存在的病历上对其内容进行修改或删增的行为。销毁是指医疗机构和医务人员为了自身利益将不利于己方的病历彻底毁掉的行为。以上几种行为均要求医疗机构和医务人员存在主观上的故意。

发现病历中存在问题,对病历内容进行及时的补充、更正的行为不构成对病历的篡改,但修改行为须按照相关规定进行。如在《病历书写基本规范》第七条中明确规定:"病历书写过程中出现错字时,应当用双线划在错字上,保留原记录清楚、可辨,并注明修改时间和修改人签名。不得采用刮、粘、涂等方法掩盖或去除原来的字迹。"

2. 未尽妥善管理义务的法律风险。

《侵权责任法》第 61 条规定:"医疗机构及其医务人员应当按照规定填写并妥善保管住院志、医嘱单、检验报告、手术及麻醉记录、病理资料、护理记录、医疗费用等病历资料。"在临床实践中未尽妥善保管义务主要表现为以下几方面。

(1)字迹潦草无法辨识或记载不明、形式不符。由于医疗文书作为书证,主要是通过其记载的内容思想来证明案件的事实,内容不清或无法辨识将可能减弱其证明效力或导致其无法作为证据在认定案件事实时被采用,由此可能导致医疗机构对其主张的事实承担因所举证据不足以使法官产生内心确信而败诉的风险。

(2)由于保管不当导致病历资料毁损或灭失。医疗机构需对病历资料的毁损或灭失是由于工作人员的过失、第三人原因或不可抗力等原因承担举证责任,证明自己主观上并非故意;如无证据证明其并非故意销毁病历资料的,将可能因过错推定原则,承担举证责任倒置的风险。

(3)因病历资料保管不妥侵犯了患者的隐私权。因病历保密措施不严或病历遭盗、丢失等情形导致患者隐私泄露或被公开,造成侵害的,医疗机构因其未尽到相当的注意义务应该承担相应的侵权责任。

(二)承担行政和刑事责任的风险

《医疗事故处理条例》第 58 条规定:"医疗机构涂改、伪造、隐匿、销毁病历资料的,由卫生行政部门责令改正,给予警告;对负有责任的主管人员和其他直接责任人员依法给予行政处分或者纪律处分;情节严重的,由原发证部门吊销其执业证书或者资格证书。"

《执业医师法》第 23 条规定:"医师实施医疗、预防、保健措施,签署有关医学证明文件,必须亲自诊查、调查,并按照规定及时填写医学文书,不得隐匿、伪造或者销毁医学文书及有关资料。医师不得出具与自己执业范围无关或者与执业类别不相符的医学证明文件。"第 37 条规定:医师在执业活动中有"未经亲自诊查、调查,签署诊断、治疗、流行病学等证明文件或者有关出生、死亡等证明文件的"或"隐匿、伪造或者擅自销毁医学文书及有关资料的"之行为的,由县级以上人民政府卫生行政部门给予警告或者责令暂停六个月以上一年以下执业活动;情节严重的,吊销其执业证书;构成犯罪的,依法追究刑事责任。医务人员在刑事诉讼中,隐匿、毁灭或者伪造作为刑事诉讼证据的医疗文书的,可能会构成妨碍司法罪中的伪证罪或帮助毁灭、伪造证据罪。

第四节 临床试验中的相关法律风险

一、临床试验的概述

卫生部于 2007 年颁布的《涉及人的生物医学研究伦理审查办法(试行)》第三条,将人体生物医学研究区分为:人体基础医学研究和临床试验。临床试验是指通过生物医学研究形成的医疗卫生技术或者产品在人体上进行试验性应用的活动。临床试验是一种特殊的,具有一定风险及未知性的医疗过程和医疗活动。临床试验是以人为受试对象,有控制地对受试者进行观察和研究的医学行为过程。它是在基础理论研究的动物试验以后,临床应用以前的一个研究中心环节,是现代生物技术的重要支柱。[①] 临床试验的法律定位应当属于广义的医疗法律行为中的试验性医疗法律行为。

临床试验区别于一般的临床治疗行为。

一是目的不同:临床试验属于科学研究,其目的在于获得普遍化的知识,而治疗的目的在于为了救治具体的病人。

二是角色不同:作为研究人员,他必须懂得如何进行科学研究,提出假说,然后设计试验程序来验证这个假说;尤其是需要设计随机对照试验,以保证将可能的偏倚减少到最低程度。在确保研究的科学性的同时,还必须确保整个研究过程符合国际和国内的标准和规定,即确保研究合乎伦理,保证受试者的权利和利益。为此,他需要知道有关涉及人的生物医学和健康研究在国际上有哪些伦理准则,国内有哪些法规和规定。[②] 作为医务人员,则是运用医学专业知识和临床经验,以遵守医道规范、行业规范和法律规范为前提,向患者提供医疗服务。

三是受益者不同:在治疗中患者是受益者,但是临床研究中受试者不一定从中获益,但研究结果必须是有利于他人,有利于医学发展和有利于社会的。

---

① 胡友利:《浅谈临床试验中受试者的保护》,载《中外医疗》2008 年第 26 期,第 163—164 页。
② 翟晓梅、邱仁宗:《生命伦理学导论》,清华大学出版社 2005 年 8 月第 1 版,第 411 页。

二、临床试验的国际规范和国内规范

（一）涉及临床试验的国际规范性文件

1.1946 年以纽伦堡审判为背景的《纽伦堡法典》是第一个国际性的伦理学法典，对人体试验做出了十点声明，规定了"受试者的自愿同意是绝对必要的"，"试验进行必须力求避免在肉体上和精神上的痛苦和创伤"，"试验的危险性，不能超过试验所解决的人道主义的重要性"等。

2.1964 年在芬兰赫尔辛基召开的第 18 届世界医学大会通过了关于医学研究伦理学准则的《赫尔辛基宣言》，宣言以纽伦堡法典为模板，对知情同意进行了阐述，是指导医师进行涉及人的医学生物研究的建议和伦理原则，其精神已经被各国的医学界普遍接受，到目前为止宣言已经被修改了 5 次。

3.1978 年美国国家保护生物医学和行为研究受试者委员会发表了一份经典的伦理文件：《贝尔蒙报告》。在报告中明确了人体试验的基本原则及其应用：尊重人的原则，要求知情同意；有利原则，要求进行风险/受益评估；公正原则，要求受试者的选择在程序上和结果上都是公平的。

4.1993 年世界医学组织理事会（CIOMS）在日内瓦制定了《涉及人类受试者的生物医学研究国际伦理准则》，并于 2002 年完成了该准则的修订本。该准则共有 21 条，包括：伦理委员会、伦理审查、知情同意、利益与风险、保密、受试者获得治疗和赔偿的权利等内容，并在准则的第一条中指出："涉及人的生物医学研究的伦理学论证基于有希望发现有利于人民健康的新途径。这类研究只有当它尊重和保护受试者，公平地对待受试者，并且在道德上能被进行研究的社区接受时，才能得到伦理的辩护。此外，科学上不可靠的研究必然是不符合伦理的。"①

（二）我国关于临床试验的法律规范性文件

1.1998 年，卫生部涉及人的生物医学研究伦理审查委员会制定的《医学研究伦理审查指导》。

2.1999 年，国家食品药品监督管理局发布的《药品临床试验管理规范》。

3.2003 年，国家食品药品监督管理局发布的《药物临床试验质量管理规范》，是我国医学研究中临床试验方面的标志性立法。

4.2007 年，卫生部制定的《涉及人的生物医学研究伦理审查办法（试行）》。

三、临床试验中的法律风险

（一）承担民事侵权责任的法律风险

临床试验中的侵权责任是指临床试验的实施者（包括申办者和研究者）在进

① 翟晓梅、邱仁宗：《生命伦理学导论》，清华大学出版社 2005 年 8 月第 1 版，第 439 页。

行医学研究活动时,违反了国家关于人体生物医学研究的法律法规或人体生物医学研究伦理规范的规定,给受试者的合法权益造成损害的,应该承担相应的赔偿责任。

1.侵权责任的构成要件。

(1)实施了侵害受试者合法权益的侵权行为。在实践中,临床试验中的侵权行为主要表现为以下几种形式。

①侵害受试者的知情同意权。临床试验的进行必须以受试者自愿的同意为前提,临床试验的实施者存在告知义务履行瑕疵,给受试者造成损害的,构成对受试者知情同意权的侵害。告知义务的履行瑕疵①包括以下方面。

告知时间瑕疵:事前告知瑕疵,即研究实施者未在试验开始前对受试者进行充分说明;过程中的告知瑕疵,即研究实施者在出现新情况时未对受试者进行告知,或在试验过程中未对受试者提出的疑问进行适当的解答,使受试者失去了决定是否退出试验的选择权。《审查办法》第 18 条中明确规定:"当项目的实施程序或者条件发生变化时,必须重新获得受试者的知情同意,并重新向伦理委员会提出伦理审查申请。"并且受试者有随时退出试验的权利。

告知内容瑕疵:指临床实验的实施者违反法律和临床试验伦理规范,未对受试者进行准确和充分的告知,包括:完全没有告知和部分不告知。《赫尔辛基宣言》中规定,受试者参与研究要求获得他们对下列各项的知情同意:研究目的、方法、资金来源;任何可能的利益冲突;参加研究的好处和可能的风险;有权在任何时候撤回对参加的同意而不受任何惩罚。

告知方式瑕疵:主要包括未用通俗易懂的文字表达;没有给受试者提供充足的机会和时间做出理性的思考和决定;未采用知情同意书的方式获得同意,违反了法律对知情同意的要式规定;研究者没有在知情同意书上签字或没有给受试者知情同意的副本;采用欺骗、利诱、胁迫等不正当手段获取受试者的同意;对无同意能力的人如未成年人和精神病患者进行研究没有获得其监护人的同意。

受试者选择不适当:试验的实施者没有严格按照试验要求、实验设计、法律规范及伦理规范的规定选择适格的实验对象,如将某些具有特殊体质或患有不适宜接受试验的疾病的自然人作为实验对象。

研究方案或法定研究程序违反法律规范或临床试验伦理规范:如未对试验设计的合理性、科学性进行分析或审查;为尽快谋取商业利益,研究方案只追求结果和效率,忽视对受试者权益的实际保护;在药品进入临床试验前未获得药监局的批准或者研究方案并未获得伦理委员会审查等。

---

① 彭真明、刘学民:《论人体生物医学研究活动中的侵权责任》,载《法商研究》2009 年第 2 期,第 18—26 页。

②侵害受试者的健康权、身体权。在临床试验方面,受试者的健康权应受到保护,特别是实施临床实验性治疗行为的工作人员,负有特别的告诫义务。在临床试验研究领域中,侵害身体权主要体现为以下两种行为方式:因科研对尸体的损害;因科研对身体组织的非法保留、占有。

③侵犯受试者的隐私权。《涉及人的生物医学研究伦理审查办法(试行)》中明确规定:"尊重和保护受试者的隐私,如实将涉及受试者隐私的资料储存和使用情况及保密措施告知受试者,不得将涉及受试者隐私的资料和情况向无关的第三者或者传播媒体透露。"研究者未对受试者的研究数据采取可靠的保密措施导致隐私泄露,或擅自将涉及受试者隐私的部分向社会公开散布,可能会导致受试者因其隐私而遭受社会的歧视或其他损失,给受试者带来极大的精神痛苦,构成对受试者隐私权的侵犯。

(2)侵权行为产生了损害的结果,包括对受试者生命健康利益的损害、财产损害和精神损害。

(3)侵权行为与损害结果之间存在因果关系。

(4)试验的实施者在主观上存在过错,包括故意与过失。

2.临床试验实施者的赔偿责任。

(1)对临床受试者的过错赔偿责任:临床试验的研究者对受试者实施了侵权行为,并造成损害后果的,应该承担赔偿责任。《医学研究伦理审查指导》第19条明确规定:"被研究者由于参加研究,造成暂时或终身伤害,应得到治疗和赔偿;造成死亡的,其家属应得到赔偿。"研究者、任何机构或者个人均不得剥夺被研究者的这一权利。由于目前我国未对临床试验中的赔偿方式做出具体规定,研究者对受试者的生命健康权造成损害的,可以按照《侵权责任法》中的规定承担相应的赔偿责任,对于精神损害赔偿的认定及赔偿数额,可以依据《关于确定民事侵权精神损害赔偿责任若干问题的解释》的相关规定。

(2)受试者的公平责任:尽管受试者在研究试验中并未存在过错,但是依据风险与损失合理负担的原则,临床试验毕竟是一项特殊的医疗行为,试验中包含着不可预知或难以预见的风险,对于受试者自愿参加试验为社会做出贡献的高尚行为,应该给予特别的保护,为受试者提供及时的治疗和进行适当的补偿。

3.临床试验侵权的免责事由。

(1)受试者的同意。在临床试验中受试者的允诺,构成阻却临床试验违法性的事由,即指受试者在事先明确作出愿意承担某种损害结果的同意。受试者不存在过错的,对受试者所允诺的损害结果不承担侵权赔偿责任;但出于公平原则,需要为受试者提供及时的治疗和一定的补偿。受试者的同意必须符合知情同意所要求的条件:明确、充分的告知,受试者具有做出同意的能力,以及自主自愿地做出同意,不受任何形式的利诱、威胁或强迫。

(2)受害者的故意。由于受害者的故意行为导致自身受到损害的,临床试验的实施者不应对此承担赔偿责任。受试者的故意主要表现为:做出虚假回答或故意隐瞒自己的健康状况或病史;未按照试验规定或要求擅自行动的,如未定时吃药,擅食试验禁用药物的或没有按时去医院接受定期观察等。但是,如果临床试验的实施者没有事先对受试者做出明确充分说明和解释的,不能免除其赔偿责任。

(3)第三人的过错。由于第三人的过错对受试者造成损害的,临床试验的实施者和试验机构没有义务为第三人造成的损害向受害者承担赔偿责任。

(二)承担行政责任和刑事责任的法律风险

《涉及人的生物医学研究伦理审查办法(试行)》第 29 条中规定:"研究人员发生违反伦理原则的行为,研究项目负责人所属单位以及卫生行政部门均有权给予相应处罚,并进行公开批评,取消获得奖励的资格;视情节轻重中止科研项目的实施,触犯国家法律的,移交司法机关处理。"

尽管我国在刑法中并未制定具体的刑罚来规制临床试验行为,但是对受试者造成严重损害或产生严重后果的,具有较大社会危害性的,应该追究其刑事责任。如对不具有从事人体试验资格的人员违规进行人体试验,故意或重大过失造成重大损害的,可以按非法行医罪或过失致人死亡、重伤罪追究其责任;对适格的研究人员违法违规,造成重大损失致人重伤或死亡的,可以按医疗事故罪追究其责任。①

第五节　临终医疗决定中的相关法律风险

一、临终医疗决定权

生老病死、万物荣枯是不可抗拒的自然规律,即便是医学技术迅猛发展的今天,尽管医学已倾尽全力去挽救和延长患者的生命,但是无论多么努力,仍然不能改变每个生命终会走到尽头的必然规律。如何面对死亡,是一个人一生中必然经历的最后阶段。随着医疗技术的发展,医学上已存在很多技术和方法可以帮助即将走向死亡的患者延长生存的时间。如何死亡、用怎么样的方式迎接死亡,变成了可供患者选择的权利。近年来,随着"安乐死"话题的不断升温,患者临终决定权的内容、使用范围以及使用的前提条件,成为法学研究的热点。尽管

---

① 汪红飞:《非法人体试验行为的刑法规制》,载《医学与哲学(人文社会医学版)》2008 年第 29 卷第 10 期,第 25—27 页。

学界已经做出了种种努力,但各派学说争执不下,迄今为止仍然没有提出令人满意的解决方案。

临终病人是指由于疾病或者意外事故而造成人体器官的生理功能趋于衰竭,生命活动趋向终结的状态,濒临死亡但是尚未死亡者。[①] 临终医疗决定权是指患者在临终前对所接受的医学治疗、医疗手段和死亡方式进行选择的权利,主要包括:继续治疗的权利、放弃治疗的权利和安乐死的权利等。在这些权利中,安乐死是一个饱受争议、需要进一步详细分析的概念。

安乐死作为一个充满争议和模糊不清的概念,存在着多种理解,对安乐死的分类也存在很多不同的观点,比较常见的分类有以下几种。

一是主动安乐死,是指采取某种措施(如注射药物或其他措施)导致患者无痛死亡,包括自愿的主动安乐死,即指根据患者明确的请求和患者完全的知情同意而进行的主动安乐死;非自愿安乐死,即指对不具有明确请求行为能力的和精神上不可能明确请求的患者进行主动安乐死;不自愿安乐死,即指没有得到有行为能力的患者的明确要求或完全知情同意(并不意味着一定违反患者的意愿,例如可能并未征求患者的意见)而进行的主动安乐死。

二是被动安乐死,是指不给或者撤除生命支持医疗措施而听任患者死亡,又称为“听任死亡”。

三是医生协助自杀,是指医生提供药物或者其他干预措施,用以帮助患者有意使用它们自杀。[②] 目前在实践中,主动安乐死和医生协助自杀由于在法律上缺乏支持,被严格禁止,而被动安乐死在临床中是被默许的做法,并且经常被使用。

二、临终医疗决定权的法律风险

(一)违反告知义务的法律风险

临终患者作出临终医疗决定的前提是获得医生充分的说明告知。无论患者选择继续接受治疗、放弃治疗或被动安乐死,医方都应该向患者或患者家属(当患者无法做出知情同意时)进行准确、充分的说明,包括:医方拟采用的治疗方法或维持生命的医疗方式,医疗措施的风险、不利影响,放弃治疗将能给患者带来的痛苦或其他影响以及可能产生的危险,不用或撤去生命维持系统会导致死亡后果,等等。医方不能以“保护性医疗”为由,向患者隐瞒实情,并且应该注意告知的方式,尽量采用患者能够接受的方式进行告知;对患者或其家属的决定应当以书面的形式记载,以便在日后的医疗纠纷中作为证据使用。

---

① 张金钟、王晓燕:《医学伦理学》,北京大学出版社 2005 年版,第 178 页。

② 翟晓梅、邱仁宗:《生命伦理学导论》,清华大学出版社 2005 年版,第 38 页。

如果医生未尽到如实告知义务的,构成对患者知情同意权的侵害,应该承担相应的法律责任。

对于患者做出有效临终医疗决定的情况下,医方是否免责的问题,需要区别对待:如果患者决定终止治疗的,医方对其不再履行救治义务,可以免责;如果患者决定继续治疗的,医方在医疗行为中存在过错的,仍应对其过错承担侵权责任。

(二)患者授权的法律风险

对于患者是否有权授权医生或其家属代其做出临终医疗决定的情形,目前,法律上并无定论。支持这种授权的观点认为,患者的有效授权需满足四个条件:充分的告知,患者具有行为能力,患者的授权出自患者真实的意思表示,以书面形式授权。目前在我国立法中并没有肯定患者可以通过授权的方式处分自己的生命健康权益,患者的这种授权是否有效尚未可知。在由于放弃治疗或被动安乐死引发的医疗法律风险中,对患者授权是否有效的认定,法官享有较大的自由裁量权。如果授权被认定为无效,医方则会因为未尽到救治义务而被法律追究其责任。

(三)主动安乐死和医生帮助自杀的法律风险

从我国司法实践来看,主动对患者实施安乐死的行为,无论是否获得患者的知情同意,都符合故意杀人罪的构成要件:医生或其他人实施了主动安乐死的行为,并在客观上导致了患者的死亡;医生或其他人对患者的死亡具有主观上明确的故意,并希望死亡结果的发生。在我国陕西汉中1986年6月发生的第一起安乐死的案件中,法院认为两名被告的行为虽属于剥夺生命权利的违法行为,但情节显著轻微,不具有社会危害性,因此作出了无罪判决。

对于医生提供药物或其他措施帮助患者自杀的,由于在我国刑法中杀死自己并不构成故意杀人罪,所以医生的帮助行为不能成立故意杀人罪的帮助犯。但是,如果患者无法准确认识自己的行为(如未成年人)或患者的自杀行为实际上是在医生的授意或诱导下引起的,则医生的行为属于间接正犯,构成故意杀人罪。

第六节　住院期间安全保障的相关法律风险

一、安全保障义务

安全保障义务是指经营者在经营场所对消费者(包括潜在的消费者)或者其他进入服务场所的人之人身、财产安全依法承担的安全保障义务。安全保障义务是基于当事人之间存在一定的关系而产生的一种安全注意义务。义务主体是场所的经营者,权利主体包括:消费者、潜在的消费者和实际进入该场所的人。根据《侵权责任法》第37条第一款的规定:"宾馆、商场、银行、车站、娱乐场所等公共场所的管理人或者群众性活动的组织者,未尽到安全保障义务,造成他人损害的,应当承担侵权责任。"由此可见,医疗机构作为一个特殊的营业性公共场所,基于其与患者之间建立起的医疗服务关系,应当对患者住院期间的人身和财产安全负有合理限度范围内的安全保障义务。

医疗机构安全保障义务的法理基础主要包括以下方面。

一是信赖关系理论:由于社会中危险活动大量增加,基于信赖原则即诚实信用原则,医院应该顾及到进入其场所内进行活动的个体的人身和财产安全,尽到合理的注意义务。当事人由于与医院之间产生了某种关联关系(主要是医疗服务关系),而使得当事人对医院产生了合理的信赖,即相信自己在医院范围内活动时,人身和财产不会遭受侵害。如果医院怠于履行这种义务,受害人有权要求其承担赔偿责任。

二是危险控制说:医院对自己的场地、设施以及人员配置等环境信息最为清楚,对其范围内能产生的危险具有比他人更大的控制能力,更有可能预见到可能发生的危险和损害,并最有可能及时采取有效的措施防止、制止或减轻损害的发生。所以基于"分配正义"的要求,医院对其范围内发生的损害应该承担与其责任程度相当的赔偿责任。

三是成本效益说:该理论认为,由医疗机构承担保障义务的成本消耗最低,督促医疗机构完善其在硬件和软件方面的安全保障措施,更有利于在最低的成本范围内避免损害的发生。如果让进入医院的人都在进入前投入大量的时间、精力和金钱来考察医疗机构在安全保障设施方面是否存在瑕疵或缺陷,以避免自身安全受到不必要的损害,那无疑是一种高社会成本的消耗,显然不经济也不合理。

二、医疗机构的安全保障义务

医院的服务包括医疗服务和非医疗服务两类,医疗服务是指医疗机构为服务对象提供的直接的诊疗服务;非医疗服务是指为了配合医疗服务,为方便患者活动和患者的康复而向其医疗服务对象提供一个良好的环境的必不可少的一种服务。医疗机构的安全保障义务主要是非医疗服务范围内的一种安全注意义务。不同于宾馆、商场、银行等经营场所,医疗机构对住院期间患者的安全保障义务具有一定的特殊性。

第一,住院期间医疗机构的安全保障义务区别于医疗安全注意义务,并非由直接的诊疗行为所引起,不以"合理的职业标准"为判断义务的标准,而是在非诊疗行为之外,在一定合理限度内负有的保障服务对象人身、财产安全的义务。

第二,住院期间医疗机构的安全保障义务仅限于医疗机构所能控制的范围之内,例如病房、走廊、庭院或专用停车场等。患者擅自离开或家属擅自带患者离开医疗机构可控范围的,医疗机构不再对其负有安全保障义务。

第三,住院期间医疗机构的安全保障义务具有个体化的特点,其权利主体主要是住院患者。对于不同类型的患者,医院所负有的安全保障义务的注意程度不同。患者在身体方面或精神方面的状况越不好,医疗机构的安全保障义务的注意程度就越高。

三、医疗机构违反安全保障义务的法律风险

(一)医疗机构违反安全保障义务的侵权构成要件

根据《侵权责任法》的相关规定,医疗机构对住院期间的患者和实际进入住院部的患者家属或其他人应该承担合理限度内的安全保障义务,违反该义务造成损害的应该承担相应的赔偿责任。医疗机构未尽到安全保障义务的侵权构成要件包括以下方面。

1. 有损害结果的发生,即给患者或者其他相关人造成了人身或财产的损害。这种损害需满足两个条件:一是损害必须发生在医疗机构所能控制的范围内,患者或其他相关人离开医院范围所遭受的损害不包括在内;二是损害结果并非由直接的医疗行为所造成,是医疗侵权行为以外的行为所造成的损害。如患者在医院行走时滑倒受伤,患者在医院吃饭时食物中毒,或在住院期间被其他患者打伤等。

2. 医疗机构在合理限度范围内未尽安全保障义务。医院是否尽到合理限度内的安全保障义务是判断医院是否应该承担侵权责任的关键,其判断标准主要包括:法定标准,即法律上有严格规定的,必须遵守;行业或惯例标准,即以医疗行业的行为规范、准则或惯例为标准来判断;善良家父标准,即一个有理性的人在某一情况下应尽的谨慎、合理的注意义务。在实践中主要可以从以下几个方面进行判断。

(1)医疗机构所提供的各种以供使用的服务设施或预防危险措施是否符合安全标准或能够保证其安全性能。有国家标准或行业标准的应该符合其标准,没有国家标准或行业标准的,应该按照正常使用的通常标准进行配备。依据不同设施的性质和性能,来确定其配备和维护时的安全责任程度。

(2)医疗机构是否对一些具有危险性或存在安全隐患的设备、设施或施工项目设置了充分、明确的警告、提示以及说明,如标示"小心地滑,注意安全","前方

是机房重地,请勿进入","前方施工,请绕行"等予以警告,以避免危险的发生。

（3）医疗机构中是否配备有相应的经过专业培训的职业人员来从事安全保障工作,如:保安、设备检修人员等。

（4）医疗机构提供的服务内容和过程是否存在不安全因素,如医院提供的食物不符合卫生标准、陪护人员未受过专业培训等。

（5）医疗机构是否依法律法规或行业规范,制定了安全保障方面的准则或规定,以及是否适当地执行了这些相关规定,如:对探视人员的限制,探视时间的限制,等等。

（6）当危险发生时,医疗机构是否及时采取了合理的措施来对危险进行制止和消除。如:医院应该及时制止医患之间、患者之间或其他人之间的冲突,当患者家属情绪过于激动可能对其他病患产生不良影响时,应及时制止,等等。

（7）当危险发生后,医疗机构是否采取了合理有效的救助措施。如医院对于遭受人身侵害的患者或其他人应该及时救治。

同时,需要注意的是:医疗机构根据其服务性质的不同,安全保障义务的程度也有所不同。如精神病医院对精神病患和其他人员的安全保障义务就要高于一般的医院;根据收费标准不同,安全保障义务的程度也不同,一般设施越高档收费越高的医院其安全保障义务要越高;针对不同的服务对象,医疗机构的安全保障义务也不同,对于老、幼、残、孕等弱势群体,医院应该根据其不同的特点提供相应的安全保障。[1]

3.违反安全保障义务的侵权行为或者违反安全保障义务的内在危险与损害结果的发生之间存在着一定的因果联系。

（二）医疗机构违反安全保障义务的侵权责任形态

违反安全保障义务的赔偿责任可以分为直接责任和补充责任。[2]

1.直接责任:医疗机构未尽到安全保障义务的侵权行为或结果是由医疗机构自身的原因所引起的,侵权人因自己的侵权行为对受害人承担赔偿责任。

2.补充责任:根据《侵权责任法》第37条第二款的规定:"因第三人的行为造成他人损害的,由第三人承担责任;管理人或组织者未尽安全保障义务的,承担相应的补充责任。"当第三人致人损害时,如果医疗机构尽到了应尽的安全保障义务时,不应再对受害人的损失承担责任。如果致害第三人无法找到或不能确定时,医疗机构应该在安全保障义务的范围内承担相应的赔偿责任。

---

① 周玉文:《医院等医疗机构对患者及相关人员的安全保障义务浅析》,载《山西农业大学学报(社会科学版)》2009年第8卷第1期,第28—30页。

② 姜宝超:《从一起医院自动门挤伤患者案谈安全保障义务》,载《山东审判》2008年第24卷第5期,第83—87页。

本章小结

本章主要对临床管理中的法律风险进行了讨论,包括以下几个方面。

患者的知情同意权和隐私权都是患者自主权在医疗实践中的具体表现,其本质是对患者尊严的维护。《侵权责任法》将侵犯知情同意和隐私的法律问责引入医疗侵权责任领域,为患者提供了有力的维权手段,也对医务人员的医德素质、医患沟通技巧和风险处理能力提出了更高的要求。

医疗文书在医疗侵权之诉中扮演着重要角色,是医疗纠纷中决定案件性质、鉴定结论和判决结果的重要证据。《侵权责任法》采用过错推定的方式加重了医疗机构的证明责任,更有利于对患者权益的保护,同时也加大了医疗机构因无法提供、拒绝提供或提供虚假的医疗文书而被直接推定为存在过错,并被追究法律责任的风险。

临床试验是一项高技术、高投入、高风险的实践活动,目前我国缺乏一部完备的法律规制对临床试验进行规制,在实践中主要参照《医学研究伦理审查指导》和一般侵权法解决在试验中出现的侵权问题。

患者临终决定权的行使以患者具有自主能力且完全出于自愿,未受到任何形式的胁迫、欺骗为前提,必须是患者真实意思的体现。目前,我国现行的法律中并未对患者临终决定权作出明确规定,患者的书面授权具有何种法律效力也仍无定论,在这一领域法官享有很大程度的自由裁量权,法律归责具有不确定性,隐含着较大的法律风险。

医疗机构的安全保障义务是非医疗服务范围内的一种安全注意义务。根据《侵权责任法》的相关规定,医疗机构对住院期间的患者和实际进入住院部的患者家属或其他人应该承担合理限度内的安全保障义务,并对违反该义务所造成的损害承担相应的赔偿责任。医疗机构应该增强风险防范意识,制定和完善医院的安全保障制度和应急方案,加强对院内工作人员的管理和考核,定期检修或更换院内各项服务设施,注意安全标志的设置和维护,为患者及其他进入医院的人提供一个安全舒适的医疗服务环境。

思考题

1. 在何种情况下医务人员的行为构成对患者知情同意权的侵害?责任如何承担?

2. 医务人员违反保密义务的侵权构成要件是什么?

3. 结合过错推定原则,谈谈医疗文书在侵权之诉中的地位?

4. 临终医疗决定权涉及的法律风险有哪些?

5.什么是医疗机构的安全保障义务？医疗机构违反安全保障义务的侵权责任形态有哪些？

案例思考

某男性患者因肝后下腔静脉占位性病变入院。术前制订了四套手术方案。手术当天，医生打开患者腹腔后，发现患者肝静脉显示不清，肝后下腔静脉无法与肝脏分离，于是决定放弃风险相对较小的第一套方案，转而进行第二套方案（阻断第一肝门及下腔静脉，行肝脏离体下的肝后下腔静脉置换手术），但未将此术式变更告知患者家属。当天下午患者于术中心跳骤停，经抢救无效死亡。后医院在病检报告中称病变肿块实为炎症性肌纤维母细胞瘤（良性）。患者家属认为是医院的过错行为导致了患者死亡结果的发生，要求医院予以赔偿；但是院方认为：术前也已经告知患者家属有四套方案，并且他们也已经签了手术同意书，并且同意书上面明确写着"医院不承担任何责任"的免责条款，院方不对此承担责任。医患双方争执不下，患者家属将医院起诉至法院。在庭审过程中，原告方律师指出：在病历上有多处类似涂改过的痕迹，要求进行鉴定。

案例讨论

1.在本案中，医生的行为是否存在不当之处？如果有，请指出并加以分析。

2.试分析手术同意书中的免责条款"医院不承担任何责任"的法律性质。

第八章　医疗法律风险的非诉讼解决机制

第一节　医疗法律风险的处理原则与途径

一、医疗法律风险的处理原则

医疗法律风险的处理,应当本着公开、公平、公正的原则。这一原则在《民事诉讼法》《侵权责任法》《医疗事故处理条例》(以下统称《条例》)以及《人民调解法》等相关法律法规里都有具体规定。例如《人民调解法》第 3 条规定:"人民调解委员会调解民间纠纷,应当遵循下列原则:(一)在当事人自愿、平等的基础上进行调解⋯⋯"《条例》第 3 条规定:"处理医疗事故,应当遵循公开、公平、公正、及时、便民的原则,坚持实事求是的科学态度,做到事实清楚、定性准确、责任明确、处理恰当。"

"公开"的目的是保障当事人和社会公众的知情权、参与权和监督权,防范权力寻租现象。公开原则的基本要求是:其一,按照法治原则,所有要求人们遵守的行为规范必须向社会公开;其二,处理过程要采取公开的方式,即处理程序、证据内容和适用的法律均须公开;其三,将争议的处理置于社会的监督之下,杜绝暗箱操作。

"公平"的核心价值是确保法律面前人人平等,避免差别对待。在医疗法律风险的处理中,公平首先是指医患双方法律地位的平等,任何一方不能凌驾于对方之上;其次是指双方权利与义务的统一,双方权利义务的对等;再次,是指适用法律上的公平,不能针对同一个争议事实对医患双方适用不同的法律规范。

"公正"意味着平等地对待争议的双方,不偏袒任何人,对所有人平等和公正地适用法律。公正包括程序公正与实体公正,二者辩证统一,不可偏废。程序公正是实现实体公正的前提和基础,而实体公正则是程序公正的目标和归宿,二者的有机统一共同构成"完善的程序正义"。[①] 离开实质公正,形式公正就会徒有虚名或迷失方向;而抛弃形式公正,实质公正也会缺乏保障。

坚持实事求是的态度,做到事实清楚、定性准确、责任明确、处理恰当,这是

---

① ［美］约翰·罗尔斯著,何怀宏等译:《正义论》,中国社会科学出版社 1988 年版,第 80—83 页。

对医疗法律风险处理工作的客观要求。医疗法律风险是由医疗行为引起的，医学具有自身的科学体系与理论依据，对待科学必须要有客观、公正的态度与认识，而客观、公正的基础就是实事求是，以事实为依据，以法律为准绳。只有将事实搞清楚，才能准确定性，正确处理纠纷，减少或者杜绝医疗损害的发生。因此，坚持实事求是的科学态度，是处理医疗法律风险的重中之重。否则，公开、公平、公正也就无从谈起。

此外，医疗法律风险的处理还应遵循及时、便民的原则。及时是指发生医疗法律风险后，要及时处理有关责任人员，及时解决医患双方的争议。便民主要体现在申请卫生行政部门处理时，向医疗机构所在地的卫生行政部门提出，如果不属于其受理的，由其按规定移送上一级卫生行政部门，以减少当事人的负担。

二、医疗法律风险的处理途径

医疗法律风险的处理途径包括诉讼解决和非诉讼解决模式。诉讼是司法审判机关和案件当事人在其他诉讼参与人的配合下依法定诉讼程序解决民事纠纷的活动。非诉讼解决途径也称为替代性纠纷解决方法（Alternative Dispute Resolution，ADR），包括和解（Negotiation）、调解（Mediation）、仲裁（Arbitration）等。

我国医疗法律风险的处理经历了一个漫长曲折的发展过程。在计划经济年代，卫生行政部门是处理医疗事故损害的当然机关。1987年的《医疗事故处理办法》（以下统称《办法》）第11条规定："病员及其家属和医疗单位对医疗事故或事件的确认和处理有争议时，可提请当地医疗事故技术鉴定委员会进行鉴定，由卫生行政部门处理。对医疗事故技术鉴定委员会所作的结论或者对卫生行政部门所作的处理不服的……也可以直接向当地人民法院起诉。"该条第一次明确了行政处理和诉讼解决在医疗事故中的法律地位。但是，《办法》并未明确规定卫生行政部门处理的性质、地位和任务。实践中，卫生主管部门主要负责裁决一次性经济补偿数额，这实际上是把行政处理行为转化为民事裁决行为。这既超越行政职能，又不能与民事诉讼相衔接，导致行政处理与司法审判上的冲突和矛盾。[①] 20世纪90年代以来，医患冲突呈上升趋势，社会各界纷纷呼吁尽快建立快捷合理的矛盾解决渠道。在广泛征求法学界、医学界专家意见并参考国外相关立法经验的基础上，《条例》第46条中明确规定："发生医疗事故的赔偿等民事责任争议，医患双方可以协商解决；不愿意协商或者协商不成的，当事人可以向卫生行政部门提出调解申请，也可以直接向人民法院提起民事诉讼。"因此，医疗

---

① 王陇德：《卫生部就〈医疗事故处理办法〉修订向全国人大教科文卫委员会所做的汇报》，见 http://www.angelaw.com/medlaw/theory14.htm，2011年7月3日访问。

事故发生后,医患双方可以通过三种途径解决,即协商、行政调解和诉讼。2010年1月,司法部、卫生部、保监会三部门联合发布了《司法部、卫生部、保监会关于加强医疗纠纷人民调解工作的意见》(司发通〔2010〕5号),意见提出,各地可以根据需要设立医疗纠纷人民调解委员会,积极参与构建和谐医患关系的工作。

（一）协商解决

协商解决即和解,是一种在法律规则指导下的交易(Bargaining in the Shadow of Law),与广泛存在于民间的"私了"并不完全相同。[1] 和解可分为诉讼外和解和诉讼内和解,这里指的是诉讼外和解。其本质在于争议当事人通过协商方式而自行解决他们之间的纷争,这种交流与对话过程实质上是当事人之间的一种交易活动,达成的合意对双方具有契约上的拘束力。严格来说,和解并不是一种特定的法律制度,而是一种纠纷解决手段,往往和其他解决方式同时使用,并在其中发挥重要作用。

（二）行政调解

行政调解是介于人民调解和司法调解之间的一种调解制度,是由国家行政机关主持,以国家法律和政策为依据,以争议双方自愿为原则,通过行政机关的调停斡旋、说服教育等方法,促成民事争议双方当事人平等协商、互让互谅、达成协议的诉讼外活动。[2] 医疗事故的行政调解是《条例》新增加的一种解决方法,不同于以往的行政处理,是在医患双方不愿意协商解决或者协商解决不成功的情况下,向卫生行政部门提出调解申请,卫生行政部门根据《条例》的规定,仅就经济赔偿问题居间调解。引入调解机制的主要目的是"增加医疗纠纷的解决渠道,减少没有必要的诉讼和上访事件,化解社会矛盾、维护社会稳定。"[3]调解不成的,当事人可向人民法院提起诉讼。当事人不愿意接受行政调解的,也可以直接向人民法院提起诉讼。行政调解不再作为医疗诉讼的前置条件和必经程序。[4]

（三）民事诉讼

根据现行法律的规定,医患双方如果既不愿协商解决,也不同意行政调解或者对行政调解结果不满意的,可以直接向人民法院提起民事诉讼。值得注意的是,如果当事人对行政调解结果不服而诉至法院,要求医疗机构赔偿的,则为医患双方之间的民事诉讼,而非以卫生行政部门为被告的行政诉讼,因为最高人民

---

[1] 王锡锌:《规则、合意与治理——行政过程中 ADR 适用的可能性与妥当性研究》,载《法商研究》2003 年第 5 期,第 67—76 页。

[2] 崔卓兰:《行政法学》,吉林大学出版社 1998 年版,第 210—211 页。

[3] 王陇德:《卫生部就〈医疗事故处理办法〉修订向全国人大教科文卫委员会所做的汇报》,见 http://www.angelaw.com/medlaw/theory14.htm,2011 年 7 月 3 日访问。

[4] 唐德华:《〈医疗事故处理条例〉的理解与适用》,中国社会科学出版社 2002 年版,第 338 页。

法院(1989)63 号函规定,如果当事人仅要求医疗单位赔偿经济损失向人民法院提起诉讼的,应按民事案件立案受理。2000 年 3 月 10 日最高人民法院颁布的《关于执行〈中华人民共和国行政诉讼法〉若干问题的解释》第 1 条第 2 款第 3 项也规定,公民、法人或者其他组织对"调解行为以及法律规定的仲裁行为"不服而提起诉讼的,不属于人民法院行政诉讼的受案范围。当然,如果当事人对卫生行政机关作出的医疗事故处理决定不服而向人民法院提起行政诉讼的,人民法院应当受理。

(四)人民调解

上述三种途径为医患双方搭建了一座公开、公平和公正的对话桥梁,为妥善化解矛盾提供了重要便利,也收到了积极的效果。毋庸讳言,这三种途径也存在一些缺陷,尚未形成衔接合理、行之有效的多元处理机制。如在实践中,患者过分倚重医疗诉讼和私力救济,刻意回避行政调解;医疗事故责任竞合时刑事侦查、行政干预和民事赔偿之间衔接不合理。① 基于此,近几年,各地正积极探索一种"第三方"调解机制,被认为是权宜之下更为有效可行的"第四条道路",②正逐步为医患双方所认同。这种非诉讼解决机制在各地的名称各不相同,大致有医疗纠纷人民调解委员会、医疗责任险指定的调解机构、医疗纠纷仲裁委员会等。随着《人民调解法》及相关规范的颁布实施,人民调解委员会在非诉讼解决机制中的地位和作用正逐步提升。

第二节　医疗法律风险的协商解决

一、协商解决的法律基础

协商解决的本质是一种民事法律行为,协商达成的签约,具有合同法上的效力。医患双方协商解决医疗法律风险具有充分的理论依据。首先,医患关系就其本质而言,是一种特殊的民事法律关系,③现阶段医患矛盾的解决只能建立在平等、自愿的基础上。其次,双方当事人的和解协议,属当事人意思自治范畴,具有法律约束力。④ 协商解决也有相应的法律依据。如《条例》第 46 条规定:"发生医疗事故的赔偿等民事责任争议,医患双方可以协商解决;不愿意协商或者协

---

① 张海滨:《医疗纠纷的非诉讼解决方式——医疗纠纷 ADR》,载《中国卫生事业管理》2003 年第 3 期,第 153—155 页。

② 晓崔:《医患纠纷第三方调解面面观》,载《医院管理论坛》2007 年第 5 期,第 127—128 页。

③ 姜柏生:《医患关系:一种民事法律关系》,载《中国卫生事业管理》2002 年 2 期,第 93—95 页。

④ 姜柏生:《论〈医疗事故处理条例〉中的协商解决制度》,载《中国卫生事业管理》2004 年第 11 期,第 681—682 页。

商不成的,当事人可以向卫生行政部门提出调解申请,也可以直接向人民法院提起民事诉讼。"第 47 条规定:"双方当事人协商解决医疗事故的赔偿等民事责任争议的,应当制作协议书。协议书应当载明双方当事人的基本情况和医疗事故的原因、双方当事人共同认定的医疗事故等级以及协商确定的赔偿数额等,并由双方当事人在协议书上签名。"这就从法律上确定了协商解决的合法性问题。总之,医患双方在不违反国家法律、法规,不损害国家、社会和他人利益的前提下,协商解决体现了及时、便民、灵活原则,既有利于医患纠纷的及时解决,也有利于维护医院的正常秩序,促进和谐医院、平安医院的建设。

二、协商解决的基本原则

(一)主体合格

和解既然是一种民事法律行为,主体须具备相应的民事权利能力和民事行为能力。其一,患方要具备主体资格。患者是医疗行为的对象,也是医患关系的当事人,依法享有医疗权利,承担医疗义务。具有完全民事行为能力人的患者依法有权亲自或者委托他人决定是否和解及参与和解谈判;如果是限制民事行为能力和无民事行为能力的患者,参与和解谈判的只能是患者的法定代理人;如果患者死亡的,可以按照《继承法》规定的继承人顺序确定与医疗机构协商的主体。其二,参加和解的医方也要具备一定的条件。如医院法定代表人参加调解,则代表医院的行为,其和解行为合法有效。如其他医院人员参加和解,原则上应有医院的授权委托书,并在协议书上盖上医院公章。①

(二)遵循合法、自愿、诚信原则

合法,即谈判的内容、范围、程序和方式都必须遵循《民法通则》《侵权责任法》以及《条例》的规定,不得违反强制性、禁止性规范。意思自治意味着:医患双方享有是否进行协商的自由,任何单位或个人,尤其是卫生行政部门不得非法干预;医患双方享有依法自由决定协议内容的自由;一方不得采用欺诈、胁迫或乘人之危等手段迫使对方进行协商或与之达成协议;协议不得存在重大误解或显失公平的情形。诚实守信指双方应以善意的方式真诚协商解决医疗事故赔偿争议,不得滥用权利规避法律规定或合同约定的义务或者无原则"私了",不得损害国家、集体以及医患双方当事人的合法利益。

(三)不得规避行政责任和刑事责任

在医疗机构或医务人员需要同时承担民事责任、行政责任或刑事责任的情况下,医患双方只能就民事赔偿问题进行协商,不能规避相关行政责任和刑事责

---

① 仇永贵:《医疗纠纷和解中需要注意的问题》,载《中华医院管理杂志》2004 年第 4 期,第 40—41 页。

任。追究行政责任和刑事责任是由卫生行政部门和国家的公权力机关进行,其他单位和个人无权为之,以民事赔偿代替行政责任或刑事责任的协议条款应认定为无效;患者利用医疗机构企图规避法律的心理向其索要高额的民事赔偿也于法无据。为了避免这一现象,在协商解决时,当事人应分清责任的性质,判断争议标的是否属于协商解决的范围,防止和解异化为无原则的"私了"。

三、和解协议的签订

(一)和解协议的形式

当和解协议达成后,当事人应当根据协议内容和履行方式确定协议的形式,如是否需要公证或者律师见证,是否需要担保等。依法达成的和解协议,对当事人双方具有法律约束力。双方应当按照协议享有民事权利、承担民事义务。义务人没有正当理由而不履行协议的,权利人可以通过司法审判程序实现协议约定的权利义务。通常法律并不对和解协议的形式做出规定,但是,医疗损害赔偿争议关系重大,因此《条例》规定,"双方当事人协商解决医疗事故的赔偿等民事责任争议的,应当制作协议书。协议书应当载明双方当事人的基本情况和医疗事故的原因、双方当事人共同认定的医疗事故登记,以及协商确定的赔偿数额等,并由双方当事人在协议书上签名。"

(二)协议书的内容

协议书应当具有以下内容。

1.当事人基本情况。包括医疗机构的名称、类别、地址、法定代表人或者主要负责人等要素,以及患者的姓名、年龄、性别、民族、住所地、职业和医疗事由等。

2.医疗损害的基本情况。包括医疗过失行为表现、医疗损害程度与后果,以及医疗过失与损害后果的关系等。

3.协商确定的赔偿协议书还应当由双方当事人签字。医疗机构由法定代表人或者主要负责人签字并加盖公章;患方如果患者已经死亡或者丧失意识时,应当由其近亲属代理人代为签字。

(三)和解协议无效的情况

1.患方签约的主体不合法,如患者本人为18周岁以上的成人,但协议由其父母签署,且患者不予认可的,则协议无效。

2.医方签约的主体不合法,如协议为医师个人签署。

3.有胁迫、欺诈行为,如医疗机构法人在被胁迫的情况下签署的协议。

4.协议内容违背法律,如为获得保险赔偿而虚构医疗损害赔偿事实。

四、协商解决的报告

报告是医疗机构接受卫生行政部门监督管理的重要保障;听取和接受报告

是卫生部门行使监督管理职能和履行医疗事故行政处理义务的重要措施。《条例》第43条规定:"医疗事故争议由双方当事人自行协商解决的,医疗机构应当自协商解决之日起7日内向所在地卫生行政部门做出书面报告,并附具协议书。"本条规定便于卫生行政部门对医疗机构的监管。这就意味着协商解决不等于无原则的"私了",也不等于医疗机构和医务人员就可以不接受卫生行政部门的管理和监督,更不意味着发生医疗事故的医疗机构和负有医疗事故责任的医务人员可以规避应当承担的相关行政法律责任。基于此,《条例》规定医疗机构在自行和解时必须履行报告义务,否则就要承担相应的法律责任。

五、协商解决的利弊

(一)协商解决的优点

和解提供了低成本、高效率的纠纷解决方式,其优越性主要表现在:其一,通过协商可以增加双方了解、沟通,避免矛盾激化,对改善医患关系大有裨益;其二,减少不必要的行政调解和诉讼程序,省时、省力、省心、省钱,效率大大提高,又减小了卫生行政部门的压力,降低了司法成本;其三,受害人能在最短的时间内得到赔偿,医疗机构能够最快地从纠纷中解脱;其四,同诉讼、仲裁及调解相比,和解最大的特点在于无须第三方介入,在形式和程序上比较随意,具有高度的自治性和灵活性。

(二)协商解决的缺点

和解虽然具有一定的优势,但也不是在任何情况下都适用。和解只有符合必要的条件才能奏效,否则只是劳而无功。和解的基本条件有:首先,当事人有协商解决争议的诚意;其次,当事人要具备进行判断和权衡的理性;再次,当事人有做出一定妥协和让步的现实可能性。[①] 由于缺乏可操作性的制度支持和公权力的介入,和解也暴露了一些隐患,极易沦为公平与正义的杀手,成为责任人逃避行政制裁和刑事责任的借口;和解的随意性会降低双方对和解公平性、合法性的心理预期;特别是和解协议效力不足,容易导致更大的风险和重复成本。[②] 总之,这种方式在没有统一操作规范的前提下很难发挥优势。因此,在和解的过程中,一方面应尽量采用要式和解协议,通过公证或担保等形式增强和解协议的法律效力;另一方面应注意协调和解与其他解决方式之间的衔接,一旦和解不成,可以及时采用其他解决方式,如此才能更好地发挥和解的作用。

---

① 范愉:《非诉讼解决纠纷机制研究》,中国人民大学出版社2000年版,第170页。

② 张海滨:《医疗纠纷的非诉讼解决方式——医疗纠纷ADR》,载《中国卫生事业管理》2003年第3期,第153页。

第三节　医疗法律风险的行政调解

一、行政调解的法律特征

调解因其契合了中华民族"以和为贵"的传统道德和处世方式,为传统儒家思想"息诉止讼"的社会治理理念所推崇。[①] 调解根据主持方的性质可以分为法院调解、行政调解和人民调解。对医疗事故损害赔偿进行调解是《条例》赋予卫生行政部门的基本职责之一,《侵权责任法》实施后,虽然《条例》的地位有所下降,但在医疗损害的预防和赔偿的调解等方面的积极意义仍应受到重视。

卫生行政部门的调解具有如下特征。

其一,调解主体具有特定性,既不是司法调解中的人民法院,也不是人民调解中的群众性自治组织,而是依法享有行政职权的卫生行政部门。

其二,调解对象必须是已经确定为医疗事故的争议。如果医患双方对是否构成医疗事故以及医疗事故的等级等问题存在争议时,卫生行政部门不进行调解。例如卫生行政部门不能对医疗事故的等级、医疗事故的发生原因等问题进行调解,因为这些事项涉及对医疗事故的调查处理,查处医疗事故属于卫生行政部门的职责,而职责范围内的事项不能调解是行政法的基本原则。

其三,在方式上具有自愿性。行政调解程序的启动、运行以及执行都必须遵循自愿原则。如果没有当事人请求调解或者只有当事人一方请求调解的,卫生行政部门不能主动进行调解;如何调解以及达成什么样的协议,必须出于当事人自愿,行政机关不能强迫。因此,在整个调解过程中,当事人可以随时改变主张,且无须因此承担法律责任。这一点与行政仲裁、行政裁决不同。

其四,行政调解在形式上具有准司法性。行政调解体现的是政府机关作为第三者居间对平等民事主体之间的民事争议予以调停处理,这种居间调停性有别于一般的具体行政行为,应当对争议双方通过说服教育,不偏不倚,做出合情合理合法的公断。

其五,行政调解在效力上不具有强制执行力。行政调解属于诉讼外活动,调解协议一般不具有法律上的强制执行力,是否履行主要取决于双方当事人的诚信,行政机关无权强制执行,更不能限制当事人另行起诉。

其六,行政调解在责任上具有双向性。一方面,由于调解行为不具有强制力,其法律效力完全取决于当事人的意愿,当事人如对调解行为持有异议,完全

[①]　王斗斗:《人民调解法让"东方之花"更加绚烂绽放》,载《法制日报》2010 年 8 月 30 日。

可以拒绝在调解协议上签字,因而无须通过行政诉讼程序解决。另一方面,如果行政机关及其工作人员在调解过程中采取了不适当手段,该行为在事实上就不属于调解行为,而是违背当事人意志的行政命令,当事人有权就此向上级行政机关申请复议或提起行政诉讼。因违法调解给当事人造成损失的,当事人有权主张国家赔偿。

二、行政调解的提出

(一)行政调解的条件

根据《条例》第48条的精神,申请医疗事故赔偿行政调解必须同时符合下列条件:其一,已经确定为医疗事故;其二,双方当事人自愿就赔偿问题共同提出行政调解申请;凡不符合上述条件的,卫生行政部门不宜选择行政调解。

(二)行政调解的提出

根据《条例》第36条、第37条以及第38条的规定,行政调解的提出须遵循下列要求。

其一,卫生行政部门接到医疗机构关于重大医疗过失行为的报告后,除责令医疗机构及时采取必要的医疗救治措施,防止损害后果扩大外,应当组织调查,判定是否属于医疗事故;对不能判定是否属于医疗事故的,应当依照本条例的有关规定交由负责医疗事故技术鉴定工作的医学会组织鉴定。

其二,发生医疗事故争议,当事人申请卫生行政部门处理的,应当提出书面申请。申请书应当载明申请人的基本情况、有关事实、具体请求及理由等。当事人自知道或者应当知道其身体健康受到损害之日起一年内,可以向卫生行政部门提出医疗事故争议处理申请。

其三,发生医疗事故争议,当事人申请卫生行政部门处理的,由医疗机构所在地的县级人民政府卫生行政部门受理。医疗机构所在地是直辖市的,由医疗机构所在地的区、县人民政府卫生行政部门受理。有下列情形之一的,县级人民政府卫生行政部门应当自接到医疗机构的报告或者当事人提出医疗事故争议处理申请之日起7日内,移送上一级人民政府卫生行政部门处理:①患者死亡;②可能为二级以上的医疗事故;③国务院卫生行政部门和省、自治区、直辖市人民政府卫生行政部门规定的其他情形。

三、行政调解的原则

卫生行政部门主持行政调解,也应本着自愿和合法的原则。行政调解应依照法律、法规及有关政策的规定,在查明事实、分清是非、明确责任的基础上,说服当事人互谅互让,自愿达成协议解决争端。因此,自愿和合法是调解必须遵守的原则。

自愿原则要求卫生行政部门在进行调解的过程中,应当始终尊重医患双方当事人的意愿,使他们在自觉、自愿的前提下参加调解,在互相理解的基础上达成共识、息诉止争。卫生行政部门在调解中以组织者和调解人的身份出现,其行为不具有强制性质,只表现为一种外在力量的疏导、教育、劝解、协调,而最终的调解协议应是当事人的真实意思表示。自愿原则具体体现在:首先,医患双方是否选择由卫生行政部门来主持调解是法律赋予他们的权利而非义务。其次,行政调解申请可以由医患一方或双方当事人提出,但是否启动行政调解程序必须是双方意思表示一致的结果,如果一方申请调解而另一方拒绝调解,则卫生行政部门不应进行调解。再次,在调解过程中,如果出现任何一方当事人不愿意继续进行调解的情形,卫生行政部门应当立即终止调解程序。

合法原则要求行政调解必须严格遵守法律的规定,而不能进行违法的调解,损害任何一方当事人的合法权益。具体表现在:首先,调解必须针对已确定为医疗事故的民事赔偿数额争议,如果没有确定为医疗事故的,不宜进行行政调解;其次,医疗事故赔偿数额的确定必须依据《条例》所规定的赔偿项目以及计算标准。再次,双方当事人就赔偿数额达成协议的,卫生行政部门应当制作调解书。合法性原则最重要的是调解内容要符合法律规定,凡是行政机关的强制调解,均属于违法行为。为此,《条例》第35条规定:"卫生行政部门应当依照本条例和有关法律、行政法规、部门规章的规定,对发生医疗事故的医疗机构和医务人员做出行政处理。"

四、行政调解的利弊

(一)行政调解的优点

其一,快速便捷。作为行业主管机关,卫生行政部门所具有的专业技能是其他机构所不能比拟的,这就为正确、快速地解决医疗纠纷提供了专业保障。

其二,节约费用。行政调解源于法律的明确授权,是行政机关的职权行为,行政调解的费用较低,甚至是免费的,这就减轻了当事人的经济负担。

其三,灵活自由。纠纷发生后,是否发动行政调解取决于当事人的选择。当事人可以向卫生行政机关申请行政裁决;也可以不经行政裁决,直接采用其他非诉讼解决方式或者向人民法院提起诉讼。

其四,效力相对较强。行政调解协议一经做出就具有法律上的拘束力。如果在规定的时间内,当事人没有提起行政复议或者诉讼,协议即生效。

其五,易于衔接。行政调解过程中,卫生行政部门如果发现医疗机构及相关人员有违法行为,可及时做出相应的行政处理。另外,行政调解不具有终局性,当事人不服卫生行政机关的行政裁决的,仍可向上级卫生行政机关申请行政复议或向人民法院提起诉讼。

(二)行政调解的缺点

当前,行政调解仍面临着很大障碍。

首先,从《条例》第 48 条的内容来看,行政调解在立法上还存在一些疏漏,主要表现为:行政调解程序的启动有赖于当事人的申请,是一种被动介入;行政调解缺乏法定程序保障,可操作性极差,卫生行政机关自由裁量权过大,难以保证调解的公正性;行政调解范围过于狭窄,仅限已经确定为医疗事故的民事赔偿,非医疗事故损害不属于调解对象。

其次,由于历史原因,卫生行政部门既管理医疗机构,又开办医疗机构。就现在的情况而言,大多数的医疗机构仍属于公有制下的公益性服务机构。在部门保护主义的影响下,行政调解的中立性、公正性经常受到社会质疑,以至于有些地方的行政调解机制被虚置,难以发挥其应有的作用。尽管如此,从理论上看,行政调解仍然有一定的价值。充分发挥卫生行政机关行政调解职能,在当代中国不仅有助于转变政府职能、弘扬公民自治,更有利于弥补司法审判的缺憾,降低社会管理成本。

第四节　医疗法律风险的人民调解

一、人民调解机制的探索

人民调解,是人民调解委员会通过说服、疏导等方法,促使当事人在平等协商基础上自愿达成调解协议,解决民间纠纷的活动,是一项具有中国特色的化解矛盾、消除纷争的非诉讼解决方式。人民调解制度萌芽于第一次国内革命战争时期,在新中国成立后得到了长足的发展,并逐渐制度化、规范化和法律化。

人民调解正是人民调解制度在医疗领域的具体运用。已如前述,由于种种原因,和解、诉讼和行政调解都有一定的优缺点和特定适用范围。在这种背景下,各地纷纷探索第三方调解机制,将人民调解引入医疗法律风险的处理。如2006 年 4 月 28 日,上海市普陀区医患纠纷人民调解委员会挂牌成立,这是上海首家由政府出资,聘请法律、医疗界专家组成的群众性自治组织。[①] 2006 年 10月 12 日,山西省医疗纠纷人民调解委员会成立。2006 年 11 月 20 日,北京丰台区长辛店街道办事处医患纠纷调处站成立,这是首都第一家真正意义上的第三

---

① 顾桂国、娄继权、陈道友、饶文华:《引入人民调解机制解决医患纠纷初探》,载《中国卫生事业管理》2007 年第 6 期,第 403 页。

方医患纠纷调解工作站。截至 2009 年 11 月 27 日,全国共有 16 个省区市的 56 个地方启动了医疗纠纷人民调解工作。① 中立、专业性的人民调解机制以其自身独特的功能和优点,决定了其存在的可行性和必要性。

二、人民调解的法律依据

为了充分发挥人民调解工作预防和化解矛盾的功能,2010 年 1 月 8 日,司法部、卫生部、保监会联合发布《关于加强医疗纠纷人民调解工作的意见》(司发通〔2010〕5 号,以下统称《意见》),鼓励各地按照"调解优先"原则,引入人民调解工作机制,发挥人民调解扎根基层、贴近群众、熟悉民情的特点和优势,积极参与医患矛盾的化解。《意见》指出,医疗纠纷人民调解委员会是专业性人民调解组织。各级司法行政部门、卫生行政部门要积极与公安、保监、财政、民政等相关部门沟通,指导各地建立医疗纠纷人民调解委员会,为化解医疗矛盾提供组织保障。《意见》要求,医疗纠纷人民调解委员会应当按照国务院《人民调解委员会组织条例》、司法部《人民调解工作若干规定》的要求,采取说服、教育、疏导等方法,促使医患双方当事人消除隔阂,在平等协商、互谅互让的基础上达成调解协议。

2010 年 8 月 28 日,《人民调解法》经十一届全国人大常委会第十六次会议表决通过,并于 2011 年 1 月 1 日起实施。《人民调解法》在全面总结新中国人民调解工作发展经验的基础上,以国家立法的形式对人民调解的性质、任务和原则、程序、效力等问题做出了规定,使人民调解工作进一步步入法制化、规范化的发展轨道。《人民调解法》有许多创新:一是坚持和巩固了人民调解的群众性、民间性、自治性的性质和特征;二是进一步完善了人民调解的组织形式,为特定区域、特定行业组织设立新型人民调解组织保留了制度空间;三是进一步体现了人民调解的灵活性和便利性,避免人民调解程序司法化的倾向;四是贯彻调解优先原则,确认人民调解与其他解决方式之间的衔接机制;五是进一步明确人民调解协议的效力和司法确认制度。②

三、人民调解的性质和特征

人民调解委员会从性质上看,是独立于患方、医方、政府之外的第三方群众性组织。一方面,该组织能与医患双方保持较好的中立关系,另一方面,基于人民调解的法律效力,能够提出快速而准确的解决方案并加以执行,为医患双方减少时间和经济支出,避免双方的讼累。人民调解具有如下特征:

---

① 周婷玉、周琴:《全国 56 个地市启动医疗纠纷调解等工作》,见 http://news.qq.com/a/20091127/002103.htm,2011 年 7 月 3 日访问。

② 《盘点人民调解法亮点》,载《贵阳日报》,2010 年 8 月 29 日,第 A03 版。

（一）专业性

由于医疗行为本身的特殊性，调解中不可避免要涉及复杂的医学专业知识和相关法律知识。人民调解委员会聘请的医学和法律专家组对具体案例进行鉴定并分析，以此作为调解纠纷和理赔的依据，保证了调解的专业性和权威性。[1]同时，人民调解机制的工作程序和实体内容与现行的法律法规一致，具有极强的可操作性和执行力。人民调解协议具有被确认的法律效力，避免了医患双方自行协商解决后单方毁约的尴尬。

（二）中立性

人民调解委员会是独立于卫生行政部门之外的专业性调解机构。与当事双方没有隶属及利害关系，在纠纷处理的过程中很容易得到医患双方特别是患方的信任和配合，也使得人民调解员在处理矛盾时能够更加客观、公正。[2] 因此，医患双方能够在和谐的氛围中平息纷争、化解矛盾，促使纠纷得到公正、彻底解决。

（三）非对抗性

人民调解委员会的调解除当事方与调解者外没有其他人员介人，[3]整个过程当事人都积极参与，根据案件的具体情况自由地选择。可以根据纠纷的特点、彼此的关系以及各自的需要选择适当的方式，在适当的时间、地点进行接触，从而容易沟通、对话及时化解矛盾，从根本上消除双方对立。[4]

（四）保密性

人民调解委员会以不公开调解为原则。调解员对所调解的纠纷负有保密义务，患者的隐私能够得到有效保护，医院的声誉也避免受到影响。保密性的特征使得双方当事人都尽可能地减轻了思想包袱，便于纠纷的及时解决，从而有利于维护医患双方的合法权益，缓和社会矛盾。

（五）自愿性

人民调解坚持平等自愿原则，双方当事人在调解员的启发引导下，可以充分发表意见，针对矛盾症结，在事实清楚和平等自愿的基础上达成一致协议，不仅使医患双方间的矛盾得到合理解决，还可以有效地缓解和改善医患之间的紧张

[1] 刘晓燕：《医疗纠纷需第三方机制》，载《中国卫生法制》2009年第5期，第43—45页。
[2] 韩学军：《运用人民调解机制构建医疗纠纷处理第三方援助平台》，载《中国医院》2009年第2期，第7—10页。
[3] 胡海华：《论我国医疗纠纷非诉讼解决机制的完善》，载《中国医院管理》2008年第9期，第62—64页。
[4] 曹钰：《医疗纠纷调解的优势分析与制度构想》，载《韶关学院学报》2008年第10期，第62页。

关系。同时,简捷和经济的解决程序减少了当事人的时间付出,无论是医院还是患者都可以在最短的时间内解决纠纷,提高效率,让受到伤害的患者可以早日得到应有的补偿。①

四、人民调解的运作过程

(一)人员组成

根据《意见》,人民调解委员会原则上配备 3 名以上常设人民调解员,并在此基础上建立调解员的信息库,向纠纷当事人公开调解员的资料。专家库的成员要有严格限制,入围专家库的成员必须德高望重,不仅知识渊博,而且要有高尚的品格。考虑到医患关系的特点,人民调解委员会的成员可以广泛吸纳医学、法学、社会学等方面的专家和学者,如热心调解事业、具有较强专业知识和较高调解技能的离退休医学专家、警官、检察官、法官,以及公证员、律师和相关法律工作者等。

(二)运作程序

医患双方均可向人民调解委员提起调解申请,人民调解委员会在接到申请后,立即派常设调解员介入,了解纠纷情况,展开调解工作。对于纠纷比较简单、性质比较明确、调解比较容易的案例,直接由常设调解员进行调解即可;对于案例比较复杂、双方分歧较大、难于定性的纠纷,应从专家库中挑选相关专业的权威医学专家及法学专家组成专家鉴定组进行案例鉴定分析。患方有权申请他们认为有利害关系的专家回避,从而增加调解工作的透明度,并有权选择自己信任的专家参与鉴定,然后根据专家组的鉴定结果,由常设调解员提出调解意见。医患双方对于调解意见均同意后,即可正式签署人民调解协议书;对于调解不成的,应当终止调解,并依据有关法律、法规的规定,告知当事人可以依法通过仲裁、行政、司法等其他途径维护自己的权利,并建立调解工作档案,将调解登记、调解工作记录、调解协议书等材料立卷归档。

(三)调解协议书的内容及法律效力

经人民调解委员会调解达成调解协议的,可以制作调解协议书。当事人认为无需制作调解协议书的,可以采取口头协议的方式,人民调解员应当记录协议内容。调解协议书可以载明下列事项:当事人的基本情况;主要事实、争议事项以及各方当事人的责任;当事人达成调解协议的内容,履行的方式、期限。调解协议书自各方当事人签名、盖章或者按指印,人民调解员签名并加盖人民调解委员会印章之日起生效。调解协议书由当事人各执一份,人民调解委员会留存一

① 浦东新区医患纠纷人民调解委员会:《创新工作模式　化解医患纠纷》,http://sfj. sh. gov. cn/sfxzinfoplat/platformData/infoplat/pub/wetsite_12docs201006/d_27424293. html,2011 年 7 月 4 日访问。

份。口头调解协议自各方当事人达成协议之日起生效。经人民调解委员会调解达成的调解协议,具有法律约束力,当事人应当按照约定履行。当事人之间就调解协议的履行或者调解协议的内容发生争议的,一方当事人可以向人民法院提起诉讼。人民调解委员会应当对调解协议的履行情况进行监督,督促当事人履行约定的义务。经人民调解委员会调解达成调解协议后,双方当事人认为有必要的,可以自调解协议生效之日起三十日内共同向人民法院申请司法确认,人民法院应当及时对调解协议进行审查,依法确认调解协议的效力。人民法院依法确认调解协议有效,一方当事人拒绝履行或者未全部履行的,对方当事人可以向人民法院申请强制执行。

（四）调解收费与经费来源

由于人民调解委员会调解纠纷并不收费,相关经费和办公场所应当由设立单位解决,经费不足的,各级司法行政部门按照财政部、司法部《关于进一步加强人民调解工作经费保障的意见》（财行〔2007〕179号）的要求,争取补贴。与此同时,鼓励人民调解委员会通过吸纳社会捐赠、公益赞助等符合国家法律法规规定的渠道和形式来筹措工作经费。

（五）当事人的权利与义务

当事人享有下列权利:选择或者接受人民调解员;接受调解、拒绝调解或者要求终止调解;要求调解公开进行或者不公开进行;自主表达意愿、自愿达成调解协议。当事人在人民调解活动中履行下列义务:如实陈述事实;遵守调解现场秩序,尊重人民调解员;尊重对方当事人行使权利等。

总之,医疗法律风险人民调解机制的探索已取得初步成效。但是,由于人民调解在机构建制、人员组成和隶属关系上不够规范,调解的技术性和权威性无法保证,调解结论的司法价值还有待于进一步确定,因此,有必要加强人民调解工作的指导管理,进一步制定具体的调解程序和规章制度,约束调解人员和当事人的行为,减少调解过程的随意性,积极发挥新时期人民调解工作在化解医疗法律风险和构建社会主义和谐社会中的重要作用。

本章小结

本章主要介绍了我国医疗法律风险的处理原则和途径,并着重介绍了三种非诉讼解决机制,即协商解决、行政调解和人民调解。发生医疗法律风险时,医患双方可以协商解决,也可以申请行政调解。不愿意协商或者调解或者协商、调解不成的,当事人也可以直接向人民法院提起民事诉讼。伴随着《人民调解法》的颁布和实行,人民调解委员会作为第三方群众性组织也积极参与医疗法律风险的处理。双方当事人认为有必要的,可以自调解协议生效之日起三十日内共同向人民法院申请司法确认,人民法院应当及时对调解协议进行审查,依法确认调解协议的效力。人民法院依法确认调解协议有效,一方当事人拒绝履行或者未全部履行的,对方当事人可以向人民法院申请强制执行。

思考题

1.试述医疗法律风险多元处理机制的发展状况。
2.试述医疗法律风险和解协议的利弊。
3.试述医疗法律风险行政调解的法律特征。
4.试述医疗法律风险"第三方"调解机制兴起的背景。
5.试分析医疗法律风险人民调解的性质。

案例思考

2010年4月6日,家住河南省沁阳市的白某连续发烧4天,被送往洛阳市某医院住院治疗。4月7日下午,白某因病情恶化去世。白某家属认为,医院应该为此承担责任。在双方协调未果的情况下,白某家属出动几十人打着白横幅围堵医院,造成医院秩序混乱。

4月9日,白某的家属在得知洛阳市医疗纠纷调解委员会专门负责调解此类法律风险后,来到该医疗纠纷调解委员会申请调解。起初,白某家属以"用药不当,治疗有过错"为由,向医院提出包括精神损害赔偿在内共16万元的赔偿要求。医疗纠纷调解委员会经审查认为:医院治疗方案正确,但医院内部管理确实存在一定的漏洞,各部门之间的工作衔接不紧密。医疗纠纷调解委员会一方面向医院方指出:他们的内部管理不当,存在失职行为;另一方面,又找来白某家属交流,说医院确实有管理漏洞,但赔偿额也要与责任相当。经过医疗纠纷调解委员会的多轮调解,医患双方最终达成了调解协议:医方一次性赔偿患方5万元,双方自愿放弃诉讼或以其他方式再行主张权利。

4月12日,当白某的家属拿到5万元的赔偿款后,感慨地说:"没想到这么快问题就解决了。要是没有你们,恐怕打官司非得一年半载的才会有结果。"①

案例讨论

1.本案可以通过哪些途径解决纠纷?
2.最佳处理途径是哪一种?

---

① 韩景玮:《医疗纠纷咋办? 咱听调解员的》,载《大河报》(电子版)2010年06月24日第A10版,http://newpaper.dahe.cn/dhbhtml2010-06/24/content_335466.htm,2011年7月4日访问。

第九章　医疗法律风险诉讼解决机制

第一节　医疗法律风险民事诉讼

一、医疗法律风险民事诉讼概述

（一）医疗法律风险民事诉讼的概念与特征

医疗法律风险民事诉讼，是指医疗法律风险争议的当事人在人民法院的主持下和其他诉讼参与人的配合下，为解决医疗法律风险争议，依照民事诉讼程序所进行的全部活动。

医疗法律风险民事诉讼的根本目的是解决医疗法律风险争议。这一特征将医疗法律风险民事诉讼与医疗技术鉴定活动区别开来。医疗事故技术鉴定活动对象也是医疗法律风险争议，但医疗事故技术鉴定并不能直接解决争议，只是解决了医疗法律风险争议的事实基础。此外，区别于普通的医疗法律风险的调解活动，医疗法律风险民事诉讼过程中，解决医疗法律风险争议的裁判者是各级人民法院，人民法院依法代表国家行使裁判权，因此有最强的权威性与严肃性。人民法院产生的生效判决不仅对医疗法律风险争议的当事人，而且对其他相关的单位、组织和个人都具有法律约束力。

（二）医疗法律风险民事诉讼的管辖

医疗法律风险民事诉讼的管辖是指各级人民法院和同级人民法院之间，受理第一审医疗法律风险民事诉讼的分工和权限。医患双方发生的医疗法律风险争议本质上属于民事争议，医疗法律风险民事诉讼的管辖与一般的民事诉讼的管辖并无二致。确定医疗法律风险民事诉讼管辖的关键点在于级别管辖及地域管辖的界定。

级别管辖是指在人民法院系统内部划分和确定各级人民法院受理第一审医疗法律风险民事诉讼的分工与权限。目前，绝大部分医疗法律风险民事诉讼都由基层人民法院管辖。只有少部分案情重大的医疗法律风险民事诉讼由中级人民法院或其以上的人民法院管辖。案情重大的现有判断标准，主要是诉讼标的大小和社会影响大小等几个方面。

地域管辖是指同级人民法院之间在各自辖区内受理第一审医疗法律风险民事诉讼的分工和权限。根据法律规定,确定医疗法律风险民事诉讼第一审管辖法院的依据有两个:一是被告住所地;二是侵权行为地,即医疗行为发生地。如果有数个被告的,则数个被告的住所地及医疗事故发生地所在的人民法院都具有管辖权。当事人可以自由选择相应的诉讼法院。

（三）医疗法律风险民事诉讼的时效

医疗法律风险民事诉讼时效是指权利人在法定期限内不行使权利即失去请求人民法院予以保护资格的法律制度。根据《民法通则》的规定,诉讼时效期间届满后,权利人胜诉权消灭。即,诉讼时效期间届满后,权利人向人民法院提起诉讼的,人民法院将不会支持其诉讼请求。诉讼时效期间的届满,并不影响权利人的实体权利的存在。只不过,该实体权利失去了国家公权力的保护。

医疗法律风险引发的诉讼,因案由的不同,其诉讼时效的期间长短也不同。如果原告以医疗服务合同违约争议为由提起诉讼,则适用民事法律 2 年时效之规定。如果以医疗行为导致身体损害而提起侵权损害赔偿之诉的,则适用民事法律 1 年时效之特别规定。

1.诉讼时效的起算点。

《民法通则》规定,诉讼时效期间从权利人知道或应当知道其权利受到侵害之日开始计算。所谓"应当知道",是法律上的一种推定。不管当事人实际上是否知道权利受到侵害,只要客观上存在"知道"的条件和可能,诉讼时效即开始起算。上述关于诉讼时效起算的原则,适用于医疗法律风险民事诉讼。

2.诉讼时效的中断与中止。

诉讼时效中断是指在诉讼时效开始计算后,因为某种法定事由的发生使已经经过的时效期间归于无效,待该法定事由消除以后重新计算时效期间的法律制度。《民法通则》规定的诉讼时效中断法定事由包括权利人起诉、向债务人提出请求及义务人同意履行义务等情形。在医疗争议发生后,双方当事人的多种行为或者多次行为可以使诉讼时效多次发生中断,实践中以最后一次行为的时间为准来计算时效的中断。

诉讼时效的中止,是指在诉讼时效开始计算后,因法定事由的发生而使权利人无法行使请求权,暂时停止计算诉讼时效期间。《民法通则》第 139 条规定,在诉讼时效期间的最后 6 个月内,因不可抗力或者其他障碍不能行使请求权的,诉讼时效中止。从中止时效的原因消除之日起,诉讼时效期间继续计算。

（四）医疗法律风险民事诉讼的审判程序

1.第一审普通程序。

第一审普通程序是医疗法律风险民事诉讼的基础程序和一般程序。第一审普通程序是相对于第一审简易程序和第二审程序而言的,是法院审理第一审医疗争议的基本步骤。第一审普通程序具有广泛的适用性。中级人民法院、高级人民法院、最高人民法院,只要是审理第一审的医疗法律风险民事诉讼都必须适用第一审普通程序。基层人民法院审理第一审医疗法律风险民事诉讼,除非案情简单,依法适用第一审简易程序外,也必须适用第一审普通程序。

第一审普通程序主要包括起诉和受理、审理前的准备、开庭审理、裁定和判决等几个步骤。在受理案件后、案件判决前,法院都有可能安排原被告双方进行调解。调解成功的,法院应当签发调解书。根据《民事诉讼法》的规定,自案件受理至判决的期限一般为6个月。

2.第一审简易程序。

简易程序,也称为第一审简易程序,是指基层人民法院及其派出法庭审理简单的医疗法律风险民事诉讼案件所适用的一种简便易行的诉讼程序。简易程序与第一审普通程序既有区别,又有联系。两者的区别在于:简易程序比较方便、简单,而普通程序完整、系统;简易程序的适用范围较窄,只有基层人民法院及其派出法庭审理简单的医疗法律风险民事诉讼时才适用,而普通程序适用范围非常广泛。两者的联系在于:普通程序是简易程序的基础,而简易程序是普通程序的简化;已经按照简易程序审理的案件,发现案情复杂,可以转为普通程序审理。

简易程序也必须经过起诉和受理、审理前的准备、开庭审理、裁定和判决等几个步骤。但是审理期限较短,为3个月。此外,简易程序还具有其他许多特征,如实行独任制审判、传唤当事人的方式简便等。

3.第二审程序。

第二审程序是指上一级人民法院根据当事人的上诉,就下级人民法院的一审判决和裁定发生法律效力前,对案件进行重新审理的程序。第二审程序因当事人提起上诉而开始,因此又被称为上诉审程序。人民法院审理民事案件,实行两审终审制,故第二审程序也称为终审程序。

医疗法律风险民事诉讼当事人不服下级人民法院第一审判决的,有权在判决书送达之日起15日内向上一级人民法院提起上诉。不服第一审裁定的,有权在裁定书送达之日起10日内向上一级人民法院提起上诉。上一级人民法院受理当事人的上诉后,依法对案件进行审理。经审理后,上一级法院将根据案情做出判决或裁定。二审判决或裁定一经送达即具有法律效力,且不得上诉。

二、医疗法律风险民事诉讼的起诉条件

起诉是指医疗法律风险民事诉讼的当事人依法向人民法院提出诉讼请求的诉讼行为。起诉是医疗法律风险民事诉讼的起点,也是当事人行使诉讼权的起点。根据《民事诉讼法》第108条的规定,当事人就医疗法律风险争议向法院起诉的,必须具备以下五个条件。

（一）合格的原告

民事诉讼中的原告是指认为自己的民事权益受到侵害,为了维护其合法权益,以自己的名义向法院提出诉讼,从而导致诉讼程序开始的人。民事诉讼的原告既可以是公民,也可以是法人或者其他组织。在医疗法律风险争议中,有权向法院提起医疗损害赔偿诉讼的原告包括以下两种。

1.受到医疗行为伤害的患者。只要患者本人处于生存状态,无论其行为能力如何,都具有民事权利能力与民事诉讼能力,可以以自己的名义独立提起诉讼。在欠缺相应的民事行为能力的情况下,应当由其监护人代为诉讼。

2.死亡患者的近亲属。当患者因医方的医疗行为导致死亡的,应当由患者的近亲属作为原告提起诉讼。在司法实践中,可以作为原告的死亡患者近亲属包括其配偶及其父母、子女。在特殊情况下,根据代位继承规则,死亡患者的孙子女、外孙子女、祖父母、外祖父母也具有原告资格。

（二）明确的被告

在医疗法律风险民事诉讼中,原告起诉时必须明确列出侵犯其民事权益或者与其发生民事权益争议的被告。当患者作为原告提起医疗诉讼时,被告应是与患者发生医疗法律关系的医疗机构。

在医疗实践中,经常发生患者先后到多家医院就诊的情况。患者不良后果的发生,往往涉及多种因素,既包括患者原发疾病的因素,又有多家就诊医院相互交织、互为因果的医疗因素。但是,损害的发生到底与哪家医疗机构的医疗过错有关,必须经法庭审理之后才能确定。因此,患者在提起诉讼之前,首先面临着被告的选择问题。

司法实践中,原告方往往将所有的医疗机构作为共同被告起诉。基于医疗技术的专业性,原告方在医疗技术鉴定之前,往往无法准确判断医疗行为是否存在过错,更无法准确判断责任的最终承担主体,将所有医疗机构一并列为被告的做法对于原告方而言无疑是明智的。否则,原告可能发生"漏诉",即本应承担责任的医疗机构未列为被告,从而会增加诉讼成本,甚至要承担败诉的风险。不过,由此也给本不需要承担责任的部分被告增加了诉累。

（三）具体的诉讼请求和事实理由

诉讼请求是原告要求法院保护其民事权益的内容和范围,它是起诉的实质内容。案件事实包括两种:一种是当事人之间的民事法律关系发生、变更和消灭的事实;另一种是当事人的民事权益受到侵犯或者发生争议的事实。

诉讼理由则是在案件基础上支持诉讼请求处理的法律依据。法院受理医疗法律风险争议的案由有两个：一是医疗服务合同争议，二是医疗损害责任争议。患者方作为原告在提起诉讼时，必须选择其一。如果选择前者，患者方必须向法庭证明与被告医疗机构之间存在医疗服务合同关系，医方违约的事实以及医方的违约行为违法，从而证明自己的主张合理合法，法院应当予以保护。如果选择后者，患者方至少必须证明自己合法权利受到医疗行为的侵害及损害事实的存在。

（四）属于人民法院的民事诉讼受案范围

原告起诉的案件，必须是属于人民法院按照《民事诉讼法》的规定所受理的案件范围，即必须是归人民法院主管的案件。如果案件是归人民法院以外的其他机关主管的，人民法院就不能对此案件行使审判权，原告也不能就此类案件向人民法院起诉。医疗法律风险争议案件属于民事争议，当然属于人民法院主管的案件范围。

（五）属于受诉人民法院管辖

无论是医疗服务合同争议，还是医疗侵权争议，医疗机构所在地或者医疗行为所在地法院对医疗法律风险民事诉讼都有管辖权。在医疗服务活动中，被告所在地与医疗行为所在地通常是一致的，但也存在例外情况。如120跨区急救的医疗争议，医疗行为或医疗侵权行为可能发生在急救车返回医院的途中，却并不一定是医疗机构属地区域。理论上说，原告可以要求在救护车经过地段的相关法院起诉。不过，司法实践中，原告有举证证明医疗行为或医疗侵权行为发生时间和地点的义务，否则相关法院将不予受理。

在医疗侵权之诉中，如果同时存在多个医疗机构作为共同被告，而这些医疗机构又居于不同地域时，也会出现多个法院同时享有管辖权的情况。此时，原告也可以选择其一提起诉讼。

三、医疗法律风险民事诉讼实务相关问题

（一）代理人的选择

医疗法律风险民事诉讼的代理人，是指基于法律规定、司法部门指定或者当事人的委托，代表当事人参加诉讼活动的人。由于当事人自身的行为能力、专业知识和时间等方面的原因，代理人在医疗法律风险民事诉讼中广泛存在。在无民事行为能力自然人作为当事人的案件中，无民事能力的自然人的父母等近亲属凭有效的身份关系证件即可以作为代理人参加诉讼。无论是有行为能力的当事人本人还是无民事行为能力的当事人的法定代理人，都有权委托一至两名代理人参加诉讼。就医疗机构而言，由于法定代表人事务繁多，医疗机构往往会委托医务部门负责人、当事医生、专业律师参与诉讼。

较之于一般民事诉讼,在医疗法律风险民事诉讼中,当事人更加缺少诉讼的实际能力。医务工作者对法律知识的掌握还不足以参与诉讼活动,而作为患者的自然人,则不仅缺乏法律知识,而且对医学原理更是知之甚少。因此,医疗法律风险民事诉讼当事人更多地依赖于代理律师。也正是同样的缘由,医疗法律风险民事诉讼对代理律师提出了更高的要求。近年来,我国法学教育致力于复合性法学人才的培养,律师行业已经不乏医学、法学的复合型人才,应该说他们是代理医疗法律风险民事诉讼的最佳人选,既精通法律,又了解医学原理,理解我国医疗行业的实际情况,他们更易于和医务人员及鉴定专家进行沟通和交流。在缺乏复合型知识结构律师的地区和医院,当事人可以选择一名律师和一名临床专家组成搭档。

(二)案由的选择

案由是案件的内容提要,也是案件性质的集中体现。2011 年 2 月 18 日最高人民法院发布的《最高人民法院关于修改〈民事案件案由规定〉的决定》中,医疗法律风险诉讼的案由包括医疗服务合同争议、医疗损害责任争议两类。其中医疗损害责任争议案由中还标明侵害患者知情同意权责任争议、医疗产品责任争议两个项目。

当前我国法律体系中关于医疗服务合同争议和医疗损害责任争议的相关法律规定之间存在很大的差异。比如,医疗人身损害赔偿案件的诉讼时效是一年,而医疗服务合同争议案件的诉讼时效是两年;再如,医疗服务合同争议中受害人不享有获得精神损害赔偿的机会,而《民法通则》《侵权责任法》对医疗侵权案件的精神损害问题都有规定。此外,两者在举证责任分配上也不尽相同。因此,正确确定诉讼案由直接关系到诉讼中的法律适用,也直接影响到原告权益的切实保护。目前,绝大部分医疗法律风险诉讼的案由被界定为"医疗人身损害赔偿争议",因为以损害责任争议为案由对患方往往是有利的。

(三)诉讼请求的选择

诉讼请求是医疗法律风险民事诉讼的原告希望法院予以支持、由被告承担的具体的法律责任。"具体的诉讼请求"是医疗法律风险民事诉讼的基本要求之一。而且,原告的诉讼请求必须是通过判决可以实现的利益。

当前诉讼实践中,很多原告对诉讼请求存有误区。一旦发生损害后,患方基于"健康无价"的信念,盲目主张高额赔偿。事实上,这些做法不符合我国的国情,不符合法律规定,更不符合医疗行业的公益性质,最终反而会对原告方的利益造成损害,原告将会因此承担不必要的诉讼费用。当然,医疗法律风险民事诉讼中,原告提出的诉讼请求也不能过低,否则对其未主张的部分人民法院将视为放弃权利。在具体的医疗法律风险民事诉讼中,确定赔偿数额需要考虑如下因素。

1. 医疗损害后果的大小,包括伤残等级、误工时间、护理等级与期限,被扶养人的情况,等等。

2. 医疗过失行为在医疗损害后果中的参与程度。在医疗事故技术鉴定中将医疗行为责任分为完全责任、主要责任、次要责任。相应的,医疗机构将会承担损失的全部赔偿责任、主要赔偿责任和次要赔偿责任。在司法临床鉴定中则以医疗行为的参与度作为确定赔偿责任比例的指标。

(四)证据运用与证明责任的承担

证据,是指能够证明案件事实的依据。"以事实为依据,以法律为准绳"是民事诉讼的基本原则之一。需要注意的是,诉讼中强调的"事实"是有证据证明的法律事实,而不是简单地等同于客观事实。由于医疗行为或者医疗侵权行为皆是过去之事,需要依赖证据方能再现。如果缺少证据,诉讼中不排除出现"好人被冤枉"的现象。无论是医方,还是患者方,为了维护自身的合法权益,都应当积极地固定、保存、收集、提交证据,必要时可以申请法院调取证据。

《侵权责任法》第54条规定:"患者在诊疗活动中受到损害,医疗机构及其医务人员有过错的,由医疗机构承担赔偿责任。"该法第58条同时规定:"患者有损害,因下列情形之一的,推定医疗机构有过错:1.违反法律、行政法规、规章以及其他有关诊疗规范的规定;2.隐匿或者拒绝提供与争议有关的病历资料;3.伪造、篡改或者销毁病历资料。"

根据上述规定,该法实施后的医疗法律风险民事诉讼将采用有限度的举证倒置制度(也称举证缓和制度)。医疗法律风险诉讼中,原告对医疗过错、损害后果、因果关系等承担举证责任。但是,当出现该法第58条规定的情形时,医疗行为有无过错的证明责任将转移给作为被告的医方。由此可见,医疗机构应当保证病历资料的完整性、规范性与客观性,且必须妥善保管、积极提供病历资料。

医疗法律风险民事诉讼中,当事人还应当高度重视医疗技术鉴定相关权利的运用。无论是原告还是被告,如果在医疗事故技术鉴定中获得了有利的鉴定结果,庭审就变得相对简单和主动。诉讼当事人应当切实行使好自己的鉴定权利(如鉴定机构选择权、专家选择权、陈述权利等),并积极准备各种医学理论资料,促进鉴定结论的客观、公正。

第二节　医疗法律风险刑事诉讼

一、医疗法律风险刑事诉讼的概念

医疗法律风险刑事诉讼,是指公安机关、人民检察院、人民法院,在当事人和其他诉讼参与人的参加下,依照法定的程序,查明案件事实,适用刑法相关规定解决被告人是否有医疗犯罪行为和是否应受刑事处罚,所进行的侦查、起诉和审判活动。它具有如下特征。

第一,医疗法律风险刑事诉讼的前提是有医疗犯罪行为的发生。在发生或处理医疗风险时,指医务人员、患者及其亲友、处理医疗事故的卫生行政部门工作人员、参加医疗事故技术鉴定工作的人员以及承担尸检工作的机构的负责人,因违反刑事法律、法规所构成的犯罪。根据医疗工作活动的特点以及《刑法》第335条的规定,医疗法律风险引发的刑事案件主要是医疗事故犯罪案件,这里主要围绕医疗事故罪来展开论述。

第二,医疗法律风险刑事诉讼,是公安、司法机关代表国家进行的行使国家刑罚权的活动,这一点使它区别于医疗法律风险民事诉讼。

第三,医疗法律风险刑事诉讼是在当事人和其他诉讼参与人的参加下进行的活动,其中心任务是解决作为犯罪嫌疑人、被告人的医务人员的刑事责任问题。

二、医疗法律风险刑事诉讼的基本原则

根据我国《刑事诉讼法》,医疗法律风险刑事诉讼的基本原则如下:刑事司法权专有原则,审判权、检察权独立行使的原则,依靠群众的原则,公、检、法三机关分工负责、互相配合、互相制约的原则,无罪推定原则,保障诉讼参与人诉讼权利的原则,有法定情节不追究刑事责任的原则。

三、医疗法律风险刑事诉讼的主体

医疗法律风险刑事诉讼的主体,又称为医疗法律风险刑事诉讼法律关系的主体,是指在医疗法律风险刑事诉讼中依法享有司法职权的机关和依法享有诉讼权利并承担诉讼义务的当事人和其他诉讼参与人。主要包括五个方面。

(一)公安机关

公安机关是国家的治安保卫机关,是各级人民政府的职能部门;是法定的侦查机关,负责刑事案件的立案、侦察、收集和调取证据;对现行犯或重大嫌疑分子,依法刑事拘留,依法执行逮捕;同时公安机关还是刑罚的执行机关之一,担负着对被判处管制、剥夺政治权利、宣告缓刑、假释、暂予监外执行罪犯的执行与监督和考察职责。在医疗法律风险刑事诉讼中,公安机关主要负责公诉的医疗事故犯罪案件的立案和侦查活动。

(二)人民检察院

人民检察院是国家的法律监督机关。在刑事诉讼的侦查阶段,依法对其管辖的案件进行侦查、起诉;对公安机关主管的侦查案件进行审查,决定是否起诉。在审判阶段,人民检察院是公诉案件的公诉人,同时行使审判监督权。但是,对医疗法律风险刑事诉讼中的医疗事故犯罪案件,人民检察院并不负责案件的侦查工作,仅仅负责案件的批准逮捕、审查起诉、提起公诉、审判监督等工作。

（三）人民法院

人民法院是国家的法定审判机关,代表国家独立行使审判权。未经人民法院依法判决,对任何人都不得确定有罪。

（四）犯罪嫌疑人、被告人

"犯罪嫌疑人"和"被告人"是对涉嫌医疗事故犯罪而受到刑事追诉的医务人员的两种称谓。在公诉的医疗事故犯罪案件中,受到刑事追诉的医务人员在检察机关向法院提起公诉之前,称为"犯罪嫌疑人",在检察机关正式向法院提起公诉之后,则称为"被告人"。在自诉的医疗事故犯罪案件中,自人民法院立案受理自诉人提起的刑事自诉案件后,涉嫌医疗事故犯罪的医务人员被称为被告人。

（五）被害人

被害人是指其人身、财产及其他权益遭受医疗事故犯罪行为侵害的人,通常是医疗事故中的患者。在医疗事故犯罪的自诉案件中被害人或被害人的近亲属（被害人死亡时）是自诉人,在公诉案件中是控诉一方的诉讼参与人,在附带民事诉讼中是原告人。

（六）其他诉讼参与人

代理人、证人、辩护人、鉴定人、翻译人等都是医疗法律风险刑事诉讼法律关系的重要主体,依法享有相应的诉讼权并履行相应的义务。

四、医疗法律风险刑事诉讼的管辖

医疗法律风险刑事诉讼的管辖,是指公安机关、人民检察院和人民法院等依照法律规定立案受理医疗刑事案件以及人民法院系统内审判第一审医疗法律风险刑事案件的分工制度,包括立案管辖和审判管辖。

（一）立案管辖,是指人民法院、人民检察院和公安机关各自直接受理医疗法律风险刑事案件的职权范围

1.在医疗法律风险刑事诉讼中,公安机关负责医疗事故犯罪刑事案件的立案侦查工作。

2.在医疗法律风险刑事诉讼中,由于涉及的刑事案件仅仅是医疗事故犯罪案件,不属于人民检察院直接受理案件的范围,因此人民检察院对医疗事故犯罪案件不具有立案管辖权。

3.对于医疗事故犯罪案件,如果被害人有证据证明被告人的行为已经构成

医疗事故犯罪,侵犯了自己的人身、财产权利,应当依法追究刑事责任,而公安机关或者人民检察院已经作出不予追究的书面决定时,被害人可以直接向人民法院提起刑事自诉。

　　下述案例即是一起公安机关和人民检察院不予追究而由被害人提起自诉的医疗事故犯罪刑事案件。

　　例:阳某因甲亢于1999年3月31日至4月24日在湖南省安仁县某医院住院治疗,主治医师是丁某。住院期间,安仁县某医院对阳某行甲状腺次全切除术。出院后,阳某于1999年5月12日和2003年5月18日两次突发严重的全身抽搐,被送往安仁县某医院抢救治疗,好转后出院。阳某的病症后被中南大学某医院和某二医院的专家诊断为甲状腺功能减退。阳某认为该症状是安仁县某医院医生为其做甲状腺次全切除术时违规操作所致,构成医疗事故,并与安仁县某医院就赔偿等问题多次协商,均未果。阳某遂向安仁县卫生局提出做医疗事故争议技术鉴定,安仁县卫生局将此鉴定工作移交郴州市医学会办理。2003年9月18日,郴州市医学会医疗事故技术鉴定工作办公室以郴医鉴办字(2003)28号文件致函安仁县卫生局,以医方(安仁县某医院)未能提供阳某在安仁县某医院进行甲状腺手术的原始病历,患者阳某未提供其甲状旁腺是否缺失的证据为由,中止对阳某医疗事故争议进行医疗事故技术鉴定。2004年7月,郴州市法医检验鉴定中心作出(2004)郴法鉴字第1484号法医鉴定书,认定阳某系甲状旁腺功能重度损害并医疗依赖,已构成四级伤残。

　　阳某于2004年3月以丁某构成医疗事故罪向安仁县公安局报案,安仁县公安局经过初查,认为丁某在手术过程中有无违法违规行为无法认定,对该案不予立案;安仁县人民检察院经过审查后,作出了安检不立审(2005)1号不立案理由审查意见通知书。阳某遂向安仁县人民法院提起自诉,要求追究丁某医疗事故罪的刑事责任。

　　安仁县人民法院认为,医疗事故罪是指医务人员由于严重不负责任,造成就诊人死亡或者严重损害就诊人员身体健康的行为。本案自诉人阳某指控被告人丁某犯医疗事故罪,仅提供自己1999年3月份因甲亢在安仁县某医院住院,主治医师为被告人丁某,在住院期间,安仁县某医院给其行甲状腺次全切除术,术后有全身抽搐的症状,并无确切证据证明手术中医务人员违反操作规则,有严重不负责任的行为。而且,阳某没有提供医疗事故鉴定机构确认的医疗事故鉴定书,该争议是医疗事故还是医疗意外尚不能确定,也没有证据证实被告人丁某具有犯罪行为。安仁县法院判决:被告人丁某无罪。

　　一审宣判后,自诉人阳某不服,向郴州市中级人民法院提起上诉,请求依法追究丁某的刑事责任。

郴州市中级人民法院审理认为:上诉人阳某 1999 年 3 月因甲亢在安仁县某医院住院时的主治医师是丁某,但为其行甲状腺次全切除手术的主刀医生是否为丁某,仅有上诉人阳某的指控和证人张某的证言,证据不够充分;由于安仁县某医院对病历管理不善,上诉人阳某在住院期间的病历没有归档,致使谁是为阳某行甲状腺次全切除术的医生,该医生在做手术时是否违反操作规程,是否有严重不负责任行为等事实均无法查清。综上所述,上诉人阳某指控原审被告人丁某犯医疗事故罪的证据不足,原判宣告丁某无罪是正确的。

2005 年 11 月 14 日,郴州中院依照《中华人民共和国刑事诉讼法》第 189 条第(一)项之规定,裁定如下:驳回上诉,维持原判。①

(二)审判管辖

1.级别管辖,是指各级人民法院审判第一审医疗法律风险刑事案件的职权范围。

根据《刑事诉讼法》的规定,普通的刑事案件,由基层人民法院管辖;被告人可能被判无期徒刑、死刑的刑事案件,由中级人民法院管辖;全省(直辖市、自治区)性的重大刑事案件,由高级人民法院管辖;全国性的重大刑事案件,由最高人民法院管辖。医疗事故犯罪案件是主要的医疗法律风险刑事案件,其刑罚幅度范围为三年以下有期徒刑或者拘役,所以,在医疗法律风险刑事诉讼中,多由基层人民法院管辖,由中级人民法院及高级人民法院和最高人民法院一审管辖的可能性较小。

2.地域管辖,是指同级人民法院之间,在审判第一审医疗法律风险刑事案件上的权限划分。医疗法律风险刑事案件,由犯罪所在地的人民法院管辖。

五、医疗法律风险刑事诉讼中的辩护与代理

(一)辩护

辩护是指医疗法律风险刑事案件的犯罪嫌疑人、被告人及其辩护人反驳对犯罪嫌疑人、被告人的指控,提出有利于犯罪嫌疑人、被告人的事实和理由,以证明犯罪嫌疑人、被告人无罪、罪轻或者应当减轻、免除处罚,维护犯罪嫌疑人、被告人合法权益的诉讼活动。包括自行辩护、委托辩护和指定辩护三种。

1.自行辩护,指犯罪嫌疑人、被告人自己针对指控进行反驳、申辩和解释的行为。

2.委托辩护,指犯罪嫌疑人、被告人依法委托律师或其他公民担任辩护人,协助其进行辩护。

---

① 该案二审案号为[2005]郴刑一终字第 112 号,案例编写人胡清文,湖南省安仁县人民法院。

3. 指定辩护,指对于没有委托辩护人的被告人,人民法院在法律规定的某些特殊情况下,为被告人指定承担法律援助义务的律师担任其辩护人,协助被告人进行辩护。

（二）代理

代理是指代理人接受公诉的医疗法律风险刑事案件的被害人及其法定代理人或者近亲属、自诉案件的自诉人及其法定代理人、附带民事诉讼的当事人及其法定代理人的委托,以被代理人的名义参加诉讼,由被代理人承担代理行为的法律后果的一项诉讼活动。包括公诉的医疗事故犯罪案件中的代理、自诉的医疗事故犯罪案件中的代理及附带民事诉讼中的代理三种。

1. 公诉医疗事故犯罪案件中的代理,指诉讼代理人接受公诉医疗事故犯罪案件的被害人及其法定代理人或者近亲属的委托,代理被害人参加刑事诉讼,以维护被害人的合法权益。

2. 自诉医疗事故犯罪案件中的代理,指代理人接受自诉人及其法定代理人的委托参加诉讼,以维护自诉人的合法权益。

3. 附带民事诉讼的代理,指诉讼代理人接受附带民事诉讼的当事人及其法定代理人的委托,在所受委托的权限范围内,代理参加诉讼,以维护当事人及其法定代理人的合法权益。

六、医疗法律风险刑事诉讼程序

根据我国刑事诉讼法规定,普通医疗事故犯罪案件的诉讼,一般需要经过立案、侦查、起诉、审判和执行等五个既紧密联系又相对独立的阶段。

（一）立案

医疗法律风险刑事诉讼中的立案,是指公安司法机关对于报案、控告、举报、自首以及自诉人起诉等材料,按照各自的职能范围进行审查后,认为有犯罪事实发生并需要追究刑事责任时,决定将其作为刑事案件进行侦查或审判的一种诉讼活动。

（二）侦查

侦查是指公安机关在办理医疗事故犯罪案件的过程中,依照法律进行的专门调查工作和有关的强制性措施。侦查行为主要包括:讯问犯罪嫌疑人,询问证人、被害人,勘验、检查,侦查实验,搜查,扣押物证、书证,查询、冻结存款与汇款,鉴定,辨认,通缉等活动。

（三）起诉

医疗法律风险刑事诉讼中的起诉是指法定的机关或者个人,依照法律规定向有管辖权的法院提出控告,要求该法院对被指控的被告人进行审判并予以刑事制裁的一种诉讼活动或程序。包括公诉和自诉。

公诉是指人民检察院认为犯罪嫌疑人的犯罪事实已经查清,证据确实、充分,依法应当追究刑事责任的,应当作出起诉决定,按照审判管辖的规定,向人民法院提起公诉。提起公诉之前必须要进行审查起诉程序,只有符合提起公诉的条件时才能提起公诉。

自诉是相对于公诉而言的,它是指法律规定的享有自诉权的个人直接向有管辖权的人民法院提起的刑事诉讼。在医疗法律风险刑事诉讼中,主要是指被害人有证据证明对被告人侵犯自己的人身权利、财产权利的行为应当追究刑事责任,而公安机关或者人民检察院不予追究被告人刑事责任的案件。

(四)审判程序

1. 第一审程序。

第一审程序包括公诉的医疗法律风险刑事案件的第一审程序和自诉的医疗法律风险刑事案件的第一审程序。公诉的医疗法律风险刑事案件的第一审程序,是指人民法院对人民检察院提起公诉的案件进行第一次审判时所必须遵循的程序,其内容主要包括庭前审查、庭前准备、法庭审判、延期和中止审理、评议和宣判等诉讼环节。自诉的医疗法律风险刑事案件的第一审程序,是指刑事诉讼法规定的人民法院对自诉人起诉的案件进行第一次审判的程序。自诉案件的第一审程序总体上与公诉案件的第一审程序基本相同。

人民法院对提起公诉的医疗法律风险刑事案件进行审查后,对于起诉书中有明确的指控犯罪事实并且附有证据目录、证人名单和主要证据复印件或者照片的,应当决定开庭审判。人民法院决定开庭审判后,应当进行下列工作:确定合议庭的组成人员;将人民检察院的起诉书副本最迟在开庭十日以前送达被告人。对于被告人未委托辩护人的,告知被告人可以委托辩护人,或者在必要的时候指定承担法律援助义务的律师为其提供辩护;将开庭的时间、地点在开庭三日以前通知人民检察院;传唤当事人,通知辩护人、诉讼代理人、证人、鉴定人和翻译人员,传票和通知书最迟在开庭三日以前送达;公开审判的案件,在开庭三日以前先期公布案由、被告人姓名、开庭时间和地点。

人民法院审判公诉的医疗法律风险刑事案件,人民检察院应当派员出席法庭支持公诉,但是适用简易程序的,人民检察院可以不派员出席法庭。

开庭的时候,审判长查明当事人是否到庭,宣布案由;宣布合议庭的组成人员、书记员、公诉人、辩护人、诉讼代理人、鉴定人和翻译人员的名单;告知当事人有权对合议庭组成人员、书记员、公诉人、鉴定人和翻译人员申请回避;告知被告人享有辩护权利。

公诉人在法庭上宣读起诉书后,被告人、被害人可以就起诉书指控的犯罪进行陈述,公诉人可以讯问被告人。被害人、附带民事诉讼的原告人和辩护人、诉讼代理人,经审判长许可,可以向被告人发问。审判人员可以讯问被告人。经审判长许可,公诉人、当事人和辩护人、诉讼代理人可以对证据和案件情况发表意见并且可以互相辩论。审判长在宣布辩论终结后,被告人有最后陈述的权利。

在被告人最后陈述后,审判长宣布休庭,合议庭进行评议,根据已经查明的事实、证据和有关的法律规定,分别作出以下判决:(1)案件事实清楚,证据确实、充分,依据法律认定被告人有罪的,应当作出有罪判决;(2)依据法律认定被告人无罪的,应当作出无罪判决;(3)证据不足,不能认定被告人有罪的,应当作出证据不足、指控的犯罪不能成立的无罪判决。

人民法院审理公诉的医疗法律风险刑事案件,应当在受理后一个月以内宣判,至迟不得超过一个半月。有法定延长审理期限情形的,经省、自治区、直辖市高级人民法院批准或者决定,可以再延长一个月。人民法院改变管辖的案件,从改变后的人民法院收到案件之日起计算审理期限。人民检察院补充侦查的案件,补充侦查完毕移送人民法院后,人民法院重新计算审理期限。

对一审的裁判,不服判决的上诉和抗诉的期限为十日,不服裁定的上诉和抗诉的期限为五日,从接到判决书、裁定书的第二日起算。

2.简易程序。

刑事简易程序,是指基层人民法院审理某些简单轻微的医疗法律风险刑事案件时,所适用的相对简单的审判程序。对于公诉的医疗事故犯罪刑事案件,如果事实清楚、证据充分,人民检察院建议或者同意适用简易程序的,可以适用简易程序审理。对于被害人起诉的有证据证明的医疗事故犯罪案件,可以适用简易程序审理。

适用简易程序审理的医疗事故犯罪案件,人民检察院可以不派员出席法庭。审理程序上也不受普通程序规定的讯问被告人、询问证人和鉴定人、出示证据、法庭辩论等程序限制。适用简易程序审理的案件,人民法院应当在受理后二十日以内审结。人民法院在审理过程中,发现不宜适用简易程序的,应当按照普通程序的规定重新审理。

3.第二审程序。

第二审程序又称上诉审程序,是第二审人民法院根据上诉人的上诉或者人民检察院的抗诉,就第一审人民法院尚未发生法律效力的判决或裁定认定的事实和适用的法律进行审理时,所应当遵循的步骤和方式、方法。

第二审人民法院应当就第一审判决认定的事实和适用法律进行全面审查,不受上诉或者抗诉范围的限制。第二审人民法院对上诉案件,应当组成合议庭,开庭审理。合议庭经过阅卷,讯问被告人、听取其他当事人、辩护人、诉讼代理人的意见,对事实清楚的,可以不开庭审理。对人民检察院抗诉的案件,第二审人民法院应当开庭审理。第二审人民法院开庭审理上诉、抗诉案件,可以到案件发生地或者原审人民法院所在地进行。

人民检察院提出抗诉的案件或者第二审人民法院开庭审理的公诉案件,同级人民检察院都应当派员出庭。第二审人民法院必须在开庭十日以前通知人民检察院查阅案卷。

第二审人民法院对不服第一审判决的上诉、抗诉案件,经过审理后,应当按照下列情形分别处理:原判决认定事实和适用法律正确、量刑适当的,应当裁定驳回上诉或者抗诉,维持原判;原判决认定事实没有错误,但适用法律有错误,或者量刑不当的,应当改判;原判决事实不清楚或者证据不足的,可以在查清事实后改判,也可以裁定撤销原判,发回原审人民法院重新审判。

第二审人民法院发现第一审人民法院的审理有下列违反法律规定的诉讼程序的情形之一的,应当裁定撤销原判,发回原审人民法院重新审判:违反本法有关公开审判的规定的;违反回避制度的;剥夺或者限制了当事人的法定诉讼权利,可能影响公正审判的;审判组织的组成不合法的;其他违反法律规定的诉讼程序,可能影响公正审判的。原审人民法院对于发回重新审判的案件,应当另行组成合议庭,依照第一审程序进行审判。对于重新审判后的判决,可以上诉、抗诉。

第二审人民法院受理上诉、抗诉案件,应当在一个月以内审结,至迟不得超过一个半月。有法定情形的,经省、自治区、直辖市高级人民法院批准或者是决定,可以再延长一个月。第二审的判决、裁定是终审的判决、裁定。

本章小结

民事诉讼和刑事诉讼是追究医疗法律风险相关责任的两种重要途径。本章介绍了两大诉讼的基本内容及相关技巧。民事诉讼需要合适的原告提起,有明确的被告及诉讼请求,原告还应当提交证据证明基本事实。在民事诉讼中,被告的正确界定、管辖法院的选择、代理人的正确委托对案件的处理往往有着积极作用。

在刑事诉讼中,公安机关、人民检察院、人民法院代表国家行使司法权,分别承担侦查、起诉和审判的职能,犯罪嫌疑人或者被告人及其辩护人有权依法对无罪或罪轻的主张提交相关证据及法律依据。人民法院在控方和辩方的共同参与下,依照法定程序查清案件事实,准确界定犯罪嫌疑人或被告人的刑事责任。

思考题

1. 确定医疗法律风险民事诉讼管辖法院的依据有哪些?

2. 在什么情况下,患者的孙子女可以作为医疗法律风险民事诉讼案件的原告?

3.在医疗刑事犯罪中,受伤害的患者是否可以提起民事诉讼? 程序上如何操作?

4.适用刑事诉讼简易程序的条件有哪些?

5.刑事公诉案件与自诉案件在诉讼程序上有哪些差别?

案例思考

女士张某因右眼视力下降,于 2007 年 12 月 5 日前往某中医院住院治疗,被误诊为"双眼球后视神经炎"。在近二十天的时间内,某中医院对其诊断坚信不疑,并一直以激素、营养等方法对症治疗。出院医嘱治疗方案如旧。时至 2008 年 7 月左右,张某不仅右眼视力没有好转,左眼也开始失明。2008 年 8 月 1 日到北京某医院就诊,确诊为"颅内鞍区占位、脑膜瘤(良性)",予以手术治疗。术后张某颅内病变得以痊愈,但从此双目失明。张某诉讼至某市中医院所在地基层法院。庭审中,某中医院再次查看张某当初在该院住院期间所摄的 CT 扫描片,发现确实存在误诊,脑膜瘤明显可见。

案例讨论

1.本案是否符合医疗法律风险民事诉讼的起诉条件?

2.在本案中原告如何才能有效地维护自己的合法权益?

第十章　医疗法律风险处理中的证据制度

第一节　医疗法律风险处理中的证据概述

一、证据的概念及特征

（一）证据的概念

从广义上讲，能够证明案件有关情况的一切事实都可以称之为证据。狭义上，证据仅仅是指在诉讼过程中使用的，由法官和双方当事人发现和运用，以及审查认定的客观事实。医疗法律风险处理中的证据，就是能证明医疗行为有无医疗过错，医疗行为与损害结果之间有无因果关系等，对医疗风险的防范、处理具有证明价值和意义的一切客观事实。

学理上，还有两个与证据紧密相关的概念：证据材料和证据方法，前者相当于内容，后者相当于形式。

证据材料是指证据所包含的信息，即在诉讼过程中当事人向法院提供的或者法院依职权收集的用来证明案件事实的材料。这一概念最早由中国学者提出，其根本目的在于将狭义的证据和作为定案依据的证据区分开来——证据材料经过法庭调查和质证，通过法官审查认定之后就成为了作为定案依据的证据。

证据方法是指调查证据材料的手段。一般认为证据方法分为人的证据方法和物的证据方法两大类。人的证据方法以人的当庭陈述作为载体，呈现待证事实，包括证人、鉴定人等；而物的证据方法是以物为载体，包括书证、物证、视听资料，等等。

（二）证据的特征

医疗法律风险处理中的证据与一般民事诉讼证据一样，必须符合三个要件。

1.证据的客观性特征。它是指证据必须是客观存在的事实，而不能是主观臆断或猜测。例如，患者主张遵医嘱服用特定药物将会对自己的健康造成永久损伤，就必须对损伤的实质危险性提供证据证明，而不能仅凭自己的主观猜测。客观性也被认为是证据的根本属性，基于客观性的要求，证据只能是客观真实的事实，而不能是个人的观点和意见。因此，对于人的证据方法，证人只能陈述自己所感知的客观事实,而不能表达个人评判,唯一例外的是鉴定人证言,鉴定结论的本质是意见而非陈述。对于物的证据方法,原则上要求是原件或原物。2002 年开始实施的《医疗事故处理条例》明确规定,医生讨论患者病情的记录(主观病历)不能作为证据,因为其中有推测因素;医生为了掩盖诊疗过程的真实情况而篡改的病历也不能成为医疗机构证明自己无过错的证据,因为篡改过的病历已经失去了真实性。

2.证据的关联性特征。它是指证据与待证事实之间必须存在客观联系,具体包括逻辑上的联系和法律上的联系,可以是直接联系也可以是间接联系。关联性的有无需要结合案件的具体情况个别判断。例如,通常情况下患者的年龄与医疗过错存否这一待证事实之间并不存在关联性,但如果涉及对幼儿患者可能用药过量的情形,则可以肯定有关该患者年龄的证据与待证事实具有关联性。

3.证据的合法性特征。合法性是指证据的形式以及收集、审查、认定都必须符合法律规定。它要求当事人和法官都必须依法取证,依法质证,依法认证。证据的合法性表现在来源的合法性、内容的合法性和形式的合法性三个方面。例如,被抢走、被偷窃的病历不能作为证据使用;医疗机构提交到法院作为证据使用的病历等书证,要由有关医师和医疗机构负责人签名或盖章,并加盖医疗机构印章。医疗法律风险诉讼中的病历档案要成为证据,必须经过法律规定的质证程序,未经质证,无论是医患双方提供的病历档案,还是医学会的鉴定结论,都不得作为法院认定事实的根据。如果未经质证的材料作为证据在裁判中使用,在运用证据上就违反了合法性的要求。

二、证据的分类

(一)直接证据和间接证据

根据证据与待证事实(证明对象)之间的联系,可以将证据分为直接证据和间接证据。直接证据是指能单独直接证明待证事实的证据,间接证据是指不能直接证明案件事实,需要其他证据相佐证的证据。两者区分的意义在于依据间接证据认定案件事实,需要遵循一定的逻辑法则,各个间接证据之间应该形成完整的证据链。例如,对于医务人员是否向患方说明病情并告知医疗措施这一待证事实,患方签署的知情同意书就可作为直接证据;而对于医方的诊疗活动是否存在过错这一待证事实,患方签署的知情同意书就只能作为间接证据,需要与其他证据相补充、印证。

(二)原始证据和传来证据

根据证据来源不同,可以将证据分为原始证据和传来证据。原始证据是指直接来源于案件事实,未经中间环节传播的证据。传来证据是指经过复制、转述等中间环节而形成的证据。分类的意义在于两种证据的证明力存在差异,原则上原始证据的证明力大于传来证据。因此,应当尽量收集和使用原始证据。但在医事诉讼中,对于当事人特别是患者而言,原始证据不容易获得,这就要求患者尽可能地收集最接近于原始证据的传来证据,即转述、转抄或复制次数最少的传来证据。比如患者不可能获得医院保管的住院病例,但可以复印病例,并可以要求医院的相关人员在复印的病例上签字或医疗机构的病案科室盖章,这样患者就获得了有证明力的传来证据;在法庭上患者应出示这份签字盖章的病例复印件,而不能出示未签字的其他的病例复印件。

(三)实物证据和言词证据

根据证据方法不同,可以将证据分为实物证据和言词证据。实物证据基本上对应以物的证据方法呈现的证据,言词证据则对应以人的证据方法所获得的证据。二者区分的意义在于质证的方法不同。实物证据,一般认为原件原物的证明力大于复印件、复制品;言词证据原则上排斥传闻,要求是证人、鉴定人进行当庭陈述。例如,患者的注射剩余液属于实物证据,而主治医师关于诊疗措施的陈述就属于言词证据。在诉讼中作为证据的剩余液应是及时封存的原物,而主治医生如作为证人,原则上都应出庭接受质证。

(四)本证和反证

根据证据与证明责任的关系,可以将证据分为本证和反证。本证是指对待证事实负有证明责任一方的当事人提出的证据,反证是指不负证明责任的当事人提出的,证明待证事实不存在的证据。例如,对于医疗风险所造成的损害后果,依法应当由患方承担证明责任,患方出具的证明损害后果存在的鉴定结论就属于本证,而医方出具的证明损害结果不存在的体检报告属于反证。区分的意义在于调查顺序和证明标准不同。法官审查认定证明时,应先审查本证,反证的提出通常在本证之后。反证的证明标准低于本证,只需足以动摇本证即可。

第二节 医疗法律风险处理中的证据种类

一、证据的种类

根据《民事诉讼法》第63条规定和《最高人民法院关于民事诉讼证据的若干规定》,医疗法律风险处理中的证据包括以下八类。

(一)书证

书证是指用自身所记载和表达的内容来证明案件事实的证据。书证也是医疗风险法律处理过程中最常见的法定证据类型——因为病历所包含的证据资料之中,大部分都属于书证,如病案首页、病历记录以及各种知情同意书,等等。

(二)物证

物证是指用自身的外部特征和物质属性来证明案件事实的证据。医疗风险处理过程中常见的物证包括:药品(包括口服或注射用)、医疗器械、医疗用品、血液制品,等等。

物证和书证的区别在于物证用外在的特征、形式来证明案件事实,而书证则用所记载的内容来证明案件事实。在特殊情况下,书证和物证的载体会发生重叠,需要根据待证事实(证明对象)进行综合判断。例如,为患者注射的剩余液,如要证明药品的主要成分和产地,则使用的是外包装上所标记的内容,此时该证据属于书证;要证明患者曾使用过该针剂而将其封存,则该药品属于物证。

患者死亡后的尸体,可以说是特殊的物证。尸体解剖无论是对医疗法律风险争议的解决,还是对医学发展都具有十分重要的意义。尸体属于患者家属所有,是否进行尸检,决定权在于患者家属。医院应向患者家属说明进行尸检的意义和不进行尸检可能要承担的责任。尸检可以在本医院内进行,也可以由患者家属联系,医院同意后在外单位进行。尸检过程应有患者家属或其代理人在场,在外单位进行尸检时作为发生医疗事故争议的医院也应派人参加,以保证尸检公开、公正进行,保证尸检结果的真实可靠。

(三)视听资料

视听资料是指利用科学技术存储的图像、音响及资料等来证明案件事实的证据。医院的监控录像,病历当中的医学影像检查资料,病理切片、X线片、B超照片、MRI片,以及各种X线资料存贮光盘、核磁共振成像等都属于视听资料。可见,并非所有的病历材料都属于书证,判断的关键在于作为视听资料的证据通常需要借助一定的装置、设备才能呈现出来。因此,彩超数字成像报告、血液检测报告等一类以书面报告形式出具的检查资料一般属于书证而非视听资料。

(四)证人证言

证人证言是指证人就知晓的案件事实向法庭做的陈述。证人的范围比较广泛,根据我国法律的有关规定,凡是知晓案情并能正确表达的人都有义务出庭作证。据此,与一方当事人存在利害关系的人也可以成为证人。在医疗风险的处理过程中,医方的工作人员(包括:医生、护士、工勤人员、病人陪护、其他病人及陪护等)和患方的家属都可以成为证人。证人作证原则上应当出庭,证人确有困难不能出庭的,经人民法院许可,可以提交书面证言。

(五)当事人陈述

当事人陈述是指当事人向法庭所做的关于案件事实的陈述。主要表现为诉讼过程中双方当事人向法庭提交的起诉状、答辩状以及双方在庭审过程中就案件事实和法律适用所发表的意见和陈述。

（六）鉴定结论

鉴定结论是指鉴定人运用专门知识，根据所提供的案件材料，对案件中的专门性问题进行分析、鉴别后所做出的结论。根据《最高人民法院关于民事诉讼证据的若干规定》，诉讼中当事人可以自行鉴定，也可以向人民法院申请鉴定。

鉴于诊疗活动所具有的专业性，医学技术鉴定结论已经成为医疗风险防范处理过程中的关键证据。

（七）勘验笔录

勘验笔录是指人民法院为查明案件事实，对案件现场或有关物品进行勘察、检验后制作的笔录。涉及医疗法律风险处理的勘验对象主要有尸体、有争议的物品（如发生输血反应的血液）、有争议的现场（如患者死在洗漱间）等。尸检的目的在于查明患者的死亡原因，对物品的勘验是为了记录物品当时的状态，如血液是否被污染、输液中是否有致热原等，对现场的勘验是为了固定事件发生时的状态，如抢救设备是否齐全、功能是否正常。

（八）专家辅助人

专家辅助人是在《民事诉讼法》之外由司法解释所补充规定的一种新的证据类型。《最高人民法院关于民事诉讼证据的若干规定》第 61 条规定："当事人可以向人民法院申请由一至二名具有专门知识的人员出庭就案件的专门性问题进行说明。人民法院准许其申请的，有关费用由提出申请的当事人负担。"据此可知专家辅助人相当于英美法系的专家证人，其作用在于对专门性的问题进行说明，并且辅助当事人对鉴定结论进行质证。对于专家辅助人的资质，现行司法解释并未作出特别限制，只要是在某领域内具有专门知识的人员即可。涉及医学问题的诉讼中，有相关从业经历的医务人员都可以受托成为专家辅助人参与诉讼。

二、临床实践中的重要证据概述

前述的八种法定证据类型，涵盖了我国现行法律和司法解释的有关规定。现将临床实践中常见的重要证据罗列总结于下，需要注意的是，在诉讼过程中下列证据也将被归入前述八类证据之中，而不是作为独立的证据类型存在。

（一）病历类

病历是指医务人员在医疗活动过程中形成的文字、符号、图表、影像、切片等资料的总和，包括门（急）诊病历、住院记录；体温单、医嘱单、化验单；病理资料、医学影像检查资料；特殊检查同意书、手术同意书、手术及麻醉记录单；护理记录以及国务院卫生行政部门规定的其他病历资料;死亡病例讨论记录、疑难病例讨论记录;上级医师查房记录、会诊意见、病程记录;对输液、输血、注射、药物的检验报告;对尸检的病理解剖报告;其他需要提供的有关医疗过程中相关证据材料。

作为医方诊疗活动的全过程的完整记录,病历对于医疗风险的防范和处理具有至关重要的意义,在医疗争议诉讼中,判断医疗过错的有无,医方是否履行说明告知义务,患方是否知情同意,都离不开病历这一关键证据。

根据现行法律法规的规定,医方对于病历的处理负有如下义务:一是如实和规范书写的义务,病历书写应当客观、真实、准确、及时、完整、规范;二是妥善保管的义务;三是应患者的要求提供查阅、复制病历资料的便利的义务。根据《侵权责任法》的有关规定,医方如有隐匿、拒绝提供、伪造、篡改或者销毁病历的情形,可以推定医疗机构有过错。此外2010年3月生效的卫生部《病历书写基本规范》,还对病历的书写提出了进一步规范化、标准化的要求。

1.门(急)诊病历。门(急)诊病历包括门(急)诊病历首页[门(急)诊手册封面]、病历记录、化验单(检验报告)、医学影像检查资料等。

2.住院病历。住院病历内容包括住院病案首页、入院记录、病程记录、手术同意书、麻醉同意书、输血治疗知情同意书、特殊检查(特殊治疗)同意书、病危(重)通知书、医嘱单、辅助检查报告单、体温单、医学影像检查资料、病理资料等。

需要注意的是,对需取得患者书面同意方可进行的医疗活动,应当由患者本人签署知情同意书。患者不具备完全民事行为能力时,应当由其法定代理人签字;患者因病无法签字时,应当由其授权的人员签字;因抢救生命垂危患者等紧急情况,不能取得患者或者其近亲属意见的,可由医疗机构负责人或者授权的负责人签字。

(二)非病历类

1.药品药剂(包括口服和注射用)、医疗器械、血液制品。

《侵权责任法》第59条规定:"因药品、消毒药剂、医疗器械的缺陷,或者输入不合格的血液造成患者损害的,患者可以向生产者或者血液提供机构请求赔偿,也可以向医疗机构请求赔偿。患者向医疗机构请求赔偿的,医疗机构赔偿后,有权向负有责任的生产者或者血液提供机构追偿。"据此规定,医疗风险有可能独立于医疗机构的诊疗活动,基于药品药剂、医疗器械和血液制品的质量问题而发生。

对于药品药剂、医疗器械和血液制品等临床诊疗活动的重要证据,对案件事实的认定和责任划分都具有极大的帮助作用,需要在风险发生的第一时间得到及时封存、妥善保管。具体的封存办法在有关法律规范中已经有所规定。例如

《医疗事故处理条例》第 17 条规定:"疑似输液、输血、注射、药物等引起不良后果的,医患双方应当共同对现场实物进行封存和启封,封存的现场实物由医疗机构保管;需要检验的,应当由双方共同指定的、依法具有检验资格的检验机构进行检验;双方无法共同指定时,由卫生行政部门指定。"

2. 诊疗活动规范和技术操作常规汇编。

为了证明诊疗活动合乎规范,医疗机构可以将诊疗护理规范常规、药典、教科书、学术专著、杂志的有关内容,以及医疗器械、药品说明书等作为书证。包括权威部门编写的诊疗常规和规范,尤其是中国人民解放军总后勤部卫生部编写的新版《医疗护理技术操作常规》,国家卫生部规划(统编)的本科教材中记载的方法和观点,权威的医学文献如人民卫生出版社出版的《中华内科学》《中华外科学》《实用内科学》《实用外科学》《实用妇产科学》等所记载的观点和方法,各级卫生行政管理部门确立的法律、规章或规范性文件等,都是书证的范围,可作为判定医疗行为是否违章的依据,在举证过程中也可作为医疗法律风险争议处理中的定案证据。[①]

3. 监控视频。

随着科学技术的发展和社会经济条件的改善,监控设备在包括医疗机构在内的大多数公共场所得到广泛适用,有的医院还在手术室安装了摄像设备,有的对各种镜下的检查、治疗过程进行了录像。医疗机构的监控视频资料一方面有利于安全保卫工作,另一方面也可作为诊疗活动的规范记录。

过去一些私自偷拍、偷录的证据材料因不具有合法性,不能作为证据材料使用。而这一些"存有疑点"的视听材料今后身份将有所改变。《证据规定》将其列为"不能单独作为认定案件事实的证据",换言之,它属于有瑕疵的证据,在其他证据以佐证方式为它补强时,就可以作为争议案件的定案证据。

4. 医患和解协议。

医患争议发生之后,医患双方自行和解或经卫生行政部门调解后达成的和解协议具有法律效力。任意一方反悔,对方可根据和解协议确立的权利义务关系向人民法院提起诉讼。

5. 医学技术鉴定结论。

在医疗法律风险争议诉讼中,待证事实有时是一些专业性很强的问题,这些事实很难用一般的证据证明,而要进行鉴定。鉴定结论一般有以下几种。

(1)医鉴会鉴定结论,是指各级医学会组织医疗事故技术鉴定组,按当事人或法院的委托,对争议的诊疗护理活动进行分析,从而做出的是否属于医疗事故

---

① 李铁军:《浅谈医院如何对医疗事故争议进行抗辩》,载《西南军医》2004 年第 4 期。

或哪一级事故的结论性意见。

（2）法医鉴定结论，是指法医对医患争议案件中的患者（包括死亡或其他不良后果承受者）的身体状况之受损害程度、原因及后果做出的结论性意见。

（3）文书鉴定结论，是指医疗法律风险争议中对病历等书证有真伪之争，由司法机关根据查明案件事实的需要，委托专门的鉴定机构对相关书证进行检验分析后做出的专门性结论意见。①

第三节　医疗法律风险处理中的技术鉴定

一、医疗技术鉴定概述

（一）概念

医疗技术鉴定是指在解决医疗风险法律处理的过程中，鉴定人受人民法院、行政主管部门、当事人或代理人的指派或委托，运用专门的知识和技能，依法对医患双方所争议的某些专门性问题作出鉴别和结论的活动。

医疗行业具有专业性和高风险性。一方面医学科学具有探索性和局限性，另一方面患者的身体状况又存在巨大差异，因此法律对医疗服务活动的调整和评判，不能苛求结果的绝对正确。在司法实践中，不能以是否收到理想治疗效果作为医疗过失的认定标准，而只能关注诊疗活动的开展是否合乎常规，医务人员是否尽到了合理审慎注意义务，对于患方的损害后果有无主观上的故意或过失。

要公正、合理地确定医疗机构的法律责任，司法权就不得不借助医学专门知识对临床诊疗活动的各个环节进行分析和审查。实践中，医疗技术鉴定所涉及的专门问题，已经涵盖医疗赔偿责任中绝大多数的请求权要件事实，在责任认定方面发挥着举足轻重的作用。这些专门问题主要包括：医方的医疗行为是否构成医疗事故？如不构成医疗事故，是否存在医疗过失？如存在医疗过失，医疗过错与患者的损害后果之间是否存在因果关系？

（二）我国的医疗技术鉴定制度

在现行制度框架下，我国的医疗技术鉴定模式是双轨制，医学会的医疗事故鉴定与司法鉴定机构的医疗损害鉴定并存。前者只针对医疗事故认定，后者则针对所有医疗损害。通说认为前者属于行政鉴定，后者属于司法鉴定。

造成此种二元鉴定模式的根本原因，在于长期以来实体法上对医疗风险的处理存在着两套救济途径：一种是通过认定医疗事故获得赔偿，直接依据是

---

① 袁伟伟、朱凤珍、李春雷：《医院在医疗事故争议中证据准备相关问题探讨》，载《现代医院》2005年第4期。

2002 年国务院《医疗事故处理条例》；另一种则是依据《民法通则》《侵权责任法》等民事法律规范主张侵权损害赔偿。在此制度背景下，双方当事人享有程序选择权，可以根据自身意愿选择相应的救济途径和鉴定方式。

（三）医疗技术鉴定结论的效力

在医疗风险法律处理中的技术鉴定结论，本质是由鉴定人依据专门知识得出的意见证据，鉴定结论对于法官的事实认定并不具有法律上的约束力。鉴定结论只作为一种法定证据，在诉讼中的地位与其他证据完全相同，因此不论是医学会鉴定还是法医学鉴定，鉴定结论的证据效力都需要经过法庭调查、质证予以认定。通过法庭调查和质证，法官也完全可能推翻鉴定结论所认定的事实。

例：2003 年 1 月 7 日，广州男孩小辉因为咳嗽、咳痰，便在母亲于女士的陪同下，于当晚 8 时步行到某医院求诊。经 X 光胸透，诊断为右下肺炎。接诊的医生直接给小辉开了静脉注射液。十几分钟后，小辉便显得非常烦躁不安，要求回家。于女士找到开药的医生，告知他小辉胸闷，很不舒服。该医生似乎并不在意。又过了十几分钟，小辉愈发烦躁，嚷嚷着喘不过气，于女士只能再度找医生，医生仍然没有在意。一个小时后，小辉的不适感不断加重，在于女士的一再要求下，医生终于来到治疗室，他发现情况不对，立即给小辉吸氧并抽血检查。

然而，小辉的情况却在继续恶化，仅在天亮前医院就向小辉的家属发出了三道病危通知书。次日上午，小辉被会诊确认"糖尿病酮症酸中毒"，下午，小辉被转入危重病救治中心（即 ICU）。1 月 15 日，尚未年满 19 岁的小辉撒手人寰。医院出具的死亡原因为：糖尿病酮症酸中毒、糖尿病、急性肾衰竭、急性呼吸窘迫综合征、心肺复苏后脑水肿、肺部感染、药物性皮疹。

原来，医生在小辉的注射液中加入了"地塞米松"，这是一种效力极高的糖皮质激素，其禁忌征包括糖尿病。卢先生称，按照常规做法，小辉发生"酮症酸中毒"，应尽快补碱、中和血酸，但是医生只是用了药效较慢的"胰岛素"。

一审法院委托广州市医学会对此案作了医疗事故技术鉴定。该鉴定书称，医院存在"对病史搜集有疏漏，病历资料记录不全……尤其是对病情及预后估计不足，缺乏分析，处理措施欠缺，未能迅速有效控制病情"等过失，但与患者之死不存在因果关系，不构成医疗事故。

依据医疗事故鉴定结论并结合查阅医学著作，法院在一审判决书里写道："《实用内科学》明确指出，糖尿病酮症酸中毒是分秒必争的抢救病，必须进行生命体征和代谢的监护……医院在近十个小时里没有采取抢救措施，其过失行为与小辉死亡存在相当因果关系。"①

---

① 毕征、刘晓星：《爱子打完吊针一周后殒命，父母状告医院》，大洋网—广州日报，2005 年 12 月 28 日。

二、医疗事故技术鉴定

（一）概念

医疗事故是医疗风险的显现形式之一。医疗事故,是指医疗机构及其医务人员在医疗活动中,违反医疗卫生管理法律、行政法规、部门规章和诊疗护理规范、常规,过失造成患者人身损害的事故。

医疗事故技术鉴定是指各级医学会根据卫生行政部门或医患双方的共同委托,组织专家组对医方的医疗行为是否构成医疗事故,构成哪级医疗事故进行判定的活动。

医疗事故技术鉴定的法律依据是由国务院、卫生部颁行的规范性法律文件,包括《医疗事故处理条例》及《医疗事故技术鉴定暂行办法》《医疗事故分级标准(试行)》《医疗事故技术鉴定专家库学科专业组名录》《医疗事故争议中尸检机构及专业技术人员资格认定办法》《医疗机构病历管理规定》《病历书写基本规范》《中医病历书写基本规范》以及现行医疗卫生管理法律、行政法规、部门规章。

（二）特点

医疗事故技术鉴定具有以下特点:第一,是一种行政鉴定。通说认为,从鉴定委托权、鉴定组织权、鉴定实施权三方面综合考量,医疗事故技术鉴定程序整体上由卫生行政部门主导,从而具备了行政鉴定的基本特征;第二,是一种逐级鉴定,根据《医疗事故处理条例》第 21 条的规定,"设区的市级地方医学会和省、自治区、直辖市直接管辖的县(市)地方医学会负责组织首次医疗事故技术鉴定工作。省、自治区、直辖市地方医学会负责组织再次鉴定工作";第三,是一种集体鉴定,医疗事故技术鉴定由负责组织医疗事故技术鉴定工作的医学会组织专家鉴定组进行,鉴定书只盖医学会医疗事故技术鉴定专用印章,鉴定专家不签名。

（三）现状及评价

现行的医疗事故鉴定制度自 2002 年确定以来,受到一些批评,强烈的行业色彩是其遭受诟病的主要原因。同时,其在程序上也存在一些缺陷,主要表现在以下方面。

1.作为具有行业利益的社团组织,医学会对卫生行政部门的依附性强,医学会成员绝大部分来源于医疗机构,因此鉴定机构本身缺乏中立性。

2.负责鉴定的医学会在地域上以医疗机构所在地为限,难以避免地方保护。

3.鉴定专家多来自本地区医疗机构,多存在同行、师生或同学关系,影响了鉴定的公信力。

4.鉴定实行集体负责制,鉴定专家不签名且不出庭接受质证。

三、法医学技术鉴定

（一）概念

医疗损害也是医疗风险的显现形式。法医学技术鉴定专门针对医疗损害中涉及的专门问题，是指法院在审理医疗损害赔偿民事诉讼案件中，依职权或应医疗法律风险争议任何一方当事人的请求，委托具有专门知识的人对医方有无医疗过错、患方所诉医疗损害结果与医疗过错有无因果关系等专门性问题，进行分析、判断并提供鉴定结论的活动。

医疗损害法医学技术鉴定的法律依据包括：《民法通则》《侵权责任法》《民事诉讼法》，全国人民代表大会常务委员会《关于司法鉴定管理问题的决定》，最高人民法院《关于民事诉讼证据的若干规定》，司法部《司法鉴定程序通则》《司法鉴定机构登记管理办法》《司法鉴定执业分类规定（试行）》《人体轻伤鉴定标准（试行）》《人体重伤鉴定标准》《精神疾病司法鉴定暂行规定》等。

（二）特点

作为一种典型的司法鉴定，法医学技术鉴定具有以下特点。

1.只能对诉讼过程中涉及的医疗损害专门事实问题进行鉴定，不能进行法律评价。通常，鉴定机构只就医方是否存在过错以及医疗过错与损害后果之间是否存在因果关系进行鉴别和评判，而不能就是否存在医疗损害进行法律认定。

2.鉴定机构具有中立性，各鉴定机构之间没有隶属关系，鉴定机构接受委托，依法在业务范围内从事司法鉴定业务，不受地域限制。

3.实行鉴定人负责制，鉴定人应当独立进行鉴定，对鉴定意见负责并在鉴定书上签名或者盖章。多人参加的鉴定，对鉴定意见有不同观点的，应当注明。

（三）现状及评价

法医学技术鉴定因具有如下特点，在医疗风险处理中日渐得到广泛适用。

1.鉴定机构的中立性使其独立于卫生行政部门、医疗机构及其行业自治组织，允许跨区鉴定也摆脱了地方保护主义的干涉，程序的公信力得以提升；

2.鉴定结论的得出，摆脱了集体决策机制而由鉴定人独立负责，增强了鉴定书的说理性和透明度。

综合维权的成本、难易程度等因素，司法化的救济途径已经成为医疗法律风险争议中患方维权的首选。在此背景下，医疗损害法医学技术鉴定的适用范围还将进一步扩大。

四、两种鉴定体制之比较

上述两种鉴定模式在以下几个方面存在差异。

第一,鉴定的性质不同。医疗事故技术鉴定的本质是行政性的,而法医学技术鉴定则是司法鉴定。

第二,鉴定的启动方式不同。医疗事故技术鉴定只有卫生行政部门移交和当事人共同委托医学会两种方式。且只能逐级委托,受到地域范围限制。而医疗损害鉴定的启动方式却较为多样,只要诉讼过程中需要鉴定,都可以采取司法鉴定的方式进行。在鉴定机构的选取上,不受地域范围的限制。

第三,鉴定的目的不同。只有各级医学会有权进行医疗事故的最终认定,而普通的法医学技术鉴定则只能就医疗过错、因果关系等专门性的事实问题进行认定,而不能进行法律上的评价。

第四,鉴定的方式不同。医疗事故技术鉴定由医学会选出的鉴定专家组集体出具鉴定书,专家组成员无须在鉴定书上签名盖章;医疗损害鉴定实行个人负责制,鉴定人需在鉴定书上签字或盖章。

上述差异使得两种鉴定模式在鉴定机构的中立性、鉴定程序的透明性以及鉴定人出庭质证的可行性等方面明显不同,在司法实践中法医学技术鉴定得到更广泛的应用。

同时,两种鉴定形式在医疗风险的处理过程中也可能相互衔接。医疗事故技术鉴定并不是医疗法律风险诉讼的法定前置程序,在部分案件中,当事人可能先委托医学会进行医疗事故技术鉴定,在无法得到医疗事故认定的情况下,又委托司法鉴定机构进行医疗损害的法医学鉴定。

五、关于医疗损害责任鉴定的规定

《医疗事故处理条例》规定了医疗事故的技术鉴定,卫生部还发布了《医疗事故技术鉴定暂行办法》。但《侵权责任法》对医疗损害责任的鉴定问题没有做出规定。为此,2010 年 6 月 30 日的《最高人民法院关于适用〈侵权责任法〉若干问题的通知》第三条规定:"人民法院适用侵权责任法审理民事纠纷案件,根据当事人的申请或者依职权决定进行医疗损害鉴定的,按照《全国人民代表大会常务委员会关于司法鉴定管理问题的决定》和《人民法院对外委托司法鉴定管理规定》及国家有关部门的规定组织鉴定。"

卫生部于 2010 年 6 月 28 日下发的《关于贯彻实施〈侵权责任法〉有关问题的通知》第四部分明确指出:在 2010 年 7 月 1 日之后,对于司法机关或医患双方共同委托的医疗损害责任技术鉴定,医学会应当受理,并可参照《医疗事故技术鉴定暂行办法》等有关规定,依法组织鉴定。医疗损害责任技术鉴定分级参照《医疗事故分级标准(试行)》执行。

根据上述最高人民法院和卫生部的通知,为解决审判实务中的实际问题,对于医疗损害赔偿争议案件,在保留原有的司法鉴定机构所作的医疗损害责任过错鉴定的基础上,人民法院虽然不应再委托医学会组织进行医疗事故技术鉴定,但可以委托医学会组织进行医疗损害责任技术鉴定。在委托鉴定的具体操作问题上,应遵循以下原则。

第一,在案件审理中,如果一方当事人申请委托司法鉴定机构组织进行医疗损害责任过错鉴定,另一方当事人申请委托医学会组织进行医疗损害责任技术鉴定,人民法院应当委托司法鉴定机构组织进行医疗损害责任过错鉴定。

第二,当事人同意委托进行医疗损害责任技术鉴定,人民法院也可以委托。如果委托医学会组织进行医疗损害责任技术鉴定,既可以委托省、市医学会,也可以直接委托市医学会组织进行医疗损害责任技术鉴定,技术鉴定和过错鉴定一样,一般情况下都只进行一次。

第三,无论是进行医疗损害责任过错鉴定还是医疗损害责任技术鉴定,其鉴定结论的效力都是相同的,它们互相不成为对方的一种救济手段。如果鉴定结论有缺陷,当事人只能根据《证据规定》第 27 条的规定申请重新鉴定。

第四节　医疗法律风险处理中的证明责任

一、证明责任概述

(一)概念

行为意义上的证明责任是指当事人在诉讼中提供证据证明自己的主张或反驳对方主张的责任,也称提供证据的责任。

结果意义上的证明责任是指在待证事实处于真伪不明的状态时,法官应当判决由哪一方当事人承担由此带来的不利后果,结果责任本质是一种风险的负担,即事先确定败诉的风险由哪一方当事人负担。《最高人民法院关于民事诉讼证据的若干规定》第 73 条规定,"因证据的证明力无法判断导致争议事实难以认定的,人民法院应当依据举证责任分配的规则作出裁判"。

证明责任通常是指结果意义上的证明责任。

(二)特点

结果意义上的证明责任具有如下特点:第一,证明责任必然只能由一方当事人负担;第二,证明责任只在穷尽了所有调查手段,而案件事实仍然真伪不明时适用;第三,证明责任的分配必须由法律事先规定。

二、证明责任的分配

(一)概念

证明责任的分配是指按一定的标准,将案件事实真伪不明时败诉的风险,预先在双方当事人之间进行分配。

(二)证明责任分配的学说

理论上关于证明责任分配的通说,是由德国学者罗森贝克提出的法律要件分类说。根据其学说,凡主张权利存在的人,应当对权利发生的法律要件事实负证明责任;否认权利存在的人,应当就权利妨害、权利消灭或权利受制的法律要件事实负证明责任。该学说具有较强的实用性,实务中得到各国的广泛采纳。我国法律对于证明责任的分配也基本采纳了法律要件分类说。

三、医疗法律风险处理中的证明责任分配

医疗法律风险处理中的证明责任是指根据法律的规定,对特定的医疗风险事实,由医方或患方承担的败诉风险。

涉及医疗法律风险处理的证明责任分配原则,主要规定于《民事诉讼法》《最高人民法院关于民事诉讼证据的若干规定》以及《侵权责任法》当中,以下进行简要梳理和归纳。

(一)谁主张,谁举证的一般举证责任

我国《民事诉讼法》第 64 条第一款规定,"当事人对自己提出的主张,有责任提供证据"——从而确立了"谁主张,谁举证"的分配原则。但此规定更侧重于行为意义上的证明责任,过于宽泛,尤其是对于待证事实真伪不明时的败诉风险如何负担,缺乏可操作性。后续的司法解释对其进行了补充。在医疗法律风险争议诉讼中,原告即患者应当提供其与医疗机构间存在医疗服务合同关系,接受过被告医疗机构的诊断、治疗,并因此受到损害的证据;如果患者不能提供证据对上述问题予以证明,其请求权是不能得到人民法院支持的。

(二)2001 年《最高人民法院关于民事诉讼证据的若干规定》(以下简称《规定》)确定的分配规则

1.首次明确结果意义上的证明责任是败诉的风险负担。该规定第 2 条明确:"没有证据或者证据不足以证明当事人的事实主张的,由负有举证责任的当事人承担不利后果。"

2.基本上贯彻了法律要件分类说的分配原则。该规定第 5 条明确:"在合同争议案件中,主张合同关系成立并生效的一方当事人对合同订立和生效的事实承担举证责任;主张合同关系变更、解除、终止、撤销的一方当事人对引起合同关

系变动的事实承担举证责任。"

3.对医疗损害等特殊侵权争议的证明责任分配作出特别规定。考虑到特殊侵权争议受害人举证困难以及法的正当性的需要,《规定》在第4条充分利用了证明责任倒置等方法对法律要件分类说进行了部分修正。根据《规定》,对于因医疗行为引起的侵权诉讼,由医疗机构就医疗行为与损害结果之间不存在因果关系及不存在医疗过错承担举证责任。

证明责任倒置是对法律要件分类说的修正,它是指将依照法律要件分类说本来应当由一方当事人负有证明责任的部分要件事实,基于法律的特别规定,转移给另一方当事人承担证明责任。《规定》将医疗行为与损害后果之间因果关系的证明责任,由患方转移给医方,这就属于证明责任的倒置。

将不存在医疗过错的证明责任分配给医疗机构负担,其根本原因在于《规定》在实体上对医疗损害的归责原则,采纳了过错推定的立场,此种情况并不属于证明责任的倒置。患方无需证明,而医疗过错的存在是由法律事先推定的,因此医疗机构必须承担证明自己没有过错的证明责任。

4.规定了免证事实。《规定》第9条明确了当事人无需证明的事实,进而免除了双方当事人对这些事实的证明责任。下列事实无需举证证明。

(1)众所周知的事实。对于众所周知的事实,无须举证,不承担举证责任,这是一条古老的法则。

(2)自然规律及定律。

(3)根据法律规定或者已知事实和日常生活经验法则就能推定出的另一事实。

(4)已为人民法院发生法律效力的裁判所确认的事实。

(5)已为仲裁机构的生效裁决所确认的事实。

(6)已为有效公证文书所证明的事实。

例如,一旦医疗机构在诉讼中明确承认医疗过错存在,就构成自认,任何一方都无需再对医疗过错事实承担证明责任。

5.确立证据持有的推定。为防止持有证据的一方不配合举证会造成实质不公。《规定》在第75条确定了证据持有的推定,一定程度上减轻了当事人负担的证明责任。根据规定,有证据证明一方当事人持有证据无正当理由拒不提供,如果对方当事人主张该证据的内容不利于证据持有人,可以推定该主张成立。例如,患方主张存在医疗过错,却无法获得病历资料,则只需证明医疗机构持有病历,且无正当理由拒不提供的事实,就可以推定病历记载的内容不利于医疗机构。

(三)2010年《侵权责任法》确定的分配规则

《侵权责任法》颁布生效以后,有关医疗风险法律处理中的证明责任分配,在以下几个方面又有了新变化。

1. 明确医疗损害的过错责任原则,由患方对医疗过错承担证明责任。《侵权责任法》第54条规定:"患者在诊疗活动中受到损害,医疗机构及其医务人员有过错的,由医疗机构承担赔偿责任。"修正了《最高人民法院关于民事诉讼证据的若干规定》所确立的归责原则,医疗损害责任归责原则由原先的过错推定转变为过错责任。从而将医疗过错的证明责任,由原先的医疗机构负担转移给患方负担。

2. 对医疗过错的认定规定了法律的推定,由患方对基础事实承担证明责任。《侵权责任法》生效以后,医疗机构不再需要对自己没有医疗过错承担证明责任,而由患方证明医疗过错的存在。考虑到患方不具备医学专业知识的实际困难,为减轻患方的举证负担,法律又规定了关于医疗过错的推定。推定是指根据法律规定或经验法则,若能证明基础事实成立,则认定推定事实成立。这意味着患方只要能够证明法律规定的基础事实存在,即可证明医疗过错这一推定事实存在。

相关具体规定在《侵权责任法》第58条。患者有损害,因下列情形之一的,推定医疗机构有过错:

(1)违反法律、行政法规、规章以及其他有关诊疗规范的规定;

(2)隐匿或者拒绝提供与争议有关的病历资料;

(3)伪造、篡改或者销毁病历资料。

3. 明确医疗产品责任的无过错责任原则,由患方对产品缺陷等承担证明责任。与医疗损害不同,对于医疗活动中缺陷产品致人损害,《侵权责任法》采纳了无过错责任的归责立场,主观过错不是请求权的要件事实,这意味着无论是生产者、医疗机构还是患者,都无需对主观过错承担证明责任。

《侵权责任法》第59条规定:"因药品、消毒药剂、医疗器械的缺陷,或者输入不合格的血液造成患者损害的,患者可以向生产者或者血液提供机构请求赔偿,也可以向医疗机构请求赔偿。患者向医疗机构请求赔偿的,医疗机构赔偿后,有权向负有责任的生产者或者血液提供机构追偿。"根据法律规定,在医疗产品责任案件中,患者需要对产品缺陷、损害后果、因果关系三项请求权要件事实承担证明责任。

4. 医疗机构对免责事由承担证明责任。《侵权责任法》还细化了医疗损害的免责事由,从而合理、适当地控制了不必要的医疗风险,但是医疗机构应当对法定的免责事由承担证明责任。根据《侵权责任法》第60条的规定,具体的免责事由包括三类:一是患者或者其近亲属不配合医疗机构进行符合诊疗规范的诊疗;二是医务人员在抢救生命垂危的患者等紧急情况下已经尽到合理诊疗义务;三是限于当时的医疗水平难以诊疗。如果医方无法证明存在法定的免责事由,则不能免除相应的赔偿责任。

四、医患双方举证的内容及举证责任的大小

根据我国"谁主张、谁举证"的一般举证原则和推定过错的相关规定,在医疗法律风险争议的诉讼中,医疗机构和患者各负有举证责任,具体如下:

争议案件	举证责任分配	适用原则
当事人身份	各自自行举证	谁主张,谁举证
存在医疗行为	原告	谁主张,谁举证
不存在医疗行为	被告	谁主张,谁举证
医疗行为与后果关系	原告	谁主张,谁举证
损害结果存在	原告	谁主张,谁举证
损害结果不存在	被告	谁主张,谁举证
损害结果的程度	原告	谁主张,谁举证
医疗行为无过错	被告	谁主张,谁举证
患者存在过错	被告	谁主张,谁举证

从上表可以看出,患方与医疗机构之间是否存在医患法律关系,患方是否存在损害事实,是否存在实际损失、损失多少,医疗护理行为与损害后果之间存在因果关系、医疗行为有过错等,举证责任均在患方。患方提供的证据达到民事诉讼法第108条规定的起诉条件,人民法院才予立案受理。而只有在医疗机构存在违法行为或隐匿、拒不提供、伪造、篡改、销毁病历时,才推定过错,实行部分举证责任倒置,由医疗机构就自己没有过错承担举证责任。

五、有效使用证据维护自己合法权益

(一)医疗机构在举证中如何维护自己的合法权益

1.提供真实的病历资料档案。作为医方诊疗活动的全过程的完整记录,病历对于医疗风险的防范和处理具有至关重要的意义;提供真实、完整、规范的病历,可以避免陷入推定过错的不利境地,也可以通过病历证明自己尽到足够注意义务。

2.医疗机构在举证过程中,除提供以上病历档案外,还应从以下几方面着手提供抗辩和反驳原告、成就自己答辩理由的证据。

（1）提供医疗机构及其医务执业的合法性的证据——医疗机构有执业许可证，医师、护士有资格证及注册证。

（2）提供诊疗措施的必要性、合理性、安全性的证据——说明医疗行为无过错。

（3）提供医疗行为合法性的证据——医疗行为没有违反医疗卫生管理法律、法规、部门规章及诊疗护理常规和规范；提供医疗行为与原告的损害结果之间无因果关系的证据——通过运用医学科学知识，分析患者损害后果发生的原因，以及后果的发生与医疗行为的关系。

（4）保管、收集和提供有关药品和医疗用品质量的证据。医疗机构除了收集与医疗行为相关的证据外，还应保管和收集涉及医疗用品质量的证据材料。该类证据的表现形式为药品、血液、疫苗、器具和器械等物品本身以及上述物品的购货单据。有些医疗法律风险争议，患者所受的损害实际上是药品或医疗用品质量问题造成的，是属于产品质量争议。根据《侵权责任法》的规定，医疗机构承担了连带责任，那么医疗机构需要提供两方面的证据，以便向产品制造者或供应者追偿。一是购进该产品的证据，如购买产品的发票或合同；二是给患者使用过该产品的证据，如处方，患者用过的药品、残留品、产品包装物等。医疗机构要保存好这些证据，同时注意发票和合同一定要记载产品的生产者、商标名称，商品名称以及型号、规格、批号等。在证据收集和使用过程中还应注意作为物证的产品或产品包装上表示生产者身份的一些文字、字母、符号、图形等标志的完好无损。

例：某医院给患者实施手术时所使用的钢板发生断裂，医院便将钢板提交给鉴定机关进行质量鉴定。鉴定中要对钢板进行打磨，结果将原钢板中标有生产者身份的文字磨掉。虽然鉴定结果是钢板质量有问题，也就是说患者所受损害是产品质量问题造成的，但因医院将钢板交付鉴定时，没有要求鉴定人员将能够说明产品制造者身份的文字记录下来，导致无法证明钢板的生产者，无法行使追偿权。

（5）提供和使用患方在医疗行为中的配合情况的证据。提供原告家属因素的证据——原告及家属不遵守医院规章制度，不配合诊治的事实，导致诊治延误或造成损害。比如，有些患者在医疗机构就诊，而在医疗机构外用药，其损害结果的发生很有可能是药品质量问题所致，也有些患者不遵从医嘱，对此医疗机构不应承担赔偿责任。

例：20世纪90年代末，深圳市某医院整形美容科主任周某为一名女青年习某做整形美容手术。该女青年因不遵从医嘱，私自在手术前禁食期中进食，发生术后误吸入胃内容物，导致呼吸功能障碍引起窒息死亡。这桩轰动全国的医疗事故案,由最初法院判决为一级医疗责任事故到最终以深圳市人民检察院向法院撤销对本案被告人的指控而结束。

(6)注意利用医疗事故争议的时效性。《条例》第18条规定:患者死亡后48小时内(有尸体冷存条件的可以延长到死后一周)进行尸体解剖以明确死因,如果是患者方原因导致尸体解剖无法进行或拖延影响死因判定的,由患方承担相应的责任。《条例》第37条规定:当事人自知道或者应当知道其身体受到损害之日起一年内,可以向卫生行政部门提出医疗事故争议处理申请。如果患者超过一年才向医疗机构或卫生行政部门提出医疗事故争议,医疗机构就可以以此抗辩。

(7)注意利用人身损害诉讼的时效性。《民法通则》第136条规定:身体受到伤害要求赔偿的诉讼时效期间为一年。第137条规定了最长诉讼时效:从权利被侵害之日起超过二十年的,人民法院不予保护。时效的计算:人身损害赔偿的诉讼时效期内,伤害明显的,从受伤害之日起算起;伤害当时未曾发现,后经检查确诊并能证明是由侵害引起的,从伤害确诊之日算起。民法关于诉讼时效的规定属于强制性法律规定,超过诉讼时效期间不主张权利,权利人的胜诉权自动消失。①

(二)患方在举证过程中如何保护自己的合法权利

1.全面掌握病历及相关资料。一旦出现医疗损害,不管医疗机构会不会承认自己有过错,将来是否需要通过诉讼来解决问题,患方马上要有证据意识,为使自己的合法权益得到有效的保护,注意保存好一切就医材料,提高自己在举证和质证中的防御能力及反击能力。

(1)收集保存在医疗机构治疗的相关票据和尽可能齐全的病历资料。这是证明患者在某医疗机构就医的证据,也是病情发展和医疗活动的真实记录。在医患之间就患者的诊断和治疗问题发生争议时,病历资料对于认定医疗机构是否存在医疗过失起着其他证据难以替代的证明作用。

(2)处方、药品及药品包装袋。有的医疗损害是由于医务人员用错药、发错药造成的,患者当时所服用药品的处方笺的底方及其复印件、剩余药液及药品包装袋等,在此类案件中极具证明力,患者及其家属应注意保存。

(3)在治疗过程中的体温单、化验单,以及医学影像拍片、检查资料。这些资料是医生诊断的重要参考,也是能够证明患者病情的原始依据,对于认定医疗事故也具有很大价值。

(4)输液、输血、注射、药物等引起不良后果的现场实物,包括输血、输液反应

---

① 高凌俊:《医疗机构在医疗诉讼中举证及抗辩应注意的几个问题》,载《现代医院》2004年4月。

的剩余液。因输血、输液反应而发生的医疗法律风险争议最重要的证据就是剩余液,所以患方在输血或输液反应发生后,就应该注意保存静脉点滴剩余液和剩余的血液。即使所剩无几,甚至仅剩个空瓶也不能放弃;对输液中发现的不正常情况可以要求医院写入病历记录、出具书面说明等。

(5)手术中的切除组织。手术中的切除组织是证明有关手术失误的最重要的证据之一,如有条件,应尽可能保存。切除组织是医疗法律风险争议中最直接最重要的证据,多数患者家属的证据意识很淡薄,而某些医院正是利用了多数患者的这一疏忽,掩盖了其手术中出现的某些失误。因此,患者及其家属一定要注意这方面证据的收集。

(6)及时尸检。尸检对于判明死亡原因具有特殊意义,特别是对于那些因死亡原因不明、因疑难疾病致死而发生的医疗争议而言,就必须进行尸体解剖。尸检给医学技术鉴定和司法裁决提供最直接、最有力的证据,以达到最终查明原因、分清责任的目的。尸体一经火化,很多证据也就随之消灭,其余的病历资料又都在医院手里,而医院知道尸体火化后已无对证,篡改病历也就没有了后顾之忧。最高人民法院本院新闻中就有一例没有尸检就匆匆火化而导致证据灭失输了官司的案件。

例:2004 年 7 月 22 日凌晨,37 岁的农村妇女魏某产下一男婴。十余分钟后,魏某不幸死亡。得知妻子死亡后,处于悲痛之中的丈夫彭某将遗体送往殡仪馆火化后匆匆埋葬。事后,彭某以医院医疗事故为由向医院索赔 5 万元。医院则以魏某分娩时年龄已大、未定期保健、分娩过程中出现羊水栓塞并发症、医院没有过错等理由进行抗辩。8 月 8 日,江苏省丰县人民法院做出一审判决,驳回彭某要求医院赔偿妻子死亡赔偿金等损失 5 万元的诉讼请求。[①]

(7)其他用来证明在医疗过程中接受治疗所造成的损失以及侵害结果的存在所造成的损失等有关证据材料。

2.充分行使《条例》中规定的患者享有的权利。

(1)患者有复印或复制病历资料的权利。发生争议时,患者除了行使复印或复制病历资料这一权利外,还应主动要求将主观性病历资料一并进行封存。因为《条例》规定主观性病历资料"应当在医患双方在场情况下封存和启封",但并没有明确封存主观性病历资料是医疗机构应履行的义务还是可选择的权力。患者要充分利用这一权利,以防止医疗机构篡改病历、销毁证据,在举证中提供只对自己有利的证据。疑似输液、输血、注射、药物等引起不良后果的患者,享有与医疗单位共同封存现场实物、共同指定检验机构的权利。发生争议时后,有些患

---

① 刘秋苏:《证据灭失导致输了官司》,最高人民法院本院新闻,2005 年 8 月 9 日。

者认为医院已经篡改病历,复印病历没有意义,结果丧失良机,使自己在诉讼中没有任何证据支持。对于确信医方篡改病历的,患方当事人一般可申请司法文书鉴定。复印的病历资料不要忘记让医疗机构加盖公章。

(2)患者死亡进行尸检时,家属有请法医参加,委派代表观看尸检过程的权利;患者有在专家库中随机抽取参加鉴定专家的权利;患者有对参加鉴定的专家提出回避的权利。患方可以充分行使这一权利,使鉴定更公正。

(3)患者有申请人民法院进行证据保全的权利,享有申请专家证人出庭作证的权利。

(4)患者对自身的病情、医疗风险享有事先知情的权利,对医疗措施有选择的权利。医疗机构必须如实告知患者及家属诊查方法的必要性、重要性和需冒的风险,告知治疗方法的效果、副作用、经费,在患方知情后所作出的选择、承诺,并履行相关的签字手续以示确认。医疗机构如果忽视病人的知情同意权,不履行告知签字手续,缺乏尊重患者选择权,将导致对自己十分不利的结果。

3.正确运用医疗技术鉴定并申请鉴定人出庭。在处理与医院的争议时,不仅可以采取医疗事故技术鉴定,还可以采取法医鉴定来判明死因及医疗行为是否存在过错,并根据《证据规定》第59条的规定申请鉴定人出庭,对其鉴定结论进行质证。如医学会的鉴定人无法定正当事由拒不到庭,患方可根据《证据规定》第29条等规定,否定其"鉴定结论"的证据效力。

第五节 医疗风险法律处理中的证据效力

一、证据效力概述

证据效力是指在诉讼过程中,当事人进行法庭质证和法官审查认定证据时的评价指标。医疗法律风险处理中的证据,同样要经过法庭调查和法庭质证,最终才能确定其证据效力。

要考量证的效力,主要着眼于证据能力和证明力两项指标,前者是对证据的资格限制,后者是对证据的价值评价。两者之间不存在对应关系,没有证据能力的证据可能具有证明力,但不能作为定案依据。具有证据能力的证据并不当然具有证明力,其证明力的有无、大小都有待法官的认定。

(一)证据能力

证据能力也称可采性,是指法律允许作为证据的资格。不具有证据能力的证据,不论证明力大小如何,原则上都应当被排除,不能作为定案依据。合法性是证据可采性问题的核心内容。包括：证据的形式合法，证据的内容合法，确认证据效力成就的手段合法。

例如，通过窃听医护人员的私人通话获取的有关信息，即使能够证明某些医患争议的关键事实，但是因为证据违反法律的禁止性规定，不具有可采性。

（二）证明力

证明力是指证据对于待证事实（也称证明对象）是否具有证明价值以及证明价值大小，或者说一个证据能够证明案件事实的程度。由于证据的证明价值是以证据的真实性为前提的，所以，对证据的证明力进行考察应该从证据的真实性开始。考察具体证据的证明力实际上包括两个层面：第一是证据有没有证明力，这主要是证据的"确实性"问题，即证据是否真实可靠；第二是证据有多大证明力，这主要是证据的"充分性"问题，即证据对案件事实的证明能否达到法定标准。由于证据的形式和种类千差万别，对于证据证明力的大小法律难以事先规定，所以现代证据法普遍承认了司法的能动性，将评判证据证明力大小的权力授予法官。例如，在诉讼中医务人员的证人证言，要评判其证明力大小，就需要法官对法庭调查、质证环节作出综合考虑后进行认定。

二、病历和鉴定结论的证据效力及各种证据证明力的大小

（一）病历的证据效力

1.病历的证据属性。病历包括门（急）诊病历和住院病历。一份客观、完整的病历是患者住院期间全部病情变化及诊断治疗过程的记录，是医护人员检查分析、诊断用药、手术治疗等医疗活动的记录，在处理医疗法律风险诉讼中是重要的书证。病历具有据以实施鉴定、判别是非、明确责任、解决争议等法律意义上的证据属性。

2.病历是原始书证。病历不仅直接产生于医疗活动之中，是来自临床的第一手资料，而且卫生部要求病历的书写必须遵循客观、真实、准确、及时、完整的原则，按照规定的内容书写，并由相应医务人员签名。因抢救急危患者未能书写病历的，有关医务人员应当在抢救结束后6小时内据实补记，并加以注明。由此可见病历具有较强的可靠性。

3.病历是有完全证明力的证据，且其证明力一般大于其他证据。病历直接来源于临床，是医疗过程的原始记录，属于原始证据和直接证据的范畴。根据最佳证据规则，原始证据的证明力一般大于传来证据；直接证据的证明力一般大于间接证据；物证、档案、鉴定结论，其证明力一般大于其他书证、视听资料和证人证言。因此，医疗机构出具的原始病历是具有完全证明力的证据。它能真实地能证明医患之间的服务合同关系，能证明院方的医疗行为有无过失，能证明患方

的原因延误诊疗导致的不良后果,能证明院方履行了告知义务,能证明院方有无其他违法行为。①

4.病历是医疗技术鉴定必需的材料。医疗法律风险争议的当事人申请医疗技术鉴定的,医疗机构须向鉴定机构提交病历。病历也是计算损害赔偿金额的依据之一,在交通事故、打架斗殴、意外事件及其他人身损害索赔的处理过程中,难免涉及当事人因损害而支付的医疗费用及伤残赔偿费用,而医疗费用的实际支出只能通过病历才能准确计算。

(二)鉴定结论的证据效力

1.鉴定结论的证据属性。鉴定结论是一类独立的证据,这类证据是实物证据和言词证据的扩展和延伸,是从其他证据中派生出来的证据,是通过科学技术手段揭示其所蕴含的信息特征来证明其与案件事实的联系。鉴定结论虽然具有书面形式,但是其实质是鉴定人就案件中某些专门性问题进行鉴定后所做出的判断,因此属于人证或言词证据。而言词证据则常常受陈述者主观和客观因素的影响,因此特别需要对影响其判断可靠性的各种因素进行审查。

2.鉴定结论作为一种特殊证据具有重要的诉讼功能。

(1)它是法官借以查明事实、依法裁判的重要依据。

(2)它是在诉讼中鉴别、判断其他有关证据的真伪及其证据力强弱的特殊手段。在同一案件中,往往有几种证据形式,如物证、书证等。这些实物证据与案件是否具有关联性,能否成为认定案件的证据,除辨认外,主要靠鉴定结论来鉴别、确定。同时,书证的真伪也常常需要通过鉴定来确定。因此鉴定结论具有不可替代的作用。

3.鉴定结论具有特殊的客观真实性,也包含着失真的可能性,只有在被查证属实后才能作为定案根据。

4.鉴定结论的证明能力并不当然优于其他证据,更不是判案的唯一依据。尽管鉴定结论常被作为审查、核实或鉴别其他证据的手段,如分辨与鉴别书证、物证和视听资料等的真伪程度,以及证实、辨明当事人的陈述和证人证言的真实性和可靠性等,但不能认为鉴定结论在证据证明力上就当然优于其他证据。它仅仅是法定证据的一种形式。

(三)各种证据证明力的大小

在各类证据中,哪种证据更加有效,如果各种证据之间出现矛盾怎么办?为解决采信的次序问题,最高人民法院的《证据规定》第 77 条、78 条对此作了相应

---

① 喻观培:《论病历在医疗诉讼中的证据作用》,载《医学与社会》2005 年第 7 期。

的规定。

1.数个证据对同一事实的证明力的认证原则。

在对证据进行审核认证过程中,如果发现证明同一事实的数个证据,其证明竞争力一般可以按照以下情形分别认定。

(1)国家机关以及职能部门依职权制作的公文文书优于其他书证。这是由书证制作人的社会地位的不同所造成的难以否定的客观差别,也是对相关机关依据履行职务行为结果的肯定。

(2)鉴定结论、现场笔录、勘验笔录、档案材料以及经过公证或者登记的书证优于其他书证、视听资料和证人证言。

(3)原件、原物优于复制件、复制品。

(4)法定鉴定部门的鉴定结论优于其他鉴定部门的鉴定结论。

(5)法庭主持勘验所制作的勘验笔录优于其他部门主持勘验所制作的勘验笔录。

(6)原始证据的证明力大于传来证据;直接证据证明力大于间接证据。

(7)其他证人证言优于与当事人有亲属关系或者其他密切关系的证人提供的对该当事人有利的证言。

(8)出庭作证的证人证言优于未出庭作证的证人证言。

(9)数个种类不同、内容一致的证据优于一个孤立的证据。

2.人民法院对证人证言的采信原则。

(1)证人提供的对与其有亲属关系或者其他密切关系的一方当事人有利的证言,其证明力低于其他证人证言。

(2)对证人的智力状况,品德、知识、经验、法律意识和专业技能等进行综合分析。

证人的智力状况决定其证言是否会准确地反映与案情有关的情况;证人的品德将决定其作伪证假证的可能性,从而决定了其证言的可信程度;证人的知识高低影响其观察和分析事物以及语言的科学性,尤其是表达是否准确;证人的经验,特别是医疗经验,影响其对医疗行为的观察和分析能力,进而影响到证言的描述是否真实准确;证人的法律意识将决定其是否会慎重、客观地作证;证人的医学专业技能使其能对医患双方的争议问题抓住关键。

一般来说,我国法律规定证人应出庭作证,接受当事人的质询;证人不得旁听法庭审理;询问证人其他证人不得在场。如果确有必要,法院可以让证人进行对质,以查明事实真相,澄清分歧。人民法院对证人证言的采信,需要在以上程序基础上综合分析做出选择,并对证据是否采纳的理由在裁判文书中做出阐述。

三、证据无证明力的几种情况

（一）不符合证据要件导致证据无证明力

1. 以抢夺、偷盗等方式取得的病历资料不能作为证据，伪造和涂改过的病历资料也不具有证据能力。

例如，山东省一名 65 岁的高血压患者入住某市区级医疗机构，住院期间症状有所缓解，后在回家休息时猝死于家中。此间，医院不但没有询问患者情况，反而补写了病人死后 4 天的医嘱、体温表和病历讨论，失去了资料的真实性，结果被患者告上法庭。此案被定为一级医疗责任事故。但如果医方将有关的医疗过程摄像、拍照，只要不违反禁止性法律规范和社会公德就有可能被法院采纳。

2. 没有鉴定资格的部门或个人所出具的鉴定结论没有证据效力。我国《民事诉讼法》第 72 条第一款规定："人民法院对专门性问题认为需要鉴定的，应当交由法定部门鉴定的；没有法定鉴定部门的，由人民法院指定的鉴定部门鉴定。"因此，凡无鉴定资格的部门或个人所出具的鉴定结论，便没有证据效力。

3. 超过举证期限而提供的证据无证明力。根据《证据规定》第 33 条第二款、第三款的规定，确定举证期限的方式有两种。一种是当事人协商的举证期限，并经人民法院许可的；另一种是法院依职权确定的举证期限。凡由人民法院指定举证期限的，指定的期限不得少于 30 日，自当事人收到案件受理通知书和应诉通知书的次日起计算。原告原则上应在提交诉状的同时提交证据，被告原则上应在法定的答辩期限内举证，第三人的举证期限由法院结合具体案件进行指定。在特殊情况下，负有举证义务的人确有正当理由不能在法定期限内举证的，可以向人民法院申请延长举证期限。是否准许，由人民法院根据具体案件情况自主决定。《若干规定》第 34 条规定："当事人应当在举证期限内向人民法院提交证据材料，当事人在举证期限内不提交的，视为放弃举证权利。""对于当事人逾期提交的证据材料，人民法院审理时不组织质证。但对方当事人同意质证的除外。"当事人故意不在法律规定和法院指定的期限内举证，则不论其逾期提出的证据对案件产生多大的影响，法院一律不予采纳。

现实中既有医方也有患方因不能在举证期限内完成举证而败诉的。

例：患者雷某，女，于 2002 年 3 月 25 日感到身体不适到陕西省某医院住院治疗，入院时诊断其患有椎体陈旧性压缩骨折及脊神经损伤疾病。同年 3 月 27 日，该医院给雷某安排做脊髓减压探查术，术后，雷某双下肢运动感觉功能障碍。同年 4 月 8 日经 MRI 检查，发现雷某脊髓血肿压迫。4 月 9 日，该医院再次做脊髓血肿清除术。2002 年 6 月雷某向法院起诉，2002 年 8 月经西安市中级人民法院法医鉴定,雷某双下肢感觉运动功能丧失,肌力 0 级,双下肢瘫痪达到二级伤残程度。2002 年 9 月 4 日,陕西省某医院向法院书面答复不申请医疗事故鉴定。法院认为,在原告住院过程中,陕西省某医院给原告做手术及对症下药治疗,术后至今,原告成软瘫状态,因原告申请,法院委托进行法医学鉴定,雷某已达到二级伤残等级。对此鉴定结果,按照证据规则,举证责任倒置,应由院方举证证明自己没有过错或直接因果关系。但医院明确向法院答复,不申请医疗事故鉴定。对此,医院应承担举证不力的后果,医疗侵权责任成立。法院遂判决陕西省某医院赔偿原告各项费用共计 31132.84 元。此案成为全国首例由于院方不申请医疗事故鉴定导致举证期限内举证不力,最终承担败诉结果的案例。[①]

（二）未经质证的证据无证明力

我国《民法》《刑事诉讼法》《证据规定》中都规定:"证据应当在法庭上出示,由当事人质证。未经质证的证据,不能作为认定案件的事实依据。"质证必须在当事人参与下,并经由当事人质问和辩论,才构成合法的质证,凡是未经质证的证据均无证明力。鉴定结论也必须接受质证。

但是有两种特殊情况,证据可以不经质证而作为认定案件事实的依据。一是当事人在庭审前证据交换过程中认可并记录在卷的证据,经审判人员在庭审中说明后,可以作为认定案件事实的依据。二是涉及国家秘密、商业秘密和个人隐私或者法律规定的其他应当保密的证据,不得在开庭时公开质证。

（三）法定无证明力的证据

由于证据的本身来源不合法,依据法律规定应当无证明力。这种情况主要有以下三种。

1.在诉讼中当事人为达成调解协议或者和解的目的,做出妥协所涉及的对案件事实的认可,不得在其后的诉讼中作为对其不利的证据。

2.侵害他人合法权益或者违反法律禁止性规定的方法取得的证据,不能作为认定案件事实的依据。

3.孤证一般无证明力是证据采信的一般原则,除非有相应的证据作为佐证。尤其下列五种来源存在问题的证据不能单独作为认定案件事实的依据:

（1）未成年人所作的与其年龄和智力状况不相当的证言;

（2）与一方当事人或者其代理人有利害关系的证人出具的证言;

（3）存有疑点的视听资料;

（4）无法与原件、原物核对的复印件和复制品;

（5）无正当理由未出庭作证的证人证言。

---

① 《全国首例由于医院方不申请医疗事故鉴定承担的败诉案审结》,搜狐新闻 2002 年 11 月 19 日,http://news. sohu. com/63/05/news204440563. shtml,2011 年 7 月 5 日访问。

本章小结

医疗法律风险处理中的证据,是指能证明医疗行为有无医疗过错,医疗行为与损害结果之间有无因果关系等对医疗风险的防范、处理具有证明价值和意义的一切客观事实。它具备三个要件:证据的客观性、关联性和合法性。证据包括书证、物证、证人证言、当事人的陈述、视听资料、勘探笔录、鉴定结论、专家辅助人八种。具体在临床实践中,关乎医疗风险防控及处理的常见证据有:病历、药品药剂、医疗器械、血液制品、诊疗活动规范,和技术操作常规汇编、监控视频、医患和解协议、医学技术鉴定结论等。

医疗技术鉴定是指在医疗风险法律处理的过程中,鉴定人受人民法院、行政主管部门、当事人或代理人的指派或委托,运用专门的知识和技能,依法对医患双方所争议的某些专门性问题作出鉴别和结论的活动。我国的医疗技术鉴定模式是双轨制的,医学会的医疗事故鉴定与司法鉴定机构的医疗损害鉴定并存。

医疗法律风险处理中的证明责任是指根据法律规定,对特定的医疗风险事实,由医方或患方承担的败诉风险。对医疗法律风险处理的证明责任,《民事诉讼法》《最高人民法院关于民事诉讼证据的若干规定》都先后进行过调整和分配。在《侵权责任法》颁布施行以后,医疗风险处理中的证明责任有了较为明确和具体的规定。

证据效力是指在诉讼过程中,当事人进行法庭质证和法官审查认定证据时的评价指标,包括证据能力和证明力。医疗法律风险处理中的证据,同样要经过法庭调查和法庭质证,最终才能确定其证据效力。

思考题

1.简述临床常见的证据种类。
2.试述技术鉴定在医疗风险处理中的作用。
3.试述医疗损害赔偿争议中证明责任的分配原则。
4.试述医疗法律风险处理中证据效力的审查认定。

案例思考

2004年8月20日,王某因十二指肠出血入住昆明某附属医院。同年8月29日,该院为王某实施了手术。因术后伤口一直渗出液体,又于10日后进行了第二次手术。但术后仍出现液体外漏,伤口不愈合,同时伴有发烧等症状。2005年1月17日,王某最终治疗无效死亡。同年1月21日,家属在对王某遗体进行火化时,发现其骨灰中有异物,经辨认为手术刀。家属认为是医院不负责任的医疗行为,致使手术刀遗留在王某腹腔内致其死亡,故诉至法院请求判令医院赔偿医药费、丧葬费、死亡赔偿金、被抚养人生活费等共计 496166.72 元。

被告答辩称,医院系根据患者的病情及医疗原则对患者进行诊治,并已尽到了对患者的充分注意义务,不存在医疗过失行为;原告主张手术刀遗留在患者体内致其死亡无事实依据,请求驳回原告的诉讼请求。

案件审理过程中,经原告申请,昆明市中级人民法院委托云南省法庭科学技术鉴定中心对双方当事人共同封存的影像资料进行以下方面的司法鉴定:

1.是一次形成的还是合成的;

2.是否是同一人的;

3.与相关的申请单和报告单内容是否吻合;

4.与王某本人的影像学资料比较是否是一人的。

根据该鉴定中心出具的云法鉴临字 2005 第 961 号《法医学文证审核鉴定书》,结论为:送检影像学材料为一次形成;送检影像学材料为同一人的;送检影像学材料所示影像与对应的送检 X 射线摄片检查报告和 CT 扫描检查报告所描述影像一致;九张 X 线片、三张 CT 片胸部正位片所示影像为同一人。

同时,经被告申请,昆明市中级人民法院委托云南省法庭科学技术鉴定中心对被告为死者王某实施的医疗行为是否存在医疗过错,以及该医疗过错与王某的死亡后果之间是否存在因果关系进行司法鉴定,根据该中心出具的云法鉴医字 2005 第 1517 号《医疗争议司法鉴定书》,结论为:

1.昆明医学院第二附属医院为王某所提供的医疗服务符合医疗原则;

2.王某死亡后未行尸体解剖检验,死亡原因不能明确。

昆明市中级人民法院经审理认为,经庭前证据交换及开庭质证,因原告无充分证据证明云南省法庭科学技术鉴定中心出具的《医疗争议司法鉴定书》所依据的影像资料及病历资料不具真实性,且该鉴定书亦附有鉴定人的司法鉴定人资格证书,可对本案相关专门性技术问题进行司法鉴定,故该鉴定程序合法,依法对该份《医疗争议司法鉴定书》的证明力予以确认。

根据该《医疗争议司法鉴定书》,被告为王某提供的医疗服务符合医疗原则。同时,本案在庭审中,鉴定人出庭接受双方当事人质询时,当庭明确被告为患者王某提供的医疗服务符合医疗原则,实施的医疗行为不存在医疗过错;对于原告认为患者王某于 2004 年 9 月 23 日拍摄的 X 光片检查报告单中明确记载其体内有金属物的问题,鉴定人亦当庭明确,2004 年 9 月 23 日王某腹部 X 线片中显示有金属物,但该金属物为 2 个环状吻合器和 1 个线状缝合器,经鉴别并非手术刀。而原告对此未能提交其他足以反驳的相关证据,故原告认为被告将手术刀遗留于患者王某体内的主张证据不充分,法院不予采信。

昆明市中级人民法院认为，被告已就其实施的医疗行为是否存在医疗过错承担了举证责任，而原告未能以充分证据反驳被告的举证，故本案的现有证据不足以证明原告的主张，其诉讼事由无法予以采纳，原告以此要求被告承担医疗过错民事赔偿责任之请求，依法不能得到支持。

据此，昆明市中级人民法院作出一审判决，驳回原告诉讼请求。①

案例讨论

1. 如果你是患方的诉讼代理人，如何有效地主张原告的权利？

2. 如果你是医方的诉讼代理人，如何有效地维护被告的合法权益？

3. 请运用有关证据规则评析法院的判决依据。

---

① 魏文静：《云南火化烧出手术刀案一审有果》，载中国法院网 2005 年 12 月 20 日，http://old. chinacourt. org/html/article/200512/20/189723. shtml，2011 年 7 月 5 日访问。

第十一章　医疗法律风险处理中的赔偿制度

第一节　医疗损害民事赔偿制度

一、医疗损害民事赔偿的概述

医疗损害民事赔偿，是指医疗机构和医务人员在诊疗过程中，过错地造成患者人身权益伤害的，所依法承担的民事赔偿责任。在医疗损害案件中，最主要的问题是明确责任，确定损失。因为损失的发生已经无法挽回，但损失的赔偿一方面可以有效地保护患者的合法权益，另外一方面，可以保障医疗行业的健康发展，有利于医疗机构正常诊疗秩序的恢复以及医务人员合法权益的保护。所以，医疗损害民事赔偿制度十分重要。

医疗损害赔偿中的损害，是指在诊疗过程中由于医疗机构及其医务人员的过错行为，侵害患者生命、身体、健康权益，造成患者人身损害的情况。首先，损害是对生命有机体的侵袭或破坏，它直接造成肉体组织的破坏、生理机能的毁坏或功能紊乱，并可能同时造成被害人肉体痛苦或者心理痛苦。对此种损害的救济，首先是治疗和康复；经治疗恢复健康的，即属恢复原状。但因治疗、康复等支出的费用，造成财产上的损害，对这种损害，只能通过赔偿损失的方法进行救济。此外，如果造成患者残疾或死亡的，原状已无法恢复，也只能通过赔偿损失的方式对患者及其近亲属的权利进行救济。[①] 除了财产上的损失需要赔偿之外，对于非财产上的损害，即没有直接财产内容或财产价值上的损害，也涉及损害赔偿的问题。如果患者或其近亲属遭受了非财产上的损害的，其损失也应当得到赔偿。其次，医疗损害是一种过错责任，但不包括医疗机构及其医务人员故意伤害患者生命权和健康权的行为，如果是医疗机构及其医务人员的故意行为造成患者人身损害的，不属于医疗损害赔偿的范畴。再次，医疗损害的"损害"必须发生在诊疗及医疗行为过程中。如患者在医院期间由于第三人的行为受到侵害的，就不属于医疗损害，也不存在医疗损害赔偿。

---

① 最高人民法院民事审判第一庭编著：《最高人民法院人身损害赔偿司法解释的理解与适用》，人民法院出版社 2004 年版，第 29 页。

二、医疗损害民事赔偿的主体范围

（一）医疗损害民事赔偿的赔偿权利人

医疗损害民事赔偿的赔偿权利人，是指基于患者人身权益受到损害的事实，有权请求损害赔偿的患者及其近亲属。在医疗损害案件中，患者是医疗损害的直接受害人，因此，如果患者因医疗机构的过错行为造成其人身权益受到损害，患者有权要求医疗机构赔偿其相关的损失，这是法律保护民事主体合法权益的内涵所在。但在人身损害案件中，除了直接受害人，还可能存在间接受害人。间接受害人是指侵害对象直接指向之外的其他受到损害的人。由于其和直接受害人之间存在某种法律关系或社会关系，虽然其不是侵害的直接对象，但由于对直接受害人的侵害行为可能造成这些间接受害人的合法权益受到侵害，如医疗损害行为造成患者死亡的，其近亲属为此支付的丧葬费即属此类损失。因此，对于间接受害人的损失，医疗机构也应当赔偿，间接受害人也可能成为医疗损害民事赔偿的赔偿权利人。

（二）医疗损害民事赔偿的赔偿义务人

医疗损害民事赔偿的赔偿义务人，是指对造成患者人身损害而依法应当承担赔偿责任的医疗机构。在医疗损害案件中，造成患者人身权益受到伤害的行为是医疗机构的医务人员的过错行为，但医务人员的行为是属于职务行为，因此，现行法律依法对患者承担赔偿责任的赔偿义务人是医疗机构而非医务人员。只有个体开业的医务人员才对自己的侵害行为所造成的损害承担赔偿责任。《侵权责任法》第 54 条规定："患者在诊疗活动中受到损害，医疗机构及其医务人员有过错的，由医疗机构承担赔偿责任。"《医疗事故处理条例》第 52 条规定："医疗事故赔偿费用，实行一次性结算，由承担医疗事故责任的医疗机构支付。"由此可见，两个法律文件均确立了医疗机构对医务人员的替代责任，即行为主体是医务人员，而责任主体是医疗机构。此外，如果医务人员职务行为之外的其他行为造成患者人身损害的，医疗机构不承担对患者的赔偿责任，而应当由医务人员个人承担相关的赔偿责任。

第二节　医疗损害民事赔偿的原则和方式

一、医疗损害民事赔偿原则

在医疗法律风险争议的处理中最重要的环节，就是对医疗损害进行合理的赔偿。要实现对医疗损害的合理赔偿，关键是确立全面与合理的赔偿原则。所谓医疗损害赔偿原则,是指依据医疗损害赔偿责任的归责原则和责任要件,在确认加害人应承担赔偿责任的情况下,决定医疗损害赔偿范围和额度的指导性准则。

(一)损害民事赔偿的原则

1.全部赔偿原则。全部赔偿是侵权损害赔偿的基本规则,指的是侵权行为加害人承担赔偿责任的大小,应当以行为所造成的实际财产损失的大小为依据,全部予以赔偿。也就是说赔偿是以所造成的实际损害为限,损失多少,赔偿多少。全部赔偿是由损害赔偿的功能所决定的。既然损害赔偿基本功能是补偿财产损失,那么,以全部赔偿作为确定损害赔偿责任大小的基本原则才是公正、合理的。当然,全部赔偿所赔偿的只能是合理的损失,不合理的损失不予以赔偿。

2.财产赔偿原则。财产赔偿也是侵权损害赔偿的基本规则之一,是指侵权行为无论是造成财产损害、人身损害还是精神损害,均以财产赔偿作为唯一方法,不能以其他方法为之。

确立财产赔偿规则在于,即使对于人身伤害,也只能以财产方式予以赔偿,不能用其他方式赔偿。同样,对于精神损害,也只能以财产的方式予以赔偿。财产赔偿的原则是,使受害人因损害得到的赔偿,恰好能够填补实际损害,不能赔偿不足,也不能使之不当得利。①

3.损益相抵原则。损益相抵亦称损益同消,是指赔偿权利人基于发生损害的同一原因受有利益者,应由损害额内扣除利益,而由赔偿义务人就差额予以赔偿的确定赔偿责任范围的规则。

损益相抵原则是确定侵权损害赔偿责任范围大小及如何承担的原则。它不是解决损害赔偿责任应否承担的规则,而是在损害赔偿责任已经确定应由加害人承担的前提下,确定加害人应当怎样承担民事责任,承担多少赔偿责任的规则。损益相抵所确定的赔偿标的,是损害额内扣除因同一原因而产生的利益额之差额,而不是全部损害额。②

4.过失相抵原则。过失相抵原则是指在加害人与被害人都有过失的情况下,比较双方的过错程度,根据双方的过错程度来确定双方承担责任的范围。过失相抵不是将过失抵消,而是用于确定和区别双方当事人的责任范围。

5.衡平原则。作为赔偿规则的衡平原则,是指在确定侵权损害赔偿范围时,必须考虑诸如当事人的经济状况等诸因素,使赔偿责任的确定更公正。如加害人的经济状况不好,全部赔偿将使其生活难以为继,可依据实际情况适当减少其赔偿的数额。

---

① 杨立新:《侵权法论》(第二版),人民法院出版社 2004 年版,第 584 页。

② 杨立新:《侵权法论》(第二版),人民法院出版社 2004 年版,第 585 页。

6.惩罚性赔偿原则。惩罚性赔偿原则是指通过损害赔偿除了达到补偿受害人的目的,更通过对加害方进行惩罚性赔偿,从而对加害人和整个社会产生警示的作用。惩罚性赔偿原则并不是广泛性适用的原则。最典型的运用通常是在产品责任领域,如缺陷产品造成他人损害的。

(二)医疗损害民事赔偿原则

相较于一般的侵权行为,医疗活动有自己独特的特点。因此,确定医疗损害赔偿的责任,必须充分考虑医疗活动的专业性、技术性、复杂性、高度风险性的特点。这就要求医疗损害赔偿具体数额的确定,必须考虑相关的差异问题和各种不可避免的影响因素,这样才能体现出公平性。《侵权责任法》中并没有明确在涉及医疗损害赔偿时应该适用的赔偿原则,笔者在下文中提出医疗损害赔偿应适用的一些原则。

1.保护患者利益与有利医疗科学发展并重原则。在确定医疗损害赔偿时,患者的合法权益受到侵害,有损害就应当有救济,因此,对于患者的合法权益,应当予以保护。但同时,医学科学发展的初衷是为了造福人类,只有医学科学的不断发展,才能帮助人类攻克一个个医学难题,挽救一个个生命。因此,如果对医疗机构及其医务人员予以过于严苛的责任,则会阻碍医学学科的发展,最终的结果并不利于人类社会的发展。此外,如果对医疗机构和医务人员规定较重的责任,医疗机构及其医务人员出于保护自己的目的会实施防御性医疗措施,从而加重患者的负担或者导致危重病人失去积极救治机会,对医患双方的合法权益都将造成损害。因此,在确定医疗损害赔偿责任时,既要考虑患者的合法权益,又要注重医疗科学的发展,实行保护患者利益与有利医疗科学发展并重的原则。

2.财产赔偿原则。医疗损害造成患者人身权益受到损害,造成患者财产和非财产损失的,都以财产赔偿的方式进行赔偿。患者遭受人身损害,但其人身损害不能用金钱计算其价值,即不能用金钱计算出患者受到损害的器官的价格或其生命的价格,也无法用金钱予以补偿人身损害的本身。对患者人身的损害,应以财产的方式补偿因医治伤害所造成的财产损失,损失多少财产,就应当赔偿多少财产,不但公平合理,而且容易计算。①

3.过失相抵原则。作为减轻或免除赔偿责任的法定事由,过失相抵原则为各国的法律所承认。"盖人只应对自己之行为负责,对于他人过失所生之损害,自不负赔偿责任。否则若将被害人或赔偿权利人自己之过失行为所生之损害,转嫁与加害人或赔偿义务人负担赔偿,自为衡平观念所不许。且依诚信原则,为使债务完全履行,债权人亦有协助之义务,若债权人因故意或过失使损害扩大,

---

① 杨立新著:《侵权法论》(第二版),人民法院出版社 2004 年版,第 584 页。

亦为诚信原则所不许。故过失相抵原则,为衡平观念与诚信原则法文化之表现。"①医疗损害民事赔偿属于民事的范畴,既然属于民事的范畴,当然应当遵循诚实信用的原则,如果患者对损害的发生或扩大也有过错的,应当在其过错范围内承担相应的责任,即患者对损害的发生或扩大也有过错,可以减轻医疗机构及医务人员的民事赔偿责任。

二、医疗损害民事赔偿的方式

在侵权责任法未生效之前,处理医疗争议的法律依据,一是按照《医疗事故处理条例》(下称《条例》)的规定来进行处理,二是按《民法通则》和有关司法解释的规定来处理。由于《条例》《民法通则》及有关司法解释对损害赔偿的项目、标准、计算方式的规定均有所不同,因而在实践中出现了医疗争议赔偿"二元化"的问题。

在司法实践中,应当适用《条例》规定的赔偿标准与范围,还是适用最高人民法院司法解释确定的标准与范围,按 2003 年 1 月《最高人民法院关于参照〈医疗事故处理条例〉审理医疗争议民事案件的通知》的规定:"条例施行后发生的医疗事故引起的医疗赔偿争议,诉到法院的,参照条例的有关规定办理;因医疗事故以外的原因引起的其他医疗赔偿争议,适用民法通则的规定。"因此,在《侵权责任法》出台之前,医疗事故的赔偿范围与赔偿标准应当适用《条例》的规定,但不构成医疗事故的,就按照《民法通则》及人身损害赔偿司法解释确定的赔偿范围与赔偿标准进行赔偿。

但《侵权责任法》生效以后,作为民事基本法,应当按照《侵权责任法》及其有关司法解释的规定来确定民事损害赔偿。对此,立法者及法学专家认为,《侵权责任法》对医疗损害责任的赔偿没有像《条例》那样做出特殊规定,甚至该法第七章没有规定医疗损害应该如何赔偿,这就说明医疗损害赔偿与《侵权责任法》规定的产品责任赔偿、交通事故赔偿等一样,赔偿项目和赔偿标准等都统一适用《侵权责任法》的规定。另外,根据上位法优于下位法的法律位阶原则,在不同级别和层次的法律规范之间,如果较低层次的法律规范同较高层次的法律规范相冲突,则优先适用较高层次的规范。鉴于《条例》的位阶低于《侵权责任法》,因此,凡《条例》与《侵权责任法》相冲突的条款将失去法律效力。目前可以确定存在冲突的条款,是《条例》第 49 条第 2 款、第 50 条和第 51 条关于医疗事故赔偿责任、赔偿项目及计算方法的相关规定。此次《侵权责任法》对人身损害赔偿项目作了明确的规定,意味着医疗损害赔偿项目及计算标准应按照《侵权责任法》

---

① 曾隆兴:《现代损害赔偿法论》,(台北)三民书局 1988 年版,第 560—561 页。

的规定操作,使医疗损害争议赔偿最终走向"一元化"。

此外,患者到医疗机构挂号看病,医疗机构及其医务人员为其诊治,双方形成一种合同关系。因此,如果患者在诊疗活动中人身权益受到伤害,但患者认为是由于医疗机构的不履行合同义务的行为造成的,患者可能会要求医院承担违约责任。如果医疗机构不能证明自己按照法律的规定履行了义务,那就要承担相应的违约责任。《合同法》第 107 条规定:当事人一方不履行合同义务或者履行合同义务不符合约定的,应当承担继续履行、采取补救措施或者赔偿损失等违约责任。第 113 条说明:当事人一方不履行合同义务或者履行合同义务不符合约定,给对方造成损失的,损失赔偿额应当相当于因违约所造成的损失,包括合同履行后可以获得的利益,但不得超过违反合同一方订立合同时预见到或者应当预见到的因违反合同可能造成的损失。一般情况下,由于诊疗活动的特点,医疗机构向患者承担的违约责任主要是赔偿损失,包括可以预见或应当预见的损失,即医疗机构还可以向患者承担违约损害赔偿的责任。当然,根据相关的法律法规,违约损害赔偿的范围是患者实际遭受的损失,但不包括精神损害赔偿。

第三节　医疗损害民事赔偿的项目和计算

根据 2010 年 6 月 30 日发布的《最高人民法院关于适用〈中华人民共和国侵权责任法〉若干问题的通知》的规定,《侵权责任法》施行后发生的侵权行为引起的民事争议案件,适用《侵权责任法》的规定;《侵权责任法》施行前发生的侵权行为引起的民事争议案件,适用当时的法律规定。所以在此,《医疗事故处理条例》(以下简称《条例》)规定的有关民事赔偿问题还有介绍的必要性。

一、《医疗事故处理条例》规定的赔偿项目和计算方式

（一）医疗事故赔偿应考虑的因素

1.医疗事故赔偿数额。

《条例》第 49 条规定,医疗事故赔偿应当考虑下列因素,确定具体赔偿数额:

（1）医疗事故等级;

（2）医疗过失行为在医疗事故损害后果中的责任程度;

（3）医疗事故损害后果与患者原有疾病状况之间的关系。不属于医疗事故的,医疗机构不承担赔偿责任。

这一规定明确了医疗损害赔偿应当与事故等级、责任程度、与患者原有疾病相适应,并且明确规定:不属于医疗事故的,医疗机构不承担赔偿责任。

《条例》根据对患者人身造成的损害,将医疗事故分为四级:一级医疗事故为

造成患者死亡、重度残疾的；二级医疗事故为造成患者中度残疾、器官组织损伤导致严重功能障碍的；三级医疗事故为造成患者轻度残疾、器官组织损伤导致一般功能障碍的；四级医疗事故为造成患者明显人身损害的其他后果的。卫生部于 2002 年 7 月 31 日发布的《医疗事故分级标准（试行）》，将医疗事故分为四级十二等，一级医疗事故分为甲等和乙等；二级医疗事故分为甲、乙、丙、丁四等；三级医疗事故分为甲、乙、丙、丁、戊五等；四级医疗事故则未进行分等。同时，该标准还规定医疗事故一级乙等至三级戊等对应伤残等级一至十级。

2.医疗事故中的医疗责任程度。

（1）完全责任，指医疗事故损害后果完全由医疗过失造成。

（2）主要责任，医疗事故损害后果主要由医疗过失行为造成，其他因素起次要作用。

（3）次要责任，医疗事故损害后果主要由其他因素造成，医疗过失行为起次要作用。

（4）轻微责任，医疗事故损害后果绝大部分由其他因素造成，医疗行为起轻微作用。

医疗行为是一种高风险的执业活动，在实施正常的诊疗行为的同时也可以造成患者人身伤害，而且损害后果还可能又有患者的本身疾病因素的参与，所以在很多医疗损害赔偿案件中，都存在多因一果或多因多果等复杂情形。科学地划分医疗过失行为在医疗事故损害后果中的参与程度，是确定医方承担赔偿责任的数额以及患者得到公平合理赔偿的关键，任何不合理的划分都会损害双方的合法权益。[1]

3.医疗事故损害后果。

医疗事故是一种特殊的损害后果，绝大多数是复合性因素的致害，其中患者原有疾病状况是诸多医疗责任因素中重要的因素。考虑患者原有疾病状况，主要应当注意四个方面。

（1）患者原有疾病在发生发展过程中的必然趋势与医疗事故损害后果的关系。

（2）患者原有疾病状况发展对现有损害后果的直接作用程度及与过失行为之间的关系。

（3）患者原有疾病状况的基础条件与其现有损害的关系。

（4）患者原有疾病状况的危险性及其与医疗主体实施医疗行为的必然联系和客观需求，患者因医疗行为的获益结果与损害结果的关系等。[2]

---

[1] 陈志华：《医疗纠纷案件律师业务》，法律出版社 2007 年版，第 247 页。
[2] 陈志华：《医疗纠纷案件律师业务》，法律出版社 2007 年版，第 247 页。

（二）医疗事故赔偿的项目和计算标准

《条例》规定了包括医疗费等在内的共计 11 项赔偿项目，每项中规定了具体的计算标准。具体而言，主要包括以下方面。

1.医疗费。按照医疗事故对患者造成的人身损害进行治疗所发生的医疗费用计算，凭据支付，但不包括原发病医疗费用。结案后确实需要继续治疗的，按照基本医疗费用支付。如果擅自购买与损害无关的药品或者治疗其他疾病的，这些费用不予赔偿。

2.误工费。患者有固定收入的，按照本人因误工减少的固定收入计算，对收入高于医疗事故发生地上一年度职工年平均工资 3 倍以上的，按照 3 倍计算；无固定收入的，按照医疗事故发生地上一年度职工年平均工资计算。

3.住院伙食补助费。按照医疗事故发生地国家机关一般工作人员的出差伙食补助标准计算。

4.陪护费。患者住院期间需要专人陪护的，按照医疗事故发生地上一年度职工年平均工资计算。

5.残疾生活补助费。根据伤残等级，按照医疗事故发生地居民年平均生活费计算，自定残之月起最长赔偿 30 年；但是，60 周岁以上的，不超过 15 年；70 周岁以上的，不超过 5 年。

6.残疾用具费。因残疾需要配置补偿功能器具的，凭医疗机构证明，按照普及型器具的费用计算。

7.丧葬费。按照医疗事故发生地规定的丧葬费补助标准计算。

8.被扶养人生活费。以死者生前或者残疾者丧失劳动能力前实际扶养且没有劳动能力的人为限，按照其户籍所在地或者居所地居民最低生活保障标准计算。对不满 16 周岁的，扶养到 16 周岁。对年满 16 周岁但无劳动能力的，扶养 20 年；但是，60 周岁以上的，不超过 15 年；70 周岁以上的，不超过 5 年。

9.交通费。按照患者实际必需的交通费用计算，凭据支付。

10.住宿费。按照医疗事故发生地国家机关一般工作人员的出差住宿补助标准计算，凭据支付。

11.精神损害抚慰金。按照医疗事故发生地居民年平均生活费计算。造成患者死亡的，赔偿年限最长不超过 6 年；造成患者残疾的，赔偿年限最长不超过 3 年。

（三）其他规定

1.未死亡患者近亲属相关费用的赔偿。参加医疗事故处理的患者近亲属所需交通费、误工费、住宿费，按照前述有关规定的标准计算，计算费用的人数不超过 2 人。

2.死亡患者近亲属相关费用的赔偿。医疗事故造成患者死亡的,参加丧葬活动的患者的配偶和直系亲属所需交通费、误工费、住宿费,按照前述有关规定的标准计算,计算费用的人数不超过2人。

（四）医疗事故赔偿费用的结算方式

《条例》规定的医疗事故赔偿费用,实行一次性结算,即医疗事故赔偿数额按照条例规定的标准和项目一次算清,医疗事故赔偿费用由医疗机构一次性支付。

二、人身损害赔偿的司法解释规定的赔偿项目和计算方式

（一）人身损害赔偿的司法解释规定的赔偿项目和计算标准

《最高人民法院〈关于审理人身损害赔偿案件若干问题的解释〉》第17条规定:受害人遭受人身损害,因就医治疗支出的各项费用以及因误工减少的收入,包括医疗费、误工费、护理费、交通费、住宿费、住院伙食补助费、必要的营养费,赔偿义务人应当予以赔偿。

受害人因伤致残的,其因增加生活上需要所支出的必要费用以及因丧失劳动能力导致的收入损失,包括残疾赔偿金、残疾辅助器具费、被扶养人生活费,以及因康复护理和继续治疗实际发生的必要的康复费、护理费、后续治疗费,赔偿义务人也应当予以赔偿。

受害人死亡的,赔偿义务人除应当根据抢救治疗情况赔偿本条第一款规定的相关费用外,还应当赔偿丧葬费、被扶养人生活费、死亡补偿费以及受害人亲属办理丧葬事宜支出的交通费、住宿费和误工损失等其他合理费用。

受害人或者死者近亲属遭受精神损害,赔偿权利人向人民法院请求赔偿精神损害抚慰金的,适用《最高人民法院关于确定民事侵权精神损害赔偿责任若干问题的解释》予以确定。因此,根据司法解释的相关规定,人身损害的赔偿项目和计算方式包括以下内容。

1.医疗费。医疗费根据医疗机构出具的医药费、住院费等收款凭证,结合病历和诊断证明等相关证据确定。赔偿义务人对治疗的必要性和合理性有异议的,应当承担相应的举证责任。医疗费的赔偿数额,按照一审法庭辩论终结前实际发生的数额确定。

器官功能恢复训练所必要的康复费、适当的整容费以及其他后续治疗费,赔偿权利人可以等待实际发生后另行起诉。但根据医疗证明或者鉴定结论确定必然发生的费用,可以与已经发生的医疗费一并予以赔偿。对于本条规定,应当注意以下两点。

（1）关于"器官功能恢复训练所必要的康复费、适当的整容费"不包括心理治疗费。患者受到医疗损害,精神也会受到伤害,同样需要心理治疗,但心理治疗很难界定,因此,心理治疗费不包括在医疗费内。

(2)关于后续治疗费。"后续治疗费是指对损伤经治疗后体征固定而遗留功能障碍确需再次治疗的或伤情尚未恢复需二次治疗所需要的费用。"①对于后续治疗,当事人选择的医院应当是依法成立的,具有相应的治疗能力的医院、卫生院、急救站等医疗机构。

2.误工费。误工费根据受害人的误工时间和收入状况确定。误工时间根据受害人接受治疗的医疗机构出具的证明确定。受害人因伤致残持续误工的,误工时间可以计算至定残日前一天。受害人有固定收入的,误工费按照实际减少的收入计算。受害人无固定收入的,按照其最近3年的平均收入计算;受害人不能举证证明其最近3年的平均收入状况的,可以参照受诉法院所在地相同或者相近行业上一年度职工的平均工资计算。对于本项规定,患者有固定收入的,须有合法证明,且该固定收入必须是患者实际减少的,是患者的实际损失。有些患者在受到损害后,其单位并不会完全或部分扣发其工资,对这部分患者而言,不存在或不存在全部的误工损失。因此,对于这部分患者的误工费就无须赔偿,否则,患者将因此而获得法外利益。此外,对于误工费的赔偿,应当以患者有劳动能力为限,如果患者无劳动能力,误工费也无考虑的必要。

3.护理费。护理费根据护理人员的收入状况和护理人数、护理期限确定。护理人员有收入的,参照误工费的规定计算;护理人员没有收入或者雇佣护工的,参照当地护工从事同等级别护理的劳务报酬标准计算。护理人员原则上为1人,但医疗机构或者鉴定机构有明确意见的,可以参照确定护理人员人数。

护理期限应计算至受害人恢复生活自理能力时止。受害人因残疾不能恢复生活自理能力的,可以根据其年龄、健康状况等因素确定合理的护理期限,但最长不超过20年。

受害人定残后的护理,应当根据其护理依赖程度并结合配制残疾辅助器具的情况确定护理级别。如何确定"护理依赖程度"和"配制残疾器具情况",可以参照相关的国家和司法部、公安部等各部委颁布的相关标准。护理依赖是指伤残、病致残因生活不能自理需要依赖他人护理者。生活自理范围主要包括下列五项:(1)进食;(2)翻身;(3)大、小便;(4)穿衣、洗漱;(5)自我移动。护理依赖的程度分三级:(1)完全护理依赖指生活不能自理,上述五项均需护理者。(2)大部分护理依赖指生活大部分不能自理,上述五项中三项需要护理者。(3)部分护理依赖指部分生活不能自理,上述五项中一项需要护理者。

---

① 最高人民法院研究室编:《最高人民法院司法解释理解与适用(2001)》,中国法制出版社2002年版,第53页。

4.交通费。交通费根据受害人及其必要的陪护人员因就医或者转院治疗实际发生的费用计算。交通费应当以正式票据为凭;有关凭据应当与就医地点、时间、人数、次数相符合。对于乘坐的交通工具,一般情况下以普通的公共汽车为主,特殊情况下,可以乘坐救护车、出租汽车。乘坐火车的,以普通硬座火车为主,一般情况下,不准许乘坐飞机,当然,紧急情况则不在此例。

5.住院伙食补助费。可以参照当地国家机关一般工作人员的出差伙食补助标准予以确定。受害人确有必要到外地治疗,因客观原因不能住院,受害人本人及其陪护人员实际发生的住宿费和伙食费,其合理部分应予赔偿。

6.营养费。营养费根据受害人伤残情况参照医疗机构的意见确定。关于营养费中的伤残情况,不仅仅指造成残疾的情况,还包括没有造成残疾,但造成严重伤害的情形。

7.住宿费。受害人与陪护人去外地治疗,因客观原因不能住院的,以实际发生的合理的住宿费应予赔偿。

8.残疾赔偿金。残疾赔偿金根据受害人丧失劳动能力程度或者伤残等级,按照受诉法院所在地上一年度城镇居民人均可支配收入或者农村居民人均纯收入标准,自定残之日起按20年计算。但60周岁以上的,年龄每增加1岁减少1年;75周岁以上的,按5年计算。

受害人因伤致残但实际收入没有减少,或者伤残等级较轻但造成职业妨害,严重影响其劳动就业的,可以对残疾赔偿金作相应调整。

9.残疾辅助器具费。残疾辅助器具费按照普通适用器具的合理费用标准计算。伤情有特殊需要的,可以参照辅助器具配制机构的意见确定相应的合理费用标准。辅助器具的更换周期和赔偿期限参照配制机构的意见确定。

10.丧葬费。丧葬费按照受诉法院所在地上一年度职工月平均工资标准,以6个月总额计算。

11.被扶养人生活费。被扶养人生活费根据扶养人丧失劳动能力程度,按照受诉法院所在地上一年度城镇居民人均消费性支出和农村居民人均年生活消费支出标准计算。被扶养人为未成年人的,计算至18周岁;被扶养人无劳动能力又无其他生活来源的,计算20年。但60周岁以上的,年龄每增加1岁减少1年;75周岁以上的,按5年计算。

被扶养人是指受害人依法应当承担扶养义务的未成年人或者丧失劳动能力又无其他生活来源的成年近亲属。被扶养人还有其他扶养人的,赔偿义务人只赔偿受害人依法应当负担的部分。被扶养人有数人的,年赔偿总额累计不超过上一年度城镇居民人均消费性支出额或者农村居民人均年生活消费支出额。

12.死亡赔偿金。死亡赔偿金按照受诉法院所在地上一年度城镇居民人均可支配收入或者农村居民人均纯收入标准,按20年计算。但60周岁以上的,年龄每增加1岁减少1年;75周岁以上的,按5年计算。

13.精神损害抚慰金。受害人或者死者近亲属遭受精神损害,赔偿权利人向人民法院请求赔偿精神损害抚慰金的,适用《最高人民法院关于确定民事侵权精神损害赔偿责任若干问题的解释》予以确定。

(1)生命权、健康权、身体权以及人身权遭受侵害,向人民法院起诉请求赔偿精神损害的,人民法院应当依法予以受理。

(2)有权提起精神损害赔偿的,包括受害人本人,受害人死亡的,死者的配偶、父母或子女;没有配偶、父母和子女的,死者的其他近亲属可以提起。

(3)精神后果必须严重,才能得到精神损害赔偿。

(4)精神损害抚慰金包括以下方式:致人残疾的,为残疾赔偿金;致人死亡的,为死亡赔偿金;其他损害情形的精神抚慰金。

精神损害的赔偿数额确定依据的主要因素为:①侵权人的过错程度,法律另有规定的除外;②侵害的手段、场合、行为方式等具体情节;③侵权行为所造成的后果;④侵权人的获利情况;⑤侵权人承担责任的经济能力;⑥受诉法院所在地平均生活水平。

赔偿权利人举证证明其住所地或者经常居住地城镇居民人均可支配收入或者农村居民人均纯收入高于受诉法院所在地标准的,残疾赔偿金或者死亡赔偿金可以按照其住所地或者经常居住地的相关标准计算。

超过确定的护理期限、辅助器具费给付年限或者残疾赔偿金给付年限,赔偿权利人向人民法院起诉请求继续给付护理费、辅助器具费或者残疾赔偿金的,人民法院应予受理。赔偿权利人确需继续护理、配制辅助器具,或者没有劳动能力和生活来源的,人民法院应当判令赔偿义务人继续给付相关费用5至10年。

在上述规定中所称的"城镇居民人均可支配收入"、"农村居民人均纯收入"、"城镇居民人均消费性支出"、"农村居民人均年生活消费支出"、"职工平均工资",按照政府统计部门公布的各省、自治区、直辖市以及经济特区和计划单列市上一年度相关统计数据确定,且一审法院辩论终结时的上一统计年度。

(二)人身损害赔偿的司法解释规定的费用支付方式

《最高人民法院关于审理人身损害赔偿案件若干问题的解释》第31条规定:人民法院应当按照民法通则第131条以及本解释第2条的规定,确定第19条至第29条各项财产损失的实际赔偿金额。前款确定的物质损害赔偿金与按照第18条第一款规定确定的精神损害抚慰金,原则上应当一次性给付。第33条规定:赔偿义务人请求以定期金方式给付残疾赔偿金、被扶养人生活费、残疾辅助器具费的,应当提供相应的担保。人民法院可以根据赔偿义务人的给付能力和提供担保的情况,确定以定期金方式给付相关费用。但一审法庭辩论终结前已经发生的费用、死亡赔偿金以及精神损害抚慰金,应当一次性给付。

三、侵权责任法对医疗损害赔偿的规定

《侵权责任法》第 16 条规定:侵害他人造成人身损害的,应当赔偿医疗费、护理费、交通费等为治疗和康复支出的合理费用,以及因误工减少的收入。造成残疾的,还应当赔偿残疾生活辅助具费和残疾赔偿金。造成死亡的,还应当赔偿丧葬费和死亡赔偿金。第 22 条规定:侵害他人人身权益,造成他人严重精神损害的,被侵权人可以请求精神损害赔偿。《侵权责任法》作为民事基本法律,只能对原则性问题做出规定。因此,《侵权责任法》并未对具体的计算标准做出相关的规定。这意味着有关费用的计算标准和方式将沿用此前司法解释的相关规定。但《侵权责任法》的规定,与司法解释的规定也略有不同,《侵权责任法》中没有规定被扶养人的生活费。2010 年 6 月 30 日《最高人民法院关于适用〈侵权责任法〉若干问题的通知》第 4 条规定:人民法院适用侵权责任法审理民事争议案件,如受害人有被扶养人的,应当依据《最高人民法院关于审理人身损害赔偿案件适用法律若干问题的解释》第 28 条的规定,将被扶养人生活费计入残疾赔偿金或死亡赔偿金。

此外,《侵权责任法》第 59 条规定:"因药品、消毒药剂、医疗器械的缺陷,或者输入不合格的血液造成患者损害的,患者可以向生产者或者血液提供机构请求赔偿,也可以向医疗机构请求赔偿。患者向医疗机构请求赔偿的,医疗机构赔偿后,有权向负有责任的生产者或者血液提供机构追偿。"这一规定,使医疗机构也成为患者因药品、消毒药剂、医疗器械的缺陷,或者输入不合格的血液造成损害的赔偿义务的主体;但无论是否是医疗机构的责任,患者都可以向医疗机构请求赔偿。

对于损害赔偿费用支付方式,《侵权责任法》第 25 条规定:损害发生后,当事人可以协商赔偿费用的支付方式。协商不一致的,赔偿费用应当一次性支付;一次性支付确有困难的,可以分期支付,但应当提供相应的担保。

四、医疗事故损害赔偿与人身损害赔偿司法解释及《侵权责任法》的赔偿项目与计算标准的比较

(一)赔偿项目的比较

在赔偿的项目上,人身损害赔偿司法解释规定了死亡赔偿金和营养费,医疗事故损害赔偿则没有此项规定。此外,《侵权责任法》没有规定被扶养人生活费,

而将其计入残疾赔偿金和死亡赔偿金;但人身损害赔偿司法解释和《条例》都规定了被扶养人生活费。

（二）计算标准的比较

1.关于护理费的规定。对于护理费,《条例》规定的名称为陪护费,其计算标准为按照医疗事故发生地上一年度职工年平均工资计算。而司法解释则规定护理费根据护理人员的收入状况和护理人数、护理期限确定;还区分护理人员是否有固定收入,并且对护理的期限做出了明确的规定。

2.关于误工费的规定。《条例》对患者有固定收入且其收入高于医疗事故发生地上一年度职工年平均工资3倍以上的,按照3倍计算;而司法解释则是按患者的实际损失计算。因此,从立法的出发点来看,《条例》的规定体现的是限额赔偿的原则,而人身损害的司法解释的规定体现的是差额赔偿的原则。

3.残疾赔偿金。《条例》规定为残疾生活补助费,根据伤残等级,按照医疗事故发生地居民年平均生活费计算,自定残之月起最长赔偿30年;但是,60周岁以上的,不超过15年;70周岁以上的,不超过5年。而司法解释的残疾赔偿金计算则是根据受害人丧失劳动能力程度或者伤残等级,按照受诉法院所在地上一年度城镇居民人均可支配收入或者农村居民人均纯收入标准,自定残之日起按20年计算。但60周岁以上的,年龄每增加1岁减少1年;75周岁以上的,按5年计算。

4.精神损害抚慰金。《条例》规定精神损害抚慰金的计算标准按照医疗事故发生地居民年平均生活费计算。造成患者死亡的,赔偿年限最长不超过6年;造成患者残疾的,赔偿年限最长不超过3年。而司法解释则规定了适用《最高人民法院关于确定民事侵权精神损害赔偿责任若干问题的解释》予以确定,并未规定赔偿的上限。

5.丧葬费。《条例》规定的丧葬费按照医疗事故发生地规定的丧葬费补助标准计算。而司法解释规定的丧葬费按照受诉法院所在地上一年度职工月平均工资标准,以6个月总额计算。条例规定不明确,而司法解释规定则明确,在司法实践中不会产生争议。

（三）费用支付方式的比较

《条例》规定医疗事故赔偿费用,实行一次性结算,也即所有的赔偿费用由医疗机构一次性付清。

司法解释规定,一次性支付的对象为物质赔偿费用与精神损害抚慰金,而且特别指出一审法庭辩论终结前已经发生的费用、死亡赔偿金以及精神损害抚慰金,应当一次性给付。如果赔偿义务人一次性支付确有困难的,可以分期支付,但定期金的支付方式仅针对残疾赔偿金、被扶养人生活费、残疾辅助器具费的支付。

《侵权责任法》规定,分期支付的对象除残疾赔偿金、残疾辅助器具费等费用外,还包括死亡赔偿金、他人垫付的医疗费用、误工费、护理费、交通费、住宿费、住院伙食补助费、必要的营养费等费用。另外,如果侵权行为导致巨额财产损害以至赔偿义务人无法即时一次性支付,也可以分期支付,甚至人民法院判定的精神损害抚慰金也不排除分期支付的可能。① 但赔偿费用采用分期支付的,赔偿义务人应当提供相应的担保。

对于医疗机构而言,一般认为其处于经济上的强势地位,不可能存在一次性付清确有困难的情况。但随着社会经济的发展,人身损害的赔偿数额越来越高,对于经济实力较弱的一些医疗机构或个体诊所,一次性付清各种费用可能确实会存在相应的困难,因此,应当允许这些医疗机构分期支付。从这个层面来说,《侵权责任法》的规定更体现公平、正义的原则。

五、关于残疾赔偿金和死亡赔偿金和被扶养人生活费的特殊问题

（一）关于残疾赔偿金

残疾赔偿金是对公民健康权受侵害导致其全部或部分失去劳动能力的赔偿。2010 年《最高人民法院关于确定民事侵权精神损害赔偿责任若干问题的解释》,认为残疾赔偿金为精神损害抚慰金。而 2003 年的《最高人民法院关于审理人身损害赔偿案件适用法律若干问题的解释》则认为,残疾赔偿金不是精神损害赔偿,而是财产损害赔偿,其赔偿的根据是劳动能力丧失程度,是采取抽象损失标准,而非具体损失的标准。其赔偿的标准为上年度职工工资标准,这意味着赔偿款中包含扶养亲属的扶养费支出在内的所有内容,理论上讲不应当再另行支付被侵害人扶养人的生活费。而《侵权责任法》及其司法解释也恢复了残疾赔偿金的本来面目,即未来收入损失的赔偿吸收了被扶养人生活费。②

（二）关于死亡赔偿金

关于死亡赔偿金的性质究竟是精神损害赔偿还是财产赔偿,也经历了一系列的争议。《条例》没有对其进行规定,而根据相关的司法解释,死亡赔偿金应当是财产性质的赔偿而不是精神损害赔偿。同样,作为一种未来收入损失的赔偿,死亡赔偿金也吸收了被扶养人生活费。

（三）关于吸收被扶养人生活费的问题

《侵权责任法》第 16 条的规定取消了被扶养人生活费的赔偿项目。但对于被扶养人生活费是完全取消,还是只是取消被扶养人生活费独立的赔偿项目,或

---

① 奚晓明:《〈中华人民共和国侵权责任法〉条文理解与适用》,人民法院出版社 2010 年版,第 192 页。
② 奚晓明:《〈中华人民共和国侵权责任法〉》条文理解与适用》,人民法院出版社 2010 年版,第 150 页。

者是将被扶养人生活费的数额计入残疾或死亡赔偿金相加计算,该法并无明确规定。《最高人民法院关于适用〈中华人民共和国侵权责任法〉若干问题的通知》第4条规定:"人民法院适用侵权责任法审理民事争议案件,如受害人有被扶养人的,应当依据《最高人民法院关于审理人身损害赔偿案件适用法律若干问题的解释》第28条的规定,将被扶养人生活费计入残疾赔偿金或死亡赔偿金。"但对于如何将扶养人生活费计入残疾赔偿金或死亡赔偿金,该司法解释则没有进一步明确规定。

本章小结

医疗损害民事赔偿,是指医疗机构和医务人员在诊疗过程中,过错地造成患者人身权益伤害的,依法承担的民事赔偿责任。医疗损害民事赔偿有其独特的原则和方式。

医疗损害民事赔偿的赔偿项目和计算方式根据《医疗事故处理条例》和《最高人民法院〈关于审理人身损害赔偿案件若干问题的解释〉》各有不同之处,此外,《侵权责任法》第16条也对损害赔偿做出了规定,取消了被扶养人生活费的赔偿项目的规定,将被扶养人生活费计入残疾赔偿金或死亡赔偿金。但《侵权责任法》作为民事基本法律,只能做出原则性的规定,具体的司法实践的适用,还有赖于司法解释或其他相关法律、法规的补充规定。

思考题

1. 什么是医疗法律风险中的医疗损害民事赔偿?
2. 医疗法律风险中的医疗损害民事赔偿的原则是什么?
3. 《医疗事故处理条例》和《最高人民法院〈关于审理人身损害赔偿案件若干问题的解释〉》对损害赔偿的项目和计算方式有哪些不同之处?
4. 《侵权责任法》对损害赔偿的项目和计算方式的规定有哪些新的变化?

案例分析

王某某诉某大学第一附属医院医疗损害赔偿争议一案:原告王某某因发热、抽搐,被送至被告某大学第一附属医院接受诊治,门诊诊断为:"发热、抽搐原因待查,颅内感染?"原告于2007年5月8日入院治疗,入院前三天原告体温渐升至39.5°,并出现抽搐,抽搐缓解后出现嗜睡。被告根据原告的症状制订如下诊疗计划:完善相关检查,以明确诊断;抗炎、抗病毒治疗;对症及支持治疗;在二级医师指导下完成此次治疗计划。此后,被告对原告进行腰椎穿刺检查、血常规检查、MRI检查、脑脊液等项检查和诊断性治疗,并于5月14日作出"病毒性脑炎但仍未排除化脓性脑膜炎可能"的诊断结果。被告此后又根据该诊断结果,对原告给予相应的抗病毒、降颅压、营养神经等对症处理和治疗,原告抽搐逐渐停止、体温稳定。原告于 2007 年 5 月 24 日出院。被告出院记录显示:原告入院确诊为病毒性脑炎,经积极抗感染、抗病毒治疗,完全恢复。出院医嘱为:避免受凉、感冒,加强营养,不适随诊。

出院后,原告于 2007 年 5 月 26 日再次出现抽搐,体温升至 39.8°,被送至该市某中心医院接受救治,后又于当日转至被告处,入院时诊断为:病毒性脑炎并癫痫病,脑动脉炎。根据原告的症状,被告作出如下诊疗计划:完善相关检查,以明确诊断;抗病毒及营养脑细胞药物应用;在上级医师指导下完成诊疗计划。入院后原告体温波动在 38°左右,反复抽搐,并出现反应差、单侧肢体抽搐及四肢不自主运动等神经系统症状。经脑脊液、头颅 MKI、加测 MRA、脑电图等检查,诊断为:病毒性脑炎并癫痫病,脑动脉炎。被告采用的抗炎、止痉、营养神经等治疗手段效果不佳。血管造影显示:原告双侧颞叶、顶叶、枕叶、额叶出现软化灶,脑萎缩;原告对疼痛、声音无反应,肢体活动障碍。原告 2007 年 6 月 6 日从被告处出院后,又于 6 月 7 日到北京某医院诊疗,诊疗过程中,原告花费医疗费 58012 元、交通费 526 元。原告认为,被告的失职给原告造成了无法挽回的终身残疾,给原告父母造成巨大的精神损害。

本案审理过程中,法院根据原、被告的鉴定申请,依法委托如下鉴定机构进行了鉴定。①某市医学会于 2008 年 10 月 10 作出医鉴(2008)047 号《医疗事故技术鉴定书》,鉴定结论为:专家组根据《医疗事故处理条例》,认为医疗机构的医疗行为未违反本条例第二条之规定,本病例不构成医疗事故。②某司法鉴定中心对本案被告医疗过程中是否存在过错,与不良后果有无因果关系及过错责任程度进行了鉴定,并于 2009 年 6 月 29 作出〔2009〕法医临床 0388 号《司法鉴定中心司法鉴定意见书》,鉴定意见为:被告在医疗过程中存在对患儿病毒性脑炎病情的发展、变化及病情康复程度认识不足及履行告知义务不足及过失;上述医疗过失与其病毒性脑炎后遗症的发生之间存在一定的间接因果关系(建议过失责任程度 10%～25%)。③某临床司法鉴定所对本案进行了伤残等级鉴定,并于 2009 年 12 月 22 日作出司鉴所(2009)临鉴字第 690 号《法医临床司法鉴定所司法鉴定意见书》,鉴定意见为:被鉴定人王某某的损伤评为三级伤残;被鉴定人王某某属于大部分(二级)护理依赖,日常生活需要一人进行护理,护理期限暂定 10 年。

经查:原告王某某及其父母均为某市居民。法院最终酌定医院承担 25% 责任。

2009 年,某市人身损害赔偿的计算依据为:农村居民人均纯收入 4500 元/

全年;农村居民人均生活消费支出 3100 元/全年;城镇居民人均可支配收入 13500 元/全年;城镇居民人均消费支出 8900 元/全年;职工平均工资 25000 元/年。

案例讨论

1.本案中,根据《医疗事故处理条例》和《最高人民法院〈关于审理人身损害赔偿案件若干问题的解释〉》计算的赔偿标准有何不同?

2.本案对处理医疗事故和医疗损害的赔偿有何启示?

第十二章　医疗法律风险的预防

第一节　医疗法律风险预防概述

随着市场经济的深入和公民维权意识的增强,医患间利益冲突日趋明显。加上现在的信息社会,信息传播快、媒体种类多,微小的医疗风险事件在很短时间内就可能波及全国乃至全世界,演变成医院难以自控的危机。因此,对医疗法律风险的预防研究,已经成为当今和未来必须面对的问题。

一、医疗法律风险的预防

医疗法律风险的预防,是指在医疗活动中,医患双方正确履行自己的义务,将医疗法律风险消除于未然状态。

医疗活动与人们的健康与生命维护密切相关,具有很强的风险性。它受现有医疗科学技术、医务人员业务素质和职业道德、医疗设备产品质量以及患者肌体的差异性等众多因素制约。无论在哪个环节出现失误,都将对医疗活动产生影响,导致医疗法律风险的发生。在众多因素的影响下,要做到每个环节都万无一失是非常困难的,但并不是不可防范。实践证明,医院用于防范医疗法律风险发生所投入的成本,远远低于用于解决医疗法律风险所消耗的费用。因此,只要医疗机构能从制度上和技术上加以保证,医务人员能够遵守相关法律法规、规章制度以及正确、及时和完全履行自己的职责,患者和其家属能够积极配合,就能够有效防范医疗法律风险争议的发生。

二、医疗法律风险预防的重要意义

医疗法律风险的发生与防范措施密切相关;采取有效的防范措施,可以降低风险的发生率,减少医患争议,从而促进和谐医患关系的建立。因此,进行有效的医疗法律风险预防具有非常重要的意义。

第一,有利于医疗服务质量的提高。医疗质量管理水平的高低,是衡量一个医疗机构管理水平的重要标志,也是维护正常医疗秩序的需要。将医疗法律风险防范和管理纳入医疗质量管理的全过程,能更好地树立"安全第一、质量第一"

的思想,更好地规避法律风险的发生或把它降低到最低限度,真正做到"以病人为中心"。

第二,有利于强化医务人员的职业风险意识。随着现代医学科学的发展,人们的要求越来越高,一旦在医疗服务和医务活动中发生风险,双方的认识常常难以统一,矛盾十分激烈。强化风险意识,加强风险防范教育,是化解和防范医疗法律风险的重要措施,也是减少和防范医患争议的重要路径。

医疗法律风险防范与管理关键在于树立安全意识,重在预防。由于导致风险的因素是多样化的,因此,应当通过综合治理,提高风险防范意识,抓好环节质量控制,减少风险的发生和降低风险带来的损害。作为医疗服务的主要提供者,医疗机构在医疗法律风险的预防中承担着举足轻重的作用。医疗机构应该加强规章制度的建设,加强医务人员的法律意识,切实履行职责和义务,维护患者权益。作为服务的接受者,患者的预防也是不可缺少的一部分。患者应该在身体不适时及时就医,在就医过程中正确认识医疗风险,并充分信任医务人员,积极配合医务人员诊疗措施的实施。同时,由于医疗风险的特殊性,单靠医疗机构和个人很难根治。政府运用其行政职能,建立与完善防控体系、严格监管和干预也必不可少。总之,医方、患方、国家政府部门应该相互配合,共同做好医疗法律风险的预防工作,从而减少风险的发生。

第二节　医方的预防措施

医疗风险是近年来各国医学管理学界普遍关注的问题,也是临床医学面临的一个挑战,因为风险的增加给临床工作者和医院管理者都提出挑战。一旦发生风险,首先会面临患者权益的维护,及由此而招来的责任和法律追究、索赔、争议事件。因此,医方加强医疗法律风险的管理,建立合理的风险预防机制,建立通畅的信息渠道,严格履行职责和义务,及时披露医疗风险,将有助于降低医疗行为的法律风险。

一、医疗机构的预防措施

(一)明晰医疗法律风险防范的范畴界定

医疗法律风险的管理范畴界定,取决于对医疗活动及其服务对象——患方的范畴界定。

医疗是一个专用名词,但对其概念的描述和范畴的界定却有不同的理解和含义。如:

描述1:医疗特指医务人员运用医学科学技术进行诊断和治疗疾病的职业

活动。医疗是一个纯粹的职业行为和专业技术实施过程。[1]

描述 2：医疗服务是指医院或医疗技术人员向人群提供的一种健康服务，是指医疗技术人员运用医学科学技术与人类疾病作斗争的过程，也就是诊疗疾病的过程，只局限于诊疗的范围。[2]

描述 3：在日常生活中，医疗还具有一种最狭义的理解，即特指与护理相对应的部分诊疗活动。

描述 4：医疗是指医疗技术人员运用医学科学技术及社会科学知识为防病治病增进人类健康而斗争的过程，包括预防、康复、保健、健康咨询和狭义的医疗。现代的医学服务，已从治疗扩大到预防，从生理扩大到心理，从技术活动扩大到社会活动，从医院内扩大到医院外，形成了综合医疗的概念。医疗内容也日益广泛，包括有：增进健康、预防疾病和伤害、健康咨询、健康检查、急救处理、消灭和控制疾病、临床诊治、康复医疗等。

描述 5：医疗是指医疗服务机构对患者进行检查、诊断、治疗、康复和提供预防保健、接生、计划生育等方面的服务，以及与这些服务有关的提供药品、医用材料器具、救护车、病房住宿和伙食的业务。[3]

通过对以上定义的分析，可以看出：描述 1 和描述 2 将医疗活动界定在医学专业活动的范畴，描述 3 的理解更将其界定在医生的行为活动的范畴；而描述 4 则非常广泛，将医疗与医学相关活动等同起来，包括了健康保健、健康促进、疾病诊治、疾病预防等与临床医学、公共卫生相关的活动。因此，这些描述实际上代表了对医疗范畴的三种认识。

关于"患"的范围，从广义到狭义可分为四个层次：

最广义——包括潜在患者，指所有人；

第二层——病人及家属、利益相关人（代理律师、亲朋好友）及所在单位等；

第三层——到医疗机构就诊的人员，包括病人、非病人（来医院体检的人员、孕产妇等）；

第四层——最狭义的范围，仅指因为有病而到医疗机构寻求诊断治疗的人员。

因为有病而到医疗机构寻求诊断治疗的人员是最主要和最多的对象；但随着人们保健意识的加强，对卫生服务的要求越来越广泛，医疗卫生服务的范围也越来越广泛。以诊疗与卫生服务为目的的患方群体应局限于第三层，但在一些特殊情况下，法律角度的患方不能局限于此。比如，不完全民事行为能力者的监

[1] 李成龙：《医疗服务管理论析》（硕士论文），武汉大学，2003 年。
[2] 《医院管理辞典》，人民卫生出版社 2008 年版。
[3] 国家财政部、税务总局：《关于医疗卫生机构有关税收政策的通知》，财税〔2000〕42 号。

护人、死者的近亲属、所在单位、争议时患方的代理人,等等,都可能因为特定的法律地位而与医方直接发生法律关系。而人们在接受医疗专业技术服务的同时,还需要一些其他相关配套的非专业技术性服务,如对住院患者的一般性住宿、饮食、安全等方面的服务。从医疗机构管理的角度看,将医疗界定为第二种范畴比较适宜。

以上分析提示我们:在医院管理中,不仅要关注对专业技术活动的管理,还要关注对配套生活性非技术服务活动的管理;不仅要关注对患者本人的权利保障,还要关注其相关人员。这样才能做到对风险的全面防范。

(二)认真落实各项法律制度,强化医院内部规章制度建设

一套科学的、行之有效的制度能够保证处于制度约束下的人员正确履行自己的职责。因此,从医疗机构的层面来说,主要是从制度上来防范医疗法律风险争议。这就需要医疗机构在现有法律法规的范围内,建立起符合自己实际情况的各种规章制度。合理的规章制度是从医学临床实践中总结出来的一整套科学的管理方法,它随着医学科学的不断发展,也在不断地被修改和完善,并反过来又指导医疗实践。合理的规章制度使医护人员各尽其责,把医疗法律风险消灭在萌芽状态。

1.医疗机构应严格遵守与医疗管理活动相关的法律、法规、规章制度及诊疗常程。

实践表明,医院核心管理制度不完善、各项诊疗规范落实不到位,是导致医院医疗法律风险高发的重要原因。我国在医疗服务质量管理制度构建方面,已经颁布了大量的法律法规(详见本书第二章),这些法律法规构成了我国的卫生法律体系,也基本建立了我国医疗服务的准入与管理制度,是防范医疗法律风险的重要法律依据。这些与医疗管理活动相关的法律、法规和规章制度大致包括:卫生部的条例、规定,如《全国医院工作条例》《医院工作人员守则》等;各省、自治区、直辖市行政主管机关及卫生行政部门制定的有关医疗卫生方面的规定、标准、办法、通知及通告等,例如《关于维护医疗秩序的通告》;各医疗机构制定的内部管理规章制度,如《病房工作人员守则》《探视制度》等。

2.不断提高医院内部医疗质量,建立健全医疗安全管理的规章制度和岗位职责。

我国卫生法体系虽然已经初步形成,但从立法层面来看,仍然存在一些问题。比如:技术性标准与管理规范立法不足;医疗相关专业技术活动及医疗管理活动的类型、内容、项目非常繁多,现有的法律法规远远不够。因此,《医疗事故处理条例》才将法律法规、技术规范、诊疗常规都作为评价医疗行为对错的标准。技术规范还可以在专业书籍、教材中得到统一的评判标准;而诊疗常规则受地

域、人群甚至个体的习惯影响,缺乏统一标准。所以,很多方面都需要靠医疗机构内部管理制度来补充。

实践中,很多医疗机构根据自己的实际情况,已经制定了一些相应的医疗规章制度。如对各种治疗、抢救、护理的原则和方法的规定,对各种医疗设备、仪器的使用程序和方法的规定,各种特殊检查及技术操作的规定等。它们包括《查房工作制度》《病例讨论制度》《会诊制度》《转科、转院制度》《医嘱制度》《诊断证明有关规定》《处方制度》《手术室规则》等。这些规定的实施,既有利于患者获得规范的诊疗服务,也降低了潜在的医疗法律风险。

3.加强培训,让每一位医务人员知晓、理解并自觉遵守规章制度,切实履行岗位职责①。

医学是一个不断发展的科学,而医疗服务及医疗管理水平更需要逐步提高。医院不仅要重视对医务人员的专业知识、专业技能的培训,使他们能够紧跟医学技术的发展,提供更好的专业服务,也应该强调服务学、心理学、管理学,特别是国家和地方行政管理部门及医院颁布的各项法律法规、规章制度,让每一位医务人员及医院其他相关人员都知晓、理解并自觉遵守规章制度,切实履行岗位职责。医院应加强政策引导,完善激励和惩戒机制(包括经济层面和道德层面等),将各项制度落到实处。对遵章守制的医务人员则应通过各种形式予以褒奖和肯定;而对于违章违规的医务人员应给予及时而必要的惩处,使其承受较大的经济不利益和道德压力,使之不敢也不愿意继续有违规行为。

(三)切实尊重患者权利

我国现行的卫生法律法规主要是以医方为主体制定的;而涉及患者权利义务的法律法规也不少,主要包括《医疗机构管理条例》《执业医师法》《护士条例》《医疗事故处理条例》《母婴保健法》,以及《医疗机构临床用血管理办法》和《传染病防治法》等一些法律法规中的相关条款。这些相关规定,除了个别的如《传染病防治法》中为了保障公共卫生而对患方有义务要求外,绝大多数条款是从医方与患方交往中应履行的义务的角度,规定了患方的权利权益。在医疗服务中,医方应该尊重及维护患方的这些权利,特别是在以下一些医疗活动中。

1.尊重患者及家属的自我选择和决定权,在实施医疗措施和相关活动时,必须征得患方的同意。

2.有安全的就医环境和基础设施,以保障患者及陪同者与探视者的人身、财产安全不受损害,保证其就医过程中的其他生活要求。

3.尊重患者对自己疾病的病因、诊断方法、治疗原则、可能的后果以及医疗

---

① 刘颖:《加强自身建设防范医疗风险》,载《中国医药导报》2008年5月第17期,第181—182页。

费用的知情权,主动提供相关信息,并做出通俗易懂的解释。

4. 提供患者期望知道且应当知道的其他信息,如提供医疗服务的医疗人员的身份和专业地位,医院与患者相关的管理制度以及与自身健康相关的医学保健知识、权益保护知识等。

5. 尊重患者的人格尊严、民族风俗习惯,不能让患者因年龄、病种、社会地位、经济状况等因素而受到歧视或不公正待遇;应尊重患者与亲属保持联系、获得探视的权利;语言不通的患者应有得到译员的权利;应提供符合民族饮食习惯的餐饮等。如对在医院住院的患者,不叫其姓名,而是称为×床,这是对患者的不尊重,许多医院已经开始纠正。

6. 尊重患者的隐私权,如果患方不愿公开自己病情、家族史、接触史、身体隐蔽部位、异常生理特征等个人隐私和生活秘密,医方不得随意获取,也不能非法泄露。如果确有必要,应在征得患方同意的基础上实施(国家规定的依法定程序的报告信息除外)。

7. 建立意见投诉渠道,接受患方对医疗服务的批评和建议,听取对侵害患者权益行为的检举、控告,并在积极调查、明确事实的基础上做出适当处理和解释。

(四)设立医疗服务质量监控部门或者专(兼)职人员

根据《医疗事故处理条例》第 7 条规定:"医疗机构应当设置医疗服务质量监控部门或者配备专(兼)职人员,负责监督本医疗机构的医务人员的医疗服务工作,检查医务人员执业情况,接受患者对医疗服务的投诉,向其提供咨询服务。"《条例》的指导思想是预防为主,尽可能避免或减少医疗事故的发生。因此,医疗机构应当设置质量监控部门,对医疗服务质量进行监控和管理,如制定医疗质量评价体系和质量控制标准;执行严格的人事制度,保证工作人员达到规定的学历和工作经验要求;定期对医务人员的工作绩效进行考核,包括工作量、工作态度以及患者对所提供服务的满意度等;实施惩罚措施,规范医疗行为,对存在不规范医疗行为的医务人员采取严格的惩罚措施,使其充分认识到合法行医的重要性;针对医疗机构存在的问题,定期提出整改措施,并对措施的实施效果进行跟踪。

医疗机构还应设立一个与患者经常沟通的"窗口",改善医患关系,防患于未然。[①] 卫生部《医院投诉管理办法(试行)》中明确规定:医院应当设立医患关系办公室,或指定部门统一承担医院投诉管理工作;应当健全医患沟通制度,完善医患沟通内容,加强对医务人员医患沟通技巧的培训,提高医患沟通能力。

[①] 毕长江:《浅析现阶段医疗机构面临的法律风险》,载《中国卫生人才》2004 年第 3 期,第 21—22 页。

（五）建立医疗法律风险的应急防范预案

医疗行业属于高风险行业，疾病种类繁多，情况复杂，患者情况各异，医疗机构规模和管理水平以及医生的医学素养差异较大，这就决定了医疗机构及其医务人员在防范医疗法律风险发生方面必须建立针对性的预案，通过医院系统化管理，发挥预案的预警、预知、预应效能，在工作中化被动为主动。

预案是事前制定的一系列应急反应程序，分为防范医疗法律风险预案和处理医疗法律风险的预案。要明确应急机制中各成员部门及其人员的组成、具体职责、工作措施以及相互之间的协调关系。预案在其针对的情况出现时启动。建立这些预案，有利于尽量降低损害程度。

1.医疗机构要针对一些可能导致医疗法律风险争议的突发事件（比如就诊过程中突发抽搐、心肌梗死、输液反应、脑梗死、滑倒跌伤、断针、患者自杀或失踪等），进行全面分析，充分预测可能出现的情况及可能导致的后果，有针对性地制订防范与化解的预案，化被动为主动；要让每一位医务人员知晓、掌握突发事件发生时的应对与处理措施。

2.根据《医疗事故处理条例》的要求，要进一步建立、健全医务人员的岗位规章、规范制度，使医院和医务人员在医疗过程中做到有法可依，有章可循。

3.强化医院、科室、部门的医疗事故三级预案网络体系的建设，自下而上，使医院与科室、科室与部门之间形成互动，做到主动发现问题，及时消除隐患，[①]从措施上确保防范预案的实效性。

4.建立组织机构，将各种防范措施真正落到实处。如设立医疗服务质量监控部门，负责对医疗质量进行日常监督管理，对手术质量、门诊质量和易发生医疗法律风险争议的科室进行重点管理；科技教育部门负责医务人员的继续教育和培训工作，多角度地加强对医务人员的教育，提高医务人员的业务水平；每一项新技术、新仪器在使用前，都应做好充分的论证、准备工作，并获得批准；党、团组织负责医务人员的职业道德工作——各部门各司其职，又互相协调配合，共同承担防范医疗法律风险发生的工作职责。

5.一旦发生医疗法律风险争议，处理预案马上启动，立即采取应急处理措施，努力减低损害程度。

（六）加强病案等医疗文书的管理[②]

病案是医疗活动真实的历史记载，是法定的医学文件，是具有法律效力的材料，是各项法律诉讼中的书证。《医疗事故处理条例》《医疗机构病历管理规范》

① 李道佩：《略论医疗事故防范和处理预案的制定》，载《中国药物与临床》2005年6月第6期，第477—479页。
② 杨玲：《加强病案管理，降低医疗风险》，载《医学信息》2009年第22期，第1201—1203页。

及《侵权责任法》等法规,为规范病案管理提供了重要依据,对病案资料的利用、保存和医护人员的自我保护具有重要的意义。

病案的建立是指病案资料的收集、整理、装订、登记和归档的一系列过程。应加强病案的质量控制。下面的三级检查和控制制度是有效的可推行的制度。

1. 每月组织各临床科室进行自查,及时发现和纠正有缺陷的病历。

2. 医院组成督导小组,进行不定期突击抽查,发现存在的关键问题立即实施整改。

3. 病案管理工作要确保病案的完整性和系统;病案室要及时查收每一份病案资料,对一般病历进行常规检查,对危重病人的病历详细检查,发现有缺失的及时通知相关科室补齐;对有缺陷的病历要登记,并报送医疗管理相关部门;年终评聘与病历质量挂钩;同时,应完善病案管理规章制度,制定病案回收制度、借阅复印制度等,保证病案的及时归还;病案要完整准确地归档保存。

(七)加强合理用药的监督,确保用药安全

药品的使用本来就具有一定风险(如药品不良反应的发生)。但是,也有一些人为因素可能导致用药风险,如劣质药品的使用、超剂量药品的使用、不合理用药等。卫生部《医疗机构临床药事管理暂行办法》明确规定,医疗机构必须成立药事管理委员会(组),其职责如下。

1. 认真贯彻执行《药品管理法》,按照《药品管理法》等有关法律、法规制定本机构有关药事管理工作的规章制度。

2. 确定本机构用药目录和处方手册。

3. 审核本机构拟购入药品或配制新制剂及新药上市后临床观察的申请。

4. 制定本机构新药引进规则,建立新药引进评审专家库,随机抽取组成评委,负责对新药引进的评审工作。

5. 定期分析本机构药物使用情况,组织评价本机构所用药物的临床疗效与安全性,提出淘汰药品品种意见。

6. 组织检查毒、麻、精神及放射性等药品的使用和管理情况,发现问题及时纠正。

7. 组织药学教育,培训和监督、指导本机构临床各科室合理用药。医师必须尊重患者对应用药物的预防、诊断和治疗的知情权,发现可能与用药有关的严重不良反应,在做好观察与记录的同时,必须按规定及时上报。

医疗机构的药学部门应建立以患者为中心的药学保健工作模式,建立健全技术操作规程和相应的工作制度,保证药品的采购、贮存和调剂质量,并逐步建立临床药师制度,促进临床合理用药。

同时,还应加强对患方的宣传教育。可以利用医疗机构内的宣传栏等公共场所做宣传,或通过咨询台向患者及家属发放宣传册,提供安全用药的相关知识和信息,使患者正确认识药品不良反应,提高合理用药的患方认同性与依从性。

二、医务人员方面的预防措施

(一)增强法律意识

随着法制的健全和广大公民法律意识的增强,人们对医疗行为的审视与对其他社会行为的审视一样,不仅注重行为的科学性,也越来越注重行为的法律性。因此,医疗机构和医务人员除了需要掌握过硬的医疗科学技术外,还需熟知医疗行为的相关法律需求。一位优秀的医疗工作者除不断提高医疗技术水平外,还必须知晓自己所处社会环境的相关医疗法律法规,并用法律法规、部门规章制度、诊疗规范等规范自己的诊疗行为。这不仅有利于保护医患双方的合法权益,也有利于医务人员依法防范和处置医疗风险。医务人员在执业过程中必须处处小心,重要事情要留下清晰可信的记录。另外,医务人员应对工作精益求精,勇于负责,摒弃急功近利的浮躁心态,树立"一切以病人为中心"的服务观念。

(二)提高专业水平

医务人员要不断提高自身专业水平,提高诊断治疗患者疾病的能力。只有具备丰富的医学理论知识、熟练的操作技能和高度的责任心,才能胜任医疗服务的常规工作。医务人员还应具备应急处理能力,有效避免医疗差错的发生,提高医疗工作的安全性。护理人员应具有扎实的护理专业知识和技能,包括注射、输液、换药、管道护理(喉管、假肛门、膀胱造瘘)、导尿、膀胱冲洗、灌肠、结肠透析、皮肤护理、慢性病人和残障病人的康复训练、新生儿行为能力训练、家庭指导、孕产妇家庭访视、计划免疫、心理护理、危重病人家庭紧急救护和公共卫生突发事件的处理等。[①]

(三)规范书写医疗记录文件

完善的医疗记录是医疗机构规章制度方面的要求,而在医疗法律风险争议的处理中,病历是医方是否有过错、应承担何种法律责任的重要依据。有完整、规范的医疗记录,常可使问题得到及时、合理的解决。医务人员要按照病历书写的相关法规的规定,客观真实、准确及时、完整规范、严肃认真地书写病历,严禁伪造、篡改病历和出具虚假医学证明文件等行为。

例:某患者中毒性重度昏迷,因家人的延误,数小时后才赶到医院。虽经医务人员紧张抢救,但患者还是因服用药物过量抢救无效死亡。家属对服用药物

---

① 谭凤林,何国平,李现红:《社区护理行为法律风险的原因分析与防范》,载《护理研究》2007年第9期,第2527—2529页。

的使用情况对医方提出质疑。由于医师在病历中明确记录了药物使用方法与剂量,家属解除了对医院的怀疑。

(四)注重医患沟通,提高沟通技巧

医学之父希波克拉底说过:医生有三大法宝——语言、药物和手术刀。医师的问诊是了解病情及相关影响因素的重要途径,医师的讲解、说明等告知语言是保障患方知情权的基本要求,也是提高患者依从性与配合度的重要方式。同时,医务人员的言行也会影响患者的情绪状态。有研究表明,医患之间的信任关系可以缓解患者的疼痛,甚至可减少止痛剂的用量。[①] 因此,医务人员应注重语言艺术,提高自己与患者及其家属沟通的技巧。

医务人员必须加强语言艺术的修养和培训,注意语音、语调和语气,用通俗易懂、患者乐于接受的语言(包括表情和肢体语言)与患者沟通交流,让患方了解疾病发生发展过程中可能出现的特殊情况,了解每个人可能存在的体质差异,理解现有医疗技术的局限。对不同年龄、职业、文化程度、经济状况和素质的患者,语言、文字、词句要有所不同。谈话时态度要和蔼,解释要耐心,以争取患方的认同和信任[②]。另外,医务人员还应具备察言观色的能力,对具体问题作具体分析,然后做出不同的处理意见,尽量让患者或家属满意,使其自觉主动地对医务人员产生信任和尊重,共同构建和谐医患关系。

(五)切实履行告知义务

在诊疗活动中,患者享有多种权利,如知情权、同意权、隐私权等,而最重要的一点就是"知情同意权"。由于信息不对称,加之患者因身体痛苦而迫切需要得到及时治疗,常常不能清醒地认识到具有高度专业性的医疗行为本身所具有的风险性。因此,医院(医师)必须切实履行医方的说明告知义务,并且对沟通、说明事项进行记录;如此,一旦发生医疗法律风险争议,医院的举证才有理有据。[③]

(六)药师的预防措施

在医疗活动中,临床药师主要负责将药品从药房调剂给患者。在此过程中,极有可能发生差错而带来法律风险。[④] 药师应该掌握相关的医药专业知识,还要熟悉与医药工作相关的法律、法规,具备应用相关医药法律法规来分析和解决实际问题的能力,依法从事药事活动。

---

① 张俊祥:《论临床实践中不规范医疗行为及其法律风险》,载《实用全科医学》2008年第1期,第56—57页。

② 卫娟丽:《加强医患沟通降低医疗风险探讨》,载《中国误诊学杂志》2009年第16期,第3883页。

③ 余中成,刘玉琳:《临床医师面临的法律风险》,载《现代医药卫生》2006年第20期,第3214页。

④ 李宏:《医疗机构用药风险的存在及防范》,载《中国执业药师》2009年第9期,第1515—1517页。

首先,药师应该充分认识到自己的职责和义务。《药品管理法》《医疗机构药事管理暂行规定》《处方管理办法》等,都对药师的职责和义务进行了明确规定。药师必须从法律层面重新认识,防止用药差错事件的发生。药师必须核实处方的合法性、适宜性和规范性,并有否决权,认为存在用药安全问题的,应告知处方医师,请其确认或重新开具处方,并详细记录相关情况;对于情况严重的,应及时上报。

其次,应注意发放药品中的细节问题。药师在发出药品时必须按说明书或处方医嘱,向患者或其家人进行相应的用药交代与指导,包括每种药品的用法、用量、注意事项等。处方药与非处方药是两类不同的药品,各有其适应证、用量、用法及不良反应等。药师有义务指导患者正确使用。总之,药师应根据相关医药法律法规,运用自己所掌握的专业知识,正确调剂处方药,降低法律风险。[1]

第三节 患方的预防措施

随着医学科学技术的发展以及人们健康观念的转变,越来越多的人在接受医疗服务的过程中提出了更高的期望。由于医学的未知性,许多疾病的诊断和治疗受目前医疗发展水平的限制,加之患者个体差异大,不可避免地会出现一些不可预见的情况。即使在西方发达国家,目前对一些疾病的诊治也没有比较理想的方案。但是,人们对医疗质量的要求却越来越高,对医疗的风险性却认识不足,以为进了医院就进了"保险箱",就能百分之百治愈或控制疾病。[2] 因此,当患者在接受治疗后,如果实际得到的效果不如之前期望的效果好,便会自然而然地将责任归咎于医院,认为是医院的治疗水平太低或存在诊疗过错。这不仅使医患矛盾加剧,影响和谐的医患关系,也增大了医疗法律风险。

医生只有在对疾病的情况全面了解的基础上,才能作出准确的判断,从而依据疾病的特点和患者的个人情况,拟定合理的治疗方案。而当患者得不到满意的服务时,便会失去对医院及医生的信任,在就医过程中对自己的情况就会有所保留,不愿意敞开心扉与医生交流,就会使医生得不到足够的有关疾病的信息,从而为诊断和治疗带来较大的困难。因此,患者的不信任将加大医生的误诊率,导致严重的后果,无形之中人为加大了医疗的风险性。可见,医疗法律风险的预防不仅需要医院和医务人员发挥重要作用,也需要患者及其家属的积极配合,以

---

① 王宏:《浅议药师的法律风险及防范》,载《中国药房》2005 年第 22 期,第 1687—1689 页。
② 黄美聪、将文欣、庄耀明:《建立医疗风险保障机制 构建和谐医患关系》,载《中国实用医药》2010 年第 5 卷第 14 期,第 270—271 页。

主动预防医疗法律风险的发生。只有在社会支持、医患双方共同努力的情况下，才能最终取得较好的医疗效果。

一、正确认识医疗风险存在的可能性

医疗风险具有客观性、普遍性、复杂性、危害性等特点。患方应该充分认识到医疗风险存在的可能性。人体是由多系统组成的一个极为复杂的生命体，而且患者个体之间存在差异；在治疗疾病的同时，许多医疗手段都会对人体造成伤害；医务人员对任何一个患者、一种疾病的诊疗都永远不能达到十全十美的程度，不可能包治百病；疾病的治疗过程和结果始终存在成功与失败两种可能。患者对此必须有充分的心理准备：医生不是什么神仙，医院也绝非"保险箱"。

二、信任医方，积极就医

据卫生部有关调查显示，群众有病时，有 48.9% 的人应该就诊而不去就诊（35.7% 的患者进行自我治疗，未采取任何措施的占 13.2%），有 29.6% 的人应住院而不住院。① 虽然这一现象可能因种种原因造成，但其结果可能造成病情加重，延误医方的救治及预后。患者要充分相信医务人员，生病时积极就医，明白早期治疗的重要性。比如一些癌症患者，最后不能治愈的往往是因为发现时间太晚，已经导致癌细胞的扩散；对于其他慢性病，如果早发现，并采取措施进行控制，往往能得到理想的治疗效果。患者只有在疾病的早期及时就诊，才能尽量避免疾病转化成更为严重的情况，抑制并发症、后遗症等的发生，降低医疗风险。

同时，患者在诊疗过程中要对医务人员敞开心扉，把求医目的、发病原因，包括生活中与生理功能有关的隐私告诉医生，为医生正确的诊断和治疗创造条件。② 当然，医方也应尊重患者隐私权，保护患方秘密，不向无关人员透露。

三、正确履行义务，重视依从性

医疗活动是一种双向的特殊人际关系，患者就医时，应当积极履行自己的义务，配合医生的治疗。患方有：提供疾病信息的义务，配合诊治的义务，接受医学检查的义务，签字的义务，遵守国家法律、法规及医疗机构的管理制度和诊疗规章制度的义务，支付诊疗所需医疗费用的义务，等等。

同时，患者要重视对医生的依从性。患者依从性是指患者按照医生的规定

---

① 夏良伟：《浅谈患者义务与文明就医》，载《中国医院》2008 年第 2 期，第 66—69 页。
② 刘振华：《重视医疗风险的预防研究》，载《中国卫生质量管理》2007 年第 6 期，第 77—79 页。

进行治疗、与医嘱一致的行为。① 目前，一些患者擅自更改或取消、增加预定的治疗方案，在不了解药物剂量的情况下违背医嘱过量服药；有的患者对某些疾病诊疗有自己的见解，也可能出现不遵医嘱的行为；有时患者通过某些危险行为以克服对疾病的失控感。上述这些现象，不仅会影响治疗效果，甚至可能危害健康。

患者应严格按照医生的治疗方案进行治疗，遵循遵照医护人员执行医疗计划和规章制度时的嘱咐；同时还有义务向负责治疗的医生报告意外的病情变化。对于一些慢性病，医生可能会要求患者通过饮食和锻炼来配合治疗，如高血压、糖尿病等，那么患者必须改变不好的饮食习惯。许多疾病的治愈，都离不开患者的积极合作。如患者手术治疗前，医生要求其禁食禁水，患者就不应在规定的时间内进食进水。患者隐瞒进食情况易引发吸入窒息，严重时可能导致患者死亡，这样的事件应避免发生。

四、遵守医院规章制度

患者在就医的过程中应严格遵守医院规章制度，文明就医。1998 年，中华医学会医学伦理分会公布的病人义务，包括"遵守医院规章制度，维护医院秩序"；1978 年，新西兰通过的病人权利与守则，也将"遵守医院各项规章制度"作为病人义务的一项②。

首先，患者应遵守门诊程序。通常门诊程序有很多环节，患者应耐心等待。在候诊或等待检查时，不要大声喧哗、吵闹，不要拥挤在医生旁边，以免影响医生的诊疗。

其次，患者切忌擅自离院。卫生部颁发的《全国医院工作条例》和《医院工作制度》中有关的病房管理制度明确指出："住院病人应遵守住院规则，不得随意外出，在院外留宿。"患者如果擅自离开医院，不仅会影响疾病的治疗，甚至有可能导致生命危险。如果患者在离院期间发生紧急情况，由于医务人员不在身边，同时也缺乏医疗设备以及药品，很难得到及时抢救，最终将导致严重的后果。因此，严格遵守医院规章制度是每一位患者的义务，也是降低医疗风险的重要环节。

五、主动配合查明事实

发生医疗法律风险争议后，患方应积极配合医方及医疗纠纷处理机构查明

---

① 宁德花，朱瑜琪：《病人不依从性的潜在医疗风险及其改善策略》，载《临床误诊误治》2010 年第 23 卷第 1 期，第 3—5 页。

② 夏良伟：《浅谈患者义务与文明就医》，载《中国医院》2008 年第 2 期，第 66—69 页。

事实真相,以便及时解决争议。而在对既往事实的判断中,病历等相关资料是评判的重要依据。

门诊病历及出院小结等资料由患者自行保管。住院资料如住院志、体温单、医嘱单、化验单(检验报告)、医学影像检查资料、特殊检查同意书、手术同意书、手术及麻醉记录单、病理资料、护理记录以及国务院卫生行政部门规定的其他病历资料等,患者有权复印;应遵循医方的管理制度,主动提出复印要求并妥善保存。患方在接受医疗服务时,发现医疗器械、药物或者其他物品对自己可能造成损害时,不能自己保管;正确的做法应当是医患双方对现场实物进行封存和启封,然后送技术部门检验。

对患者死亡的事件,为了查明死因,家属应转变观念,及时同意尸检。法律规定:患者死亡,医患双方当事人不能确定死因或者对死因有异议的,应当在患者死亡后 48 小时内进行尸检;具备尸体冻存条件的,可以延长至 7 日。尸检应当经死者近亲属同意并签字。尸检应当由按照国家有关规定取得相应资格的机构和病理解剖专业技术人员进行。承担尸检任务的机构和病理解剖专业技术人员有进行尸检的义务。医疗法律风险争议双方当事人可以请法医病理学人员参加尸检,也可以委派代表观察尸检过程。拒绝或者拖延尸检,超过规定时间,影响对死因判定的,由拒绝或者拖延的一方承担责任。

第四节　社会的预防措施

政府的基本职能在于依法对国家和社会公共事务进行管理,使其有序健康地发展。与公共利益和需求直接相关的公共产品具有非竞争性和非排他性特点,决定了其只能依靠政府出面组织生产、供应和监管。医疗服务具有典型公共产品的特征,离不开政府的宏观调控和监管。[①] 如何从国家职能的角度在制度上进行重构,实现对医疗风险的防控,从而为和谐社会奠定坚实基础,是当前必须解决的问题。

对于医疗风险的预防,政府应充当调控者和指挥者的角色。当今社会是法治社会,法律制度是国家进行宏观调控的方式和手段。为了有效地预防医疗法律风险,首先应进一步完善相关法律法规。目前,我国出台的《医疗机构管理条例》《执业医师法》《医疗事故处理条例》等,对医疗风险的预防都有所涉及,但是均没有全面具体的规定;尤其是对医疗服务的保障与供给、医患双方的权利义务等,缺乏明确的法律规定,只是零星存在于一些相关法律法规的个别条款中。这

---

① 周士逵、冯之东、马雪梅:《医疗风险防控研究——从国家职能的角度》,载《社会纵科》第 2009 年第 24 卷第 4 期,第 42—53 页。

使得医疗风险的防范缺乏系统性和可操作性的法律依据。可见,加强医疗法律风险相关的法律法规建设,已经迫在眉睫。

一、完善医疗保障及服务提供体系

现实中的许多医疗法律风险争议,有很多事件都有因为医疗服务保障制度缺乏、医疗服务提供体系的不健全而导致病情诊治延误与诊疗措施选择不当及医疗费用昂贵的因素。完善医疗保障制度,健全医疗服务体系,保障医疗供给,是防范医疗法律风险的基础性建设。

党的十七大报告明确指出:实现"人人享有基本医疗卫生服务"是全面建设小康社会的奋斗目标。实现"人人享有基本医疗卫生服务"的核心,是建立和完善承载基本医疗卫生服务的"四大体系",即:覆盖城乡居民的公共卫生服务体系、医疗服务体系、医疗保障体系和药品供应保障体系。胡锦涛在 2006 年 10 月 23 日中共中央政治局第三十五次集体学习时指出:"人人享有基本卫生保健服务,人民群众健康水平不断提高,是人民生活质量改善的重要标志,是全面建设小康社会、推进社会主义现代化建设的重要目标。在经济发展的基础上不断提高人民群众健康水平,是实现人民共享改革发展成果的重要体现,是促进社会和谐的重要举措,是党和政府义不容辞的责任。"人人均可以公平地获得基本医疗服务,意味着必须努力缩小城乡之间、地区之间、不同收入群众之间医疗服务差距,必须以落实政府责任为前提,让基本医疗服务体系提供的服务带有"公共品"性质。新医改以来的一系列政策与措施,已使我国的医疗保障制度和医疗服务体系得到快速发展,也为医疗法律风险的防范提供了基本的保证。

二、完善医疗管理制度

(一)改进医疗机构的评审与认证

对医疗机构的严格评审和认证,有利于确保医疗服务的安全性,从而降低医疗风险。医院必须取得"医疗机构执业许可证",并严格按照许可证上核准的科目设置临床、医技科室。同时,通过实施对医院的评审与认证,以及支持医院绩效改进的相关服务活动,促使医院对公众提供的医疗服务安全、有效,并得以持续改进。然而,目前我国医院评审工作中还存在一些问题,评审的主要依据《医院评审标准》也不够完善。如有的考核指标表述不明确;临床科室与各专业科室的评价体系,考核指标不一致,有的甚至遗缺。[1] 因此,可以选择性借鉴《JCI 国际医院认证标准》的一些有效指标,建立和完善我国医疗机构的评审标准和方

---

[1] 黄小波、吴宇形、李雪芬:《对我国医院评审标准的再认识》,载《中国医院管理》2005 年第 25 卷第 1 期,第 6—7 页。

法,这有利于正确引导医院向重质量、重保障、重安全、重服务、重绩效、重法治方向发展,为患者提供优质的医疗服务,降低医疗风险,促进社会发展,有利于为国家公共卫生安全提供有力保障的有效措施。

(二)严格医务人员的准入

医务人员的专业技术水平不仅影响医疗质量,还影响医疗安全。如果医务人员的技术水平无法保证,患者将在医疗服务的过程中承受更大的风险性。相关部门应该严格控制医务人员的准入,严禁不合格人员进入医疗服务领域。

然而,在医务人员准入及管理方面,目前我国尚存在一些未解决的问题。

1."医生"的准入标准差别太大,难以保证其基本的职业技术要求。即使排除乡村医生,根据《执业医师法》,能够给人看病的临床西医"医生"职业最低标准是:中专毕业,在医疗机构工作满一年,通过国家执业助理医师考试。而很多大型三甲医院要求新进临床医生必须是博士毕业。

2.未建立一套系统的住院医师及专科医师的规范化培养和准入制度。刚刚毕业未得到规范性临床培训和不具备专科医师资质和水平的医务人员,在临床上从事专科的诊疗活动,这会极大地增加医疗风险的发生率。

3.医师的继续教育体系不健全。一些医院盲目地追求医院的经济效益,忽视了医师的继续教育与培养;同时,医师由于工作任务繁重,也没有时间和精力去进行业务钻研和深造。

因此,应从法律上完善包括基本教育、毕业后教育和继续教育的教育体系,切实提高医务人员的专业素质。这对于防范医疗风险的发生具有重要意义。

(三)完善医疗技术规范体系

医疗技术规范是技术评判的标准,不仅是规范医务人员医疗行为的重要依据,在处理医疗法律风险的过程中也具有非常重要的作用。但是,目前我国没有出台系统的医疗技术规范,只是在医疗行业内部制定了一些技术性规范或操作指南等,且各地并不完全统一;有些是医疗机构自己制定的,不具有任何法律效力。在出现医疗法律风险争议之后,医学会往往受行业保护等观念影响,对某些医疗技术性规范作任意的或扩大化的解释,最终严重损害患者的利益,使得医疗法律风险愈演愈烈。政府应积极推进相关技术规范研究、制定与正确解读的工作。现在,卫生部正在积极推进《临床路径》的制定、实施与推广工作;但其在法律上的地位尚缺乏统一认知,在评判争议中的作用还有待进一步明确。

(四)建立与完善医疗风险报告系统

让医疗机构及相关职能部门适时掌握医疗风险现状,实现信息资源共享与经验交流,是有效防控医疗风险的一个重要手段。医院实行信息上报制度,有利于医疗质量管理职能部门及时发现管理中存在的问题,从而采取措施改进工作,完善医院全面质量管理。因此,要实现对医院投诉的系统规范化管理,制定和开发医疗机构投诉的上报制度和上报系统,是重要的监管环节。《医疗事故处理条例》规定了医疗事故强制报告制度,《重大医疗过失行为和医疗事故报告制度的规定》更进一步明确规定卫生部门和医疗单位应当建立健全医疗事故和重大医疗过失行为报告制度;卫生部《医院投诉管理办法》也对医院内部投诉信息管理提出了详细的规定。

但现行的报告制度在医疗机构内部和医疗机构与卫生行政部门之间的信息报告范围并不一样。在医院内部,要求对所有投诉信息上报医院管理部门;而目前医院向卫生行政部门的强制报告范围则仅限于重大医疗过失行为和医疗事故。同时,一些机构因为担心过错责任被曝光、被吊销执业资格或受到其他行政处罚等,还存在不报、漏报等情形。这对医疗风险的防控并不能起到很好的作用。

事实上,任何医疗差错都是在组织和个人因素的共同影响下发生的,个人因素只是引起差错的一方面。单独责备和惩罚由于潜在的系统原因而出现差错的个人,并不利于发现并纠正引起差错发生的原因,阻止差错的反复发生。从国外经验来看,建立一套医疗差错自愿报告系统,是实现这一目标的信息基础。该系统一般由卫生监管机构或第三方卫生专业机构具体管理,且必须有保密性和非惩罚性的配套制度,保障其得以真正的运行,使其能够收集到来自社会各界关于医疗风险发生的原始信息,从根源上对情况进行分析,以提高整个行业抵抗医疗风险的能力。

目前,我国医疗机构的投诉管理还处在探索阶段,医院投诉的上报程序中还存在许多尚待讨论和研究的问题。例如如何在医疗纠纷和医疗事故上报制度的基础上把医院投诉界定和分离出来,如何利用已有的资源和平台来提高医院投诉的上报效率和质量等;而行政管理部门也尚未制定医院投诉的上报制度。目前,上海等地在实践经验的基础上,对医疗机构投诉的信息上报进行了有益的探索,为行政管理部门制定相关制度提供了借鉴。

2007年,上海市卫生局医疗事故处理办公室借助卫生监督所已经建立起来的医疗质量安全监控系统,与各区县医疗纠纷处理办公室联合,将医院投诉纳入了该网络系统直报的内容。通过两年多的发展和运行,医疗事故处理办公室同各医疗机构逐步达成共识,通过设置系统权限,防止各医院相关数据的外泄;直报的内容和数据并不作为对医疗机构进行考核的依据;各医疗机构要将真实的患方投诉情况经过整理之后直报至系统,而监控系统通过对收集到的各医疗机构的相关数据进行分析处理后,负责将全市和同等级医院投诉的总体情况通告给各医疗机构,并对热点的投诉问题提出预警和相应的政策建议。监控系统通过建立管理部门与医疗机构间的互信机制,为各医疗机构加强内部管理、提高自身服务质量提供了依据和建议,构建起了上海市医院投诉管理的平台。

三、设立监督管理机构

任何制度的良性发展都离不开法律监管,医疗法律风险的预防也不例外。世界发达国家包括美国、英国、加拿大等在内,为了预防医疗风险,都成立了专门的监管机构,虽然其职能存在一定差异,但在监管机构组成上有一个共同特点,即国家联合了所有与医疗健康相关的职能部门,组成了相应的机构,相互协作,共同发挥作用。我国医疗风险监管机构是各级卫生行政部门,由于是单一的部门进行监管,社会信任度不足;且由于卫生行政部门本身的法律地位与管理职能的限制,存在一些监督措施的缺位,致使执法力度不足,在应对医疗风险上常常束手无策。如对医闹事件、袭医事件、严重扰乱医疗秩序事件等,都缺乏控制力度。应当看到,医疗风险的监管与防控本身是一个复杂的系统工程,需要社会各界相关的职能部门共同参与。因此,借鉴他国成功经验,实行以卫生部牵头,组织其他相关部门如公安部门、民政部门等,共同组建医疗风险防控中心,全方位地进行医疗风险的监管与防控,是非常必要的。①

本章小结

医疗法律风险的发生与防范措施密切相关,采取有效的防范措施,可以减少风险的发生率,减少医患争议。由于导致风险的因素是多样化的,因此,应当通过综合治理,提高风险防范意识,抓好环节质量控制,减少风险的发生,降低风险带来的损害。

医疗法律风险的预防不仅涉及医疗机构和医务人员,患方与社会也都应该重视。医疗机构和医务人员在医疗法律风险的预防中承担着主要作用。医方应该加强法律意识,全面贯彻落实国家各项法律法规,完善院内管理制度;持续性提高专业水平,切实履行职责和义务,维护患者权益。而作为服务的接受者,患者应及时就医,正确认识医疗风险,充分信任医务人员,积极配合医务人员诊疗措施的实施。国家相关行政部门应该完善相关法律法规及政策措施,严格医疗机构及医务人员的准入,同时设置专门的部门负责医疗活动的监管。

---

① 周士逵、冯之东、马雪梅:《医疗风险防控研究——从国家职能的角度》,载《社会纵科》第 2009 年第 24 卷第 4 期,第 42—53 页。

思考题

1.试述医疗法律风险的主要类型及其具体表现。
2.医方应如何切实履行我国现行法律法规的要求?
3.全面认识患方权利对医院法律风险防范有何启示?
4.如何认识医患沟通在法律风险防范中的重要意义?

案情思考

2007年11月21日下午4点左右,怀孕已经7个多月的李某在同居者肖某的陪同下赴北京某医院就医。经医生检查发现,李某已经全身水肿,有生命危险,必须剖宫产,让肖某签字同意进行手术,但是肖某"坚持用药治疗,坚持不做剖腹手术,后果自负"。医院在设法说服肖某不成功、寻找孕妇其他亲人无果、请示上级得到的指示是"如果家属不签字,不得进行手术"的情况下,采用非手术方法抢救了3个小时后,终于无力回天,李某及体内胎儿身亡。

本案引发对医疗活动中患者知情同意权的大讨论。

案例讨论

请结合以下问题,思考在现实中应如何防范患者知情同意权的相关法律风险:

1.患者有完全行为能力时,能否独自决定? 家属、关系人的权利如何界定? 是具有同样的权利,还是有限的权利? 如何限制? 家属、关系人的知情权与患者本人的隐私权之间的冲突如何平衡?

2.患者是完全行为能力人,但当时不能正确辨认或者控制自己行为时,患者家属或关系人代理患者行使有关的权利:

是所有家属,还是某一个家属? 哪个家属?

当家属意见与患者意见不一致时怎么办?

当家属间意见不统一时怎么办?

当家属意见与患者根本利益不一致时怎么办?

3.当患者本身是无行为能力人或不完全行为能力人时,其法定监护人代理行使权利:

不完全行为能力是否完全没有决定权?

当监护者的意见与患者根本利益不一致时怎么办?

当监护人之间意见不统一时怎么办?

第十三章　医疗民事法律风险的分担

第一节　医疗民事法律风险的分担概述

一、医疗民事法律风险的概念与风险分担制度的内涵

（一）医疗民事法律风险的概念

医疗民事法律风险，是指医疗过程中因医疗行为导致非医疗目的的结果发生而引发民事法律争议的可能性。从这一概念可以看出，医疗民事法律风险主要涉及两方面，一是医疗损害赔偿风险，二是包括医疗意外、并发症等在内的（不可抗力）无过错医疗造成的损害赔偿风险。

（二）医疗民事法律风险分担制度的内涵

医疗民事法律风险分担，是指将医疗民事法律风险以某种形式在不同主体之间进行分配。德国学者埃塞尔（Esser）的"分配正义"理论强调："一个健全的社会，不仅要有公平的利益分配制度，而且要有公平的损失分配制度。"目前，我国医疗机构作为福利性、公益性机构，是社会整体的组成部分，如果让肩负社会预防医疗保障重任的医疗机构来承担医疗民事法律风险，则不利于医疗事业可持续发展。同样，如果让患者独自承担无过错医疗及医疗意外等不可抗力医疗民事法律风险，则对患者来说也是不公平的。

因此，应该建立一种政府、医疗机构、个人、社会等多元化社会医疗民事法律风险共担模式，依法、合理、及时地分担医疗民事法律风险。[①] 加强医疗民事法律风险分担制度建设，对于缓解医患矛盾，维护医疗秩序，维护医患双方的合法权益和促进医学事业的健康发展，具有重要的现实意义。

二、医疗民事法律风险分担制度建设的现实意义

（一）有利于缓解医患矛盾、减少医疗纠纷、维护正常的医疗秩序

近年来，医疗法律风险争议及诉讼案件日趋增加，给医疗秩序和医院管理带

[①]　顾冬辉:《医疗风险分担机制的博弈分析》,载《中华现代医院管理杂志》2007 年第 11 期,第 35—36 页。

来严重影响;而且,医疗行业属于高风险职业,误诊误治是客观存在的,这也是出现争议的根本原因。① 不仅是我国,包括许多发达国家的医疗法律风险争议发生频率也在增加;而解决争议的落脚点大多在赔偿问题上。在我国,由于医疗民事法律风险分担制度设计上的问题,医疗民事法律风险大多由医疗机构独自承担,而医疗机构又受制于赔付能力及其他原因,一些患者的诉求无法得到合理的满足,致使医疗法律风险争议冲突愈演愈烈。加强医疗民事法律风险多元化社会分担制度建设,在实践中能最大程度上实现对患者权利的救济,转移医疗民事法律风险,提高解决医疗法律风险争议效率,缓解医患矛盾,减少医疗纠纷,维护正常的医疗秩序。

(二)有利于维护多方合法权益,促进医学事业的健康发展与社会稳定

一是有利于维护国家的利益。目前的医疗机构绝大多数属公立机构,其资产是国有资产,加强医疗风险分担制度建设,有利于打破由医疗机构来全部承担客观存在的民事法律风险的局面,保证国有资产免遭严重流失。

二是有利于维护医疗机构的利益。建立并完善医疗民事法律风险分担制度,有利于摆脱医疗机构独立承担民事赔偿风险的局面,缓解近年来因迅速上升的医疗法律风险争议高索赔数额造成医疗机构无力承担的困境,减少医疗法律风险争议对医疗机构的困扰,把医疗机构从医疗法律风险争议的困扰中解脱出来,把精力更多地用于加强医疗机构管理与医疗服务质量的提高上。

三是有利于保障患者权益。建立并完善医疗民事法律风险分担的制度,有利于患者在遭遇医疗损害和医疗意外时及时得到赔偿。在某一医疗损害或医疗意外发生之后,受害人往往不是单个的个人,而涉及其配偶、子女、父母等家庭成员。家庭是社会的基本细胞,及时地对受害人进行有效的补偿,有利于家庭的稳定和社会的和谐。

第二节 医疗责任保险制度

一、医疗责任保险的概念

医疗责任保险属于责任保险。我国《保险法》第 65 条第四款规定:"责任保险是指以被保险人对第三者依法应负的赔偿责任为保险标的的保险。"据此,医疗责任保险是指以投保医疗机构和医务人员在保险期或追溯期及承保区域范围内,因过错发生医疗损害造成依法应由医疗机构及医务人员(即被保险人)承担

---

① 《深度关注:医疗风险分担机制的期待和障碍》,载《医药经济报》2007 年 5 月,http://health. so-hu.com/20070525/n250227321. shtml,2011 年 7 月 5 日访问。

经济赔偿责任为保险标的的保险。[①] 具体而言,医疗责任保险是指按照权利义务对等的原则,由保险公司向被保险人收取一定的保险费,同时承担对被保险人所发生的医疗损害给付赔偿金的责任。医疗责任保险可以由医务人员个人投保,也可以由医疗机构投保,保险公司承担医疗机构及医务人员在从事与其资格相符的诊疗护理工作中,因过错发生医疗损害造成的依法应由医疗机构及医务人员(即被保险人)承担的经济赔偿责任。

在不同的国家,由于法律规定的不同,可将医疗责任保险区分为自愿投保的医疗责任险和强制投保的医疗责任险。为维护受害人的利益和分担、转移危险损失,保险制度已为各国所广泛采纳。建立医疗责任保险制度是实现医疗民事法律风险社会化分担的必然要求,医疗责任保险对于分散医疗机构或医务人员的民事法律风险,预防和减少医疗法律风险争议,维护医患双方的利益都具有重要的作用。[②]

二、医疗责任保险的内涵

由医疗责任保险的概念,可以看出医疗责任险应包含以下内容。

(一)医疗责任保险以赔偿责任为标的

一般来说,医疗责任保险制度是医疗机构及医务人员(即被保险人)依法应对第三人(患者)所负的赔偿责任,在第三人向被保险人提出赔偿请求时,保险人才负赔偿之责的保险。因此,医疗责任保险制度是以医疗机构及医务人员(即被保险人)依法对第三人负的赔偿责任为标的的,该标的不是人身,也不是有形的财产,而是医疗机构及医务人员(即被保险人)的医疗损害赔偿责任。这种医疗损害包括财产的损害和人身的损害,损害他人身体健康或者死亡应当赔偿医疗费用、误工收入、生活补助、丧葬费用等法律规定的赔偿项目,所有这些民事上的赔偿责任,都可以通过责任保险转移给保险公司。

(二)医疗责任保险是以医疗机构及医务人员(即被保险人)受到请求时始负保险责任

医疗损害责任发生时,加害人(即医疗机构及医务人员)与受害人(即患者)是当时的民事主体,加害人依法承担民事责任,而保险公司在此时对受害人并无直接赔偿责任。如果第三人不向医院及医务人员(即被保险人)请求赔偿,被保险人没有损害发生,保险人也不必对被保险人负责。只有在损害事故

---

① 郭进、袁江帆:《论我国医疗责任保险模式的完善与建设》,载《解放军医院管理杂志》2008 年第 15 卷第 1 期,第 21—22 页。

② 吴云红、朱亮、初炜、孔祥金:《医疗责任保险改革的新思维》,载《中国医院管理》2008 年第 2 期,第 7—9 页。

发生后,被保险人收到第三人赔偿请求,并通知保险人提出赔偿请求时,保险人才为被保险人对受害人承担赔偿责任。所以责任保险仅仅存在于保险人与投保人之间。不过,保险人得到被保险人的通知和请求后,也可以直接对受害人给付赔偿金额。但是,如果没有被保险人的通知和请求,受害人不得直接向保险人主张。

三、建立医疗责任保险制度的意义

（一）医疗责任保险能维护和保障患者利益

医疗机构赔偿能力不足,已严重影响到受害人损害赔偿请求权的实现。这就需要通过一定的保险制度予以解决。事实表明,现阶段我国绝大多数医疗机构规模偏小,经济效益不高,自我积累不足,有的甚至长期处于亏损状态。在发生医疗损害后,这些医疗机构可能由于无力承担赔偿责任,而使受害人得不到充分的救济。通过责任保险制度来实现医疗损害的赔偿已成为许多国家的共识。基于医疗损害赔偿风险的普遍存在和患者损害赔偿无法兑现的现状,通过立法确立医疗机构投保的法定义务,建立医疗责任保险制度,可以充分发挥医疗责任保险在保障患者合法权益、防范医疗法律风险争议方面的作用。

（二）医疗责任保险可分散医疗机构赔偿风险

由于缺乏有效的风险分散机制,现行医疗损害赔偿模式的另外一个突出弊端是:医疗机构的赔偿风险高度集中,从而承受较大的赔偿压力和经营风险。尤其是随着《侵权责任法》的实施、损害赔偿范围的扩大与赔偿标准的提高,医疗机构的赔偿风险和压力将进一步加剧。为此,建立医疗责任保险制度,通过保险实现损害赔偿责任的转移,即把集中于一个医疗机构的侵权赔偿责任分散于社会,做到损害赔偿社会化,可以大大降低医疗机构的赔偿压力。

（三）有利于医疗从业人员依法执业

对于医疗机构和医务人员而言,参加医疗责任保险同时意味着接受承保方对其医疗行为的监督。承保方会明确医务人员应尽的注意义务,承保方有向主要责任人行使代位追偿的权利,这意味着投保医师和医疗机构仍然要对其自身过失行为负责。同时,承保方会基于降低医疗风险的目的,对医务人员提供教育和指导,以期减少医疗损害的发生。这些都有利于医疗从业人员依法执业,提高医疗质量,降低医疗风险。

（四）医疗责任保险适应了现代侵权行为法归责原则客观化、损害赔偿分担社会化的发展趋势

现代侵权法已由损害分散的思想逐渐转变为侵权行为法的思考方式,认为损害可先加以内部化,由创造危险活动的组织负担,再经由商品或服务的价格功

能,由保险(尤其是责任保险)加以分散。① 可见,现代侵权法在追求损害弥补的同时,更加关注损害赔偿风险的分散,即如何实现将集中在侵害人身上的风险通过一定的途径由多数人承担。对于高度风险的行业和职业而言,具备一定的风险分散机制是至关重要的。如果仍然将医疗过程中产生的赔偿风险全部由医疗机构和医务人员承担,无疑会提高医疗机构的经营风险和医务人员的职业风险,对于医疗机构及医疗事业的健康发展都是不利的。在这种背景下,建立以医疗责任保险为主体的风险分散机制,是实现医疗损害赔偿社会化的必然要求。

四、我国医疗责任保险实施现状

在我国,由于受到经济水平、法律制度、保险意识等诸多因素的影响,医疗责任保险尚处于起步阶段。20 世纪 80 年代末期,深圳、云南、青岛、广州、黑龙江、内蒙古自治区等地先后开展了医疗责任保险。我国一直采用商业保险的组织模式和自愿投保的实施模式。② 真正大规模地开展此项业务始于 2000 年 1 月,由中国人民保险公司在全国范围内推出了"医疗责任保险",之后平安、太平洋、天安等保险公司也相继开办了此项保险。2004 年,保监会与卫生部就医师、院方职业责任保险等进行联合调研,并在北京、上海、广东、深圳等 9 省市启动了各类责任保险的试点工作。2007 年,卫生部、国家中医药管理局、中国保监会下发了《关于推动医疗责任保险有关问题的通知》。③ 北京、四川等地也已通过规范性文件探索实施医疗责任保险制度。南京更是宣布已经初步探索出了一条运用人民调解和医疗责任保险化解医患纠纷的新路子,计划在全市一级以上(含一级)医疗机构全面推行医疗责任保险。截至 2008 年底,我国保险机构已为 3 万余家各级医疗机构提供了医疗责任保险,覆盖面近 10%,保险责任的金额也超过 140 亿元,支付各种赔款超过 7 亿元,同时医疗责任保险的产品和服务创新也稳步推进,并取得明显成效。如北京市经过三年多的试点,医疗责任保险在化解医疗法律风险争议方面发挥了积极的作用,医疗法律风险争议调解时间大大缩短,调解成功率明显提高。据统计,北京市 2008 年医疗责任保险的理赔结案率始终保持在 60%以上,平均的结案时间为 36 天;山西省 2009 年开展责任保险以来,截至 8 月底,共受理医疗纠纷案件 169 起,医疗责任保险机制已经调解成功 144 起;

---

① 陈绍辉、袁杰:《强制医疗责任保险制度研究》,载《保险研究》2006 年第 6 期,第 34—37 页。

② 谭亭、蒲川:《对我国医疗责任保险发展的分析与思考》,载《现代预防医学》第 2009 第 36 卷第 21 期,第 59—61 页。

③ 卫生部、国家中医药管理局、中国保监会:《关于推动医疗责任保险有关问题的通知》,中央人民政府网站 2007 年 6 月 21 日,http://www.gov.cnzwgk2007-07/04/content_671976.htm,2011 年 6 月 9 日访问。

江苏省调处医患纠纷 2651 起,调处成功并结案 2198 起,调处成功率也达到 82.91%。①

五、医疗责任保险法律制度的建立与完善

尽管医疗责任保险推出已多年,也取得了一定的成效,但投保并不踊跃,存在不少障碍,主要表现在现有的保险条款不完善、保险产品单一、保险服务不配套、法制环境不完善。② 为了维护受害人的利益,发挥保险的经济补偿作用,有必要制定医疗责任保险法,其内容包括以下几个方面:

(一)承担保险的责任范围

保险人承担的责任仅限于医疗损害民事责任中的民事赔偿责任,不承担加害人的其他法律责任,如行政责任。保险人除承担上述责任外,对于因赔偿争议引起的诉讼费以及其他事先经保险公司同意支付的费用,也应由保险人负责承担。保险人应承担的具体赔偿责任范围包括:医疗费、残疾赔偿金、因误工减少的收入、死者的丧葬费、死亡赔偿金、对死者生前扶养的无劳动能力者的生活费以及精神损失的赔偿等。赔偿标准和范围应恰当,既要充分保护受害人的合法权益,又不至于因高额赔偿而影响医疗及保险事业的发展。

(二)承担保险的赔偿限额

在医疗责任保险中,被保险人的保险标的,是将其依法应负的对第三人的经济赔偿责任由保险人来承担。所以,医疗责任保险中的保险金额和其他财产保险有所不同。在一般财产保险中,当保险标的遭受损失,保险人按财产遭受实际损失的金额给予经济赔偿,而保险金额是作为赔偿的限额。所以一般保险法规定,保险金额为保险人在保险期内所负赔偿责任的最高限度,保险人必须查明标的物的价值,如果超额承担,超额部分无效。而医疗责任保险是以对第三人应承担的民事责任来决定赔偿金额。

由于医疗责任保险承担的是被保险人的赔偿责任,没有固定价值的标的,所以保险单中无保险金额而仅规定赔偿限额,即保险公司所承担赔偿责任的最高限额。被保险人根据法院判决,或在保险公司同意下与受害人商定应对其支付的赔偿额,即为保险人对被保险人应承担的赔偿责任,但超过保险单规定的赔偿限额的部分,由被保险人自行负担。

(三)承担保险的赔偿处理

在发生医疗责任赔偿的保险事故后,被保险人应尽快通知保险人。保险人

---

① 《全国共有 56 个地市启动医疗纠纷人民调解和医疗责任保险工作》,新华网 2009 年 11 月 27 日,http://news.xinhuanet.com/health/2009-11/27/content_12552430.htm,2011 年 7 月 6 日访问。

② 谭亭、蒲川:《对我国医疗责任保险发展的分析与思考》,《现代预防医学》2009 第 36 卷第 21 期。

在接到出险通知后,应立即派员赶到出险地,查勘了解受害人的姓名及工作单位,掌握受害人人身伤害或财产损失的程度,并进行拍照或取样,判断是否属于保险责任范围的事故,及时和当地有关医疗损害争议处理部门进行联系,掌握对赔偿义务人责任的裁决。

医疗损害赔偿是保险公司为被保险人承担的民事赔偿责任,因而在确定被保险人对第三人的责任时,应保护保险人的利益。因为被保险人的赔偿责任已转移到保险人身上,被保险人对于第三人就其责任的承认、和解或否定以及赔偿的多寡,均与保险人的利益密切相关,所以医疗损害赔偿保险法应该规定保险人拥有参与权。当医疗损害发生后,被保险人要主动配合保险人以及有关部门,及时做好事故施救工作;在报告事故过程中,要主动提供各种证据。保险公司在处理医疗损害保险的赔额时,应按照国家有关法规和惯例进行。

(四)责任保险金的来源

建立医疗责任保险制度的关键在于医疗责任保险金的落实。医疗责任保险金的来源可分为三部分:第一部分,医疗机构每年从自己的收入中拿出一个较为合理的比例作为保险金;第二部分,在每年政府对医疗机构的财政拨款中专列一项作为医疗责任专项保险金。第三部分,医疗从业人员按职业风险程度缴纳。

(五)承担保险争议的处理

被保险人和保险人之间所发生的一切争议,应根据实事求是、公平合理原则,协商解决。如经协商仍不得解决,需要仲裁或诉讼时,仲裁或诉讼的地点在医疗损害发生地。

迄今为止,我国尚没有建立起比较完善的医疗损害赔偿责任保险制度,因此,制定一部符合我国实际情况的医疗责任保险法,不仅有助于提高赔偿义务人的赔偿能力,也是加强对医患双方的保护及完善我国医疗损害赔偿制度的要求。

第三节　医疗意外保险制度

一、医疗意外的概念及医疗意外保险的涵义

(一)医疗意外的概念

医疗意外是指医务人员在医疗护理的过程中,由于患者的病情或体质的特殊性等不可抗力的原因,而发生难以预见和防范的患者死亡、残疾或者功能障碍等不良后果的事件。由此可知,医疗意外是由于无法抗拒的原因,导致患者出现难以预料和难以防范的不良后果的情形。虽然医疗意外客观上给患者带来了损害事实,但这些损害不是出于医务人员的故意或过失,而是由于不可抗力的原因

所引起。所谓不可抗力,是指不能预见、不能避免并且不能克服的客观情况。例如麻醉意外,无论是全身麻醉还是局部麻醉,在常规药量和常规操作的过程中都有患者发生意外死亡的事件;又如内窥镜检查中的意外,目前纤维支气管镜和胃镜、肠镜已成为疾病诊断中必要的手段,大多数患者在接受检查时都是安全的,但也有个别患者在胃镜和纤维支气管镜检查中发生意外猝死;还有如药物过敏性休克甚至死亡的事件。

（二）医疗意外保险的涵义

医疗意外保险属人身意外保险,又称为意外或伤害保险。人身意外或伤害保险,是指投保人向保险公司缴纳一定金额的保费,当被保险人在保险期限内遭受意外伤害,并以此为直接原因造成死亡或残疾时,保险公司按照保险合同的约定向保险人或受益人支付一定数量保险金的保险。

医疗意外保险是指投保人（患者）向保险公司缴纳一定金额的保费,当投保人在保险期内遭受医疗意外等医方免责的损害,并以此为直接原因造成死亡或残废时,保险公司按照保险合同的约定向保险人或受益人支付一定数量保险金的保险。①

患者在医疗需求中无条件参保,一旦因医疗活动发生医疗争议,经法定机构鉴定属于医疗意外而医疗机构免责,不能从医疗机构获得赔偿时,由承担医疗意外保险的保险公司（可以与承担医疗责任保险的保险公司相同或不同）根据医疗意外保险合同条款给予患者或患者家属做出符合规定的赔偿。

二、建立医疗意外保险制度的现实意义

（一）建立意外保险制度可以缓解医患矛盾

目前许多医疗法律风险争议均由医疗意外引起。对于医疗意外,医疗机构依法不承担责任,但患方也无责,由于得不到救济,患者往往难以接受。如果有途径为此买单,可使遭受意外的患者及时得到赔偿,为后续的治疗及康复提供物质基础,从而能有效地缓解医患之间的矛盾。将商业保险这种市场行为引入医疗业务当中来应对这种情况,即让市场来调节、缓解医患矛盾,也是欧美国家的有益经验。

（二）建立医疗意外保险制度可以促进医学乃至社会的发展

保险制度从产生之初,其基本目的就在于分散危险、补偿损失,保障社会生活的安定和发展。医疗意外保险制度将医疗意外的风险分散于患方群体乃至整个社会,比单纯的医患双方分担风险的模式有更强大的消化医疗意外所造成损

---

① 余艳莉:《关于建立我国医疗意外保险制度的思考》,载《商业时代》2006 年第 17 期,第 50—51 页。

失的能力。

医疗意外所致的人身伤害事故,其后果不仅是一个生命的结束或健康受到损害,而且还必然给本人或他人带来直接的经济损失。医疗意外保险制度虽然不能弥补前者,却可以弥补后者,从而减轻或消除医患双方的经济负担,化解医患双方间的纠纷,维护双方正常的工作、生活秩序,促进医学科学及医疗卫生事业的发展。这符合一般保险制度的目的,也是医疗意外保险的必然要求。

(三)医疗意外符合保险制度中的可保风险条件

保险制度中的可保风险具有如下特征:风险的发生是偶然的、是意外的,且有大量标的遭受重大损失的可能性。医疗意外是医方无法预料和防范的意外事件,在正常的医疗过程中存在着发生的可能性;人们不能确定医疗意外发生的具体时间;医疗意外造成了患者人身损害,但损害程度无法预料,损害后果不确定;医疗意外也不是患方或医方故意造成的危险。由此可见,医疗意外作为一种风险,符合可保风险的特征,属于可保风险的范畴,可以作为保险制度适用的对象。

因此,充分利用各方和全社会的力量建立医疗意外保险制度,不仅是消极化解式地应对风险,还体现了人类社会共同应对意外灾害、保障自身安全、促进自身发展的积极意义。

三、建立与完善医疗意外保险制度的建议

(一)加强相关立法

国家以立法的形式制定患者医疗意外保险法或条例,根据门诊、住院、手术或按病种制定缴费标准和缴费方式(分离式或捆绑式),并强制所有患者在医疗需求中无条件参保。

该保险由患者或其亲属在医方挂号接受诊疗服务时投保,由医方办理承保手续,不另发保险凭证。[①] 当发生医疗法律风险争议时,经法定机构鉴定属于医疗意外的,则根据保险规定由该保险公司按标准予以理赔。

根据我国的现实情况,现阶段医疗意外保险适合采用低保费、低补偿、广覆盖的办法,让更多的投保者得到补偿,让更多的患者在经济上、心理上求得一定的平衡。一般而言,医疗意外的发生率远高于航空、交通等其他意外的发生率,既然交通、运输、旅游等行业都实行了自愿或半强制的保险,且运作良好,被广泛接受,医疗意外也可以通过这种方式进行分散和转移。在此基础上,保险公司再开发一些"高保费、高保障"的针对某些特殊风险的险种,如无过错输血感染、重

---

① 余艳莉:《关于建立我国医疗意外保险制度的思考》,载《商业时代》2006 年第 17 期,第 50—51 页。

大高风险手术等,由患者以自愿方式在就医前选择购买,以满足经济状况较好患者的需求。

(二)完善医疗意外保险的实施方式

目前,我国许多地区已经开展了一些完全由患者筹资的医疗意外保险,如母婴平安保险、人工流产平安保险、手术平安保险、精神患者住院意外伤害保险等,这些险种受到了患者和家属的肯定和欢迎。

据调查,保险公司非常乐意开展这方面的业务,但发展也存在困难,困难主要在与医院管理方的协作配合上。因此,要积极探索医疗机构与保险公司之间有效的合作模式。在医疗意外保险产品开发、承保及后续的理赔服务方面,都要寻求医疗机构的支持和协作,克服保险公司缺乏医学人才的瓶颈限制。两者作为相互独立的经济实体,经营目标都是追求利润最大化,所以保险公司应以医疗机构分类管理为契机,及时跟进,逐步探索与医疗机构的合作框架,以寻求二者经济利益平衡点为宗旨,开展多种方式的互惠互利合作,形成真正的利益共同体,共同推动医疗意外保险的良好发展。

第四节 其他医疗民事法律风险分担方式

一、建立医疗意外风险救济基金

医疗民事法律风险分担机制除了建立医疗责任保险和患者医疗意外保险外,为了体现医疗法律风险的多元化社会分担,还应该设立医疗意外风险救济基金。如前所述,患者参加医疗活动都应参加医疗意外保险,患方在接受医疗服务中如果发生医疗意外,就可从保险公司获得赔偿,但赔付的金额有限;如果患方仍然对赔付不满,医疗机构为了息事宁人,或是法院根据公平原则判决医院赔付一定的金额,针对这种情况,如已设立医疗意外风险救济基金,就可以解决这一矛盾。① 医疗意外风险救济基金专门用于填补医方因医疗意外所遭受的损失。基金可以由地方医疗机构管理协会统一管理,专项使用。

医疗意外风险救济基金的来源:一是政府投入,二是接受社会捐赠,三是医疗机构按照规模、级别等按一定比例缴纳,四是医务人员按照职称、岗位的风险系数缴纳,五是药品生产经营企业缴纳,六是医疗器械生产经营企业缴纳。通过医疗风险救济基金的管理和使用,可促使医疗机构和医生加强自律,发挥行业规范医疗机构和医生的执业行为,分散医疗机构的行业风险和医生的职业风险。

---

① 李青:《论建立我国医疗意外保险制度》,载《卫生经济研究》2009 年 8 月,第 27—29 页。

由此,医方正常的存续、发展获得了保障,医学科学的进步、医疗卫生事业的发展也将不会受到阻碍。

二、建立和完善社会救助制度

仅仅依靠医疗责任保险制度、医疗意外保险制度和医疗意外风险救济基金来填补损害仍然不够,还有必要发挥社会救助的作用。

所谓社会救助,是指国家和社会对依靠自身努力难以维持基本生活的公民给予一定的物质帮助,其实质是通过社会的力量使受害人获得物质性帮助。之所以要发挥社会救助在医疗损害赔偿中的救助功能,是因为实践中大量的医疗损害不可能通过医疗责任保险或者基于侵权责任得到完全的赔偿。一方面,保险理赔要受到保险金额的限制,即使存在医疗责任保险,患者的损害也得不到完全的赔偿;或者医方基于法律免责事由而被免除了责任,这就对受害人明显不利。另一方面,我国医疗责任保险的覆盖率较低、适用范围有限,大量的医疗损害受害人不能获得保险的保障。在没有医疗责任保险和医疗意外保险,侵权人即医方又没有能力完全赔偿的情况下,受害人就处于无助的地位。[1]

当前因医疗法律风险争议而对簿公堂大致有两种类型。一是因医疗过错,受到严重医疗损害的受害者已经通过正常的双方协商、调解和法院诉讼途径实现了法律所规定的救济,获得了赔偿,但依据我国的法律规定,赔偿额太少,使受害者在精神上难以接受,心理上难以平衡。二是医务人员和医疗机构不存在过错,患者或家属其实也知道风险是疾病本身造成的,与医务人员和医疗机构无关,但鉴于死者是家庭的主要收入者,为了生存,家属只好将眼光转向在医疗行为中寻找漏洞,以期获得医疗损害赔偿。此情形,在国外有相应的社会救济,可以使患者获得部分救助,以平衡心理、维持生计。

我国社会救济制度不发达,为此,要加快制定社会救助的法律法规,明确救助的范围、条件、申领和批准程序、资金来源和对资金使用的监管等,使社会救助有法可依。目前可以以贯彻实施《社会保险法》为契机,加强社会保障制度在事故受害人救济中的作用。《社会保险法》已于 2010 年 10 月 28 日正式通过,并于 2011 年 7 月 1 日生效。它针对目前实践中各种社会保障协调不够,事故受害人救济不力的问题,明确了社会保险先行支付,然后向责任人追偿的制度框架。这是针对事故受害人救济紧迫需要及中国国情的合理安排,但需要通过相关配套制度建设予以落实。

---

[1]　王利明:《建立和完善多元化的受害人救济机制》,载《中国法学》2009 年第 4 期。

本章小结

医疗民事法律风险分担,是指将医疗民事法律风险以某种形式在不同主体之间进行分配。依法、合理、及时分担医疗民事法律风险,对于缓解医患矛盾、维护医疗秩序、维护医患双方的合法权益和促进医学事业的健康发展,具有积极意义。

目前主要的医疗民事法律风险社会分担方式,包括医疗责任保险和医疗意外保险,医疗意外风险救济基金和社会救助制度是补充制度。医疗责任保险是指以投保医疗机构和医务人员在保险期或追溯期及承保区域范围内,因过错发生医疗损害造成依法应由医疗机构及医务人员(即被保险人)承担经济赔偿责任为保险标的的保险。

医疗意外保险是指投保人(患者)向保险公司缴纳一定金额的保费,当投保人在保险期内遭受医疗意外等医方免责的损害,并以此为直接原因造成死亡或残废时,保险公司按照保险合同的约定向保险人或受益人支付一定数量保险金的保险。

思考题

1. 建立医疗民事法律风险分担机制有何重要意义?

2. 医疗责任保险的概念是什么? 有何涵义?

3. 医疗责任保险制度建设中应注意哪些主要问题?

4. 医疗意外保险的涵义和意义是什么?

5. 建立医疗意外保险制度的建议有哪些?

6. 除医疗责任保险和医疗意外保险外,还有哪些其他医疗民事法律风险分担方式?

案例思考

2008 年,郑州市一家医院处理了一起医疗纠纷。这起医疗纠纷的结果是:赔偿患者家属 2 万元。但医院负责人说:"钱不需要我们来付!"他说,这全得益于医院组织医生买了保险。有了这种医疗责任保险,保险公司会为赔偿付账。

原来,从 2002 年开始,郑州市有医院开始尝试通过保险的形式减少医疗赔偿,至 2003 年,这种方式全面铺开,目前全市大多数医院都已组织医护人员买了医疗责任保险。因为有医疗责任保险,医生忧虑减少了,但有不少患者对此事持一种怀疑态度。正在郑州市一家专科医院住院的冯女士说:"救死扶伤是个良心活儿,要是医生出错,有人付账,谁还会为患者操心?"冯女士的同室病友则担心,有了保险,医院摆脱了赔偿困扰,会不会放松对医生的要求。还有一些患者表示,有了保险赔偿,医生责任心势必不如以前。

案例讨论

1. 医疗损害赔偿保险公司付账,投了保险的医生诊疗时还会认真负责吗?

2. 如何建立和完善我国的医疗责任保险制度?

参考文献

[1] 赵敏,邓虹.医疗事故争议与处理[M].武汉:武汉大学出版社,2007.

[2] 乔世民.医疗事故的行政处理与刑事责任[M].北京:人民军医出版社,2009.

[3] 张明楷.刑法学[M].北京:法律出版社,2003.

[4] 赵秉志.新编刑法教程[M].北京:中国人民大学出版社,1997.

[5] 刘振华,王吉善.医患纠纷预防处理学[M].北京:人民法院出版社,2007.

[6] 古津贤.医疗侵权法[M].吉林:吉林大学出版社,2008.

[7] 马文元.医患双方的权益[M].北京:科学出版社,2005.

[8] 翟晓梅,邱仁宗.生命伦理学导论[M].北京:清华大学出版社,2005.

[9] 张金钟,王晓燕.医学伦理学[M].北京:北京大学出版社,2005.

[10] 最高人民法院民事审判第一庭.最高人民法院人身损害赔偿司法解释的理解与适用[M].北京:人民法院出版社,2004.

[11] 杨立新.侵权法论(第三版)[M].北京:人民法院出版社,2005.

[12] 陈志华.医疗纠纷案件律师业务[M].北京:法律出版社,2007.

[13] 奚晓明.《中华人民共和国侵权责任法》条文理解与适用[M].北京:人民法院出版社,2010年1月第1版。

[14] 医院管理辞典[M].北京:人民卫生出版社,2008.

[15] 杨立新.中华人民共和国侵权责任法精解[M].北京:知识产权出版社,2010.

[16] 张新宝.侵权责任法研究[M].北京:中国人民大学出版社,2005.

[17] 柳经纬,李茂年.医患关系法论[M].北京:中信出版社,2002.

[18] 王利民.民法本论[M].大连:东北财经大学出版社,2001.

[19] 陈志华.医疗损害责任深度释解与实务指南[M].北京:法律出版社,2010.

[20] 史尚宽.债法总论[M].北京:中国政法大学出版社,2000.

图书在版编目(CIP)数据

医疗法律风险预防与处理 / 赵敏主编. — 杭州：
浙江工商大学出版社，2012.8(2014.6重印)
(卫生法学系列丛书/吴崇其主编)
ISBN 978-7-81140-549-1

Ⅰ.①医… Ⅱ.①赵… Ⅲ.①医疗事故－民事纠纷－
基本知识－中国 Ⅳ.①D922.16

中国版本图书馆 CIP 数据核字(2012)第 163914 号

医疗法律风险预防与处理

赵　敏　主编

责任编辑	郑　建	
封面设计	王妤驰	
责任印制	包建辉	
出版发行	浙江工商大学出版社	

(杭州市教工路 198 号　邮政编码 310012)

(E-mail:zjgsupress@163.com)

(网址:http://www.zjgsupress.com)

电话:0571－88904980,88831806(传真)

排　　版	杭州朝曦图文设计有限公司
印　　刷	杭州五象印务有限公司
开　　本	710mm×1000mm　1/16
印　　张	18.5
字　　数	339 千
版 印 次	2012 年 8 月第 1 版　2014 年 6 月第 2 次印刷
书　　号	ISBN 978-7-81140-549-1
定　　价	46.00 元